Paul Pressel

Johann Calvin

Ein Lebensbild

Paul Pressel

Johann Calvin
Ein Lebensbild

ISBN/EAN: 9783743309777

Hergestellt in Europa, USA, Kanada, Australien, Japan

Cover: Foto ©Thomas Meinert / pixelio.de

Manufactured and distributed by brebook publishing software
(www.brebook.com)

Paul Pressel

Johann Calvin

Johann Calvin.

Ein

evangelisches Lebensbild

von

Paul Preſſel.

Mit dem Portrait des Reformators in Stahlstich.

~~~~~~~~~~

Elberfeld,

Verlag von R. L. Friderichs.

1864.

Druck von B. G. Teubner in Leipzig.

Siegeslied *).

Furchtbarlich rauschest du hin, o Zeit, mit gewaltigen Flü-
    geln,
Trägst im Sturme davon Stützen und Schätze wie Laub.
Trage sie weg — Ein Kleinod wirst du nimmer uns rauben:
    Hoffnung, das goldene Vließ gläubiger Kenntniß des
    Herrn.
Köstlicher Mantel, mit dem Elia die Wasser zertheilte,
    Jeglichem fällt er anheim, der wie Elisa sein harrt.
Siehe, wir lachen mit ihm des zischenden Hohnes und
    Hasses,
Welche die Schlange der Welt uns in das Angesicht
    speit.
Siehe, wir schreiten mit ihm zum Holzstoß muthig und
    heiter,
Welchen das wüthende Rom unserer Sache gebaut.
Siehe, wir segnen mit ihm die Ströme des heiligen Blutes,
    Welche der Mordlust Schwert unseren Brüdern entlockt.

---

*) Frei nach Calvins Epinicion, das er, das einzig von ihm bekannt
geworbene Gedicht, zu Worms 1541 in lateinischen Distychen verfaßte.

Ueber dem Zischen der Welt klingt hell die Stimme des
Hirten,
Welche die Heerde im Wort strafet und stillet und stärkt.
Ueber dem Holzstoß weht gar herrlich die Fahne des Her=
zogs,
Der sich vom Holze des Fluchs schwang auf den himm=
lischen Thron.
Ueber dem strömenden Blut entsprießt in saftigen Halmen
Eine für Wahrheit und Recht blühende, reifende Saat.
Ja dies stehet uns fest, so tief wir selber in Ohnmacht
Jetzo liegen und Schmach unter der Gottlosen Druck:
Christus ist hie! Und schlägt im göttlichen Rathe die
Stunde,
Bricht Er mit Macht herfür, nimmt Er die Schaufel
zur Hand,
Fegt Seine Tenne vom Schutt und sammelt in Scheunen
den Weizen,
Aber in ewiger Gluth wird Er verbrennen die Spreu!
Dräue uns immer, o Zeit, und spottet uns, Stolze der
Erde,
Hoch aus den Höhen erfüllt unsere Seelen der Sang:
Preiset mit Jauchzen die Rechte des Herrn in der Gläu=
bigen Hütten,
Ewiglich ist sie erhöht, ewig behält sie den Sieg!

Eine Weissagung.

Den zwei gewaltigsten Herrschern Europa's, Carl V. und Franz I., standen zwei Schwestern zur Seite, welche zu Schutzengeln der Reformation bestimmt schienen: Maria, Königin von Ungarn, und Margarete, Königin von Navarra. Beide liebten das Evangelium von ganzem Herzen, Beide bemühten sich nach Kräften um die Duldung, wo nicht Unterstützung, der evangelischen Bewegung, Beide mußten das Gegentheil ihrer Bemühungen erleben. Welcher der beiden Frauen fiel das härtere Loos hiebei zu? Maria hatte es Carl gegenüber mit einem Menschen zu thun, der statt des Herzens einen Stein im Leibe zu tragen schien: gegen das Wesen des evangelischen Geistes hatte er jedenfalls die Brust vollständig zugeknöpft. Margarete hatte es Franz gegenüber mit einem Menschen zu thun, der statt des Herzens ein Stück Wachs im Leibe zu tragen schien: leicht entzündlich für das Edle und Schöne, zeigte er auch für das göttlich Wahre eine entschiedene Empfänglichkeit, aber zugleich eine trostlose Flüchtigkeit aller tieferen Eindrücke, eine bodenlose Unzuverlässigkeit und Zweideutigkeit des Charakters. Insofern ist Maria weniger zu bedauern: sie wurde weniger getäuscht. Dagegen Margarete — wie furchtbar wurde ihr theuerstes Hoffen betrogen, gekränkt, erdrosselt!

Einst konnte sie die ersten Zeugen der Wahrheit in Frankreich an den Pariser Hof ziehen, durfte es wahrnehmen, daß nicht nur ihr, eitler Bruder, der König, sondern auch ihre leichtfertige Mutter Luise von Savoyen, an Bibelstunden Theil nahmen, der heiligen Schrift Geschmack abgewannen und in vollem Zuge schienen, der

evangelischen Bewegung förmliche Protection angedeihen zu lassen.
Erasmus, die feinste Spürnase der Zeit, schrieb erschrocken an einen
Freund, der französische Hof „luthere“. Hiermit hatte es nun frei=
lich keine Gefahr: denn das Lutherthum erklärte nicht nur dem Pfaf=
fenthum den Krieg, sondern griff auch alles Fleischesthum der Welt
mit einem sittlichen Ernste an, der jenen hohen Kreisen als der wider=
lichste Störefried erscheinen mußte. Franz I. war und blieb vor Allem
Lebemann. Allein der Hauch, den er aus dem Evangelium heraus ver=
spürt hatte, kam, wenn nicht seiner eigenen Person, doch der Refor=
mation wesentlich zu gut. Er widerstand lange den Zumuthungen,
der evangelischen Bewegung Gewalt entgegenzusetzen, er rettete viel=
mehr manchen Zeugen, den die fanatische Sorbonne bereits als einen
Brand ins Feuer hinein gehalten, durch unmittelbares Eingreifen,
er konnte sogar den katholischen Eiferern Ungnaden zu fühlen geben und
hielt seine Hofkirche für Predigten mit unzweifelhaft ketzerischem Bei=
geschmack offen. Die Wahrheit gewann Zeit, sich in Frankreich aus=
zubreiten: überall pflanzte sie ihre Fähnlein auf, überall sammelten
sich darum suchende Seelen. Margarete glaubte fest, ein allgemeiner
Durchbruch ihres Volkes ins Geraume des Evangeliums bereite
sich vor.

Allein die gegnerischen Mächte machten sich auch um so mächti=
ger auf: sie trotzten jeder duldsamen Stimmung bei Hof und wiesen
ihre Zähne immer grimmiger. Ein Mönch erklärte in öffentlicher
Versammlung: „Ich und die Geistlichen aller Orden werden einen
Kreuzzug wider den König predigen und ihn von seinen Unterthanen
verjagen lassen, wenn er die Predigt des Evangeliums frei geben
sollte.“ Bereits gelangen auch etliche Handstreiche, welche Margarete
aufs Tiefste verletzen mußten. Ihrer Vertrautesten Einer war der Bi=
schof Briconnet, welcher zu Meaux residirte und seinen Sprengel so weit
reformirt hatte, als es nur immer ohne förmlichen Bruch mit dem
Papstthum anging. Ueber diesem Horste neuen Lebens zog sich das
Wetter einer Verfolgung zusammen. Vergeblich bemühte sich Marga=
rete beim König, vergeblich bemühte auch dieser sich, eine peinliche
Procedur gegen den Bischof niederzuhalten, wenigstens aufzuhalten:
Briconnet mußte sich vor den wuthschnaubenden Richtern stellen und
erlag ihrem Dränen schmählich: er beschwor seine katholische Recht=
gläubigkeit und überließ es einem Wollkämmer in Meaux, Johann

Leclerc, etwas später als der erste Märtyrer des rechten Glaubens in Frankreich verbrannt zu werden. Dies geschah im Jahre 1525: noch an mehreren Orten fielen gleich darauf ähnliche Opfer. Die Nieder= lage des französischen Heeres in Pavia mußten die Feinde des Evange= liums trefflich für sich auszubeuten. Siehe da, hieß es, Gottes Strafe für die Milde, womit bisher die Empörung gegen die heilige Kirche behandelt worden! An der Stelle des gefangenen Königs über= nahm seine Mutter, Luise von Savoyen, die Regentschaft und meinte, die Lage erheische bereitwilligste Nachgiebigkeit gegen den Papst und die streng päpstliche Partei. Die Sorbonne erhielt freie Hand zu fol= tern und zu morden, die Inquisition begann eine Treibjagd auf die Lutheraner, wie dazumal noch mit Recht alle Anhänger der evangeli= schen Bewegung hießen. Margarete vermochte in Abwesenheit ihres Bruders weniger als nichts: aber sie machte sich bekanntlich auf, die Gefangenschaft mit ihm zu theilen, und ihre Erscheinung in Spanien trug wesentlich zu seiner Befreiung bei. Kommt der König, schrieb sie um diese Zeit an Freunde, nach Frankreich zurück, so werden die Flüchtlinge der Wahrheit sich auch wieder in Frankreich sammeln und ihr Zeugenamt aufs Neue treiben dürfen. Las doch der König im Kerker gar eifrig die Bibel, welche sie ihm geschickt hatte, „in der Ueberzeugung, daß die Wahrheit den, welcher sie liebt, frei mache". Und sollte ihr persönlicher Einfluß auf den Bruder durch die neue, glückliche Probe von Hingebung nicht einen wesentlichen Zuwachs ge= wonnen haben?

Franz kehrte auf den französischen Thron zurück. Aber in dem Friedenstractat, welchen er zu Madrid 1526 vor seiner Befreiung beschwor, war einer der wichtigsten Artikel, daß beide Theile, Carl und Franz, zur Vertilgung der lutherischen Ketzerei sich die Hand reichen wollten. Derselbe Artikel wiederholte sich drei Jahre später im Tractate von Cambray. Zur Ausführung kam freilich das Complott nie: beide Herren verschmähten überhaupt jedes Hand in Hand, und der Papst selbst fand bald hernach für besser, Franz I. seines Eides gegen den Kaiser zu entbinden und wider diesen mit jenem in ein Bündniß zu treten. Immerhin war der glänzendste, vielmehr schwär= zeste Beweis geliefert, daß die evangelische Sache bei Franz I. nur die Bedeutung eines Spielballs genieße. Der König wagte, weil selbst ohne irgend eine feste Ueberzeugung in religiösen Dingen, keinen festen

1*

Widerstand gegen die fanatische Sorbonne: nicht einmal seinen Freund Ludwig von Berquin, der am königlichen Hofe lebend von den Eras= mischen und Lutherischen Ideen aufs tiefste ergriffen worden war und für dieselben mit eben so viel Freimüthigkeit als Begabung zeugte, getraute er sich in die Länge zu beschützen: schließlich gab er ihn preis: 1529 brannte der Holzstoß auf dem Greveplatz. Die evangelische Bewegung nahm frühe die Signatur an, welche sie in Frankreich kennzeichnet: sie entfaltete überall eine mächtige Anziehungskraft, einen heroischen Muth, ein blitzendes Talent, eine erhabene Tugend — und mußte schließlich überall die Flucht ergreifen oder das Marter= thum erleiden. Und nirgends hat die Glaubenstreue unter dem Kreuze Schwereres durchgemacht und herrlicher sich bewährt, als in Frankreich: das wollen wir nie vergessen, um auch an seiner Zukunft nie zu ver= zweifeln.

Margarete, seit 1525 Wittwe des Herzogs von Alençon, war 1527 in eine zweite Ehe mit einem ihrer würdigern Manne getreten, mit Heinrich von Albret, dem tapfern Könige von Navarra. Dieser ließ ihre Neigung für die Sache des Evangeliums gewähren und sie schuf ihre Residenz Nerac in Bearn zu einem Asyl der verfolgten Sache. Welches große Verdienst sich Margarete hierdurch erwarb, läßt sich aus dem Hasse schließen, der von katholischer Seite gegen sie brannte. Der Guardian der Barfüßer zu Issoudun in Berry erklärte auf der Kanzel, daß die hohe Frau als Lutheranerin verdiene, in einen Sack gesteckt und ersäuft zu werden. Der Bischof von Condom zettelte eine förmliche Verschwörung gegen ihr Leben an: sie sollte durch die Mönche mittelst des Weihrauchs am Weihnachtsfeste in der Kirche vergiftet werden. So weit reichte natürlich die Anhänglichkeit des Königs Franz, daß er diesen Bedrohungen seiner Schwester stets mit ernstestem Nachdruck entgegentrat. Und für die Reformation war dies genug, indem es der Bewegung einen Heerd unterhielt.

Unter den Flüchtlingen, welche an diesem fürstlichen Asyle Auf= nahme gefunden, müssen besonders zwei Männer hervorgehoben wer= den: Lefèvre und Roussel. Jacob Lefèvre von Etaples bei Boulogne oder Faber Stapulensis (geb. c. 1455) war der erste Franzose, in welchem die Grundgedanken der Reformation, noch vor der Refor= mation, aufleuchteten. Seit 1505 Doctor der Theologie an der Sorbonne, wars ihm das theuerste Anliegen, die Studirenden der Pariser Uni=

versität mit der Bibel bekannt zu machen und namentlich auf die pau=
linische Lehre von der Rechtfertigung durch den Glauben, als auf
den Hauptpunkt in der evangelischen Heilslehre, hinzuweisen: 1512
erschien bereits von ihm ein Commentar zu den paulinischen Briefen,
der einen ganz lutherischen Geist athmet. Längere Zeit ließ man die
Wirksamkeit des frommen, bescheidenen Gelehrten in der Stille gewäh=
ren. Als jedoch „die Posaune, welche Luther im Jahre 1517 in
Deutschland ertönen ließ, auch in Frankreich alle Geister aufweckte"*),
als Luther 1519 die Pariser Sorbonne zu einem Schiedsurtheil über
die streitig gewordenen Artikel aufforderte und die Fakultät ein schar=
fes Verdammungsurtheil über die evangelische Bewegung aussprach),
begann der verhaltene Neid und Aerger auch gegen Lefèvre auszubrechen
und sah er sich nach einer andern Stätte um. Er begab sich zu Bricon=
net, dem Bischof von Meaux, einem seiner ergebensten und begabtesten
Schüler, von dem wir schon gehört haben, daß er eine Säuberung
seines Sprengels in evangelischem Sinne muthig angefaßt und feige
aufgegeben habe. Hier widmete er sich theils der Unterweisung von
Jünglingen, welche als Reiseprediger in die veröderten Gemeinden
ausgehen sollten, theils veröffentlichte er Schriften zur Erleuchtung
des Volkes, namentlich eine Uebersetzung des neuen Testamentes (1523).
Der Erfolg dieser Wirksamkeit war gewaltig: „Wozu brauchen wir
noch, hörte man die Leute sagen, die Heiligen, da sie ja selber kaum
konnten gerettet werden? (1. Petri 4, 18) Unser einziger Mittler ist
Christus." Eben daher brach jene Verfolgung über Meaux aus: Ab=
fall oder Flucht waren die einzigen Mittel, ihr zu entgehen. Lefèvre
zog sich nach Straßburg und kam zwar wieder nach Frankreich zurück,
indem ihm der König, eifersüchtig auf den Ruhm eines Protectors
wissenschaftlicher Notabilitäten, die Erziehung seines dritten Sohnes,
des Herzogs Carl von Orleans und Angoulême, anvertraute: doch
fühlte er sich so beengt, verdächtigt und beunruhigt, daß er bald
und auf immer einer öffentlichen Stellung entsagte: er nahm die Ein=
ladung der Königin von Navarra an (1533) und beschloß in Nerac
hochbetagt seine Tage (1536/7). Neben Lefèvre stand sein Schüler
Gerhard Roussel als der eigentliche Hofprediger Margaretens. Früher
gleichfalls in Meaux thätig, war er mit Lefèvre flüchtig geworden

---

*) Worte eines gleichzeitigen französischen Tagebuchs.

und hatte eine Weile unter dem Schutze der königlichen Schweſter in
Notre-Dame zu Paris das Evangelium gepredigt, bis er gleichfalls
den Anfeindungen wich und in Nérac eintraf. Hier verſuchte er, die
Forderungen der Reformation ohne Bruch mit dem Katholicismus
auszuführen. Er las z. B. die Meſſe, aber er bediente ſich des Bro=
des ſtatt der Hoſtie, gab den Communicanten auch den Wein, unter=
ließ die Elevation und Adoration, überging die heilige Jungfrau und
die übrigen Heiligen mit Stillſchweigen. In ſolcher Weiſe vermeinte
er die Schaale retten zu können, ohne doch auf den Kern zu verzichten
oder umgekehrt. Entſchiedeneren Bekennern gegenüber, welche die Un=
haltbarkeit einer derartigen Union des Evangeliums und Papſtthums
einſahen und anfochten, entſchuldigte man ſich theils mit dem Vor=
geben, die Stunde zu einem durchgreifenden Handeln ſei noch nicht
gekommen, theils hüllte man ſich ins Gewölke eines Myſticismus
und Spiritualismus, worin die Kirche zu einem für tiefer Gegründete
gleichgiltigen Gehäuſe herunterſank und ſämmtlichen Ceremonien eine
künſtliche, der evangeliſchen Wahrheit entſprechende Deutung abge=
rungen wurde. Rouſſel war mit der Virtuoſität, welche er, ſeis ein
Betrogener, ſeis ein Betrüger, in dieſem frommen Trugſpiel entfal=
tete, ganz der Mann Margaretens: ihr poetiſches Gemüth ſowohl
als ihr politiſcher Verſtand fühlten ſich von einer derartigen Refor=
mation im Zwielicht ganz befriedigt.

Hieher kam unter den vielen Flüchtlingen ums Jahr 1534 ein jun=
ger Mann, voll Sehnſucht, den alten Lefèvre „noch zu begrüßen“. Der
Jüngling ſah dem Greiſe mit der innigſten Ehrerbietung ins Auge
und redete ihm mit der mächtigſten Ueberzeugung ins Gewiſſen. Le=
fèvre ward hingenommen: er erkannte und bekannte, daß die evange=
liſche Wahrheit nicht anders dürfe und könne, als mit Rom vollſtän=
dig brechen, er bekam zugleich eine lichte Ahnung, daß der Herr
bereits das Rüſtzeug auserwählt habe, durch welches Er Sein Reich
in Frankreich aufrichten werde. Lefèvre deutete mit einer an Simeons
Freudigkeit erinnernden Zuverſicht auf jenen jungen Mann, Johann
Calvin.

I.

Erziehung und Berufung.*)

Johann Calvin wurde zu Noyon in der Picardie am 10. Juli 1509 geboren. Der Vater, Gerhard, war ein angesehener Beamter, Obereinnehmer der Grafschaft Noyon und Sekretär des Bisthums, die Mutter eine geborene Lefranc aus Cambray. Was immer geschehen

---

*) Indem wir zur Lebensgeschichte Calvins übergehen, erwähnen wir ein für alle Mal die biographischen und anderen Bücher, welche wir vorzüglich benutzten. In erster Linie: Johannes Calvin von Dr. E. Stähelin, Elberfeld 1860 und 1863, Bd. IV, 1. und 2. Hälfte, des Sammelwerks: Leben und ausgewählte Schriften der Väter und Begründer der reformirten Kirche, Elberfeld bei R. L. Friderichs. Der verehrte Herr Verfasser ertheilte mir, indem er mich zur Abfassung dieses Büchleins aufmunterte, einen Freibrief zur Benutzung seines ausgezeichneten Werks, welches denn auch, entsprächen überhaupt gelehrte Nachweise dem Charakter dieser Blätter, Blatt um Blatt hätte citirt werden müssen. Wir verweisen auf diese unsere Hauptquelle Jeden, der sich für lebensgeschichtliches und bogmengeschichtliches Detail näher interessirt, angelegentlich. Außerdem verdanken wir allerlei Notizen dem bahnbrechenden, breibändigen „Leben Calvins von Henry" (Hamburg 1835—1844), und vielfache Anregung und Belehrung der gedankenreichen Schrift: *Calvin, sa vie, son oeuvre et ses écrits par Félix Bungener* (Genève 1863). — Weitere Hilfsmittel waren: Ranke's französische Geschichte (Stuttg. u. Tüb. 1854 ꝛc.), Polenz, Geschichte des französischen Calvinismus (Gotha 1857 u. 1859), *Mignet*, Mémoire sur l'établissement de la réforme réligieuse et la constitution du Calvinisme à Genève 1834. — *Jules Bonnet*, Calvin au val d'Aoste, Paris 1861. — *Jules Bonnet*, Idelette de Bure, Femme de Calvin, Bulletin de la société de l'histoire du Protestantisme français, 1856, No. 11 u. 12. — *Jules Bonnet*, Lettres de Jean Calvin etc. (1854 ꝛc.). — Evange=

konnte, dem Sohne eine fromme Richtung einzuimpfen, ließ sich die
Mutter, was, dem Sohne eine gelehrte Bildung zu verschaffen, ließ
sich der Vater angelegen sein: Beide kamen, von verschiedenen Gesichts=
punkten ausgehend, frühe in dem Wunsche überein, Johann möge
die geistliche Laufbahn betreten. Und der Knabe ließ sich durch einen
ernsten, ängstlich gewissenhaften Sinn und einen von schneller Fas=
sungskraft unterstützten Lerneifer bestens hiezu an. Die städtische
Schule genügte nicht in die Länge: Gerhard ersuchte einen Edelmann
in der Umgegend, Herrn von Mommor, der für seine Söhne einen
eigenen Hofmeister hielt, Johann möge an diesem sorgfältigern Unter=
richte Theil nehmen dürfen. So kam Calvin in ein adeliges Kosthaus.
Weil aber das Kostgeld dem Vater wehe that, suchte er eine Unterstützung: er bat für sein 12jähriges Kind um eine eben offene Ka=
planei und erhielt sie vom Bischof. Eine derartige Auskunft, so wi=
dersinnig sie uns erscheint und auch gegen das kanonische Recht ver=
stößt, war damals nichts Ungewöhnliches: in Frankreich gabs einen
Kardinal von 16, in Portugal einen von 8 Jahren, Papst Leo X. war
selbst mit 5 Jahren Erzbischof von Aix geworden. Etliche Jahre später
gelang es dem Sekretär des Bisthums, eine noch einträglichere Stelle,
die Pfründe zu Marteville und bald darauf die zu Pont l'Evêque, für
seinen Sohn herauszuschlagen, ohne daß dieser nur ordinirt worden
wäre: man ließ sich an der Tonsur genügen, welche der Junge (Mai
1821) in andächtigster Stimmung bekommen hatte. Eine Vermeh=
rung der Einnahmen war Bedürfniß geworden, seit Johann mit den
Söhnen des Herrn von Mommor nach Paris gekommen. Hier nahm
ihn, den Vierzehnjährigen, ein Oheim, Richard Cauvin, ins Haus
auf. Das erste Jahr besuchte er das Collegium de la Marche, an
dessen Spitze ein Rector, Maturinus Cordier, stand, welchem sich
einerseits Calvin lebenslange für den anregenden, fördernden Unter=
richt aufs Dankbarste verpflichtet fühlte, und welcher sich andererseits

lische Volksbibliothek von Dr. Klaiber, Bd. I, 1862 (p. 584 —
758 v. Carl Wilhelm u. Herrmann Krummmacher). — Verschiedene Bände
der „Väter und Begründer der reformirten und lutherischen
Kirche"Elberfeld 1857 ꝛc. —Herzogs Realencyklopädie. —Endlich:
Joannes Calvini Vita a *Theodoro Beza*, Genevensis ecclesiae Ministro
accurate descripta: recognovit Dr. Th. Nickel, Gastroviae 1462.
                                                                    P. P.

dem Schüler lebenslange mit der rührendsten Treue hingab: denn
Cordier wurde einer der ersten Anhänger und beharrlichsten Gehülfen
des späteren Reformators. Vom Collegium de la Marche ging er ins
Collège Montaigu, wo es sich statt der Grammatik vorherrschend um
die Dialektik, Mathematik und Philosophie handelte. Der Haupt=
lehrer, ein Spanier, verstand es besonders, die Denkgesetze nach aristo=
telischen Grundsätzen tüchtig zu treiben, und Calvin bekundete hiebei
ein Interesse und Talent, wodurch er seine sämmtlichen Mitschüler
weit hinter sich ließ. Jedoch ragte er über diese nicht allein durch Ga=
ben und Kenntnisse hervor, sondern sie betrachteten seine schwächliche
Gestalt mit einer Art von ehrerbietiger Scheu, weil er ihren Spielereien
und Leichtfertigkeiten gegenüber einen merkwürdigen Grad von sitt=
licher, männlicher Reise offenbarte: manchmal mußten sie sich von
ihm sogar förmliche Verweise gefallen lassen und sie rächten sich dafür
nur dadurch, daß sie ihm den neckischen Beinamen „Accusativ" gaben.

Im Jahre 1527 ging Calvin zu den eigentlichen Universitäts=
studien über: er ward in die Sorbonne, wie die theologische Fakultät
hieß, eingeschrieben und begann sich mit gewohntem Eifer einzuarbei=
ten. Allein dem Vater daheim war inzwischen ein anderer Kopf ge=
wachsen: „wer reich und mächtig werden wolle, müsse jetzt offenbar
die Jurisprudenz ergreifen, und daher möge sein Sohn zu ihr über=
gehen." Wir wissen nicht genau, wie weit Calvin selbst für einen
derartigen Wechsel gestimmt sein mochte, der väterliche Wille genügte
jedenfalls, daß es alsbald geschah. Orleans und Bourges galten
damals für die ausgezeichnetsten Hochschulen der Rechtsgelehrsamkeit:
auf beide begab sich der junge Jurist nach einander. In Orleans
wirkte Pierre de l'Etoile, „ der scharfsinnigste Rechtsgelehrte Frank=
reichs". Unter dessen Anleitung betrieb Calvin das neue Fachstudium
voll Hingebung. Studiengenossen erzählen uns, „daß er nur wenig
gegessen, kaum ein Dritttheil der Nacht geschlafen habe; wenn er früh
morgens aufwachte, wiederholte er sich noch, im Bette liegend, Alles,
was er den Tag vorher gehört und gelesen; er suchte es sich anzueig=
nen und mit seinem bisherigen Wissen in Zusammenhang zu bringen;
Niemand durfte in dieser Beschäftigung ihn stören." Da dieser Energie
des Willens, womit er eine an sich schwächliche Constitution seinen
Zwecken dienstbar machte, freilich wohl auch noch mehr schwächte, die
intellektuelle Begabung gleichsam, so dürfen uns die wunderbaren

Fortschritte des Studenten nicht allzusehr verwundern. Noch ehe ein Jahr verflossen war, mußte er öfters die Professoren in Verhinde= rungsfällen ersetzen und erhielt von ihnen, gleichsam zur schuldigen Danksagung, ohne alles Ansuchen den juridischen Doctorhut. Mit ihm auf dem Haupte siedelte Calvin nach Bourges über. Ein Mailändi= scher Rechtsgelehrter, Andreas Alciat, war vom König Franz I. um schweres Geld hieher gezogen worden und zog hinwiederum eine Menge begeisterter Zuhörer aus allen Ländern Europa's hieher. Er behan= delte das römische Recht nicht blos mit der gründlichsten Gelehrsam= keit, sondern zugleich mit einem poetischen Geschmack, der nicht nur auf die Masse der Studentenwelt, sondern auch auf eine so verstan= desklare Natur, wie Calvin, hinreißend wirkte. Letzterer soll, ohne ein Auge vom hochgefeierten Lehrer zu verwenden, in wonnigem Er= staunen den Vorträgen gefolgt sein. Der Pfarrer von Pont l'Evêque schien mit Leib und Seele für das Jus gewonnen.

Aber eine gewaltige Gegenströmung brach sich zu gleicher Zeit in Calvins Lebens Bahn. Schon in Orleans traf er mit einem Ver= wandten, Robert Olivetan, zusammen, der von der Geistesbewegung in Deutschland Wind bekommen hatte und sich zu einer Uebersetzung der biblischen Bücher ins Französische angeregt fühlte. In Bourges trat er in nahen Verkehr mit Melchior Wolmar aus dem schwäbischen Städtchen Rothweil, der von Franz I. als Professor der griechischen Sprache und Literatur berufen worden war. Calvin suchte anfangs bei diesem Gelehrten auch nicht mehr als einen Lehrer fürs Griechische. Aber Wolmar, von der Heimath her mit jenen Humanisten vertraut, welche ihre Wissenschaft in den Dienst der Reformation stellten, wollte seinen Schülern mehr geben als Demosthenes und Homer: er machte sie mit dem neuen Testamente, als mit dem Buche der höchsten Weis= heit und des tiefsten Heiles, bekannt. Es ist also sicher, daß Calvin um jene Zeit bereits Einsicht ins Wort Gottes erhielt: es ist auch gewiß, daß er durch diese Einsicht sogleich innerlichst berührt und er= griffen wurde. Allein wir erfahren von den einzelnen Eindrücken, welche der neue Fund in seiner Seele zur Folge hatte, noch nicht viel. Es lag in seiner Art, innere Gährungen sich in der Stille abklären zu lassen und erst mit festen Ablagerungen hervorzutreten. In seinem Lebensabriß findet sich nur die Bemerkung: „da ich also Neigung und Kenntniß der wahren Frömmigkeit erlangt hatte, wurde ich augen=

blicklich von einem großen Verlangen entflammt, daraus Nutzen zu
ziehen, so daß ich mich mit den andern Studien, ob ich sie gleich nicht
ganz aufgab, nur noch nachlässig abgab."

Ein äußeres Ereigniß traf in Bourges mit diesen inneren Vor=
gängen bedeutungsvoll zusammen. Calvin bekam Nachricht von der
Erkrankung seines Vaters, eilte nach Noyon, ihn zu besuchen und
scheint ihn mit guten Hoffnungen wieder verlassen zu haben, bald jedoch
lief ihm die Todeskunde nach. Gerhard Calvin starb ohne Zweifel un=
erschüttert in der Hoffnung, sein Sohn werde in der juridischen Lauf=
bahn zu hohen Ehren und reichen Stellen emporsteigen: jedenfalls
ohne irgend eine Ahnung, daß dieses Studium nur einen wichtigen
Durchgang bilden sollte, durch welchen die Bestimmung des Mannes,
ein kirchliches Gemeinwesen rechtlich zu organisiren, unterstützt wurde.
Für den verwaisten Jüngling war aber nunmehr vollste Freiheit
angebrochen, dem Zuge seiner Bestimmung Folge zu leisten.

Mit dem Jahre 1529 verließ Calvin Bourges: er hatte, was
man so heißt, ausstudirt. Bei ihm hieß dies so viel als: er trat nun,
20 Jahre alt, in das selbständige Studium ein. Als Aufenthaltsort
hiezu wählte er Paris, den Sammelplatz des geistigen Lebens in Frank=
reich. Nur wenige Notizen geben uns über diese paar nächsten Jahre
Aufschluß. Wolmar scheint von seinen Universitätslehrern am meisten
auf ihn nachgewirkt zu haben. Denn bei der Wahl einer Wohnung in
Paris liegt ihm, laut einem Briefe, vor Allem daran, in die Nähe
des Hörsaals von Danesius, dem hauptsächlichsten Lehrer der griechi=
schen Literatur, zu kommen. Daß es überhaupt classische Studien
waren, auf die er sich zunächst warf, geht ferner mit Sicherheit dar=
aus hervor, daß er 1532 einen Commentar zum Werke Seneca's de
clementia (über die Gnade oder Milde) herausgab: ein merkwürdiger
Titel für die Erstlingsschrift eines Mannes, der in der Strenge seine
Hauptkraft entfaltete. Das Buch ist voll philologischer Gelehrsam=
keit und ausgezeichnet durch edle Latinität. Was wollte Calvin
damit? Man hat vermuthet und nachzuweisen gesucht, die Arbeit sei
auf den König Franz I. gemünzt gewesen. Wie Seneca dem Kaiser
Nero das Unsinnige seiner tyrannischen Strenge vorhalte und eine
mildere Gesinnung anempfehle, so habe Calvin dem französischen
Herrscher die Toleranz ans Herz legen wollen. Allein der Nachweis
verräth allzumühsame Künstlichkeit, wie auch das Mittel selbst, hätte

es jenem Zwecke gegolten, ein allzu künstlich ersonnenes gewesen wäre. Ein Erasmus vielleicht, nicht aber ein Calvin, hätte sich so feiner Vermittelungen bedient. Daß der Letztere, findet ers nöthig, ohne jeden Umschweif mit den Gewaltigen der Erde zu reden versteht, werden wir bald und oft erfahren. Nein, wollen wir dem Buche je eine allgemeine Beziehung beimessen, so genügt die Thatsache, daß die Reformation allerorten mit den humanistischen Studien in Wahlverwandtschaft stand: sollte diesem Verhältniß nicht auch Calvin seinen Tribut bezahlen? Natürlich ohne klares Bewußtsein. Im Vordergrunde stand bei ihm der Wunsch, sich einen gelehrten Namen zu machen, wie zwischen den Zeilen etlicher seiner darauf bezüglichen Briefe zu lesen ist. Ein gelehrter Name gehörte dazumalen dazu, wollte Jemand bedeutsam in die Bewegung eingreifen. Insofern war jener Wunsch, an sich erlaubt, ein tiefer liegendes Bedürfniß für seine Mission. In der That wurde auch die Arbeit mit gebührender Anerkennung von Seiten der Gelehrten aufgenommen. Geld jedoch, das der Verfasser offenbar auch gerne mitgenommen hätte, trug sie weniger als keines ein: er hatte zu bedauern, daß nicht wenigstens die Auslagen für Druck und Papier gedeckt wurden.

Ein Mensch freilich, der, wie Calvin, alles Geldwesen so tief zu seinen Füßen liegen hatte, verschmerzt derartige Einbußen schnell. Und wie bedürfnißlos, wie ferne von jeder Genußsucht erscheint er vor uns schon als Jüngling. Um sein Bild nicht allzusehr abbleichen zu lassen, bemühte man sich, Spuren einer frischen Lebenslust aufzusuchen. Und siehe, man fand in Briefen jener Zeit, wie er einmal im Begriff gewesen, mit etlichen Freunden einen Spazierritt zu machen, wie er ein ander Mal auf seinem Zimmer ein Gastmahl zugerichtet. Sonst geht die Feder nur über von hohen Lebensinteressen und von Einer Angelegenheit, welche als innigste Herzensangelegenheit im wärmsten Tone laut wird, von der Freundschaft. Der schönen Fülle dieses Sinnes werden wir immer und überall begegnen, um niemals daran irre zu werden, daß hinter der ehernen Brust ein zartes, reiches Gemüth sich berge.

In Einer Beziehung vermissen wir am ungernsten genaueren Aufschluß: wie kam es, daß Calvin mit Leib und Seele in den Dienst Jesu sich stellte? Allein eben auf diesen Punkt zeigt sich seine Keuschheit am schweigsamsten. Als ob dies nur eine Persönlichkeit, keiner

Ausführung werth, wäre, berührt er es nur gelegentlich in seinem Sendschreiben an Sadolet und in seiner Vorrede zu den Psalmen. Immerhin bedeuten uns die wenigen Stellen, daß ihn ein heißer Kampf in den innersten Tiefen zum Lebenskampf mit Rom aufrief. — „Wohl war ich als Christ erzogen worden und hatte immer, o Herr, den Glauben an Dich bekannt. Aber eben nur in dem Glauben war ich unterrichtet worden, der damals der allgemeine war. Dein Wort war unterdrückt; für gewöhnliche Menschen, lehrte man uns, bedürfe es nichts als des blinden Gehorsams gegen die Kirche. Das Wenige aber, das man mir mitgetheilt, war solcher Art, daß es mich weder zu einem rechten Dienste Deiner Gottheit anleitete, noch eine gewisse Hoffnung des ewigen Lebens mir verschaffte, noch mich heiligte zu dem, was eines Christenmenschen Aufgabe ist. Ich wußte, daß Du der einzige Gott seiest, aber da ich nicht wußte, wie Dir dienen, so fiel ich gleich beim ersten Schritt wieder von Dir ab. Ich glaubte, daß ich durch den Tod Deines Sohnes errettet sei von der ewigen Verdammniß, aber ich dachte mir eine Erlösung, deren Kraft sich nie wirksam an mir erweisen müsse. Ich erwartete einen zukünftigen Tag der Auferstehung, aber wie ich daran dachte, erschrak ich wie vor dem größesten Unheil, das mir drohe. Mit meinen Werken meinte ich Dich versöhnen zu müssen, mit Opfer und Fürbitte suchte ich Deinen Zorn abzuwenden. Aber wenn ich dies Alles gethan hatte, so genoß ich doch höchstens einen kurzen Augenblick der innern Ruhe, und war im Grunde meines Gewissens so fern als je von einem dauernden Frieden. So oft ich in mein Inneres einkehrte, oder meine Gedanken zu Dir erheben wollte, durchdrang mich immer eine unnennbare Angst, die keine Sühnung, kein genugthuendes Werk mehr stillen mochte. Und je klarer mir mein Zustand vor Augen trat, von um so schärferen Stacheln wurde mein Gewissen gepeinigt, so daß mir kein anderes Trostmittel mehr übrig blieb, als die unselige Täuschung des Selbstvergessens." —

Man sieht, welchen Stachel die erlangte Einsicht ins Evangelium der Seele Calvins eingesenkt. Er versuchte, dawider zu löcken: die classischen Studien, in welche er sich zunächst vertiefte, sollten vielleicht das Mittel, sich selbst zu vergessen, bilden. Tagtäglich traten ihm damals in Paris Scenen vor Augen, welche die blutige Gefahr einer entschiedenen Theilnahme an der Sache des Evangeliums veranschau=

lichten. Und er war von Haus aus, nach eigenem, wiederholtem Geständniß, eine schüchterne, ängstliche Natur. Andererseits ließen aber
diese Scenen der Glaubenstreue bis in den Tod einem so mächtigen
Gewissen keine Ruhe. Dazu kam, daß der Angefaßte, aber noch
Schwankende mit evangelisch gesinnten Gelehrten und Ungelehrten in
lebendigen Verkehr geführt wurde, er mochte wollen oder nicht. Jene
wirkten auf seinen Forschergeist, diese auf sein Herz. — „Sobald ich
ihren Gründen einmal das Ohr öffnete und mich in eine Untersuchung
mit ihnen einließ, war ich in Kurzem überzeugt, wie unbegründet
meine Besorgniß sei, der Majestät der Kirche etwas zu vergeben.
Denn sie zeigten mir klar, welch ein Unterschied bestehe zwischen einer
muthwilligen Trennung von der Kirche und einem heiligen Eifer, sie
von ihren Entstellungen zu reinigen. Bald sah ich, daß sie auf nichts
Andres abzielten als auf die Erbauung der Kirche, und damit dem
Beispiele so vieler frommer Männer folgten, die Ihr sogar zu euren
Heiligen zählet. Von dem Papst aber, der mir als Christi Stellvertreter und das Haupt der Kirche galt, redeten sie mir so: die Titel,
auf die er seine Ansprüche gründe, seien nichtige Schreckbilder, durch
welche frommgesinnte Gemüther sich die Blicke nicht so sollten verblenden lassen, daß sie es nicht mehr wagten, die Sache selber ins Auge
zu fassen. Wie sei es möglich, daß Der durch das Wort Gottes eingesetzt sei, der sich so in die Höhe gehoben, während die Welt immer
tiefer versank in Unwissenheit, Stumpfheit und geistige Betäubung?
Wollten wir wirklich das Reich Christi unter uns, so dürften wir
seine Tyrannei nicht länger tragen. Und es fehlten ihnen weder die
geschichtlichen, noch die biblischen Gründe der entscheidendsten Art, um
mir das Alles nicht nur zu behaupten, sondern auch zu beweisen.“ —
Zu den Ungelehrten, welche durch ihren kindlichen Glauben auf das
Herz Calvins einen unwiderstehlichen Einfluß übten, gehörte besonders auch sein Hausherr, ein reicher Kaufmann, Etienne de la Forge,
an den er sich noch später, nachdem derselbe längst den Märtyrertod
erlitten hatte, „nie ohne den Ausdruck der innigsten Bewunderung für
sein frommes Wesen“ erinnern konnte. Die Zeugenwolke lagerte sich
immer schwerer über seinem Haupte, bis es sich beugte. „Sie faßten
mein Gewissen an und ließen es nicht zu, daß ich mich um jene Dinge
nicht kümmerte, als gingen sie mich nichts an. Niemand dürfe wähnen, sagten sie, daß das Beharren in einem erkannten Irrthum bei

Dir auf Nachsicht rechnen könne, nicht einmal Der irre ungestraft, der aus bloßer Unwissenheit vom Wege abkommt, wofür sie sich auf das Zeugniß Deines Sohnes beriefen Matth. 15, 14. Wenn ich nur ernstlich Acht haben wollte, so würde mir bald ein Licht aufgehen und ich würde merken, in welchem Sumpfe von Irrthümern ich mich gewälzt hätte und mit welchem Schmutz ich besudelt worden wäre. Ich wurde im Innersten bestürzt, als ich erkannte, in welchen Jammerzustand ich gerathen war, und noch mehr, als ich einsah, daß mir der ewige Tod drohete; nicht ohne Seufzer und Thränen verdammte ich mein früheres Leben und machte mich auf, um fortan Deinen Weg zu gehen. Und nun, Herr, nimm statt aller Verantwortung meine Abbitte, mein Flehen um Deine Gnade an: Du wirst mir meinen früheren Abfall von Deinem Wort nicht zurechnen: denn Du hast mich daraus errettet durch Deine wunderbare Gnade." — Die entscheidende Wendung kam plötzlich, wie Calvin selbst aussagt: „Nachdem mein Herz schon lange zubereitet war zur ernstesten Prüfung, ging mir die volle Erkenntniß [der Wahrheit mit Einem Male auf. Was blieb mir nun übrig, o Herr, mir Elenden und Verworfenen, als unter Thränen und seufzendem Flehen dem alten Leben, daß Du gerichtet, abzusagen, und mich hinüber zu flüchten auf Deinen Weg?"

Wir müssen an Pauli Bekehrung denken: mit Einem Schlage geschah die Calvins gleichermaßen und schlagfertig ein für alle Mal stand dieser wie jener auch sogleich da, für den Herrn sich von jetzt an schonungslos, wandellos abzukämpfen. Die Forschung ist zu dem Resultate gekommen, daß die große Thatsache ins Jahr 1533 fiel: dasselbe Jahr, in welchem der König mit dem Papste in Marseille zusammentraf, seinen Sohn mit dessen Nichte, Catharina von Medici, verlobte und als guter Schwager sich anschickte, die „Lutheraner" oder „Sakramentirer" mit Fesseln und Scheiterhaufen auszurotten.

Wenn es zum Wesen der Jugend gerechnet werden muß, daß eine Lebensrichtung in ihr das feste Geleise erst sucht, so können wir über dies Ereigniß hinaus die Jugendzeit Calvins nicht rechnen: er hatte den Herrn und sich selbst, seine Aufgabe und Erwählung mit unverrücklicher Zuversicht gefunden.

II.

Missionsantritt.

Zunächst war es für Calvin ein Bedürfniß, mit seiner Vergan=
genheit aufzuräumen. Er legte in aller Form sein Pfarramt nieder,
da er das Brod einer Kirche, deren Dienst ihm unmöglich geworden,
nicht essen mochte.

Sofort sehen wir ihn als einen Gefreiten des Herrn die Fittige
rühren. „Sobald ich Etwas geschmeckt hatte von den Kräften der
wahren Frömmigkeit, entbrannte ich von solchem Verlangen, ihre
Sache nun auch weiter zu fördern, daß ich andere Beschäftigungen,
wo nicht ganz bei Seite ließ, so doch nur als Nebensache betrieb.“
Und er fand vollauf Gelegenheit, dem Rufe zu folgen: Wenn Du der=
maleins Dich bekehrest, so stärke Deine Brüder (Luc. 22, 32). Das
Häuflein Evangelischer in Paris, bisher ohne bestimmte Führer, ohne
geregelten Zusammenhalt, ohne ordentliche Feldzeichen, war vollends
in Folge der neuen Verfolgung in dringlicher Gefahr, auseinander=
gestoben und hinweggeweht zu werden. Es schmachtete daher nach einer
geistlichen Leitung, Sammlung und Tröstung und scheint instinkt=
artig dem jungen Mann, der sich zu ihm gethan, zugefallen zu sein.
„Ehe das Jahr vorüberging, sammelten sich alle die um mich, welche
das Verlangen nach der reinen Lehre hegten, um zu lernen, obgleich
ich selbst erst angefangen hatte zu glauben und zu erfahren. Ich nun
meinestheils, der ich von etwas schüchternem und ängstlichem Gemüthe
bin, und immer die Zurückgezogenheit und Stille liebte, begann ir=
gend ein Mittel zu suchen, um mich dem allzugroßen Andrange zu
entziehen, aber umsonst, jede einsame Stätte wurde mir wieder zu
einer öffentlichen Schule.“

Die erbaulichen Versammlungen hatten bei Nacht an geheimen
Orten, in verschiedenen Häusern, vorzugsweise auch in dem des an=
geführten Kaufmannes, Etienne de la Forge, statt. Hier pflegte
Calvin, „für die Förderung seiner Sekte aufs Leidenschaftlichste

thätig",*) in der Kraft seiner ersten Liebe aufzutreten: „Niemand konnte ihn hören, ohne aufs Lebhafteste ergriffen zu werden." Jede seiner Predigten soll in den Spruch ausgemündet haben: Ist Gott für uns, wer mag wider uns sein? Alles war darauf berechnet oder wirkte dahin, dem unter feindlichen Anfechtungen glimmenden, zit= ternden Dochte Nahrung und Erfrischung angedeihen zu lassen. Auch in die Kerker hinein wußte er zu dringen. „Wir sahen zuweilen unsre Gefängnisse sich füllen mit armen, irregeführten Leuten, welche er un= ablässig durch Briefe ermahnte, tröstete, festigte, und es fehlte nicht an Boten, welchen sich allen Gegenvorkehrungen der Kerkermeister zum Trotze die Thüren öffneten. So gewann er Fuß bei Fuß einen Theil unsres Frankreichs" (Pasquier).

Allein diese seelsorgerliche Wirksamkeit in Privatkreisen genügte unsrem Eiferer für das Evangelium nicht. Er wollte das Licht auf einen Leuchter setzen, daß es Allen leuchte. Hiemit machte er bei einer öffentlichen Feierlichkeit den Anfang. Es war Sitte, daß der Rector der Universität am Allerheiligenfeste eine Rede hielt; der damalige Rector, Wilhelm Cop, ein Mediciner, zählte zu den Vertrauten Calvins in den Reihen höheren Standes. Mit ihm setzte er sich zu= sammen, um eine Rede auszuarbeiten, welche das Verdienst der Werke in seiner Unhaltbarkeit, die Rechtfertigung durch den Glauben in ihrer Wahrheit zu fühlen gab. Die Zuhörerschaft erstaunte, die Sor= bonne ergrimmte, der Gerichtshof handelte. Cop wurde benachrich= tigt, daß er verhaftet werden sollte, und entfloh nach Basel. Nun wollte man sich wenigstens des geheimen Mitarbeiters, der, längst verdächtig, jetzt endlich verrathen worden war, bemächtigen. Allein auch Er wurde gewarnt und entschlüpfte, wie sich die Sage erhalten hat, durch ein Fenster, rettete sich nach der Vorstadt St. Victor in die Wohnung eines Weingärtners und kam in dessen Kleidern, die Hacke auf dem Rücken, unerkannt aus Paris. Ein schönes Bild von dem, was Calvin geworden war: ein Weingärtner, bewaffnet mit der Hacke!

Der Flüchtling schlug sich durch die Normandie nach Angoulême. Hier wußte er einen Freund, den Canonicus Louis du Tillet, und ward von demselben als willkommener Gast aufgenommen. Der

---

*) Worte eines kath. Zeitgenossen, Pasquier, Recherches de la France.

Aufenthalt mag ein Jahr gewährt haben: die große Bibliothek des
reichen, vornehmen Canonicus vertrieb Herrn Charles von Esperville,
wie sich Calvin damals und noch später pseudonym nannte, nicht nur
in fruchtbarster Weise die Zeit ("Ich darf sagen, ich kam wieder
etwas vorwärts in der Wissenschaft"), sondern lockte ihn auch versuche=
risch, doch lieber die stille Bahn des Gelehrten einzuschlagen. Allein
auch hier gabs schmachtende Seelen, welche sich ebenso, wie zu Paris,
nach ihm drängten, als ob er hätte kommen müssen, um eben sie mit
dem Wasser des Lebens zu tränken. Du Tillet verspürte in der Nähe
seines Gastes gleichfalls ein evangelisches Leben in sich keimen und
begünstigte es, daß der Fremdling den Suchenden in der Stadt und
ihrer Umgegend ein Führer auf den Weg zur ewigen Heimath wurde.
Calvin arbeitete kurze Betrachtungen aus, welche der Canonicus un=
ter die niedere Geistlichkeit austheilen und durch diese in den Gemein=
den vorlesen ließ. Nach dem Berichte eines katholischen Schriftstellers
(Raimond) waltete Calvin auch in einer Grotte nahe bei Angoulême,
die heute noch seinen Namen führt, als Priester. Er habe darin
Hohen und Niedrigen gepredigt, stets anhebend: Lasset uns die Wahr=
heit suchen! Er habe ihnen auch das Nachtmahl nach des Herrn Ein=
setzung gereicht und einmal, unterbrochen von einem Anhänger der
katholischen Messe, ausgerufen: "Das ist meine Messe! Wenn Du,
o Herr, mich am Tage des Gerichts darüber tadelst, daß ich jene nicht
mehr mitfeierte, so werde ich Dir antworten und habe ein Recht zu
dieser Antwort: Herr, Du hast mir das nicht geboten. Hier liegt
Dein Gesetz, hier liegt die Schrift, die Du mir gegeben hast, in der
ich kein anderes Opfer habe finden können, als das, das am Altar
des Kreuzes ist geschlachtet worden!" Hie und da sei Calvin bei die=
sen Versammlungen mitten in der Rede von dem Feuer der Inbrunst
heftiger ergriffen worden und auf die Knie niedergesunken, um auf
die Anwesenden, auf sich und ganz Frankreich den göttlichen Segen
zu erflehen. — Kein Wunder, wenn in den Andachten jener Grotte
weitere Prediger des Evangeliums erweckt und gereift wurden, unter
denen sich später Etliche durch Hingebung ans Werk der Reformation
hervorthaten: Vernou in Poitiers, Babinot in Toulouse, Véron in
Saintonge 2c. — Derartige Zusammenkünfte konnten natürlich in die
Länge nicht verborgen bleiben. Nicht weniger ist als gewiß anzuneh=
men, daß sie, einmal auffällig geworden, ihren Unternehmer gefähr=

den mußten. Es wird daher als eine Art von Entweichen anzu=
sehen sein, wenn wir Calvin aus Angoulême weichen sehen. Er
machte jenen denkwürdigen Besuch am Hofe der Königin von Navarra
in Nerac, von welchem wir bereits die Begegnung mit dem ehrwür=
digen Lefèvre ausgehoben haben. Der junge Kämpfer suchte ohne
Zweifel an diesem Heerde des neuen Lebens eine Erfrischung und Er=
munterung, er fand noch mehr: eine prophetische Vergewisserung
seiner Mission. Wirkte sie so ermuthigend auf ihn, daß er kurz hierauf
seine Schritte wieder nach Paris lenkte? Jedenfalls weilte er daselbst
1534. Leicht möglich, daß Margarete ihm bei ihrem Bruder einen
Freibrief ausgewirkt hatte. Die Procedur in der Cop'schen Redeangele=
genheit wurde wenigstens um diese Zeit auf allerhöchsten Befehl eingestellt
und in der Verfolgung gegen die „armen, irregeführten Leute", die Luthe=
raner, trat eine merkliche Pause ein. Franz I. gefiel sich wieder plötzlich in
der Rolle, die freisinnigen Ideen auf kirchlichem Gebiete anzulächeln und
die katholische Welt mit allerlei Geberden zu necken: er „trällerte" die
Psalmen Marot's und äußerte den Plan, Melanchthon kommen zu
lassen, an den er ja später, nachdem er eben seine Hand mit dem
Blute der evangelischen Bekenner befleckt hatte, einen eigenhändigen
Brief schrieb, er möge nach Paris kommen, um eine Reformation in
Frankreich einzuleiten.*) Unter solchen Umständen konnte Calvin sich
der Meinung hingeben, Raum zu einer Wirksamkeit zu finden. Und
Etwas, das nach zwei Jahrzehnden eine tragische Fortsetzung erlebte,
that er auch wirklich. Er forderte Michaël Servet, einen Spanier, der
eine Schmähschrift gegen das Trinitätsdogma herausgegeben hatte,
zu einer öffentlichen Disputation heraus oder nahm vielmehr die
Herausforderung von Seiten des Stürmers an. Calvin glaubte der
Gefahr, womit ein solches Auftreten für ihn verbunden war, Stand
halten zu müssen: es galt, die evangelische Bewegung vor freigeistigen
Ausschreitungen, vielleicht auch noch den unruhigen Freigeist vor
weiterer Ueberstürzung zu retten. Ort und Stunde des Zweikampfs
waren bestimmt. Wer aber trotz allem Lärm, den er von der Sache
gemacht, nicht erschien, war Servet. Wäre er doch damals erschie=
nen, um sich beschämen zu lassen: es hätte zum Glück für Beide ab

---

*) Vgl. Philipp Melanchthon, ein evangelisches Lebensbild von
Paul Pressel. Stuttg. 1860. p. 75—77.

laufen mögen. Calvin erinnerte später den Armen im Kerker zu Genf daran: „Du weißt, daß ich damals Alles für Dich zu thun bereit war, und selbst mein Leben nicht zu hoch hielt, um Dich von Deinen Irrthümern abzubringen. An mir lag es nicht, daß nicht alle Frommen Dir wieder die Bruderhand reichten und Dich als den Ihrigen anerkannten!"

Servet war übrigens nicht der Einzige, welcher den Strom der evangelischen Bewegung durch unreine, wilde Gewässer zu trüben drohte. Wir werden bald von Anabaptisten und andern Schwärmgeistern hören. Ueberhaupt fuhr ein ungestümes Wesen in die Reihen der neugläubigen Partei. Die Exaltirten bekamen einen Augenblick die Oberhand. Eines Morgens — es war der 14. October 1534 — waren zu Paris an den Kirchen und Mauern, an den Palästen und so gar an der Thüre des königlichen Kabinets Plakate um Plakate angeklebt: heftige, zum Theil gehässige Ausfälle gegen „die abscheulichen und großen Mißbräuche der päpstlichen Messe, geradezu gegen das heilige Abendmahl unsres Herrn, einzigen Mittlers und Heilandes, Jesu Christi, erfunden." Ein derartiger Ueberfall mußte fast nothwendiger Weise eine katholische Bevölkerung außer sich bringen und die Erbitterung schrie laut um Rache zum Herrscherthron. Franz I. selbst war über diese plumpe Demonstration wüthend, ordnete ein peinliches Verfahren dawider an und ließ am 29. Jan. 1535 eine gräßliche Lustration ausführen. Eine Procession machte den Anfang. „Die Hostie, von den Reformirten Brod gescholten, sah man unter einem Baldachin, den die vier ersten Personen des Königreichs trugen: der Dauphin, die Herzoge von Orleans, von Vandôme und von Angoulême. Hinter ihnen ging der König selbst mit entblößtem Haupte, eine Fackel in der Hand, als wollte er im Namen des ganzen Landes die Kirchenbuße tragen. Nach der Messe, welche prachtvoll in Saint-Geneviève begangen wurde, begab sich der König nach dem bischöflichen Palast, nahm hier Platz auf einem im großen Saale errichteten Throne, und, umgeben von dem Clerus, dem Adel, dem Parlamente in rothen Gewändern, verfluchte er sich, Niemanden mehr, der sich von der Staatskirche trennen würde, Ruhe und Frieden zu gewähren." Er sprach so schrecklich als je später Philipp II., der Wütherich. Er handelte noch an demselben Tage so grausam, als je Nero, das Ungeheuer. Sechs Scheiterhaufen wurden an verschiedenen Orten der Hauptstadt errichtet und sechs Evangelische, darunter Calvins Hausherr, de la Forge, nach ihnen geschleppt, jedoch nicht, um einfach auf ihnen verbrannt zu werden. Sie wurden vielmehr je an einen langen Schwebebalken gebunden, an ihm ins Feuer hinabgelassen, dann wieder heraufge= zogen, dann wieder hinabgelassen, und so fort, bis sie endlich ganz langsam gebraten waren. Sechs Male hintereinander weidete sich der König selbst an dem teuflischen Schauspiel: aber er sah nicht Einen der Märtyrer die leiseste Spur von Schwäche oder Reue verrathen: sie starben sämmtlich gegenüber dem Könige des Mordes als Könige des Glaubens.

Nach einem solchen Tage, dem Bahnbrecher einer Menge gleich= artiger, mußte wohl Calvin der Meinung entsagen, für die Sache des Evangeliums in Paris wirken zu können. Er wandte sich zunächst abermals zu seinem werthen Gastwirth in Angoulême, du Tillet. Während des kurzen Aufenthaltes bei ihm scheint er seine erste theo= logische Schrift verfaßt oder vollendet zu haben, welche zugleich seine letzte Arbeit auf französischem Boden bildete. Der Titel heißt: Psychopannychia, eine Abhandlung, durch welche bewiesen wird, daß die Seelen in wachem Zustande leben, nachdem sie die Körper ver= lassen haben: gegen den Irrthum etlicher unwissenden Leute, welche annehmen, sie schlafen bis zum jüngsten Gerichte. Paris 1534. — Das Buch war gegen einen einzigen Irrthum der Anabaptisten gerich= tet: dieser, wie ihn der Titel angiebt, machte sich damals besonders breit und „Tausende fielen ihm zu". Offenbar handelte sichs aber darum, in einem einzelnen Stücke das unbiblische Wesen der „gottlosen Schwärmerei" überhaupt recht schlagend nachzuweisen. Eben daher, um namentlich das Wesen evangelischen Wahrheitssinnes in vollem Contraste leuchten zu lassen, verzichtet Calvin bei der Widerlegung auf alle eigenen Gedanken und hebt lediglich das über den Gegenstand aus, was die Schrift darüber enthält.*) Mit andern Worten: das formale Princip der Reformation wird mit ganzer Energie aufgestellt

*) „Ich weiß wohl, welchen Reiz die Neuheit oft auf uns ausübt, und wie sehr sie unsre Ohren lockt. Aber es gilt, sich jeder Zeit vorhal= ten, daß es nur Eine Stimme des Lebens giebt, nemlich die, die aus dem Munde des Herrn kommt. Dieser Einen sollen unsre Ohren sich öffnen, wenn es um die Lehre des Heiles sich handelt, und geschlossen blei= ben für alle andern."

und angewandt, um die Sektirer mit ihrer Phantasterei zu Schanden
zu machen. Das Wort und wieder das Wort und allein das Wort:
das ist der Grundton der Abhandlung, welche uns eben damit die
Grundkraft der Calvin'schen Wirksamkeit verräth. Eine wunderschöne
Darstellungsart und eine wundermächtige Beweisart treten bereits,
wie bei seiner spätern Schriftstellerei, ins hellste Licht, wogegen auch
bereits die Schatten sich lagern: Herbigkeit, Bitterkeit, Gewaltthä=
tigkeit im Angriff.

Man hat auch bei dieser Arbeit, wie beim Commentar zu Seneca,
nach den Beweggründen gefragt und zur Erklärung, warum eben
jetzt ein solcher Stoff, an allerlei gedacht, sogar daran, der Verfasser
habe seine Feinde irreleiten wollen, indem er sich mit ganz andern
Dingen als mit Controversen gegen Rom beschäftigt zeige. Allein,
wenn nicht Klugheit, doch Schlauheit mit solcher Berechnungsart liegt
einem solchen Charakter zu ferne, zu nieder. Uns scheint der Zusammen=
hang des Buchs mit der Zeitlage ein ganz natürlicher, tiefbegründeter.
Calvin fürchtete offenbar für die evangelische Bewegung weit weniger
die Verfolgung von Seiten der päpstlichen und weltlichen Gewalten,
als die Ausschweifungen und Zersetzungen innerhalb der evangelischen
Parthei. Wollte er wirklich damit etwas Bestimmtes angesichts der
Verhältnisse den Evangelischen zurufen, so war es wohl: bleibt nur
über Alles Euch selber, das heißt dem Worte treu, ohne über das=
selbe hinaus Etwas zu denken oder zu wollen, dann steht Eure Sache
trotz allen feindlichen Stürmen unumstößlich fest! Ein derartiger
Fingerzeig aufs Wort, ins Wort eignete sich zum besten Abschiedswort.

Calvin verließ Frankreich: es trieb ihn, hier entwurzelt, auf
den Wurzelboden der Reformation, nach Deutschland.*) Immer mehr
hingenommen von seinem großen Gaste, entschloß sich der Canonicus
du Tillet, denselben auf der weitern Flucht zu begleiten. Das Ziel
der Wandernden war Basel. Unterwegs wurden sie bestohlen und
kamen leeren Beutels in Straßburg an. Aber in dieser Stadt, die
längst ihre Thore der Predigt des Evangeliums geöffnet hatte, gab
es Freunde genug, die gerne weiter halfen. Calvin scheint bei Bucer

---

*) „Ich verließ mein Vaterland und begab mich nach Deutschland,
um dort in irgend einem verborgenen Winkel die Ruhe zu finden, die ich so
lange in Frankreich nicht hatte finden können." Vorrede zu den Psalmen.

abgestiegen zu sein. Dieser mag auch für die Aufnahme in Basel
Vorsorge getroffen haben. Die Häupter der Kirche und der Universi=
tät, Simon Grynäus und Capito, freuten sich, die Ankömmlinge
zu bewillkommnen: ein treffliches Quartier war für Calvin im Hause
einer gottseligen Frau, Catharine Klein, zugerichtet. Wie muß er in
diesem wohlgeordneten, evangelischen Gemeinwesen, am Sitze eines re=
gen wissenschaftlichen Lebens, im Umgang mit gleichgesinnten Männern
voll Glaubens und Geistes aufgeathmet haben! Hätte er nur auch
noch den Reformator Basels, den milden, seelenvollen Oekolampadius
angetroffen: derselbe war bereits im Frieden heimgegangen. Als die
Freunde den Sterbenden umgaben und, weil dessen Augen dunkel
wurden, fragten, ob sie Licht bringen sollten, deutete er lächelnd auf
seine Brust und lispelte: „Hier ist Licht genug!" Bei Capito, dem
andern Führer der Baseler Gemeinde, suchte sich Calvin im Hebräi=
schen fördern zu lassen. Auch mit Erasmus soll er durch Bucers
Vermittelung zusammengekommen sein: der Greis habe noch Spür=
kraft genug besessen, um nach einer Unterredung mit dem jungen
Heros auszurufen: „O welch eine böse Pest, die hier mitten in der
Kirche gegen die Kirche ausbricht!" Mit flüchtigen Landsleuten,
welche gleich ihm in Basel ein Asyl gefunden hatten, z. B. mit jenem
Rector Cop, mit dem feurigen Prediger Corault u. A. wird er ohne=
hin öfters verkehrt haben. „Vor Allem jedoch lag mir am Herzen,
verborgen und in der Stille zu bleiben."

In der Stille reifen die Saaten Gottes.

III.

Das Missionsprogramm: Die Institution.

Aus Frankreich drangen ununterbrochen die Seufzer gemarterter, gemordeter Glaubensbrüder nach Basel: die Verfolgung hatte sich von der Hauptstadt aus in gleich entsetzlicher Weise über die Provinzen ausgebreitet. Ganz Europa fühlte sich von einem Grauen über diese Unmenschlichkeiten erfaßt. Die protestantischen Fürsten Deutschlands ließen am französischen Hofe Vorstellungen machen. Franz I., damals auf ein möglichst gutes Einvernehmen mit diesen Gegnern des Kaisers bedacht, war natürlich im Lügen nicht weniger bewandert als im Morden. Er ließ in Depeschen und Flugschriften durch seine Gesandten und sonstwie allüberall versichern, er wolle dem Fortgang der Reformation in Frankreich nicht das mindeste Hinderniß in den Weg legen, im Gegentheil. Die Verfolgung betreffe lediglich nicht Bekenner des Evangeliums, sondern politische Unruhstifter, Sakramentsschänder, Wiedertäufer, gottloses Gesindel aller Art.

Was mußte ein Flüchtling wie Calvin über ein solches Manövre im Geiste ergrimmen! „Ich wäre mir vorgekommen wie ein Verräther, wenn ich mich diesen Lügen nicht auf die allerentschiedenste Art widersetzt hätte." Es galt eine große Sache vor Gott und Menschen zu führen, ein junger Mann, kaum 26 Jahre alt, unternahm die Führung, von heiligem Zorne entflammt, und offenbarte dabei eine Größe, vermöge der er seitdem zu den ehrwürdigsten und verdientesten, thatkräftigsten und geistvollsten Gestalten im Reiche der Wahrheit gezählt wird. Calvin arbeitete jene weltberühmte Zuschrift an König Franz I. aus, welche die Einleitung zu seinem reformatorischen Werke: „Unterricht in der christlichen Religion" bildet. Wir schulden und geben sie dem Leser ganz.*)

---

*) Vergl. Evangelische Volksbibliothek von Dr. Klaiber, Bd. I., p. 594 ꝛc.

Dem großmächtigen durchlauchtigsten Monarchen Franziscus, Frank= reichs allerchristlichstem Könige, seinem Fürsten und Herrn wünscht Frieden und Heil in Christo Johannes Calvinus.

Als ich zuerst Hand an dieses Werk legte, dachte ich nichts we= niger, als Etwas zu schreiben, was Deiner Majestät, ruhmwürdig= ster König, einst überreicht werden möchte. Meine Absicht war nur, einige Grundzüge zu entwerfen, wodurch Freunde der Religion zur wah= ren Gottseligkeit gebildet werden könnten. Zunächst bestimmte ich diese Arbeit unsern Franzosen, weil ich wußte, daß Viele von ihnen nach Christo hungern und dürsten, aber sehr Wenige unter ihnen fand, die auch nur eine mittelmäßige Erkenntniß der Wahrheit erlangt hätten. Daß dies mein Zweck war, spricht das Buch selbst mit seiner kunst= losen Form und schlichten Lehrart aus. Da ich aber sah, wie die Wuth einiger Gottlosen also in Deinem Reiche überhand nahm, als ob die reine Lehre ganz daraus verdrängt werden sollte, glaubte ich ein gutes Werk zu thun, wenn ich zu gleicher Zeit für Jene eine Unterweisung, für Dich eine Bekenntnißschrift verfaßte, woraus Du ersehen möchtest, welches die Lehre sei, wogegen jene Wütheriche so grimmig entbrennen, die heutzutage Dein Reich mit Feuer und Schwert verstören. Ja hier ist — ich schäme mich nicht, es laut zu sagen — diese Lehre in ihrem ganzen Zusammenhang dargestellt, von welcher Jene mit furchtbarer Stimme erklären, daß sie mit Bann und Gefängniß, mit Feuer und Schwert bestraft werden müsse, daß man ihre Anhänger weder zu Land noch zu Wasser dulden dürfe. O, ich weiß es wohl, mit welchen abscheulichen Anklagen sie Dein Ohr und Herz erfüllen, um Dir unsre Sache über Alles verhaßt zu machen. Aber Du wirst in Deiner Gnade und Einsicht erwägen, daß es nirgends mehr eine Unschuld gäbe, weder in Worten noch in Thaten, wenn die bloße Anklage schon hinreichte, die Schuld zu erweisen. Ohne Zweifel wird man Dir etwa sagen, um Dich von vornherein gegen die Sache einzunehmen, die ich hier vertrete: sie sei schon durch Stimmenmehrheit aus allen Ständen verdammt und durch eine Reihe von Richtersprüchen geäch= tet: allein damit ist blos gesagt, sie sei durch plumpe Gewalt und lügenhafte Tücke unterdrückt worden. Ja, Gewalt ist es, daß man ohne Verhör und Prüfung blutige Urtheile über sie ausgesprochen. Lug und Trug ist es, daß man sie gegen allen Augenschein als Em= pörung und Frevel brandmarkte. Daß wir hierüber nicht ohne Grund klagen, kannst Du selber bezeugen, durchlauchtigster König. Wie viele Lügen und Verläumdungen bringt man Dir nicht täglich gegen unsere Lehre vor: als ob sie nichts Anderes bezweckte, als den Königen ihre Scepter zu entwinden, die Gerichtshöfe und Obrigkeiten zu stürzen, alle Stände und Verfassungen umzukehren, den Frieden und die Ruhe der Völker zu stören, sämmtliche Gesetze aufzuheben, Herrschaft und Besitzthum zu vernichten, kurz Alles umzuwälzen und zu verwirren. Und das ist noch das Wenigste. Schauerliche Dinge werden über uns unter dem Volke verbreitet, so daß wir in der That, wenn sie wahr wären, mit tausendfachen Scheiterhaufen und Schaffoten bestraft werden müßten. Kein Wunder, daß allgemeiner Haß gegen uns entbrennt, wo solche Verläumdungen geglaubt werden. In diesem Glauben rufen die Stände in gemeinsamem Ausspruch ihre Verdammung über uns. In diesem Glauben sprechen diejenigen, die zu Richtern gesetzt sind, nicht ein gerechtes Urtheil, sondern ihre mitgebrachten Vorurtheile gegen uns aus, und meinen ihre Pflicht vollauf erfüllt zu haben, wenn sie Keinen auf den Richtplatz schicken, der nicht durch eigenes Geständniß oder durch Zeugenaussage überwiesen ist. Aber welches Verbrechens überwiesen? Nun, sagen sie, eben des Verbrechens, dieser verdammten Lehre anzuhängen. Verdammt? Aber mit welchem Rechte verdammt? Das ist ja der Punkt, auf den unsere ganze Vertheidigung sich stützt. Ableugnen wollen wir unsre Lehre nicht, hingegen beweisen, daß sie die wahre ist. Aber siehe, da sollen wir uns nicht erfrechen, ein Wörtlein zu stammeln!

So habe ich, mächtigster König, Grundes genug, Dich zu bitten, die Sache gründlich zu untersuchen, die bis jetzt unordentlich und unrechtlich von gehässiger Leidenschaft behandelt wurde. Glaube nicht, ich hätte eine Vertheidigung meiner Person im Sinne, um mir die Erlaubniß zur Heimkehr ins Vaterland zu erwirken: denn obwohl ich demselben natürlich zugethan bin, kann ich es doch unter den jeweiligen Umständen ohne zu großen Schmerz missen. Nein, die Sache aller Frommen, ja Christi selbst vertrete ich, sie, die jetzt in Deinem Reiche so kläglich geschmäht und zertreten wird, als sollte es aus mit ihr sein. Ich weiß wohl, daß dies weniger mit Deinem Willen und Wissen geschieht, als durch die Tyrannei pharisäischer Heuchler. Aber wie dem sei, Thatsache ist, daß die Wahrheit Christi, wenn nicht ganz verschwunden und verloren, doch verborgen und vergraben ist gleich einer schändlichen

Sache, die das Licht zu scheuen hat, und die geängstete Kirche, über die tausend Tode ergehen, den Mund nicht aufthun darf zu ihrer Vertheidigung. Und doch fahren sie fort mit ihrer Wuth und wollen die halb zerstörten Mauern vollends gar in Trümmer stoßen. Dies Alles steht vor Augen und Keiner tritt hervor, der seine Stimme gegen solche Frevel erhebt. Die, welche sich noch am meisten den Anschein geben wollen, als seien sie der Wahrheit gewogen, bemerken höchstens etwa, man müsse mit der Unklugheit und Unwissenheit der armen Leute einige Nachsicht haben. So reden sie von der gewissen Wahrheit Gottes und so drücken sie sich aus über die auserwählten Seelen, die der Herr so hoch geachtet, daß er ihnen die Geheimnisse der himmlischen Weisheit offenbarte: sie schämen sich Alle des Evangeliums Jesu Christi. Nun aber ist es Deine Aufgabe, durchlauchtigster König, Dein Ohr und Dein Herz einer so nothwendigen Verantwortung nicht zu verschließen, zumal da es sich um etwas so überaus Wichtiges handelt, nemlich darum: Wie Gottes Ehre auf Erden bewahrt, wie die Wahrheit in ihrer Würde erhalten, wie das Reich Christi unter uns sicher gebaut werden könne. Ja fürwahr, sie ist Deines Ohres würdig, diese Sache, würdig Deiner Prüfung, würdig Deines königlichen Thrones! Denn das macht ja den wahren König aus, daß er weiß: Ich bin der Diener Gottes, von Ihm gesetzt, um Sein Reich zu verwalten. Wer diese Ueberzeugung nicht in sich trägt, wer nicht in diesem Sinne regiert und den Vorsatz hat, Gottes Ehre in seinem Regimente zu befördern, der ist nicht König, sondern Hauptmann einer Räuberbande. Auch irrt gar sehr, wer lange Wohlfahrt hofft für ein Reich, das nicht durch Gottes Scepter, nemlich durch Sein heiliges Wort, regiert wird. Denn der göttliche Spruch lügt nicht Sprüchw. 29, 18: Wo keine Offenbarung, da wird das Volk zügellos, wohl aber dem, der das Gesetz bewahret! Und von der Erfüllung dieser Deiner Aufgabe darf Dich nicht etwa die Verachtung unserer Armuth und Niedrigkeit zurückhalten. Wir erkennen es ja gewiß an, daß wir elend sind und verachtet, arme Sünder vor Gott, verachtet und unwerth vor Menschen, der Auswurf und Kehricht der Welt, oder was man noch Geringeres finden mag. So daß uns nichts übrig bleibt, dessen wir vor Gott uns rühmen könnten, als Seine Barmherzigkeit, durch die wir ohne irgend ein Verdienst sind errettet worden; noch vor den

Menschen, als unsere Schwachheit, also eben das, was man sonst
für die größte Schmach erachtet. — Aber trotz alledem ist unsre Lehre
hoch erhaben und überschwenglich herrlicher als alle Macht und Herr=
lichkeit der Welt.   Denn sie ist nicht unser, sondern des lebendigen
Gottes und seines Christus, den der Vater gesetzt hat zum Könige
über Alles, damit Er herrsche von einem Meere zum andern und von
der Quelle der Ströme bis an die Enden der Erde. Mit dem Hauche
Seines Mundes, heißt es in den Propheten (Dan. 2, 34. Jes. 11, 4.
Psalm 2, 9), schlägt Er die Erde wie mit einer eisernen Ruthe, zer=
schmeißt Er sie, wie ein Töpfer sein Gefäß, mit all ihrer Kraft und
Herrlichkeit und wirft die Könige nieder in der Rüstung ihres Erzes,
in dem strahlenden Schmuck von Gold und Silber. — Freilich ent=
gegnen uns hier unsere Feinde und behaupten, daß wir das Wort
Gottes fälschlich in Anspruch nehmen, daß wir es vielmehr frevelhaft
verdrehen, wie sie sich ausdrücken. Aber prüfe nur unser Be=
kenntniß, das wir Dir hier vorlegen, und Du wirst dann nach Dei=
ner hohen Einsicht erkennen, welche satanische Verläumdung das ist,
welch eine schamlose Lügenhaftigkeit, der keine Wahrheit mehr etwas
gilt, dazu gehört. Indessen wird es vielleicht gut sein, wenn ich hier
schon Einiges voranschicke, was Dir zum Lesen dieser Schrift Lust
erwecken und den Weg zu ihrer Prüfung bahnen möge.

Als Paulus erklärte, daß jedes Prophetenwort nach der Regel
des Glaubens geprüft werden solle, hat er damit eine untrügliche
Anweisung aufgestellt, an der jede Auslegung der heiligen Schrift
geprüft werden kann. Und wenn man nun nach dieser Anweisung
unsre Lehre untersucht, so haben wir den Sieg in Händen. Denn
was stimmt vollkommener mit dem Glauben überein, als daß wir
anerkennen: Wir sind bloß von aller Tugend und Gott muß uns be=
kleiden, leer an allem Guten und Gott muß uns erfüllen, Knechte
der Sünde und Gott muß uns frei machen, blind und Gott muß uns
erleuchten, gefallen und Gott muß uns aufrichten, schwach und Gott
muß uns stützen, — mit Einem Worte: wir ermangeln alle des Ruh=
mes, damit Er allein Ruhm habe und wir in Ihm. Wenn wir nun
aber so reden, so schreien unsre Gegner, wir leugneten ich weiß nicht
welches natürliche Licht in dem Herzen der Menschen, den freien Wil=
len, das Verdienst eines heiligen Lebens, all die überschüssigen guten
Werke, die sie in Bereitschaft haben, kurz, sie können es nicht ertra=

gen, daß das Lob alles Guten, aller Tugend, Gerechtigkeit und Weisheit Gott allein zukommen soll und Niemanden außer Ihm. Und doch lesen wir nirgends, daß die Menschen darum getadelt werden, weil sie zu Viel aus der Quelle des Lebens schöpfen; im Gegentheil diejenigen straft der Prophet, die an selbstgegrabene Brunnen sich halten, die doch löcericht sind und kein Wasser geben (Jerem. 2, 13). — Was ist ferner dem Glauben angemessener, denn sich Gottes als des gnädigen Vaters zu getrösten, Christum als Bruder und Ver=söhner zu erkennen, alles Glück und Heil zuversichtlich von dem zu erwarten, dessen unaussprechliche Liebe so weit ging, daß Er auch Seines eigenen Sohnes nicht verschonte, sondern Ihn für uns dahin=gab (Röm. 8, 32)? Hier legen sie Hand an uns und verschreien solche feste Zuversicht als Stolz und Vermessenheit. Aber wie wir uns selbst in Nichts, so dürfen wir uns Gottes in Allem rühmen und nur darum entsagen wir dem eiteln Selbstruhm, damit wir lernen, uns im Herrn zu rühmen. Was soll ich weiter sagen? Durchforsche, erlauchter König, unsre Sache in all' ihren Theilen, und halte uns für die schändlichsten, strafwürdigsten Menschen, wenn Du nicht deutlich er=kennen wirst, daß wir deßhalb Noth und Schmach leiden, weil wir unsre Hoffnung auf den lebendigen Gott setzen: weil wir glauben, das sei das ewige Leben, den einigen wahren Gott und Jesum Christum, den Er gesandt hat, erkennen (1. Tim. 4, 10. Joh. 17, 3). Um dieser Hoffnung willen werden die Unsern in Ketten und Bande gelegt, mit Ruthen gegeißelt, zum Gespött herumgeschleppt, verbannt, gefoltert, vertrieben, verflucht, geschändet, aufs Grausamste verfolgt und miß=handelt. Blicke nun auf unsere Widersacher, ich meine den Stand der Priester, auf deren Wink und Befehl wir angefeindet werden, und erwäge einen Augenblick mit mir, was sie denken und wollen. Die wahre Religion, wie sie in der Schrift enthalten ist und Allen bekannt sein sollte, nicht zu kennen, zu vernachlässigen und zu verachten, das gestatten sie sich und Andern gerne; sie glauben, es sei wenig daran gelegen, was ein Jeder von Gott und Christo wisse oder nicht wisse, wofern er nur mit verborgenem Glauben, wie sie es nennen, seine Seele dem Gehorsam der Kirche unterwerfe. Es bekümmert sie nicht, ob die Ehre Gottes durch die schreiendsten Lästerungen befleckt werde, wenn nur Niemand gegen den Primat des apostolischen Stuhles und ge=gen das Ansehen der heiligen Mutter Kirche den Finger erhebt. Warum streiten sie also mit solcher Wuth und Bitterkeit für die Messe, das Fegfeuer, die Wallfahrten und solcherlei Possen, so daß sie behaupten, ohne den öffentlichsten Glauben an diese Dinge könne keine Frömmigkeit bestehen, da sie doch keines derselben aus dem Worte Gottes erweisen können? Warum anders, als weil der Bauch ihr Gott und die Küche ihre Religion ist. Würden ihnen diese genommen, so würden sie sich nicht nur keine Christen, sondern nicht einmal mehr Menschen zu sein dünken. Denn obwohl Einige im Uebermaße schwelgen, Andere nur von den Brosamen sich sättigen, so leben sie doch Alle aus demselben Topfe, der ohne jene Heizmittel nicht blos erkalten, sondern zu Eis erstarren würde. Darum jemehr ein Jeglicher unter ihnen für den Bauch sorgt, desto kecker streitet er für seinen Glauben. Kurz, auf die Erhaltung ihres Regimentes und auf die Fülle ihres Bauches geht ihrer Aller einziges Streben; bei Keinem findet sich auch nur die mindeste Spur eines reinen Eifers für die Wahrheit. — Und dennoch hören sie nicht auf, unsre Lehre anzugreifen, zu schimpfen, zu lästern und zu verläumden, um sie verhaßt und verdächtig zu machen. Sie nennen sie eine neue, so eben aufgekommene, und suchen sie dadurch um das Vertrauen zu bringen. Sie fragen, welche Wunder sie aufzuweisen habe und ob es recht sei, daß sie gegen die übereinstimmende Lehre der heiligen Väter und gegen das uralte Herkommen auftrete: sie dringen darauf, wir sollen sie für eine schismatische erklären, welche der Kirche den Krieg ankündige; oder die Kirche sei in den vielen Jahrhunderten, worin man nichts dergleichen vernommen, erstorben gewesen. Endlich sagen sie, es bedürfe keiner weitern Beweise: man könne die Art dieser Lehre schon aus ihren Früchten erkennen, da sie so viele Sekten, Empörungen, Zügellosigkeiten und Frevel erzeugt habe. — Gewiß wird es ihnen nicht schwer, eine unbekannte Sache bei einer unwissenden und leichtgläubigen Menge zu verspotten. Käme aber das Reden auch an uns, dann würde wahrlich jene Wuth bald erkalten, welche sie jetzt, frech und ungestraft, gegen uns ausschäumen.

Vorerst, wenn sie unsre Lehre eine neue nennen, so lästern sie Gott, dessen heiliges Wort nicht der Neuheit beschuldigt werden darf. Daß es für sie eine neue Lehre sei, bezweifle ich nicht: denn ihnen ist Christus und sein Evangelium neu. Wer aber jene Predigt Pauli als eine alte kennt, daß nemlich Christus um unsrer Sünden willen gestorben und um unsrer Gerechtigkeit willen auferweckt sei

(Röm. 4, 25), der wird bei uns nichts Neues finden. Daß sie so lange verborgen und begraben lag, ist die Schuld menschlicher Gott= losigkeit: jetzt, da sie durch Gottes Güte uns wieder aufgedeckt ward, sollte sie wenigstens wieder in ihrer alten Geltung und Bedeutung anerkannt werden.

Daß sie unsre Lehre für zweifelhaft und unsicher ausgeben, fließt aus derselben Unwissenheit. Wahrlich hier trifft das ein, worü= ber der Herr durch seine Propheten klagt (Jes. 1, 3): Der Ochs kennt seinen Herrn und der Esel die Krippe seines Herrn, aber Israel kennt Mich nicht und Mein Volk vernimmt es nicht. O, wenn sie, die unsre Lehre als eine ungewisse verspotten, die ihrige auch, wie wir, mit ihrem Blute besiegeln und ihr Leben dafür lassen müßten, dann käme ihre Gewißheit zu Tage. Unsre Zuversicht aber fürchtet weder des Todes Schrecken noch des Ewigen Richterstuhl.

Daß sie Wunder von uns fordern, ist lautere Thorheit. Denn wir wollen durchaus nicht irgend ein neues Evangelium schaffen, son= dern wir halten fest an dem Einen, dessen Wahrheit zu bekräftigen, alle Wunder dienen, welche Christus und die Apostel gethan. Aber sie wollen ihre Lehre mit bis heute fortlaufenden Wundern bestätigen. Ei diese Wunder: die einen sind so abgeschmackt und lächerlich, die andern so grundlos und erlogen, daß sie bei näherer Beleuchtung gerade das Gegentheil wirken müssen. Und wären es auch wirkliche Wunder, dürften sie doch gegen Gottes Wahrheit kein Gewicht haben: denn der Name Gottes soll immer und überall geheiligt werden, sei es durch Wunderzeichen oder die Ordnung der Natur. Scheinbarer könnte vielleicht das Gaukelspiel sein, wenn uns nicht die heilige Schrift über den gesetzmäßigen Zweck und Nutzen der Wunder belehrte. Denn daß die Zeichen, welche die Predigt der Apostel begleiteten, zu derselben Bestätigung geschahen, lehrt uns Marc. 16, 20. Ebenso meldet Lucas, der Herr habe dadurch dem Wort seiner Gnade Zeug= niß gegeben, daß Er Zeichen und Wunder geschehen ließ durch der Apostel Hände (Acta 14, 3). Dem ähnlich ist der Ausspruch des Apostels Hebr. 2, 4: Gott hat Zeugniß gegeben mit Zeichen, Wundern und mancherlei Kräften. Sollten wir denn nun, was Zeichen des Evangeliums sein sollten, umwandeln, um den Glauben an das Evangelium zu zerstören? Sollen wir, was bestimmt ist, die Wahr= heit zu besiegeln, zur Bekräftigung der Lügen mißbrauchen? Folglich

ziemt es, zuerst die Lehre, welche nach dem Ausspruch des Evange=
listen vorhergeht, zu prüfen und zu erforschen, und wenn man diese
bewährt gefunden hat, dann erst muß sie durch Wunder ihre Bestäti=
gung erhalten. Das Kennzeichen der reinen Lehre aber ist nach Christi
Ausspruch, wenn sie nicht der Menschen, sondern Gottes Ehre sucht
(Joh. 7, 18. 8, 50). Da Christus eine solche Prüfung der Lehre ver=
langt, so beruft man sich mit Unrecht auf Wunder, die auf irgend
etwas Anderes als auf die Verherrlichung des Namens Gottes bezogen
werden. Wir müssen wohl bedenken, daß auch der Satan seine Wun=
der hat, welche, obwohl mehr Gaukeleien als wirkliche Kräfte, doch die
Unkundigen und Unerfahrenen täuschen können. Magier und Zaube=
rer haben sich von jeher durch Wunder einen Namen gemacht; erstaun=
liche Wunder haben den Götzendienst genährt, ohne uns doch für den
Aberglauben der Zauberer und Götzendiener zu gewinnen. Mit solchem
Vorgeben, daß sie Wunder thun könnten, wußten ehemals die Dona=
tisten die Einfalt und Leichtgläubigkeit des Volkes zu erobern. Darum
bescheiden wir jetzt unsre Gegner ebenso, wie damals Augustinus die
Donatisten, nemlich daß der Herr uns gegen jene Wunderlinge vor=
sichtig gemacht habe, da Er vorhersagte, es würden falsche Propheten
kommen, welche durch lügenhafte Zeichen und mancherlei Wunder
auch die Auserwählten, wo's möglich wäre, in den Irrthum verführen
würden (Joh. 7, 18. 8, 50). Und Paulus verkündete warnend, daß
das Reich des Antichrists mit allerlei Kräften, Zeichen und falschen
Wundern erscheinen werde (Matth. 24, 24. 2. Thess. 2, 8—11). —
Aber diese Wunder, sagen sie, geschehen nicht von Götzendienern,
Uebelthätern, falschen Propheten, sondern von Heiligen. Als ob wir
nicht wüßten, daß eben dies Satans List sei, sich in einen Engel des
Lichtes zu verstellen (2. Cor. 11, 14). Ehmals opferten die Aegypter
dem unter ihnen begrabenen Jeremias, und erwiesen ihm andere gött=
liche Ehre. Mißbrauchten sie da nicht den heiligen Propheten Gottes
zur Abgötterei? Und doch erlangten sie durch solche Verehrung seines
Grabes, daß sie die Heilung von Schlangenbissen für eine gerechte
Belohnung derselben hielten. Was sollen wir dazu sagen? War es
nicht von jeher und wird es nicht immer Gottes gerechte Strafe sein,
denen, welche die Liebe zur Wahrheit nicht haben angenommen, kräf=
tige Irrthümer zu senden, also, daß sie der Lüge glauben (2. Thess.
2, 11)? Folglich fehlt es uns keineswegs an Wundern und zwar

solchen, die gewiß und über allen Spott erhaben sind. Hingegen, welche sie vorgeben, sind offenbar Täuschungen des Satans, indem sie das Volk von der wahren Verehrung Gottes zur Lüge verleiten.

Was viertens die Autorität der Väter anbetrifft, welche sie uns entgegenstellen, so neigt sich, versteht man darunter die Schrift= steller der früheren christlichen Jahrhunderte, nach bescheidenem Aus= druck die weitaus größere Hälfte des Sieges uns zu. Da jedoch jenen Vätern bei vielem Vortrefflichen und Weisen, das sie geschrieben, auch Menschliches begegnet ist, so beten jene folgsamen Söhne nur ihre Fehler und Irrthümer an, die Wahrheiten aber mißachten oder verheh= len oder verdrehen sie, so daß man sagen muß: sie suchen mit Fleiß aus dem Golde den Koth hervor. Und dann verfolgen sie uns mit ihrem Geschrei, als ob wir die Väter verachteten. Davon sind wir aber so weit entfernt, daß ich, erforderte es mein Zweck, den größten Theil unsrer Behauptungen durch Zeugnisse aus Jenen leicht erhärten könnte. Indeß gebrauchen wir solche Schriften stets eingedenk des apostolischen Spruches 1. Cor. 3, 21: Niemand rühme sich eines Menschen. Es ist Alles Euer, Ihr aber seid Christi 2c. Nach dieser Regel wählen wir aus und ohne dieses kommt nie eine Festigkeit des Glaubens heraus. Jene heiligen Männer wußten Vieles noch nicht und sind in vielfachem Widerspruch mit einander, oft auch mit sich selbst. — Nicht ohne Ursache, sagen sie, warnt uns Salomo, die alten Grenzen zu über= schreiten, welche unsre Väter gesetzt haben Spr. 22, 28. Aber es hat eine andere Bewandtniß mit den Grenzen der Aecker, als mit dem Gehorsam des Glaubens, welcher so beschaffen sein muß, daß man dabei seines Volks und Vaterhauses vergißt Psalm 45, 11. Haben sie ein so großes Wohlgefallen am Allgemeinen, warum wählen sie nicht lieber die Apostel, als jedwede Andere, zu Vätern, deren Gren= zen zu verrücken Frevel sei? denn so erklärte es Hieronymus, dessen Aussprüche sie unter ihre Canones gesetzt haben. Und wenn sie die Grenzen der Väter unverrückt halten wollen, warum springen sie dar= über so muthwillig weg, wenn's ihnen beliebt? Einer der Väter sagte, unser Gott esse und trinke nicht, bedürfe also weder Schüsseln noch Kelche; ein Anderer, die Sakramente verlangen weder Gold noch Silber, und was mit Gold nicht erkauft werde, könne auch durch Gold nicht gefallen (Acatius und Ambrosius). Folglich überschreiten sie der Väter Grenzen, indem sie bei ihren Gottesdiensten sich so sehr

in Gold, Silber, Elfenbein, Marmor, Edelsteinen und Seidenstoffen
gefallen, und wähnen, Gott könne ohne Prunk und Luxus nicht recht
verehrt werden. Einer der Väter sagte, weil er ein Christ sei, esse er
mit Freiheit Fleisch an Tagen, daran Andre sich dessen enthalten (Spiridion): sie aber verfolgen diejenigen mit dem Kirchenfluche,
welche während der Fastenzeit Fleisch kosten. Einer der Väter sagte,
ein Mönch, der nicht mit seinen Händen arbeite, sei einem Tagedieb
oder Räuber gleichzuachten; ein Anderer, es zieme den Mönchen
nicht, von fremdem Gute zu leben, wie fleißig sie auch mit Betrachtungen, Gebeten und Studien sich beschäftigten (Augustin). Allein sie
setzen ihre dicken müßigen Pfaffenbäuche in die Garküchen und
Hurenhäuser der Klöster, um von fremder Habe sich zu mästen. — Einer
der Väter erklärte es für einen Greuel, Bilder Christi oder der Heiligen in die Tempel der Christen zu stellen (Epiphanius). Eine ganze
Kirchenversammlung verbot, Gegenstände oder Personen der Anbetung an die Wände zu malen (Concil. Elibert.). Sie aber lassen
keinen Winkel ohne Bilder. — Einer der Väter hat gerathen, die Ver-
storbenen nach dem Leichenbegängniß in Ruhe zu lassen (Ambrosius).
Sie aber setzen den Todtencultus endlos fort. — Einer der Väter bezeugt, daß die Substanz des Brodes und Weines im Abendmahl so
bleibe und nicht aufhöre, gleichwie die menschliche Substanz und Natur, verbunden mit der göttlichen, im Herrn bleibe (Gelasius). Sie
aber geben vor, durch die weihenden Worte des Priesters gehe eine
Verwandlung in Fleisch und Blut vor sich. — Väter waren es, welche
der gesammten Kirche nur Ein Abendmahl darreichten, und sowie sie
die Lasterhaften und Ruchlosen davon ausschlossen, alle Andern, die
obwohl gegenwärtig, nicht daran Theil nahmen, ernstlich bestraften
(Chrysostomus 2c.). Sie aber erfüllen mit ihren Messen nicht nur die
Kirchen, sondern auch die Privatwohnungen, lassen am liebsten diejenigen zu, welche theuer bezahlen, mögen sie sonst noch so unwürdig
sein, ermahnen dagegen zum Glauben an Christum und an den rechten
Genuß des Sakraments Niemanden, sondern setzen Werke an die
Stelle der Gnade und des Verdienstes Jesu. — Zwei Väter waren es,
wovon der Eine befahl, den vom Abendmahl auszuschließen, der es
nur unter Einer Gestalt, nur mit Brod oder nur mit Wein, genießen
möchte; der Andere eifrigst dafür stritt, daß dem Volk der Kelch nicht
vorenthalten werden dürfe (Gelasius und Cyprian). Sie aber machen

eben das zu einem unverbrüchlichen Gesetze, was der Eine mit dem Banne bestrafte und der Andere aufs Entschiedenste verwarf.—Einer der Väter erklärte es für Vermessenheit, über eine dunkle Sache bestimmte Lehren festzusetzen, ohne ausdrückliche und klare Zeugnisse der heiligen Schrift (Augustin). Sie aber haben eine Menge von Verordnungen, Canones und Grundbestimmungen ohne irgend ein Wort Gottes beschlossen.—Einer der Väter machte dem Montanus neben anderen Ketzereien den Vorwurf, daß er zuerst den Christen Fastengebote auferlegt habe (Apollon.). Sie aber brachten ein ganzes Heer strenger Fastengebote auf.—Einer der Väter behauptete, den Dienern der Kirche dürfe die Ehe nicht untersagt, sondern es müsse ihnen Keuschheit und eheliche Verbindung mit Einem Weibe geboten werden, und dieser Erklärung stimmten noch andere Väter bei (Paphens trip. hist.). Sie aber erklären die Ehelosigkeit der Priester für nothwendig.—Einer der Väter ermahnte, Christum allein zu hören, von dem gesagt ist: Ihn sollt ihr hören: also nicht darauf zu achten, was Andere vor uns gesagt oder gethan, sondern lediglich was Christus, der Erste von Allen, geboten (Cyprian). Sie aber lassen alles mögliche Andere und alle möglichen Andern außer Christo gelten. — Einer der Väter warnte, die Kirche über Christus hinauf zu setzen, weil dieser allein immer wahrhaftig richte, geistliche Richter dagegen als Menschen oftmals irren (Augustin). Sie aber entblöden sich nicht zu erklären, das ganze Ansehen der Schrift beruhe auf dem Ausspruch und der Entscheidung der Kirche.—Alle Väter haben einstimmig und einhellig jede Entstellung und Befleckung des heiligen Gotteswort durch sophistische Spitzfindigkeiten und jede Vermengung desselben mit den Zänkereien der Dialektiker verflucht und verabscheut. Halten sich Jene nun in diesen Grenzen, wenn sie in ihrem ganzen Leben auf nichts Anderes ausgehen, als wie sie die Einfalt der Schrift mit unzähligen Streitfragen und mehr als sophistischen Zänkereien verwirren und verwickeln mögen? Ja, wenn die Väter wieder auferstünden und von dieser Streit- und Zankkunst hörten, welche von Jenen speculative Theologie genannt wird, sie würden nichts weniger glauben, als daß es sich um Gottes Sache handle. Aber meine Rede würde über Gebühr sich ausbreiten, wenn ich weiter nachweisen wollte, mit welcher Frechheit sie das Joch der Väter, als deren gehorsame Kinder sie scheinen wollen, abschütteln. Dazu würden Monate und Jahre kaum

3*

hinreichen. Und doch haben sie die unverschämte Stirne, uns vor=
zuwerfen, daß wir die alten Grenzen überschreiten!

Zum Fünften verweisen sie uns ganz vergeblich auf das Her=
kommen. Freilich wenn die Menschen gesundem Urtheil folgten, so
würden sie die Handlungsweise der Guten zum Herkommen machen.
Aber sie handeln mehrentheils ganz anders. Was die Menge thut,
erhält die Geltung eines Herkommens. Kaum stand es jedoch jemals
mit der Menschheit so gut, daß der Mehrzahl das Bessere gefiel. So
entsprang aus den einzelnen Verirrungen Vieler gewöhnlich der Irr=
thum des Ganzen oder ein Verein zur gemeinsamen Unterstützung der
Verkehrtheit. Hierauf wollen jene gute Leute Gesetze bauen. Wer Augen
hat zu sehen, sieht, welche Meere von Uebeln sich über die Erde ergossen,
welche verderbliche Seuchen die Welt ergriffen haben, wie Alles dem Un=
tergang entgegen eilt, so daß nichts übrig bleibt, als entweder an dem
Zustand der Menschheit zu verzweifeln, oder Hand ans Werk zu legen
und mit Macht dem Unheil zu steuern. Die Abhülfe verweigert man aus
keinem andern Grunde, als weil wir längst an die Uebel gewöhnt
worden sind. Mag indessen der Irrthum in dem menschlichen Gemein=
wesen seinen Platz behalten, in dem Reiche Gottes muß allein Seine
ewige Wahrheit gehört und erkannt werden, die durch keine Reihe
von Jahren, kein Herkommen noch Bündniß verjähren kann. So
lehrte einst Jesaias die Auserwählten Gottes, sie sollten nicht reden
von Bund in Allem, wie das Volk von nichts denn von Bund rede
Jes. 8, 12; d. h. sie sollten nicht dem im Bösen einstimmigen Volke
zustimmen, nicht sich also fürchten, wie sie thun, nicht sich grauen
lassen wie sie, sondern den Herrn der Heerschaaren heiligen und Ihn
lassen ihre Furcht und ihr Schrecken sein. Mögen sie also immerhin
uns die vergangenen Jahrhunderte und die Beispiele der Gegenwart
vorhalten: heiligen wir den Herrn Zebaoth, so werden wir uns nicht
schrecken lassen. Wenn viele Jahrhunderte sich zu gleicher Gottlosig=
keit verbündet haben, so ist der Herr ein starker Gott, um an dem
dritten und vierten Geschlechte Rache zu nehmen; oder mag die ganze
Welt zu gleichem Verderben sich vereinen, Er hat durch die That er=
wiesen, welches das Ende derer sei, die mit der Menge sündigen:
als Er das ganze Menschengeschlecht durch die Fluth verderbte und
nur den Noah mit seiner kleinen Familie errettete (1. Mos. 7. Hebr.
11, 7). Kurz, ein verkehrtes Herkommen gleicht einer allgemeinen

Pest, in welcher Diejenigen, welche mit der Menge sterben, nicht minder umkommen. Dazu sollte man bedenken, was Cyprian sagt: daß die, welche aus Unwissenheit sündigen, wenn gleich nicht frei von aller Schuld, doch einige Entschuldigung vorbringen zu können scheinen, diejenigen aber, welche die ihnen durch Gottes Güte dargebotene Wahrheit hartnäckig verwarfen, keinen Anspruch auf Entschuldigung haben. — Umsonst suchen sie uns mit dem Dilemma ins Gedränge zu bringen: entweder sei die Kirche eine Zeit lang erstorben gewesen oder stehen wir mit der Kirche im Kriege. Gelebt hat fürwahr die Kirche des Herrn und sie wird leben, so lange Christus zur Rechten des Vaters thronen wird; Seine Hand wird sie halten, Seine Obhut sie schirmen und Seine Kraft sie unversehrt bewahren. Er wird vollbringen, was Er übernommen hat, und ihr nahe sein bis ans Ende der Welt. Gegen sie streiten wir nicht, denn den Einen Gott und Christum den Herrn verehren und beten wir einmüthig an mit dem Volke Seiner Gläubigen, wie Er immer von allen Frommen angebetet worden ist. Aber jene stellen sich der Wahrheit gar ferne, wenn sie keine andere Kirche anerkennen wollen, als welche sie vor ihren Augen sehen, und sie mit Schranken zu umgeben suchen, in welche sie keineswegs verschlossen ist. Hier liegt der wahre Streitpunkt: vorerst, daß sie eine immer sichtbare, in die Augen fallende Form der Kirche fordern, darnach, daß sie diese Form an den Sitz der römischen Kirche und ihren Priesterstand knüpfen. Wir dagegen behaupten, daß die Kirche bestehen könne ohne sichtbare Form, und daß diese Form nicht in dem äußern Glanze, den sie thöricht bewundern, sondern in ganz andern Merkmalen enthalten sei, nemlich in reiner Verkündigung des göttlichen Wortes und verordneter Verwaltung der Sakramente. Sie sind unwillig, wenn ihnen die Kirche nicht immer mit dem Finger gezeigt werden kann. Aber wie oft ward sie bei dem jüdischen Volke so entstellt, daß kaum ein Schein derselben übrig blieb? Wo war damals ihre glänzende Gestalt, als Elias klagte, daß er allein übrig sei? Wie lange mußte sie nach der Erscheinung Christi sich ohne Gestalt verbergen? Wie oft wurde sie seitdem von Kriegen, Aufruhren und Ketzereien unterdrückt, so daß sie nirgend hervorleuchtete? Hätten unsre Gegner damals gelebt, würden sie auch nur an das Dasein einer Kirche geglaubt haben? Aber Elias vernahm, daß Siebentausend übrig geblieben waren, die

ihre Kniee nicht vor Baal gebeugt hatten 1. Kön. 19, 14. 18. Und
so dürfen auch wir nicht zweifeln, daß Christus, seit Er auffuhr gen
Himmel, immer auf Erden geherrscht habe. Hätten aber damals die
Frommen irgend eine sichtbare Form mit Augen gesucht, hätten sie
dann nicht verzagen müssen? Und fürwahr, schon Hilarius hielt es zu
seiner Zeit für ein Zeichen tiefer Verderbniß, daß sie, durch thörich=
tes Anstaunen der bischöflichen Würde verblendet, die verderbliche
Schlange, die unter dieser Larve verborgen lag, nicht bemerkten.
Denn also redet er: „Vor Allem warne ich euch, hütet euch vor
dem Antichrist, denn die Lust an den Wänden hat euch böslich ver=
blendet, böslich verehrt ihr die Kirche Gottes in geschmückten Tempeln
und Gebäuden, wähnend, daselbst wohne der Bund des Friedens.
Kann man noch zweifeln, daß in ihnen der Antichrist seinen Sitz
haben werde? Berge und Wälder und Seen und Kerker und Wüsten
halte ich für sicherer, denn in diesen, wohnend oder versenkt, weissag=
ten die Propheten." Was anders aber verehrt jetzo die Welt an ihren
gehörnten Bischöfen, als daß sie diejenigen für heilige Vorsteher der
Religion achtet, in deren Händen sie die Herrschaft über die berühm=
testen Städte sieht? Hinweg mit solcher dummen Verehrung! Laßt
uns vielmehr dieses dem Herrn anheim stellen, ob Er, der allein die
Seinigen kennt, zuweilen die äußere Erkenntniß Seiner Kirche dem
Blick der Menschen entziehen will. Freilich eine furchtbare Rache
Gottes an der Welt: aber wenn sie die Gottlosigkeit der Menschen
verdient, dürfen wir mit der Gerechtigkeit Gottes rechten? So hat
in vergangenen Zeiten der Herr die Undankbarkeit der Menschen ge=
züchtigt. Denn da sie der Wahrheit nicht gehorchen wollten und
Sein Licht ausgelöscht hatten, gab Er sie mit verblendeten Sinnen
und abgeschmackten Lügen in tiefe Finsterniß dahin, so daß kein
Schimmer der wahren Kirche übrig blieb. Dennoch wußte Er die
Seinigen, obwohl mitten in den Finsternissen zerstreut und verborgen,
aus dem Verderben zu retten. Kein Wunder, konnte Er sie doch in
der Verwirrung Babylons und in den Flammen des glühenden Ofens
erhalten. Wie gefährlich es aber sei, wenn sie die Gestalt der Kirche
nach eiteln Geprängen beurtheilt wissen wollen, will ich nur mit
Wenigem beiläufig andeuten. Der Papst, sagen sie, der den aposto=
lischen Sitz inne hat, sowie die von ihm gesalbten und geweihten, mit
der Mütze und dem Stabe geschmückten Bischöfe, repräsentiren die

Kirche und müssen für die Kirche gehalten werden; deßhalb können sie auch nicht irren. Warum dieses? Weil sie Hirten der Kirche und dem Herrn geweiht sind. Waren Aaron und die übrigen Vorsteher Israels nicht auch Hirten? 2. Mos. 32, 4. Aaron aber und dessen Söhne, schon zu Priestern ausersehen, irrten dennoch, indem sie das goldene Kalb verfertigten. — Warum hätten denn, aus demselben Grunde, jene vierhundert Propheten die Kirche nicht repräsentirt, welche Ahab belogen (1. Kön. 22, 11)? Aber die Kirche stand auf Seiten des Micha, zwar eines einzigen verachteten Mannes, aber aus dessen Munde Wahrheit hervorging. Gaben sich nicht auch jene Propheten den Namen und das Ansehen der Kirche, welche alle zugleich wider Jeremias auftraten und drohend ausriefen: das Gesetz könne dem Priester, der Rath dem Weisen, das Wort dem Propheten nicht ausgehen (Jer. 18, 18)? Gegen eine ganze Schaar Propheten wird einzig Jeremias gesendet, um ihnen von dem Herrn anzusagen, dem Priester werde das Gesetz, dem Weisen der Rath, dem Propheten das Wort entfallen. Strahlte nicht solcher Glanz in jener Versammlung, welche die Hohepriester, Schriftgelehrten und Pharisäer hielten, als sie den Beschluß faßten, Christum zu tödten (Luc. 22, 2.)?

Mögen denn unsre Gegner an der äußern Hülfe kleben bleiben, um Christum und die Propheten zu Schismatikern, und gleichermaßen die Werkzeuge des heiligen Geistes zu Satans Dienern zu machen! Wollen sie von Herzen reden, so mögen sie mir treulich antworten, wo denn in aller Welt nach ihrer Meinung die Kirche ihren Sitz habe, seitdem durch den Beschluß des Basler Concils Eugenius des Papstthums entsetzt wurde und Amadeus an seine Stelle kam? Wie sehr sie sich sträuben, sie können nicht leugnen, daß dieses Concil, was die äußern Gebräuche betrifft, gesetzmäßig war, und nicht blos von Einem Papst, sondern von Zweien ausgeschrieben. Auf demselben wurde Eugenius des Schisma's, der Empörung, der Widerspenstigkeit überführt und sammt dem ganzen Heere der Kardinäle und Bischöfe verdammt, welche mit ihm auf die Auflösung des Concils gedrungen hatten. Nachher bekam er dennoch, durch die Gunst der Fürsten unterstützt, die volle Papstwürde. Die Wahl des Amadeus aber, welche mit Zustimmung der allgemeinen hochheiligen Synode gesetzmäßig vollbracht war, wurde zu Rauch, außer daß derselbe mit einem Kardinalshut, wie ein bellender Hund mit einem vorgeworfenen Bissen,

besänftigt wurde. Aus dem Schooß dieser rebellischen und wider=
spenstigen Ketzer ging sofort hervor alles, was Papst, Kardinal,
Bischof, Abt und Priester hieß. Hier in die Enge getrieben, müssen
sie nothwendig festsitzen. Denn welcher von beiden Partheien wollen
sie den Namen der Kirche beilegen? Wollen sie leugnen, es sei ein
allgemeines Concil gewesen, dem an äußerer Majestät nichts fehlte?
Es wurde durch Bullen feierlich einberufen, durch einen Legaten des
römischen Stuhls eingeweiht, in vollständiger Ordnung abgehalten,
in ununterbrochenem Anstande bis zum Schlusse fortgesetzt. Werden
sie den Eugenius mit seinen Anhängern, die alle heilig gesprochen
wurden, für Schismatiker erkennen? So mögen sie demnach entweder
die Form der Kirche anders bestimmen, oder wir halten alle Diejenigen
für Schismatiker, welche mit Wissen und Willen von Ketzern geweiht
wurden. Hätte man es nicht schon lange zuvor erfahren, daß die Kirche
nicht an äußeres Gepränge gebunden ist, so könnten sie selbst uns zum
vollen Beweise dienen, sie, die unter dem glänzenden Namen der
Kirche sich so lange hochmüthig der Welt aufgedrungen haben, während
sie der Kirche eine verderbliche Pest sind. Von ihren Sitten, ihrem
Wandel, ihren Thaten will ich nicht reden, weil sie selbst schon gesagt
haben, sie seien Pharisäer, die man hören, nicht aber nachahmen müsse.
Aber wenn Du, o König, einen Theil Deiner Muße dazu verwenden
wolltest, unsre Schriften zu lesen, so wirst Du deutlich erkennen, daß
ihre Lehre, eben die Lehre, welcher sie nach ihrer Aussage verdanken,
daß sie die Kirche sind, eine Mördergrube der Seelen, eine Brand=
fackel und ein Fallstrick der Kirche ist.

Endlich verrathen sie nur ihre Thorheit und Bosheit, wenn sie
erzählen, welche Unruhen, Verwirrungen und Streitigkeiten die Früchte
unsrer Predigt seien: da doch alles dies nicht unsrer Predigt, sondern
dem Satan, der sie wehrt, zuzuschreiben. Denn es ist die Natur und
das Schicksal des göttlichen Wortes, daß es niemalen wirkt, ohne daß
der Teufel auch erwache und geschäftig sei. Dies ist aber auch das
sicherste Zeichen, wodurch es von lügenhaften Lehren sich unterscheidet,
da diese immer mit willigen Ohren vernommen und von der Welt mit
lautem Beifall aufgenommen werden. — So dienten einige Jahr=
hunderte hindurch, darin Alles in dicke Finsterniß gehüllt war, fast
alle Menschen diesem Fürsten der Welt zum Scherz und Spielzeug,
und er selbst ruhte und schwelgte, gleichsam wie ein anderer Sarda=

napal, in tiefer Ruhe und Frieden; denn warum hätte er nicht lachen und sich weiden sollen im ungestörten Besitz seiner Herrschaft? Aber sobald das Licht von oben herniederstrahlte und seine Finsterniß zu zerstreuen begann, als der Starke sein Reich angriff und seine Herrschaft störte, da erwachte er aus dem gewohnten Schlummer und griff zu den Waffen. Anfangs regte er die Arme der Menschen auf, um durch dieselben die hervorleuchtende Wahrheit gewaltsam zu unterdrücken. Als dieses nicht gelang, wandte er sich zur List und Tücke: er erweckte Spaltungen und Lehrzwiste durch seine Katabaptisten und anderes Lügengeschwärm, um die Wahrheit zu verdunkeln und zu ersticken.

Und jetzt fährt er fort, sie mit beiderlei Rüstzeug zu bekämpfen: den ächten Samen sucht er theils durch Gewalt auszurotten, theils nach Kräften sein Unkraut dazwischen zu streuen, damit er nicht wachse und Frucht bringe. Aber vergebens, wenn wir auf die Warnung des Herrn hören, der längst uns diese Künste des Bösewichts, damit er uns nicht unversehens überfalle, entdeckt und gegen seine Anläufe mit festem Schilde versehen hat. Uebrigens, welche Bosheit gehört dazu, dem Worte Gottes die Schuld der Empörungen, die von Aufrührern und Frevlern ausgehen, oder des Sektenunfugs, den Betrüger anstiften, verläumderisch beizumessen! Freilich nichts Neues. Auch Elias wurde verdächtigt, er störe Israels Ruhe (1 Kön. 18, 17). Christus selbst galt in den Augen der Juden als ein Aufrührer. Die Apostel wurden gleichfalls angeklagt, sie erregten das Volk. Aber was hat Elias geantwortet? „Ich bin es nicht, der Israels Ruhe stört, sondern Ihr und Eure Sünden!" Und diese Antwort ist auch die unsrige. Wenn übrigens einige ängstliche Gemüther Irrthümer und Frevel in unsrer Mitte auftauchen sehen, so mögen sie doch an des Petrus Wort sich erinnern, daß die Ungelehrigen und Leichtfertigen selbst durch die Schriften des Paulus sich verwirren ließen „zu ihrer eigenen Verdammniß" (2. Petri 3, 16). Und nannte man nicht Paulum selber einen Ermahner zum Bösen? Sprachen nicht Etliche, als er die Lehre von der freien Gnade verkündigte: Lasset uns Uebels thun, damit die Gnade desto mächtiger werde (Röm. 6, 1)? Falsche Brüder schlichen sich ein und erregten allerlei Spaltung und Hader. Viele machten die Freiheit des Geistes zum Deckmantel der Bosheit. Aber was thaten da die Apostel? Verbargen sie etwa deßhalb das Evangelium oder irgend einen Theil desselben? Traten sie vielleicht gar davon ab, weil so viel Streit darüber entstand, weil es so manche Gefahren in sich schloß, weil es so manches Aergerniß verursachte? Unter all diesen Nöthen und Kämpfen gedachten sie dessen, daß Christus der Stein des Anstoßes und Aergernisses ist zum Fallen und zum Auferstehen Vieler und ein Zeichen, dem widersprochen wird.

Und in dieser Zuversicht gingen sie muthig vorwärts und schritten mitten durch Gefahren, Verwirrungen und Aergernisse. Wir müssen uns mit demselben Gedanken trösten, da ja Paulus bezeugt, dies sei die unerlöschliche Eigenschaft des Evangeliums, daß es den Einen ein Geruch des Lebens zum Leben, den Andern ein Geruch des Todes zum Tode sei. So ergeht es denn auch uns, und es wird nie an Solchen fehlen, welche das in ihr Verderben wandeln, was ihnen zum Heile werden sollte.

Aber ich kehre zu Dir zurück, o König! Laß Dich nicht bewegen durch die grundlosen Verläumdungen, womit unsre Feinde Dein Herz schrecken wollen! Glaube nicht, daß dieses „neue Evangelium", wie sie es nennen, nichts Anderes bezwecke als eine Gelegenheit zur Empörung und Entfesselung der Laster. Unser Gott ist nicht ein Gott der Zwie= tracht, sondern des Friedens. Und Er, der Sohn Gottes, der gekom= men ist, um die Werke des Teufels zu zerstören, ist nicht ein Sünden= diener. Was aber uns betrifft, so werden wir ungerechter Weise sol= cher Unthaten angeklagt, zu denen wir nie auch nur den leisesten Ver= dacht gegeben haben. Oder ist es wahrscheinlich, daß wir die Umwäl= zung der Staaten im Sinne tragen, wir, aus deren Mitte man nie ein aufrührerisches Wort vernahm, wir, die wir jeder Zeit harmlos und friedsam dahinlebten, so lange wir noch unter Deinem Schutze standen, und die wir auch jetzt, da wir aus der Heimath vertrieben sind, nicht aufhören, unsern Gott darum anzuflehen, daß Er Dich und Deine Regierung mit Glück und Freude kröne? Oder hat Das etwa einen Anschein der Wahrheit für sich, daß wir darauf ausgehen, ungestraft das Böse thun zu dürfen? In unsern Sitten mag sich manches Tadelns= werthe finden, aber wer zeigt etwas in unserm Wandel auf, das zu einer solchen Anklage berechtigte? Nein, so kraftlos hat sich das Evangelium Gottlob nicht an uns erwiesen, daß unser Leben nicht allen diesen Verläumdern ein Vorbild sein dürfte in der Keuschheit, Güte, Barmherzigkeit, Mäßigkeit, Geduld und in allen andern Tu=

genden. Wer ein Auge hat, die Dinge in ihrer Wirklichkeit anzu=
schauen, dem wird es klar werden, daß wir Gott fürchten und ehren
mit reinem Herzen und im Leben und Sterben nichts Anderes suchen,
als daß Sein Name geheiliget werde. Selbst der Feinde Mund hat
dafür Zeugniß ablegen müssen, da sie unsern Brüdern, die sie zum
Tode bringen wollten, nichts Andres vorwerfen konnten als ihren
Glauben, das höchste Lob. Sollten aber Etliche unter dem Aushänge=
schild des Evangeliums Empörungen erregen (wovon ich bis jetzt in
Deinem Reiche kein Beispiel kenne), oder Andere die Zügellosigkeit
ihres Fleisches mit dem Namen der Freiheit bedecken wollen, wie ich
deren Mehrere weiß, nun so giebt es ja Gesetze und Strafen im Staate,
durch welche sie nach Verdienst strenge gezügelt werden können. Aber
laß nur das Evangelium Gottes nicht lästern wegen des Frevels
schändlicher Menschen!

Und damit, o König, ist Dir nun die giftige Bosheit unsrer Ver=
läumder offen genug dargelegt, damit Du nicht mehr in Gefahr kommest,
Dein Ohr ihnen zu leihen und durch ihre falschen Reden betrogen zu
werden. Vielleicht habe ich nur zu lange gesprochen, indem diese Vor=
rede fast zu einer völligen Vertheidigungsschrift herangewachsen ist.
Meine Absicht war jedoch nicht hierauf gerichtet, sondern ich wollte
nur Dein Herz dahin neigen, unsre Sache wenigstens einmal anzu=
hören. Denn ich weiß, es ist uns jetzt entfremdet, ja in Zorn entflammt
gegen uns. Aber doch hege ich das Vertrauen, daß wir seine freund=
liche Gnade wieder gewinnen werden, wenn es Dir gefällt, für einen
Augenblick Deinen Groll bei Seite zu setzen und die nachfolgende
Darlegung unsrer Lehre zu lesen, die bei Deiner Majestät unsre Ver=
theidigung führen soll. Wenn aber die Zuflüsterungen der boshaften
Menschen Dich so umlagern, daß den Angeklagten keine Möglichkeit
zur Vertheidigung übrig bleibt, und jene rasenden Furien fortfahren,
ohne daß Du es ihnen wehrst, durch Kerker, Geißeln, Folter, Schwert
und Feuer ihre Grausamkeit auszuüben: nun so werden wir, wie Schaafe
zur Schlachtbank geschleppt, das Aeußerste erdulden, unsre Seelen
fassend in Geduld und harrend auf die starke Hand des Herrn. Denn
sonder Zweifel wird Er erscheinen zu seiner Zeit in der Rüstung
Seiner Stärke und den Streit für uns anheben, damit Er die Elenden
erlöse und die Verderber verderbe, die jetzt so trotzig frohlocken in ihrer
sichern Ruhe. Der Herr, der König der Könige, möge Deinen Thron

fest machen in Gerechtigkeit und Deinen Stuhl erhöhen durch Wahr=
heit! — Basel den 1. August 1535. —

Mit solcher Vertheidigungsschrift war die Stellung Calvins in
der evangelischen Bewegung Frankreichs ein für alle Mal entschieden:
der Geist, welcher unserm Geiste Zeugniß giebt, bezeugte ihn durch
diesen Meisterschuß unwiderstehlich als den Gottgewollten Führer. —
Nebensache ist am Ende, ob Franz I. die Adresse gelesen oder nicht.
Wahrscheinlich, fast sicher sorgte dafür Margarete. Keinenfalls wollte
der hochfahrende König der Donnerstimme gehorchen: jedenfalls ver=
scherzte er die gnadenreiche Heimsuchung und lud damit eine Masse
gerichtlicher Heimsuchungen über Frankreich und ganz Europa auf
sein Gewissen: es war eine verhängnißvolle Stunde der Weltgeschichte.
Die Hauptsache war, daß die Wahrheit in der lichtvollsten Weise ins
Licht gesetzt war. Der Eindruck insonderheit auf die gedrückten, ver=
folgten Evangelischen in Frankreich konnte nicht erhebender, stärkender,
belebender sein: hier lasen sie in ihrer Muttersprache — und zwar in
einem Französisch*), das noch heute als eine der glänzendsten Muster=
proben ausgehoben wird — nicht blos eine Entschuldigung und Recht=
fertigung ihrer Sache, sondern die sittlich=religiöse Nöthigung zu
ihr vom Standpunkt des ewigen Gottesworts und der zeitlichen
Kirchengeschichte aus. Kein französisches Actenstück hatte noch mit
solcher Sicherheit, Klarheit und Bündigkeit die Sprache der Reforma=
tion gesprochen. In Deutschland, wo längst die Ansprache an kaiser=
liche Majestät und an den christlichen Adel deutscher Nation, die
Schrift von der babylonischen Gefangenschaft der Kirche und von der
Freiheit eines Christenmenschen, der Protest wider die Bulle des Anti=
christs, die Berichte vom Reichstag zu Worms, das Lied von den
zwei jungen Märtyrern, Blätter vom Baume der Wartburg, Bruch=
stücke der Bibelübersetzung u. A. landauf, landab gedrungen waren,
in Deutschland hätte freilich die Zuschrift Calvins nicht mehr so bedeut=
same Wirkung ausüben können. Nicht der Gedankenstoff, sondern nur

---

*) Man hat neustens Aeußerungen Calvins selbst aufgefunden,
wonach als ausgemacht anzunehmen ist, daß derselbe die Institution
1535 in lateinischer Sprache abfaßte und herausgab, die Uebersetzung ins
Französische 1536 unternahm und die Herausgabe einer solchen 1540
besorgte.

der Gedankenguß mußte hier auffallen. Der Verfasser, hätte er nichts
Anderes geschrieben und geschaffen, gälte als ein genialer „Lutheraner",
wie seine Glaubensgenossen in Frankreich alle noch hießen. Allein
Calvin war mehr als jeder andre Mitarbeiter am Werke der Reforma=
tion: das müssen auch die zugeben, denen, wie uns, Luther und zwar
Luther allein **der** Reformator ist. Calvin war selbst **ein** Reformator.
Seine ganz eigenthümliche Berufung und Begabung sollten alsbald
zu glänzendem Vorschein kommen. Er wollte gleichsam nicht nur die
Sache seiner Glaubensbrüder vertheidigen, er wollte ihre Sache selbst
sich vertheidigen lassen. Diese Selbstvertheidigung sollte in einer
offnen, durchsichtigen, übersichtlichen Selbstdarstellung bestehen. Eine
solche war zugleich dringliches Bedürfniß für den Bestand der evan=
gelischen Partei in Frankreich: Diese hatte noch kein bestimmtes Panier,
um das sie sich sammeln, zurechtfinden, ordnen konnte, und eben hie=
durch war sie der Gefahr der Zerstreuung fortwährend ausgesetzt. So
entstand das classische Werk, zu welchem obige Zuschrift als Einleitung
diente: *Institutio christianae Religionis, Institution de la Réligion
chrétienne*, **der Unterricht in der christlichen Religion.**
      Das Buch sollte das Problem lösen, „auf die christliche Dog=
matik den Grundsatz der Rechtfertigung durch den Glauben methodisch
anzuwenden, der durch Luther beleuchtet und als die einzig wahre und
mögliche Grundlage einer Reformation der Kirche in dem umfassendsten
Sinne dieses Wortes anerkannt war." Die „Lutherische Beleuchtung"
erhielt jedoch unter Calvins Händen eine so wesentlich neu= und eigen=
geartete Strahlenbrechung, daß vom Erscheinen dieses Buches an die
Reformation eine weitere Dogmatik erhielt. Da diese Blätter mehr
ein Lebens=, als ein Lehr=Bild geben wollen, liegt es nicht in ihrer
Aufgabe, ins Detail des dogmatischen Unterschieds, der sich erschloß
und ergoß, einzugehen. Da hingegen die Institution nicht blos das
Lehr=, sondern zugleich das Lebensprogramm Calvins bildet, müssen
wir unabweislich den Blick auf sie heften und in sie öffnen.
      Die Schrift schwoll in der Reihenfolge der Ausgaben zwischen
1535 und 1559 (letzte Redaction) von sechs bis zu achtzig Capiteln
an, ohne daß jedoch der Lehrinhalt eine wesentliche Aenderung erlitt.
Immer klarer schieden sich vier Bücher ab: 1) Von Gott in seiner
Wirksamkeit und seiner Eigenschaft als Schöpfer und oberster Leiter
der Welt. 2) Von Gott, insofern Er sich in Jesus Christus als Er=

löser gezeigt hat. 3) Von Gott, dem heiligen Geist, oder von der
Art, an der Gnade Jesu Christi Theil zu nehmen, von den Früchten, die
wir dadurch genießen, und von den Wirkungen, die daraus folgen. 4) Von
der Kirche, dem Leibe Christi. — Im ersten Buche wird als In=
begriff der wahren religiösen Wissenschaft aufgestellt, daß in der Er=
kenntniß Gottes Jeder von uns auch sich selbst erkenne, und auf der
andern Seite Niemand sich selbst erkennen wird, „bis er das Angesicht
Gottes betrachtet hat und von diesem Anblick in die Betrachtung
seiner selbst hinabsteigt." Gott erkennen heißt nicht, Seine Natur er=
gründen, sondern Ihn anbeten, lieben, fürchten. Die natürliche Auf=
klärung würde dazu genügt haben, die Sünde hat sie ausgelöscht.
Eine Offenbarung war deßhalb nothwendig: ein Buch gab sie, da es
nöthig war, daß auch Gott „seine authentischen Register hatte, um
darin die Wahrheit niederzulegen, damit sie nicht vergehe." Das
Zeugniß für die göttliche Autoriät dieser Schriften verleiht nicht die
Kirche, sondern der Geist Gottes selbst an uns. „Es giebt keinen
wahren Glauben, als den, welchen der heilige Geist in unsern Herzen
versiegelt."— Nach dieser Einleitung folgen in einer Reihe von Capiteln
die apologetischen Beweise für die Wahrheit der Bibel, Auseinander=
setzungen über die geistige Natur Gottes, über Seine Anbetung im
Geiste, die Dreieinigkeit, die Schöpfung der Welt und des Menschen,
dessen ursprüngliche Beschaffenheit, endlich die Vorsehung oder den
ewigen Rathschluß. — Im zweiten Buche handeln die ersten fünf
Capitel von der Sünde: Der Mensch ist durch sie zum Guten ganz
untüchtig gemacht, besitzt aber in Jesus Christus ein wunderkräftiges
Mittel der Genesung zum Heile. Hieran reihen sich fünf Capitel
über den Zweck des Gesetzes, seinen Inhalt und sein Verhältniß zum
Evangelium. Die weitern fünf Capitel enthalten eine vollständige
Christologie: Jesus, der wahre Mensch und wahre Gott, der Prophet,
König und Hohepriester, hat durch Seinen Tod das Werk unsres Heils
vollbracht.*) Ein letztes Capitel stellt alle die Erklärungen der Schrift

---

*) Eine Abweichung von der gewöhnlichen Vorstellung in Betreff
der Höllenfahrt Christi: „Das Hinabgefahren zur Hölle bedeutet: Er ist
von Gott mit Höllenqual getroffen worden und hat den ganzen Jammer
und Schrecken der göttlichen Gerichte in sich empfunden. Nicht als hätte
der Vater jemals Ihm gezürnt, sondern um unsertwillen hat Er
solches erfahren. Aus dieser tiefsten Seelennoth heraus kommt sein Schrei:

zusammen, welche die Vollendung dieses Werkes verbürgen. — Im
dritten Buche wird entwickelt, wie die Heilsthatsachen unser werden.
Dies geschieht durch den Glauben. Zwischen ihm und dem Werke
Christi vermittelt der heilige Geist: er eignet uns das Heil an. Wie
aber der Glaube ohne die Wirkung des heiligen Geistes zu nichts führt,
so ist er auch nothwendig, damit der heilige Geist in uns wirke und
ihn selbst zu kräftigem Leben umschaffe. Dadurch erst wird der Glaube
mehr als ein bloßes Fürwahrhalten. So wird auch erst durch die
Wirkung des heiligen Geistes das blos menschliche Bereuen zur Reue,
welche die Wiedergeburt ins Göttliche bedingt. Aus dieser Buße und
diesem Glauben entspringt das christliche Leben, dessen Entwicklung
und Darstellung fünf Capitel vollziehen. Die Lehre von der Recht=
fertigung durch den Glauben erscheint sofort als reife Frucht, die blos
gepflückt und in acht Capiteln verwendet zu werden braucht. Nach
einem herrlichen Capitel über das Gebet entfaltet sich endlich jene
Lehre von der Vorherbestimmung, „welche sich in den Augen Vieler
wie ein Leichentuch über Calvins Theologie ausbreitet." Die Grund=
gedanken derselben geben sich folgendermaßen: Das Evangelium wird
nicht Allen gepredigt und nicht von Allen in gleicher Weise aufge=
nommen. In dieser Verschiedenheit erscheint ein wunderbares Ge=
heimniß des Gerichtes Gottes, denn es ist kein Zweifel, daß Solches
nach Seinem Willen geschieht. Und dieses Geheimniß besteht darin:
daß Gott die Einen von Ewigkeit her zum Leben erwählt, die Andern
dem Tode zu überlassen beschlossen hat. Und dies thut Er nicht etwa
nur, weil Er vorher weiß, wie ein jeder Mensch sich verhalten wird, sondern
nach eigener freier Wahl, die von nichts Anderem ausgeht, als von
Seinem majestätischen heiligen Willen. Die Werke des Menschen
kommen dabei in keiner Weise in Betracht, denn die guten Werke folgen ja
erst aus der Kraft, welche durch die Erwählung uns zufließt. Es ist die
reine Barmherzigkeit Gottes, es ist die Erwählung aus Gnade, worauf
Alles beruht. Wie wird durch diese Erkenntniß unser Stolz gebrochen, wie
wird unser Vertrauen befestigt, wie wird unser Heil auf einen so gewissen

---

„Mein Gott, mein Gott, warum hast Du mich verlassen!" Das heißt
doch wahrlich hinabgefahren sein zur Hölle: so zu leiden und so sich vom
Vater verlassen zu fühlen. Von irgend einem bestimmten Orte ist in
dem Allem nicht die Rede.

Grund gestellt! Aber ebenso ist der Rathschluß der Verwerfung über die Nichterwählten nicht erst durch ihre bösen Werke hervorgerufen worden, sondern geht auch aus dem freien Belieben Gottes hervor. Er pflanzt gewisse Pflanzen nicht, und diese werden, wie der Herr sagt, ausgereutet werden. Warum das Gott also thut? Darauf haben wir keine andere Antwort als: weil Er es also will. Weiter fragen können wir nicht, denn der Wille Gottes ist der letzte Grund, das letzte Gesetz aller Dinge. Im Uebrigen ist ja Gott Niemanden etwas Anderes schuldig als das Verderben, da wir Alle von Natur demselben verfallen sind. — Mit den Erwählten verfährt nun Gott so, daß Er zuerst Seinen Ruf an sie gelangen läßt und sie dann durch diesen Ruf auch wirklich zu sich zieht. Er nimmt das steinerne Herz aus ihnen hinweg, und giebt ihnen ein fleischernes. Es wird ihnen nach und nach möglich, Gutes zu thun, ihr Wille wird zu Gott geneigt, sie fangen an, Ihn zu lieben. Er wird ihr Vater und sie werden Seine Kinder. So stimmen Glaube und Liebe mit der Erwählung zusammen: doch müssen wir uns wohl hüten, die Erwählung von ihnen abhängig zu machen. Wer das thäte, der würde des Menschen Willen über Gottes Rathschluß setzen und den Grund der Heilsgewißheit zerstören. Freilich werden wir unsrerseits unsre Erwählung erst inne, wenn sich ihre Frucht an uns erweist; aber sobald dies einmal geschehen ist, so geziemt es uns — ohne vorwitziges Eindringen in den Abgrund des göttlichen Wesens — höher emporzusteigen und die Wirkung von der Ursache zu unterscheiden. Im Uebrigen haben wir ja allerdings die Zuversicht unserer Errettung fort und fort auf das Wort Gottes zu gründen und uns darauf zu verlassen, daß wir Ihn anrufen dürfen als unsern Vater. Denn wer hinaufsteigen wollte über die Wolken, um den Rathschluß Gottes zu erkennen, den Er uns doch in Herz und Mund gelegt hat, der würde die ganze Ordnung des Herrn stören. Und kaum giebt es eine gefährlichere Versuchung des Satans für die Gläubigen, als diese. Indem der arme Mensch sich vermißt, in die unerforschlichen Geheimnisse der göttlichen Weisheit einzudringen und zu erfahren, was über ihn beschlossen ist in dem ewigen Gerichte Gottes, stürzt er sich gleichsam in einen unergründlichen Schlund, in dem er untergeht. Er kann sich nicht mehr losmachen aus den Schlingen, in die er sich verwickelt; er kommt nicht mehr heraus aus dem finstern Abgrund, in den er sich gesenkt. Und das ist einer der unseligsten Zustände für den menschlichen Geist, wenn sein Gewissen des Friedens und der Ruhe verlustig geht, die es in Gott haben sollte. — Darum wollen wir uns an den Weg der Schrift halten, mit der Berufung Gottes beginnen und mit der Berufung Gottes endigen. Das Wort des Friedens ist gewiß über denen, die Ihn fürchten: Er nimmt ihre Sünden hinweg und thut ihnen wohl für ihr Gutes, selbst das Böse weiß Er ihnen zum Besten zu kehren. Vor allem aber, wenn wir die Gewißheit der Gnadenwahl Gottes haben wollen, müssen wir unsern Blick auf Christum richten, in dem allein des Vaters Wohl= gefallen ruht. Suchen wir Heil, Leben, Unsterblichkeit: wohlan, so lasset uns nirgends anders hingehen als zu Ihm, weil Er allein der Quell des Lebens ist, der Port des Heils, der Erbe des himmlischen Reiches. Und worauf anders zielt denn die Erwählung ab, als daß wir, von Gott zu Seinen Kindern angenommen, Gnade und Liebe, Heil und Leben erhalten? Nicht in ihnen selber, sondern in Christo hat Gott die Seinen erwählt: Er kann sie nicht lieben, ohne durch Ihn, Er kann sie nicht schmücken mit der Fülle Seines Erbes, ohne daß sie zuerst an Ihm Antheil genommen haben. So ist denn Christus wie ein Spiegel, in dem wir unsre Erwählung anzuschauen haben und in dem wir sie anschauen, ohne uns täuschen zu können.*) —

Im vierten Buche — von der Kirche — behandeln 12 Capitel das Gebiet der Kirche selbst, Einrichtung, Verwaltung, Disciplin 2c. derselben, eins die klösterlichen Gelübde, sechs die Sakramente, ein letztes

---

*) Um das Mißliche, Widerstrebende dieser Lehre, welche übrigens, wenn auch milder, schon Augustin vorgetragen hatte, möglichst wegzuräu= men, sind schon verschiedene Versuche gemacht worden. Felix Bungener (Calvin, sa vie etc. p. 82) bemerkt: Weder in Calvins Theologie, noch in seiner Moral, noch in seinem Leben zeigt sich eine Spur von dem praktischen Fatalismus, der strenggenommen aus der furchtbaren Lehre fließen müßte. Nie hat irgend ein Mensch kräftiger und strenger die Ver= antwortlichkeit, die Thätigkeit, die Pflicht, den christlichen Fortschritt Andern und zumeist sich selber gepredigt. Dasselbe gilt von seinen Schü= lern. Für sie wie für ihn blieb die Lehre von der Vorherbestimmung ein todter Buchstabe, sie war ein bloßes Anhängsel. (?) Anstatt die Selbstthätigkeit, den Muth, die Sittlichkeit, die Hoffnung zu ertödten, scheint sie im Gegentheil den Seelen nur eine energischere Haltung verlie= hen und sie für die härtesten Pflichten, die härtesten Prüfungen gestählt zu haben. Alle jene Märtyrer, sie bestiegen das Schaffot im Glauben an die

den Staat im Verhältniß zur Kirche: begriffliche Ausführungen, welche uns großentheils in ihrer thatsächlichen Ausführung bei Betrachtung des Genfer Gemeinwesens gegenübertreten werden. Aus demselben Grunde, wie die Lehre von der Vorherbestimmung, ist uns hier auch die vom Abendmahle besonders wichtig, und wir theilen sie absichtlich nach ihrer Fassung in der ersten Ausgabe der Institution mit. „Was wir das Mahl des Herrn oder die Danksagung (Eucharistie) nennen, ist eine geistliche Speisung durch unsern Heiland, und unsererseits eine Danksagung für die unermeßliche Wohlthat unsrer Erlösung. Wer dieselbe genießt, der wird dadurch versichert, daß das ewige Leben des Himmelreichs ihm ebensowenig fehlen könne, als Christo selber; daß seine Sünden ihn ebensowenig zu verdammen vermögen, als sie den Herrn verdammen, denn sie sind nicht mehr unser, sondern des Herrn. Das ist die Verwandlung, die Er durch Seine unaussprechliche Gnade mit uns vornimmt. Unsere Armuth in sich aufnehmend, zieht Er uns hinein in Seinen Reichthum; unsere Schwachheit aufhebend, gründet Er uns in Seine Kraft; unsre Sterblichkeit läßt Er über Sich ergehen und reicht Seine Unsterblichkeit uns dar. Dies Alles wird in Seinem Sakramente so gewiß gemacht, daß wir nicht daran zweifeln können, es komme uns wahrhaft zu, gleich als wäre Christus selber zugegen und ließe sich mit den Händen angreifen. Denn nicht trügen kann uns das Wort: „Nehmet, esset, das ist mein Leib, der für Euch gebrochen wird, nehmet, trinket, das ist mein Blut, das vergossen wird zur Vergebung der Sünden." Wenn Er uns nehmen heißt, so sagt Er damit, es soll in unser Wesen eingehen. Indem Er spricht, das ist mein Leib, der für Euch gegeben', das ist mein Blut, das für Euch vergossen wird, weist Er uns darauf hin, daß Beides nicht mehr sowohl Sein, als vielmehr unser sei, da Er es nicht um Seiner selbst willen, sondern um unsrer willen angenommen hat und wieder ablegen werde. Und wohl ist darauf zu merken, daß in diesen Worten „der für Euch gegeben, das für

---

Vorherbestimmung, ermuthigt und getröstet durch irgend eine fromme Ansprache dessen, der ihnen diesen Glauben eingepflanzt hatte. Und weder der Lehrer noch die Jünger zweifelten je daran, daß die unverwelkliche Krone Jedem zu Theil würde, der mit Festigkeit und Freudigkeit gestorben 2c.

Euch vergossen wird" eigentlich die ganze Kraft des Sakra=
mentes liegt. Ohne das würde es uns nicht viel nützen, daß der
Leib und das Blut des Herrn uns zugetheilt wird, denn wie, wir
schon vorhin darauf hindeuteten: die körperlichen Elemente,
die in dem Sakramente erscheinen, sind Bilder, durch die wir auf
das Geistliche hingeführt werden sollen. So verstehen wir alsobald,
indem das Brod als Zeichen des Leibes Christi uns dargereicht wird,
daß wie jenes unser leibliches Leben nährt, erhält, bewahrt, so
dieser unsers geistlichen Lebens Speise und Bewahrung sein müsse;
und indem wir den Wein empfangen, der das Blut uns abbildet, ist
es uns augenblicklich klar, daß, was der Wein an unsrem Leibe thut,
das Blut Christi an unsrer Seele thun werde, nemlich sie ernähren,
erquicken, erheitern." — „Wenn wir das in Einfalt fest hielten,
würden wir daran überschwänglich genug haben, um unser innerstes
Bedürfniß zu befriedigen; und nie wären dann jene jammervollen
Streitigkeiten ausgebrochen, durch die in frühern Zeiten und leider
auch in unsern Tagen wieder die Kirche so elendiglich ist zerrissen wor=
den. Nun aber wollen vorwitzige Leute durchaus bestimmen, in wel=
cher Weise der Leib Christi dem Brode zugegen sei. Die Einen
haben eine wunderliche Verwandlung ausgedacht. Die Andern sagen,
das Brod selbst sei der Leib; die Dritten, er sei unter dem Brode
verborgen; wieder Andere, das Brod sei nur ein Zeichen und Abbild
desselben. Und die Menge urtheilt, die Sache sei doch dessen werth,
daß man viele Worte darüber mache und die Gemüther sich erhitzen. Wer
aber in dies Urtheil einstimmt, bedenkt nicht, daß doch vor Allem darnach
zu fragen ist, wie der Leib Christi, der für uns gegeben, wie das Blut
Christi, das für uns vergossen ist, wirklich seinen Zweck an uns
erfülle und unser werde? — In all der Mannigfaltigkeit und Ver=
wirrung der Meinungen laßt uns auf dieser Einen und gewissen
Wahrheit Gottes bestehen: das Sakrament ist eine Geistesspeise, nicht
für unsern Leib, sondern für unsre Seele bestimmt; und wir sollen
Christum darin suchen, nicht als ob Er mit den leiblichen Gliedern
ergriffen werden sollte und könnte, sondern so, daß unser inwendiger
Mensch weiß: Er ist zugegen und wird mir dargereicht. In Summa
verhält sich die Sache also: Unser Fleisch ist durch Christi Auffahrt
in den Himmel eingegangen, darauf beruht die Hoffnung auch unserer
Auferstehung und Himmelfahrt. Zur Wirklichkeit eines Leibes gehört

4*

aber nothwendig, daß er eine räumliche Beschränktheit hat, und dies
gilt also auch von Christi verklärtem Leibe. Soll er nicht zu einem
Scheinleibe gemacht werden, so kann er offenbar nicht überall sein und
nicht an allen Orten zugleich erscheinen. Dagegen übt der Herr, der
zur Rechten des Vaters sitzt, überall und unbeschränkt seine Kraft aus,
durch die Er jederzeit den Seinen nahe ist, sie aufrecht erhält, stärkt,
belebt, bewahrt, nicht anders als ob Er leiblich zugegen wäre. In
dieser Weise, aber nicht in einer anderen, wird auch
Fleisch und Blut Christi im Sakramente uns dargeboten.
Um uns recht klar auszudrücken, sagen wir: wirklich und wirksam werden sie uns dargereicht, aber nicht natürlich:
nicht der Stoff des Körpers, sondern was Christus in seinem Körper für uns erworben hat. Das ist die Gegenwart des
Leibes, welche das Sakrament erfordert." — Wir werden genug Anlaß bekommen, an diese erste Fassung der Calvinischen Abendmahlslehre
zurückzudenken. Der Grundstock der Anschauung, wie sie sowohl gegen
die Luthers als gegen die Zwingli's absticht, liegt schon ganz bloß.

Gern würden wir noch, erlaubte es die Grenzen, aus dem letzten
Capitel über den Staat Auszüge geben: sie würden deutlich zu verstehen geben, warum die Völker, welche Calvins Geist hauptsächlich
auf sich wirken ließen, England voraus, durch politische Bildung und
freisinnige Verfassung hervorragen. Nur etliche Winke. „Wir wollen
keineswegs sagen, das ganze Staatswesen sei so weltlich und von der
Sünde durchdrungen, daß es den Christen gar nichts angehe. Vielmehr ist es dazu bestimmt, so lange wir noch hienieden unter den Menschen wallen, unser Leben für die menschliche Gesellschaft tauglich zu
machen, unsre Sitten nach der Gerechtigkeit zu bilden, die hier unten
gilt, uns gegenseitige Verträglichkeit zu lehren, gemeinen Frieden und
Ruhestand herzustellen und zu erhalten. Ist es denn nicht Gott selber,
der uns zu Pilgrimen gesetzt hat auf Erden? Wer nun die rechte Art
und Ordnung des Pilgerns den Menschen wegnehmen will, der nimmt
ihnen nichts Geringeres hinweg als ihre Menschenart überhaupt. —
Denn was ist eigentlich der Staat und was macht seine Aufgabe aus?
Nicht nur dazu ist er da, um einem jeden Menschen seinen freien Athem
zu verbürgen, seine Speise, seinen Besitz, sondern auch über die höchsten
Güter soll er seine schützende Hand halten. Er soll das Aufkommen
der Abgötterei verhindern, die Lästerungen des Namens Gottes, die

Schmähungen der Wahrheit. Mit Einem Worte: den Christen soll er ihr öffentlich bezeugtes Christenthum bewahren und den Menschen ihr Menschenthum." — Nach Erörterungen über die Obrigkeit, als von Gott eingesetzt, daher für den Einzelnen heilig und unverletzlich: „Dagegen etwas Anderes ist es, wenn die heilsame Ordnung besteht, daß auch das Volk seine gesetzmäßigen Behörden hat, die der Willkühr der Fürsten einen Damm entgegensetzen, wie z. B. bei den Lacedämoniern die Ephoren neben den Königen standen oder bei den Römern die Tribunen neben den Consuln. In diesem Falle mögen die so Berufenen thun, was ihres Amtes ist, und der Tyrannei der Fürsten entgegentreten. Ja sie würden sich einer schweren Sünde schuldig machen und das Volk schändlich um die Freiheit betrügen, zu deren Hütern Gott sie eingesetzt, wenn sie das nicht thäten; wenn sie sich ruhig darein schicken würden, daß der Fürst über Gebühr seine Macht erhebt und den Geringern nimmt, was ihnen gebührt." —

Der Erfolg, welchen gleich die erste Ausgabe feierte, entsprach der außerordentlichen Bedeutung des Werks. Melanchthons Loci communes hatten zwar bereits ein wohlgegliedertes System der evangelischen Heilslehre geliefert, allein die Methode, deren sich der fromme Gelehrte dabei bediente, war noch merklich die herkömmliche, die scholastische. Bei Calvin wurde auch diese Fessel vollends abgestreift: das Ganze war nach Form und Inhalt Ein evangelischer Guß, daß die evangelische Welt rufen konnte: „Freude hat mir Gott gegeben! Sehet, wie ein goldner Stern Aus der Hülse blank und eben Schält sich der metallne Kern. Von dem Helm zum Kranz Spielts wie Sonnenglanz, Auch des Wappens nette Schilder Loben den erfahrnen Bilder." Außer der übermannenden Logik und Dialektik, welche in der Institution von Satz zu Satz um sich greifen, entfaltet sich nemlich ebensowohl darin der schöne und edle Stil des Verfassers aufs anziehendste. Nur Schade, daß auch hier zuweilen den Gegnern Keulen zugeschleudert werden, welche so massiv sind, daß sie uns selber mit verletzen. Allein jene Zeit hatte einmal andere Geschmacksnerven, als die unsre, und fühlte sich durch Derartiges nicht gleicherweise gestört. Zum großen Erstaunen des tief bescheidenen Mannes liefen von allen Landen Europa's, wo das Evangelium Wurzel gefaßt hatte, beglückwünschende, danksagende, triumphirende Schreiben ein („Ich hatte keine Ahnung davon, daß es so günstig würde aufgenommen werden").

Nicht weniger erkannten die Feinde gleich schnell und lebendig, was für eine mächtige Schutz = und Trutz=Waffe die Reformation an diesem Buch erhalten hatte. Die Sorbonne ließ es durch den Henker öffentlich verbrennen, gegen seine Lesung ergingen die schärfsten Verbote, in den Ketzerverhören inquirirte man peinlich darauf. —

Wie viele Auflagen die Institution bis heute erlebt, in wie viele Sprachen sie übersetzt worden, läßt sich schwer berechnen. Das Buch ge= hört jedenfalls zu den verbreitetsten Büchern der Welt, in deren Ge= schichte es epochemachend eingegriffen hat, zu den gesegnetsten Büchern des Reichs Gottes, dem es allein dienen wollte.

IV.

Missionsfahrten: Italien.

Kaum war die Institution erschienen, sehen wir Calvin aus Basel scheiden und nach Italien reisen. Sei's, daß er einfach das klassische Land der Künste und Wissenschaften durchstreifen, sei's, daß er einem Rufe der daselbst zerstreuten Evangelischen folgen wollte, es bleibt merkwürdig, daß er, eben als Reformator vor der Welt und wohl auch vor sich selbst enthüllt, einen Zug nach dem Kronlande des Papstthums verspürte. Immer noch hängte sich sein Gastwirth aus Angoulême an ihn: begleitet vom Canonicus du Tillet überschritt er die Alpen. Die nächste Station, welcher sie miteinander zuwanderten, war Ferrara, der glänzende Hof der altfürstlichen Familie der Este. Au dem Throne des Herzogthums saß dazumalen Hercules von Este, Sohn der Lucrezia Borgia, und neben ihm Renée, die Tochter Ludwigs XII., Königs von Frankreich. Acht Jahre waren es nun, seitdem sie, welche als Kind mit dem Kaiser Karl V. und mit Heinrich VIII. von England verlobt gewesen, Franz I. hierher verheirathet hatte. Nicht schön, aber fein gebildet, ja gelehrt, und anmuthig, ja holdselig war sie mit 17 Jahren hergekommen. Der Herzog, ein kunstsinniger, nobler Fürst, wußte die Vorzüge seiner Gattin ebenso zu schätzen, als ihre Erscheinung rasch die Herzen des Volks gewann. In Einer Beziehung that sich jedoch bald eine Kluft auf. Renée war mit Margarete aufgewachsen, hatte wie sie die Zugkraft des Evangeliums an sich erfahren, welches Lefèvre und seine Schüler in Paris bekannt zu machen suchten, und verleugnete auch auf italienischem Boden ihre religiöse Ueberzeugung nicht. InFolge davon bildete ihre Residenz bald einen Sammelpunkt für Italiener verschiedener Provinzen und Stände, welche vom jenseits der Alpen erwachten Geisteswinde angehaucht waren, sowie einen Zufluchtsort für Franzosen, welche des Glaubens halber ihr Vaterland meiden mußten. Wohl möglich,' daß Calvin hoffte und

wünſchte, das Feuer auf dieſem Heerde zu pflegen, vielleicht auch die
Funken von ihm aus über ganz Italien hin zu verbreiten, wo allerwärts
eine entſchiedene Empfänglichkeit ſich regte. Der Herzog, dem ſich der
Ankömmling als Herr von Esperville vorſtellen ließ, zeigte zunächſt
nichts als Gewogenheit: es ſchmeichelte ihm, eine weitere Notabilität
an ſeinem Hofe zu begrüßen. Die Herzogin war ohnehin ſeelenver=
gnügt, einem ſolchen Ritter vom Geiſte die Hand drücken zu dürfen
oder ſie ſich von ihm drücken zu laſſen: eine Stimme mochte ihr ſagen,
daß ihr geiſtlicher Zuſtand eine Klärung und Stärkung recht wohl
brauchen könne. So durfte Calvin eine Weile ungeſtört in dieſen
Kreiſen paſtoriren: es bildete ſich eine evangeliſche Gemeinde um ihn.
Ihre Regiſter, überhaupt nähere Berichte über ſie, fehlen uns freilich.
Doch ſind uns etliche Namen und Erfolge von Bedeutung aufbewahrt.
Hier ſaß unter den Zuhörern Marot, der berühmte Dichter der Valois,
wegen ſeiner Hinneigung zu den Reformirten, denen er Pſalmgeſänge
lieferte, gleichfalls flüchtig. Um dieſe Zeit richtete er eine poetiſche
Epiſtel an den König von Frankreich, welche lauter Glaubensmuth
athmet. Er ſuchte auch ſpäter noch Calvin auf und wollte ſich in
Genf ganz niederlaſſen: allein es ſtellte ſich leider heraus, daß er
wohl dem Glaubensbekenntniß der Reformation ſein Herz geöffnet,
nicht aber ihrem Sittengebot das Leben zu Füßen gelegt hatte, und
er wandte der ſtrengen Stadt den Rücken. — Hier ſaß unter den Zu=
hörern der große Malerfürſt Italiens, Tizian Vercelli: er fiel zwar
ſpäter ſammt ſeiner Kunſt in die Arme der Welt und Roms mit ihrer
Pracht und Eitelkeit zurück: allein die Geſtalt ſeines damaligen
Pfarrers ging ihm doch ſo nach, daß aus ſeiner Werkſtätte mehrere Bild=
niſſe Calvins hervorgingen, die heute noch zu ſehen ſind und wer weiß
unter welchen Empfindungen gemalt wurden. — Nachhaltiger war
die Wirkung auf Andere: namentlich wird uns ein Neapolitaner,
Herzog von Bevilacqua, aufgeführt, der ſich ſpäter mit manchen ſeiner
Landsleute nach Genf überſiedelte. Unter den Franzoſen ragt die vor=
nehme Familie von Soubiſe hervor, deren ſämmtliche Glieder, die
Mutter voraus, welche die Erzieherin der Herzogin von Ferrara ge=
weſen, für die Sache des Evangeliums gewonnen wurden. Und Renée
ſelbſt? Ach ſie bekam im Laufe ihrer Schickungen reichlich Gelegenheit
zum Beweiſe, daß der Beſuch Calvins ein Netz nach ihr geworfen,
aus welchem kein Entwinden mehr möglich war. — Dem Herzoge

wurde die Wirksamkeit seines Gastes nach Verfluß etwa eines halben
Jahres gar sehr überlästig: sie erregte bei den katholischen Mächten,
besonders der päpstlichen, unliebsamste Aufmerksamkeit und es war
keine Kunst, auf den kleinen Fürsten einen maßgebenden Druck aus=
zuüben. Er legte Hand an, wie man ihm befahl, und zersprengte die
junge blühende Gemeinde mit plumper Gewalt. Die Herzogin, welche
selbst schon allerlei Mißhandlung erfahren hatte, bekam vom Ausbruch
der Verfolgung gerade noch rechtzeitig Wind, um Anstalten zur
Rettung Calvins treffen zu können. Derselbe wurde, so berichtet ein
gelehrter Geschichtschreiber Italiens (Muratori), in seiner Wohnung
neben dem herzoglichen Palast von den Häschern der Inquisition
überfallen und in der Richtung nach Bologna fortgeschleppt, wo das
Gericht des heiligen Officiums ihn erwartete. Aber unterwegs warfen
sich verkappte Reiter auf den Transport, verjagten die Schergen und
brachten den Gebundenen auf geheimen Wegen in Sicherheit. —

Was wurde, streuen wir hier ein, aus der hochherzigen Retterin?
In Summa ein unglückliches, aber treues Beichtkind Calvins. Renée
mußte zunächst ihre sämmtliche gleichgesinnte Umgebung, selbst Frau
von Soubise, entlassen. Später wollte man sie auch auf dem Isolir=
schemel nicht ihres Glaubens leben lassen. Der französische Hof leitete
die peinlichste Procedur gegen diese Tochter Ludwigs XII., ohne das
salische Gesetz seine rechtmäßige Thronfolgerin, ein, um sie zur Ab=
schwörung zu bringen. Als alle Mittel fehlschlugen, entriß man ihr
die Kinder und setzte sie in entwürdigenden Gewahrsam. Darunter
brach ihr Muth auf einen Augenblick zusammen: wir wissen nicht, in
welcher Form die arme Mutter ihren Drängern Willfährigkeit bewies.
Aber sie erholte sich schnell wieder aus der Schwäche, um aufs Neue
fest zu bekennen und fester zu dulden. Als 1559 ihr Gemahl gestorben
war, trügte der Schein, daß ihr Dasein in freundlicherer Weise sich
gestalten möchte. Die hohe Wittwe kehrte nach Paris zurück, wo zwar
ihre Stellung bei Hofe die angesehenste war und ihr vergönnt wurde,
einen Genfer Prediger bei sich zu haben. Allein welche herzzerreißende
Lage war es doch, indem daselbst ihr eigener Schwiegersohn, der Her=
zog von Guise, als der grimmigste Feind der evangelischen Parthei
hauste und bald wüthete! „Sie müsse, jammerte sie, für alle frommen
Leute ein Gegenstand des Hasses und Abscheues sein, da sie die
Schwiegermutter ihres tödtlichsten Feindes heiße." Der Jammer ent=

muthigte sie aber nicht im Mindesten, er vernichtete eher vollends alle Furcht in ihr. Als der barbarische Herzog von Guise eines Tages nach ihrem Schlosse Montargis schickte und melden ließ, daß er das Schloß niederschießen werde, wenn die Herrin desselben nicht die reformirten Rebellen herausgebe, antwortete sie: er komme, und ich werde als die Erste auf der Zinne stehen, um mich tödten zu lassen! Dazu kam es zwar nicht, vielmehr umgekehrt: der Unmensch wurde be= kanntlich unter den Mauern von Orleans von einem reformirten Fana= tiker erschossen. Wie mußte aber dieser Schuß ihre Seele verwunden, und umsomehr, je mehr er bei ihren Glaubensgenossen ein freudiges Echo fand. Endlich sollte sie auch noch in Paris das Blutbad der Bartholomäusnacht erleben. Wer ihm entrinnen konnte, fand aber= mals in ihrem Schlosse sichere Aufnahme. Drei Jahre darauf öffnete ihr der Herr selbst Sein himmlisches Asyl. — Dieses Leben verdient in Calvins Lebensbeschreibung einen Platz: denn es trieft nach innen von Ergüssen seiner seelsorgerlichen Treue. Durch alle Verhältnisse und Begegnisse hindurch begleitete die Feder dessen die edle Frau, der ihr zu Ferrara die Hand gedrückt hatte: eine Correspondenz, aus welcher ein Hofprediger und fürstlicher Beichtvater von gewiß in der Kirchengeschichte seltener Hingebung, Freimüthigkeit und Weisheit hervorleuchtet. —

Reiter im Dienste der Herzogin von Ferrara, ließen wir uns erzählen, brachten Calvin in Sicherheit. Modena hieß das Versteck Auch dieser Stadt fehlt nicht die Spur seiner Fußstapfen: die Brüder Castelvetro (sie beherbergten vielleicht den Geächteten) mußten daraus um des Glaubens willen fliehen und zogen nach Genf: als man vor einigen Jahrzehnden (1823) ihr altes Stammschloß niederriß, fand man in einem Eisenschrank der Mauer alle Schriften Calvins aufs Beste erhalten. Und sie waren gewiß nicht die einzigen Modenesen, welchen der heimliche Gast zum Segen wurde. —

Ueber den weitern Fortgang der Fahrten Calvins von Modena aus haben erst neueste Untersuchungen einiges Licht verbreitet. — Die Flüchtigen vermieden sorgsam die gewöhnlichen Straßen und zogen sich dem Apennin entlang vorwärts. In Scandiano, einem Dorfe bei Reggio, ward zuerst wieder etwas länger Halt gemacht: ohne Zweifel hatte die Herzogin von Ferrara auch für dies Unter= kommen gesorgt. Sofort gings über die estischen Grenzen hinweg, so rasch wie möglich durch die päpstlichen Städte Parma und Piacenza, in der Richtung nach Piemont. An den Ufern des Po war bereits das Evangelium von kühnen Männern, wie Mainardi, gepredigt wor= den und hatte in den subalpinischen Gegenden eine lebendige Bewe= gung hervorgerufen. Calvin glaubte, in dem Thale Grana zwischen Coni und Salazzo einen Boden zum Wirken gefunden zu haben. Es sammelten sich auch in der That heilsbegierige Hörer um ihn. Aber es schaarten sich auch die Gegner zusammen. Die Weiber von Caraglian, in der Nähe Coni's, ließen sich von den Priestern aufwiegeln und verjagten die Ketzer mit Steinwürfen. Aehnlich mußte er aus Salazzo weichen, wo heute noch ein Jahresfest mit Gottesdienst begangen wird, um für die Errettung aus dem damaligen Ueberfall zu danken: ein Beweis, wie ernstlich den Katholiken die Gefahr erschienen sein muß.—

Was mag durch die Seele des begeisterten Reisepredigers ge= gangen sein, indem er so von Ort zu Ort gestoßen wurde: die weiche, beschauliche Natur seines Begleiters du Tillet war nicht dazu ange= than, derartige Prüfungen freudig mitzumachen: aber ein Anderer, der auch mitging, ließ ihm keinen Augenblick den Helm der Hoffnung entfallen. Und auffallend, als ob er jetzt ununterbrochenes Kämpfen und Angreifen für seine Aufgabe, ein erquickliches Ausruhen für unerlaubt gehalten hätte, sehen wir Calvin bei Pignerol an den Thä= lern zu Füßen des Monte Viso vorübereilen, in denen die Waldenser seit so langer Zeit den Haß des Papstthums und den Frieden Gottes schmeckten. Unmöglich, daß dem Eiligen dies Völklein hätte unbekannt sein sollen: es hatte kurz vorher auf einer Synode in Angrogna (12. Sept. 1532) Abgesandte der Schweiz, Farel und Saunier, empfangen, Brüderschaft mit der neuen Kirche geschlossen und ihr als Angebinde 500 Goldthaler — wie vermochten es nur die blut= armen Leute — dargeboten, um die erste Ausgabe einer französischen Bibel zu bewerkstelligen. Und diese Uebersetzung hatte nicht nur ein Landsmann und Vetter Calvins, Robert Olivetan, mit Benutzung der Vorarbeiten Lefèvre's ausgearbeitet und 1534 herausgegeben, sondern Calvin selbst hatte daran, wenigstens ein wenig, mitgearbeitet, wie dann die späteren Ausgaben von ihm so bedeutend umgearbeitet wurden, daß sie von 1540 an geradezu unter seinem Namen erschienen. Unmöglich also, daß ihm dies Völklein zur Seite hätte unbekannt sein sollen: für die Gemeinschaft der Heiligen hatte er ohnehin einen son=

derlich stark ausgebildeten Sinn und er hob gewiß zu den hohen Ber=
gen, von denen schon so manche Hülfe in diese engen Thäler kam, seine
Augen mit Gebet und Danksagung im Vorübergehen auf. Aber er
ging vorüber, wie er im ganzen Laufe seines Lebens an Allem vorüber=
ging, was der Sache seiner Mission, mochte es an sich noch so lockend
und erlaubt sein, zur Seite zu liegen schien: ein Charakterzug, der
uns gewöhnliche Leute oft verlegen macht, ob wir uns davon mehr zur
wärmsten Bewunderung hingezogen oder beinahe fröstelnd abgestoßen
fühlen sollen? — Das fromme Völklein mag das Vorüber auch nicht
begriffen, schwer verwunden haben. Calvin eilte vom Monte Viso über
Ivrea an der Dora Baltea hinauf zum Fuße des großen Bernhard.
Hier breitet sich das Thal von Aosta aus, eingeschlossen von riesigen,
schneebedeckten Bergen, welche die ganze Majestät der Alpen, gesegnet
in seinem Schooße von einem Klima, das den ganzen Liebreiz Italiens
veranschaulicht. Hier brach sich eben jetzt im Busen der Bewohner
eine Bewegung Bahn, welche unsern Wanderer magnetisch herzog und
seinen Fuß beflügelte.

Aosta gehörte dem uralten Geschlechte der Fürsten von Savoyen.
So glücklich diese Dynastie dereinst diesseits und jenseits der Alpen
um sich gegriffen hatte, so unglücklich war sie seit etlichen Jahrzehnden
in der Behauptung ihrer Besitzungen. Eben jetzt fühlte sie den Wechsel
der irdischen Dinge am bittersten. Franz I. hatte ihr die beiden Haupt=
städte Chambery und Turin, die Berner Republik das Waadtland,
das Chablais, die Landschaft Gex weggenommen, von Genf war sie
siegreich zurückgeschlagen worden. Nur wenige Alpenprovinzen konnte
sie noch retten. Und auch in diese war in Folge der Kämpfe mit den
Schweizern eine gefährliche Gährung gedrungen. Denn wo deren
Heere Fuß faßten, pflanzten überall zugleich reformirte Prediger ihre
Fähnlein auf. Im Oktober 1535 kam der Schultheiß Nägeli als Ver=
treter Berns mit dem Herzog von Savoyen in Aosta zusammen, um
wegen der Genfer Streitigkeiten zu verhandeln. Einige Prediger
kamen gleichfalls mit und wirkten auf die Gemüther der Thalbewohner
mit der neuen Lehre mächtig ein. Kurz darauf schrieb der Syndicus
Amy Porral, Genfs Gesandter, nach Bern: „Dem Herzoge von Sa=
voyen, Carl III., erwachsen jenseits der Berge große Schwierigkeiten
aus Anlaß der Verbreitung des Evangeliums. Es läuft durch das
ganze Land: es läuft den Fürsten zu Trotz, denn es ist von Gott."

Und in einer folgenden Depesche heißt es bereits: „Die Aostaner haben mit ihrem Bischofe starke Händel, weil sie seine Excommunicationen nicht dulden mögen." So war der Boden für die Wirksamkeit eines Reformators scheinbar bestens vorbereitet.

Er kam Anfangs Februar 1536 an und bildete sogleich, wie überall, den Mittelpunkt der Bewegung. Die Stadt war wohl befestigt und bewacht. Calvin bezog außerhalb ihrer Mauern eine Wohnung. Nicht weit davon, auf den nächsten Hügeln, an deren Fuße sich die Straße nach dem großen Bernhard hinzieht, steht ein Gebäude, das weithin die Landschaft beherrscht. Es ist die Scheune von Bibian, ehemals ein Eigenthum der edlen Familie von Vaudan, jetzt Calvinshof genannt. Er hatte hier die ganze Stadt vor sich und konnte fast mit ihren Angehörigen eine Zeichensprache führen. Jeden Tag versammelten sich um ihn in diesem Hause lernbegierige Schüler. Der Zulauf nahm reißend zu. Sogar eingefleischte Katholiken neigten Ohr und Herz der eindringlichen Predigt von der freien Gnade Gottes in Christo, von der Schadhaftigkeit der Kirche, von der Nothwendigkeit einer Reformation. Viele Namen Solcher, die lebendig angefaßt wurden, sind aufbewahrt: theilweise Glieder der angesehensten Familien. Mit den Gedanken an eine religiöse Umgestaltung gingen bei ihnen die an eine politische Hand in Hand. Sie wollten an die mächtige Republik, welche Genf befreit und Lausanne erobert hatte, einen Aufruf richten, mit den Schweizer Kantonen einen Bund schließen und so mit Einem Schlage sowohl das Evangelium als die Freiheit gewinnen. Mit Spannung sah man auf den letzten Februar hin, an welchem die Stände von Aosta zusammentreten sollten: welche der beiden Partheien wird obsiegen? Die Conservativen boten alle Kräfte zum Widerstand auf. An ihrer Spitze stand der Bischof Gazzini, ein hochfahrender, herrschsüchtiger, gewaltthätiger Prälat. Schon seit mehreren Jahren hatte er in allen Unternehmungen die Hand, welche die Wiederherstellung der herzoglichen Gewalt und die Vernichtung der Ketzerei in Genf zum Ziele hatten. Ja schon 1528 war er es gewesen, der auf einer Synode zu Chambery die strengsten Maßregeln gegen die „Lutheraner" vorgeschlagen, „welche die Gemeinden allerwärts mit verbotenen Büchern überschwemmen, vom Verkaufe der geistlichen Reichthümer reden, um damit die Armen zu nähren, von der Bezahlung der Messen, vom Halten der Fastentage abmahnen 2c." Auf seine Anzeige hin ließ der Herzog noch in demselben Jahre 12 savoyische Edelleute, welche den evangelischen Glauben nicht abschwören wollten, und kurz darauf 4 Genfer Colporteure, die sich mit Bibeln ins Land wagten, hinrichten.

Es läßt sich denken, wie ein solcher Inquisitor gegen die neue Aufregung, welche die Ankunft eines Fremdlings hervorgerufen, die Zähne knirschte. Seit den wiederholten Niederlagen des Herzogs war jedoch einige Vorsicht gerathen. Er verband sich daher mit dem Marschall von Aosta, dem Grafen René de Chalons, wußte durch ihn den katholisch gebliebenen Adel gegen die Neuerung zu entflammen und völlig für seine Pläne zu gewinnen. Beide waren entschlossen, der Ketzerei um jeden Preis und mit jeden Mitteln den Garaus zu machen. Der katholische Eifer wurde bei der Bürgerschaft auf allerlei Weise wieder angefacht. Mönche gingen von Haus zu Haus, um den Leuten Schrecken einzujagen. Eine große Procession wurde aufgespielt: der Bischof, der Marschall, andere Würdenträger bewegten sich in härenen Gewändern, mit bloßen Füßen, die Häupter mit Asche bestreut, durch die Gassen der Stadt: nach einem prunkvollen Hochamt stieg der beredteste Franziskanermönch auf die Kanzel, beschwor das Volk, beim Glauben seiner Väter zu verharren, und donnerte alle Donnerwetter auf die Ketzer herab. Unter derartigen Bearbeitungen rückte der letzte Februar heran, die Vertreter des Adels, der Bürgerschaft und des Bauernstandes traten im Garten des Klosters vom heiligen Franz zusammen, Gazzini und Chalons fehlten nicht. Der Landvogt von Aosta, Mathieu de Lostan, ein Stockkatholik, hatte die Rolle über-kommen, die Verhandlungen mit einer Rede zu eröffnen. Diese spie von Anfang bis zu Ende nichts als Feuer aus: die schauerliche Ge-fahr wurde in den schauerlichsten Bildern geschildert, und als einziges Rettungsmittel die Vereinigung aller guten Katholiken unter dem Banner Carls III. und Christi proklamirt. Daher möge die Ver-sammlung sogleich einen dreifachen Eid schwören: 1) dem katholischen Bekenntnisse treu zu leben und zu sterben, 2) dem Herzog von Sa-voyen unverbrüchlich anzuhangen, 3) sich jedes Opfer zur Vertheidi-gung des Landes gefallen zu lassen.

Und siehe da, die erschreckliche Rede verfehlte ihren Zweck nicht: die Versammlung der Landstände schwur den Eid. Wie sich die Mi-norität der evangelisch Gesinnten — denn eine solche war entschieden

anwesend und stand durch geheime Sendboten in fortwährendem Ver=
kehr mit Calvin — vertheidigt, ausgesprochen und überhaupt verhal=
ten habe, darüber fehlt jede Notiz. Wir wissen nur, daß dem Eid=
schwure noch der Beschluß angehängt wurde: „Wer sich hienach nicht
hält, wird mit dem Tode bestraft."

Um dem Siegeswerk die Krone aufzusetzen, ging nun sogleich
Befehl aus, den namenlosen Störefried in der Scheune Bibians zu
fassen und einzubringen. Was mit ihm geschehen sollte, wird Niemand
erst fragen. Er wurde jedoch abermals noch gewarnt und entfloh in
der Nacht des achten März mit einer kleinen Schaar von Anhängern,
denen natürlich in der Heimath nur noch blutige Rosen geblüht hätten.
Sie wollten bei Sanct Remi über den großen Bernhard setzen. Aber
die Straße war schon besetzt. So schlugen sie sich seitwärts auf Saum=
pfaden, die sonst nur Jäger und Hirten begehen, über Waldbäche und
Schneefelder, an halsbrechenden Abhängen hin, durch die Scharten
jener ungeheuren Gebirgswelt, in der Richtung nach Wallis. Außer
den Abgründen der Natur drohte den Flüchtigen auch noch der Haß
der Menschen. „Der Graf von Chalons, berichtet eine Chronik, jagte
Calvin nach und verfolgte ihn mit bloßem Schwerte bis ins Mark
der Berge hinein." War seine Wuth dadurch noch gereizter, daß ein
Mitglied seiner eigenen Familie dem Geächteten sich angeschlossen
hatte? Dieser war jedoch bereits über die letzte Höhe, den Col de la
Euranda, glücklich hinweg und im Begriffe, durch das Bagnesthal,
wie der östliche Arm des Dransethales (heutzutage auch noch „Cal=
vinsfenster") heißt, in Martigny auszumünden.

Werfen wir noch einen Blick nach dem Thal von Aosta zurück,
wie Calvin dies von den Bergspitzen aus, über die er klimmte, oft
gethan haben mag. Die Stände kamen am 22. März 1536 wieder
zusammen, empfingen wegen ihres katholischen Eifers eine gnädigste
Anerkennung von Herzog Carl, ordneten einige Processionen im Jahre
zum Danke „für die glückliche Bewahrung vor der Ketzerei" an, be=
schlossen die Errichtung einer Säule, welche in renovirter Gestalt noch
heutzutage steht und die Inschrift trägt: „Dies Denkmal ist zum Ge=
dächtniß der Flucht Calvins im Jahre 1541 errichtet und zweihundert
Jahre später durch den Eifer der treugebliebenen Frömmigkeit erneuert
worden." Der Bischof Gazzini und der Marschall de Chalons ließen
sich jedoch an solchen Festlichkeiten nicht genügen: über 20 Jahre

lang loderten Scheiterhaufen auf und mühte sich das Schwert ab, jede
Spur von Anhänglichkeit an das Evangelium auszurotten. Und doch
fand noch 1581 urkundlich die Inquisition ziemlich Stoff zu ihrer
Arbeit übrig. Der Eidschwur jener Versammlung ward endlich voll=
ständig ausgeführt: Aosta liegt ruhig da, wie ein Friedhof: in seinen
veröbeten Mauern, vielmehr Ruinen, aus denen Calvin einst fort=
gebannt wurde, haust seit 3 Jahrhunderten der Bann des Todes.
Und was wurde aus Genf, dem Städtchen, das, damals ungefähr gleich
unansehnlich wie Aosta, kurz darauf dem Flüchtlinge die Thore auf=
that? Wir könnten ähnlich ganz Italien fragen: was für ein Geschick
hast du dir bereitet, indem du zu jener Zeit die Hand der Reformation,
welche sich auch im Besuche Calvins aufs Wohlmeinendste nach dir
ausstreckte, zurückgestoßen hast? Was wurde dagegen aus deiner
nördlichen Inselschwester, dem reformirten England? —

Wir werden bald sehen, daß diese Missionsfahrten Calvins in
Italien für den Letztern nicht verloren waren: er konnte, was er in
Plänklergefechten gelernt, recht wohl für seinen Feldherrnberuf, für
sein Schlachtenleben verwenden. In anderer Hinsicht hätte man frei=
lich dem fahrenden Ritter andere, weniger harte Erfahrungen in der
milden Luft Italiens gegönnt. Würde er dann diese zur Milderung
seiner spröden, herben Natur nicht eingesogen haben? Sollte die
reiche ästhetische Begabung und Ausstattung dieser Halbinsel nicht
erheiternd auf dies „traurige Genie" gewirkt haben, das, wie Bossuet
meint, Alles verschmähte, was nicht Verstand, Doctrin', strenge und
ätzende Wahrheit war? Wenn aber wirklich, muß man sich entgegen=
halten, wäre dann Italien nicht für diese stramme Heldenkraft eine
Gefahr geworden, wie Delila für Simson? Ueberschlägt man die
Leistungen des großen Manns, wird man sich stets am Ende sagen
müssen: er durfte nicht anders sein, als er gewesen; seine ganze Art
war seine ganze Macht.

Von Martigny aus reiste Calvin durch die Schweiz unangefoch=
ten weiter. Er steuerte seiner Heimath, der Picardie, zu. Wars ein
Heimweh, das ihn trieb, oder welche andere Beweggründe? Und wie
konnte er es im Jahre 1536 wagen, den Boden Frankreichs, von dem
er 2 Jahre vorher wegfliehen gemußt, wieder zu betreten? Hatte er
seitdem nicht noch viel mehr Verbrechen auf sich geladen? Wir wissen
nur die Thatsache, daß er in Noyon war, daselbst mit seiner Familie

etliche Angelegenheiten ordnete und, vergessen wir's nicht, einen Fisch=
zug that. Denn als er wieder von dannen zog (August 1536), treffen
wir bei ihm eine kleine Karawane Landsleute, die fürs Evangelium
gewonnen waren: darunter der höchste Beamte aus Noyon, Herr von
Normandie, mit Weib und Kindern, darunter namentlich ein Bruder
und eine Schwester, Anton und Marie Calvin. Daher mag die Reise
immerhin noch zu den Missionsfahrten gezählt werden. Vielleicht
endete der Besuch auch mit einer neuen Verfolgung. Als er den Fuß
über die Grenzen gesetzt, die er nie mehr im Leben berührte, schrieb er
wenigstens an einen Freund: „Man treibt mich aus meinem Geburts=
lande. Jeder Schritt nach der Fremde kostet mich Thränen. Es mag
aber sein! Darf die Wahrheit nicht in Frankreich wohnen, so will ich's
auch nicht: ich will mir ihr Loos gefallen lassen." Das Reiseziel
war Basel, wo Calvin seine Studien wieder in der Stille aufzunehmen
gedachte. Der Mensch denkt und Gott lenkt. Als die Reisenden ihre
Straße nach Basel hinzogen, vernahmen sie unterwegs, daß Lothringen
mit Soldaten angefüllt und daher nicht zu passiren sei. Der Krieg zwi=
schen Karl V. und Franz I. war eben vollauf im Gange. So blieb
ihnen keine andere Wahl, als durch Frankreich herunter nach der
Schweiz zu steigen: sie mußten in Genf ankommen.

V.

Der Missionsposten: Genf.

Als der Auswandererzug in die Nähe Genfs kam, wird er ver=
wundert um sich geschaut haben. Die herrliche Lage der Stadt war
weltberühmt, die Leute aus Noyon hatten gewiß auch schon davon ge=
hört. Und in der That, hier lag sie wie eine Perle, welche die schäu=
mende Fluth der Rhone triumphirend aus der himmelblauen Tiefe
des Lemaner Sees herausgespült und der Majestät der Alpen oder
des Jura zu Füßen gelegt hat. Denn beide Gebirge wiegen wetteifernd
ihre Häupter darüber. Woher aber die Spuren einer Verheerung
rings umher? Eingerißne Häuser, ausgebrannte Schloßruinen, Schutt
und Staub, Qualm und Rauch in weiter Umgebung. Der Aus=
wandererzug gelangt vor die Thore der Stadt: an ihnen sind neue
Steinplatten eingesetzt, darauf das Wappen: ein Reichsadler und die
Schlüssel Sanct Peters mit dem Wahlspruch: post tenebras lux —
Calvin konnte ihn seinen Begleitern übersetzen: nach der Finsterniß
das Licht! Früher hatte der Spruch geheißen: post tenebras spero
lucem, nach der Finsterniß hoffentlich das Licht. Jetzt glaubten die
Bürger die Hoffnung als eine erfüllte Thatsache bezeichnen zu dürfen.
In jenen Trümmern um die Stadt her war eben eine zwiefache Revo=
lution zu endlichem Austrag gekommen.

Die erste Revolution war politischer Art. Genf lebte eine Reihe
von Jahrhunderten unter eigenthümlich gemischten Verfassungsver=
hältnissen, wie noch manches andere Gemeinwesen des Mittelalters:
ein Bischof residirte darin als geistlicher Souverän, ein Vidam (Vice=
dominus) handhabte darüber die Civiljurisdiction und Militärgewalt,
die Stadt selber wählte, wie ein Freistaat, durch regelmäßige Bürger=
versammlungen ihre Verwaltungsbehörden, vier Syndiker und einen
Schatzmeister. Die Vidame, zuerst aus dem Hause Genévois, dann
aus dem Hause Savoyen, bedrohten am meisten das schwierige Gleich=

gewicht dieser drei Gewalten durch Uebergriffe, stießen aber stets auf entschlossenen, zähen Widerstand. Es handelte sich darum, ob die alte Reichsstadt sich zu einer savoyischen Provinzialstadt herabdrücken ließe. Die Bischöfe erkannten wohl, daß hiermit auch ihre Souveränität zu Grabe ginge, und stemmten sich daher im Bunde mit der Bürgerschaft gegen die Usurpationsgelüste. Allein es gelang im fünfzehnten Jahrhundert den Herren von Savoyen, mit der Hülfe Roms das Bisthum an ihre Familie wie ein Erbtheil zu bringen. Hiedurch kamen zwei Gewalten thatsächlich in Eine Hand, so daß die dritte Gewalt fast nichts mehr zu besagen hatte. Für sich selbst zu schwach, sah sich nun die Genfer Bürgerschaft nach auswärtigen Bundesgenossen um, und fand sie in den Schweizer Kantonen. Innerhalb der Stadt gab es in Folge davon zwei Partheien, wovon die eine „Eidgenossen", die andere „Mameluken" hieß, jene auf die Schweiz, diese auf den Herzog von Savoyen sich stützend. Letzterer erklärte ein Bündniß mit auswärtigen Staaten für Empörung, überfiel die Stadt und hauste darin fünf Jahre lang unbarmherzig. Parthelier, der Rädelsführer der Eidgenossen, wurde hingerichtet, hinterließ jedoch an der Mauer seines Kerkers die Inschrift: non moriar sed vivam, ich werde nicht sterben, sondern leben; ein anderer Rath, Levrier, sprach auf dem Schaffote: es ist eine Gnade, für den heiligen Petrus und die Freiheit des Vaterlandes zu sterben. Solche Beispiele wirkten mehr als das Schreckensregiment Herzogs Carl. Und kaum hatte dieser, von anderweitigen Ereignissen in seine Besitzungen auf der Südseite der Alpen zurückgerufen, Genf den Rücken gekehrt, wurde der Bund mit den Kantonen Freiburg und Bern noch enger geschlossen, die Unabhängigkeit vom Hause Savoyen ausgerufen, die Parthei der Mameluken verjagt und verbannt, ein demokratisches Regiment eingesetzt, die Befestigung der Stadt wieder hergestellt. Dies geschah im Jahre 1526. Umsonst versuchte der Herzog in den folgenden Jahren bald mit List, bald mit Gewalt das entwundene Scepter zurückzuerhalten: er hatte die Freiheitsliebe der Bürger durch seine Tyrannei unüberwindlich gemacht, und hätte je einmal der Muth in ihren Reihen wanken wollen, so fachte ihn die Gegenwart der Vertreter Berns und Freiburgs wieder an, der beiden Kantone, welche sieben geordnete Schlachten gegen den deutschen Kaiser gewonnen, bei Gransen und Murten die Herrschaft der Herzoge von Burgund vernichtet, bei Novara den König von

Frankreich aufs Haupt geschlagen hatten. Genf ward und blieb sein
eigener Herr. —

Die andere Revolution, die kirchliche, konnte nicht ausbleiben,
sie mußte vielmehr ebenso mit der politischen Hand in Hand gehen,
wie die herzogliche und die bischöfliche Gewalt seit dem fünfzehnten
Jahrhundert in Eine Hand, die des Hauses von Savoyen, überge=
gangen waren. Dazu kam, daß die Prinzen, welche die herzogliche
Familie auf dem Bischofssitze zu versorgen beliebte, ihrem Charakter und
Wandel nach nichts weniger vorstellten als würdige Würdenträger der
Kirche Christi. Es ist fast nicht zu glauben und nachzuerzählen, was
bestverbürgten Berichten zufolge diese geistlichen Herren für eine Wirth=
schaft des Fleisches, des Schmutzes führten. Der übrige Clerus that
es natürlich seinen Obern möglichst nach oder noch voraus. Lesen
wir von einem Sturme, den das Volk auf den bischöflichen Palast
machte, um eine ehrbare Tochter, welche der Prälat von offener Straße
weg hatte rauben lassen, daraus zu befreien, so verwundern uns
Stürme auf die Klöster, worein Frauen und Mädchen gelockt und ge=
schleppt worden, nicht mehr allzusehr. Da die Liederlichkeit Geld
kostet, gesellte sich zu ihr ein heilloses Erpressungssystem. Trat vollends
die kirchliche Gewalt in förmlichen Bund mit den brutalsten Angriffen
der weltlichen Herrschaft auf die gesetzliche Freiheit einer eifersüchtigen
Bürgerschaft, welche Bande sollten diese noch an die Vertretung der
Kirche binden? Und werden die ewigen, die religiösen Bedürfnisse
des Menschen bei einem solchen Mangel an aller Pflege nicht auch
in Gährung gerathen sein? Wir haben wenigstens Einen Zeugen
dafür und zwar schon aus den ersten Jahrzehnten des fünfzehnten
Jahrhunderts: da erhob, gute Zeit vor Savonarola in Florenz, in
Genf ein Mönch namens Baptist den Schmerzensschrei jener Bedürf=
nisse und büßte ihn, vom Herzog Savoyens an den Bischof zu Genf
ausgeliefert, mit dem Feuertode. Genug, von außen und von innen
waren die Pfeiler der Kirche offenbar untergraben, durch und durch
morsch, so daß das ganze Gebäude einem etwa kommenden Windstoße
zum Opfer fallen mußte. Der Windstoß kam von derselben Seite,
von welcher die Unterstützung zum Sturze der politischen Despotie
ausgegangen war, er kam aus der Schweiz.

Wir begegneten schon im Thal von Aosta der Taktik der Berner,
überall, wo sie militärisch oder diplomatisch zu schaffen hatten, auch

Dem religiösen Umschwung, der bei ihnen durch Zwingli's gesegnete
Arbeit zu Stande gekommen war, möglichst ein weiteres Feld zu er=
öffnen. So benützten sie auch die Bundesgenossenschaft mit Genf.
„Sie besuchten, meldet eine Chronik aus letzterer Stadt, uns häufiger
als die Freiburger, tadelten öffentlich die Priester um ihr wüstes
Leben und redeten uns zu, die strengen Fastengebote nicht länger zu
achten: daher manche Bürger schwierig wurden." Die Saat aus der=
artigen Reden scheint freilich anfangs gar wild aufgeschossen zu sein.
Die religiöse Freiheit wollten Viele nur zum Deckel fleischlicher Frei=
heit machen. Wie sollte in einer so furchtbar entsittlichten Stadt auch
plötzlich eine sittlich reine Bewegung erwartet werden? Bonnivard,
der edle Prior von St. Victor und Genfer Patriot*), antwortete,
wegen der verlangten Reformation um Rath gefragt: „Ja ich wünsche
auch, daß die Kirche der Uebel los werde, wenn nur das Gute und
nicht noch Schlimmeres dafür kommt. Ihr wollt unsre Kirche ver=
bessern: sie hats in Betreff der Lehre wie der Sitten hoch nöthig.
Aber wie wollt ihr verbessern, die ihr selbst so ungebessert seid? Ihr
sagt, die Priester und Mönche seien nichts als Hurer, Spieler und
Säufer, aber ihr seids um kein Haar weniger. Ihr hasset sie so sehr,
eben weil ihr ihnen so ähnlich seid. Ihr wollt die gesammte Priester=
schaft des Papstes verjagen und an ihre Stelle Diener des Evange=
liums setzen: ganz gut an und für sich, aber gar nicht gut für euch.
Ihr kennt ja nichts Höheres als den Dienst der Fleischeslust, welchen
euch die Priester erlauben. Was immer Gott verboten hat, erlauben
sie euch, wenn ihr es ihnen auch erlaubt. Wie werdet ihr es aber
übel aufnehmen, wenn euch evangelische Prediger nicht blos erlauben,
was der Papst verbietet, sondern auch verbieten, was Gottes heilige
Gebote nicht erlauben. Diese Geistlichen werdet ihr dann hassen,
weil sie euch so unähnlich sind, bald verfolgen, nach etlichen Jahren
fortjagen und die alten Priester zurückholen. Mein Rath ist also
ernstlich der: wollt ihr euch nicht aufrichtig bessern lassen, so laßt
die Priester da, Gleich und Gleich gesellt sich gern; oder aber wollt
ihr die Kirche verbessern, so bessert euch selbst und laßt evangelische
Prediger kommen." Zur moralischen Schwierigkeit, in welche uns

---

*) Vergl. das schöne Gedicht Byrons auf ihn: „Der Gefangene im
Schlosse Chillon."

diese Worte ohne weitere Beschreibung der mißlichen, faulen Zustände
genügend hineinblicken lassen, kamen noch andere, welche einer wahren
Reformation in Genf wenig oder keine Aussicht verliehen.

Freiburg, der andre verbündete Kanton, war gutkatholisch und
drohte förmlich mit Abbruch des Verhältnisses, wenn die kirchliche
Neuerung Fortschritte machen dürfte. Die bischöfliche Gewalt, ein
Jahrtausend alt, hatte natürlich auch nicht augenblicklich ihre einflußreichen Beziehungen zum bürgerlichen Leben verloren. Dem Volke
gingen die einfachsten Elemente religiöser Erkenntniß vollständig ab,
so daß für eine wirksame Aufklärung kaum ein Anknüpfungspunkt
übrig schien.

Allein die Berner hatten einen Sendboten für Genf auserlesen,
der im Dienste des Evangeliums vor keiner Schwierigkeit zurückbebte,
keine Gefahr kannte, keinem Handgemenge auswich, Schwierigkeiten,
Gefahren, Handgemenge vielmehr fast suchte und liebte. Wilhelm von
Farel rückte im Jahre 1532 in Genf ein.

Der Name Farels wurde bereits erwähnt: er war bei der Versammlung in Angrogna als Abgeordneter der Schweiz und kam eben
von diesem Besuche bei den Waldensern her. Hätte man ihn bei
seiner Ankunft eines Nähern nach Stand und Charakter gefragt,
hätte er schon eine reiche Lebensgeschichte zu erzählen gehabt. (Ein
ächter Südfranzose, geboren 1489 zu Gap im Delphinat, entrang er
sich dem sinnlichen Cultus der katholischen Kirche sehr ungern und
mühlich. Allein das Wort der Wahrheit, welches ihm auf der Pariser
Hochschule Lefèvre's Wirksamkeit aufschloß, trieb ihn zum ernstesten,
unermüdlichen Kampf mit sich selbst und half ihm endlich obsiegen.
Er wurde mit sich fertig und entbrannte alsbald vom leidenschaft-
lichsten Eifer, auch mit Andern ebenso fertig zu werden, auch bei Andern die Anhänglichkeit von Fleisch und Blut an den römischen Gottesdienst, vielmehr Götzendienst, wie er jetzt urtheilte, mit der Wurzel
auszureißen. Mit einem schönen Schatze wissenschaftlicher Bildung
ausgesteuert, verließ er Paris und wandte sich 1521 zu Briçonnet
nach Meaux. Die vorsichtige Art, auf welche hier dem Evangelium
die Thüre halb geöffnet ward, wollte er jedoch nicht lange mitmachen:
er machte sich in seine Heimath auf, durchschweifte die dortigen Wälder,
kehrte auf Höfen und in Dörfern ein, zog durch die Städte, überall
die Wurfschaufel des Worts mit kräftiger Hand schwingend. Es

gelang zwar den Priestern bald, sich des Wolfs, der in ihre Hürden eingebrochen, zu erwehren: er mußte fliehen, trug aber das Bewußtsein mit fort, etliche Schafe, namentlich seine Brüder und einen Minoritenmönch aus Grenoble, Peter Sebeville, zum rechten Hirten bekehrt zu haben. Er scheint zunächst wieder in Meaux ein Asyl aufgesucht zu haben: von der Verfolgung, welche über das ketzerische Bisthum ausgebrochen, mitbetroffen, wandte er sich sofort nach Basel. Hier fand er an Oekolampad einen väterlich besorgten Seelsorger, der namentlich darauf hinzuwirken suchte, daß der Ungestüm Farels Maß halten lerne; noch später fand Jener nöthig, in diesem Sinn die feurige Natur zu ermahnen: „du bist ausgesandt, die frohe Botschaft des Heiles zu verkündigen, nicht Verfluchungen auszustoßen ꝛc. Handle gegen Andere, wie Christus gegen dich handeln würde ꝛc. Erfreue mich mit der Nachricht, daß du zur rechten Zeit Wein und Oel in die Wunden gießest ꝛc. Wirf aus den Herzen den Antichrist ꝛc." In der That wird auch die Mäßigung gerühmt, womit Farel zu Basel den Katholicismus in die Schranken gefordert habe: nach einer Disputation desselben schrieb Oekolampad an Luther: „er ist hinlänglich ausgestattet, die ganze Sorbonne zu ermüden, wenn nicht über den Haufen zu stürzen." Bei einem Erasmus, den er Bileam hieß, galt er freilich als ein „Phallicus", d. h. Streithengst, und der eitle, feige Gelehrte, der einst Ulrich von Hutten so schnöde weiter gestoßen, brachte es dahin, daß auch dieser französische Rittersmann, ein jenem deutschen sehr verwandter, wenngleich frömmerer Charakter, aus Basel fortgetrieben wurde. Farel erreichte Straßburg und bat von hier aus den Herzog Ulrich von Württemberg, der als ein Vertriebener in Mömpelgard residirte, ihn „um Gotteswillen in dieser Stadt das Gotteswort, das heilige Evangelium, predigen und verkündigen zu lassen". Der Bitte wurde willfahren*), Farel entfaltete eine ungemein eingreifende und angreifende Wirksamkeit, welche nur die Ermahnungen Oekolampads öfters aus den Augen ließ. (Eine Chronik**)

---

*) Hiedurch wurde Farel auch für Württemberg wichtig, in welchem die Reformation durch Herzog Ulrich, als er 1534 seine Erblande wieder erobert hatte, eingeführt wurde. Vergl. Heyds Herzog Ulrich II, 120 ꝛc.

**) Vie de Farel et Chronique sur la Réformation de Genève, par le ministre Froment. Mittheilungen aus diesem Manuscript auf der Bibliothek zu Genf bei Michelet.

berichtet: „In Mömpelgard konnte er das Evangelium nicht in den
Tempeln predigen, weil die Priester es ihm nicht erlauben wollten.
So predigte er in den Gassen und Häusern. Dies geschah im Jahre
1527. Eines Tages begab es sich, daß die Priester ihren Umgang hielten
und das Tabernakel des heiligen Antonius, wie sie es hießen, umher
trugen, hinter ihnen eine Menge Volkes. Farel traf sie auf der Brücke,
wurde von dem Anblick empört, entriß das Tabernakel den Priestern,
warf es über die Brücke ins Wasser hinab und rief das Volk an:
Arme Götzendiener, wollt Ihr nicht endlich von Eurer Abgötterei
lassen? Volk und Priester waren zuerst ganz verblüfft, dann wurden
sie ganz wüthend, stürzten sich auf ihn und hätten ihn getödtet, wenn
Gott nicht an diesem Tage Seine schützende Hand wunderbar ausge-
streckt hätte." Solche Vorgänge machten natürlich seinem Aufenthalt
wieder ein Ende. Farel floh in die Schweiz, um in ihr seine rechte
Verwendung zu finden. Der Reformationsgeist, der in diesem herr-
lichen Lande so urkräftig als irgendwo erwacht war, zeichnete sich von
Anfang an durch einen starken Eroberungstrieb aus. Derselbe fühlte
sich jedoch durch die Verschiedenheit der Sprache in den romanischen
Grenzgegenden 'aufs beschwerlichste gehindert. Daher erschien der
Franzose Farel als ein längst ersehntes Rüstzeug für diese Provinzen.
Und er warf sich denn auch mit einem Muth, einer Energie und
Zähigkeit auf sie, daß es uns gemahnt, es wäre jener alten Heiden-
bekehrer Einer aus dem Grabe aufgestanden, welche die nachaposto-
lische Kirchengeschichte als heilige Heroen verehrt. Aigle, Lausanne,
Murten, Orbe, Reuchatel heißen die Stätten, worauf der stürmische
Kämpe wirklich großartige Abenteuer bestand und Erfolge, gekrönt
mit Segen, erfocht. Die angeführte Chronik liest sich bei Beschreibung
dieser Missionskämpfe wie ein Märchenbuch. Dort unterbricht Farel
einen Priester, der Messe liest, mit einer Ansprache ans Volk, daß
dieses von den Knieen aufsteht, um die Heiligenbilder der Kirche zu-
sammenzuschlagen, und der Priester im Ornate verwirrt vom Hoch-
altar in sein Haus flieht. Dort entreißt er einem Priester bei der
Elevation „seinen Gott" und ruft: „Nicht hier ist der Gott, den Ihr
anbeten müßt: der ist dort oben im Himmel, in der Majestät des
Vaters!" Dafür wird er das eine Mal mit Stöcken geschlagen, mit
Steinen geworfen, mit Blut übergossen, wobei „die Priester mitthaten,
als hätten sie keine Gicht an Händen und Füßen;" ein anderes Mal

wird ihm unterwegs aufgelauert und übel mitgespielt, oder es schleppt und zerrt ihn ein Haufe in eine Kapelle, um ihn zum Niederfallen vor einem Marienbilde zu zwingen, aber er fährt unter dem tollen Geschrei und der grausamen Mißhandlung fort, seinen Glauben mit starker Stimme zu bezeugen. Kann er auch nicht jede Burg einnehmen, die er in Belagerungsstand versetzt hat, Breschen schießt er jedenfalls in ihre Mauern und zieht überzeugt hinweg, daß der Rest der Mauern nachfallen müsse. Man ist im Verlaufe manchmal versucht zu fragen: darf ein Christ so gewaltthätig einher und darein fahren? Aber man wird bei seinen Thaten auch stets zu der andern Frage fortgerissen: kann ein andrer Mensch als ein Christ Solches unternehmen und ausführen?

Dieser Mensch, dieser Christ, ganz unansehnlich von Gestalt („un chétif malheureux"), wagte sich nach Genf hinein, um daselbst aus dem bloßen Widerstreit gegen die römische Wirthschaft ein wirklich evangelisches Gemeinwesen aufzuführen. Anfänglich suchte er nur die Seelen Einzelner in persönlichem Verkehre anzubohren. Allein dieser stille Verkehr veranlaßte dennoch bald Rumor. Der kleine Rath wollte den Ankömmling zur Vermeidung weiterer Unruhen rasch der Stadt verweisen. Dieser zeigte aber seine Papiere von Bern vor und überzeugte damit die weltliche Behörde, daß man mit ihm nicht so kurze Umstände machen dürfe. Der bischöfliche Rath bemächtigte sich dagegen seiner und es ist uns der Bericht eines Verhörs aufbewahrt. „Komm her du garstiger Teufel, hub der Generalvikar an, bist du getauft? Was ziehst du herum, die ganze Welt zu verstören? Wer giebt dir Vollmacht zu predigen?" — „Ich bin getauft im Namen des Vaters, des Sohnes und heiligen Geistes, ich bin kein Teufel, ich gehe umher, um Jesus Christus zu verkündigen, der für unsre Sünden gestorben ist. Meine Vollmacht rührt vom Herrn, dem ich diene. Ich verstöre keine Gemeinde. Aber wie Elias dem König Ahab antwortete: du König bist es, der ganz Israel verwirret, so sage ich euch: nicht allein diese Stadt, sondern die ganze Welt habt ihr durch eure menschlichen Erdichtungen, Laster und Ausschweifungen verstört." — Ein Diener des Generalvikars schießt auf ihn, die Büchse zerspringt. „Deine Schüsse schrecken mich nicht." Neues Geschrei geht an: „Er hat Gott gelästert, er ist des Todes schuldig." Sie treten ihn mit Füßen, schlagen ihm ins Gesicht, toben: „es ist besser, daß dieser

lutherische Ketzer verderbe, denn daß das ganze Volk verführt werde."
— „„Redet doch lieber Worte Gottes, als des Caiphas.""" — „Tödtet
den lutherischen Hund, in die Rhone, in die Rhone!" — Der Augenblick nahm die drohendste Miene an. Ein Rathsherr aber, heimlicher
Anhänger des Mißhandelten, drohte auch seinerseits, die Sturmglocke
läuten zu lassen, die Bürgerschaft in die Waffen zu rufen: dies wirkte
auf die Chorherren und schuf so viel Luft, daß Farel in Begleitung
etlicher Freunde entkommen konnte: er setzte über den See und landete
zwischen Morges und Lausanne. — In der Verbannung schnitzte und
versandte Farel sogleich einen Pfeil: er beauftragte einen früheren
Schüler, Froment, den abgerissenen Faden wieder aufzunehmen. Dieser, seit etlichen Jahren Geistlicher in Yverdon und später Geschichtschreiber des Lebens von Farel (vergl. die oben angeführte Chronik),
begab sich alsbald nach Genf, kündigte sich als Sprachlehrer für Alt
und Jung an und unterrichtete die Leute, welche kamen, in der
Sprache Gottes, dem Evangelium. Bald reichte der Saal nicht mehr
für die zuströmenden Zuhörer. Eines Tags wurde das Gedränge so
groß, daß allgemein der Ruf erscholl: Predige uns auf dem Molard-
platz! Froment gab der Menge nach, forderte sie auf, niederzuknieen,
und begann mit einem Gebet: „Ewiger Gott, Vater der Barmherzigkeit! Du hast verheißen Deinen Kindern zu geben Alles, um was sie
Dich bitten mit Glauben, im Namen Deines Sohnes Jesu Christi,
unsres Herrn. Du weißt, was diesem armen Volk nöthig ist, besser
als es selbst und ich. Führe es auf den Weg Deines Heils durch die
Erkenntniß Deines Worts. Und weil Du mich hieher gesandt hast,
so erleuchte das Verständniß und heilige die Lippen Deines Dieners,
daß ich Deiner Wahrheit zu Ehren zeuge und diene." Hierauf erfolgte
die erste öffentliche Predigt des Evangeliums in Genf. Aber noch vor
dem Amen erschien die Priesterschaft an der Spitze eines bewaffneten
Haufens, ließ einhauen und zersprengte die Menge. Froment versteckte
sich zuerst innerhalb der Stadt, bis er zu geschickter Stunde daraus
entweichen konnte. Nichtsdestoweniger bildete und verbreitete sich jetzt
unaufhaltsam eine evangelische Parthei in der Stadt, welche den Katholiken ebenso gegenüberstand, wie früher die Eidgenossen den Mameluken. Sie versammelten sich Nachts, erbauten sich aus Olivetans
Bibelübersetzung und ließen sich von einem Strumpfwirker bereits das
Abendmahl reichen. Reibungen, bald blutige Scharmützel zwischen

den Partheien blieben nicht aus: Vereinbarungen, welche versucht wurden, erwiesen sich allemal vergeblich. Umsonst machte auch das katholische Freiburg seinen Einfluß geltend. In der Verzweiflung vergaßen endlich die Priester jene Warnung, welche schon früher ein kluger Mann ihrer Richtung ertheilt hatte: „Wenn wir diskutiren, geht der letzte Rest unsres Ansehens verloren." Es wurde ein beredter Dominikanermönch, Namens Furbity, berufen, um von der Kanzel aus die Neuerer zu überwältigen. Dieser Doctor der Sorbonne pflanzte denn auch gegen die Ketzerei ältester und neuester Zeit alles mögliche Geschütz auf. Aber Froment hörte vom Kanonendonner und eilte nach Genf zurück. Er ging alsbald in die Kirche, worin Furbity aufzutreten pflegte. Die Predigt handelte von der Eucharistie: „Ein Priester, der die Hostie weiht, ist würdiger, als die Jungfrau Maria selbst, denn sie hat Jesum Christum nur einmal zur Welt gebracht, aber der Priester thut dies jeden Tag, und seine Würde ist so mächtig, daß wenn er die weihenden Worte in einem Ofen spricht und in einem Keller, so wird das Brod verwandelt in den kostbaren Leib Christi und der Wein in das heilige Blut, was die Jungfrau Maria nie gethan hat. Laßt sie jetzt kommen, diese elenden Lutheraner, die das Gegentheil predigen, laßt sie herantreten, und man wird ihnen antworten. Ja, sie werden sich wohl hüten, diese schönen Schornstein-prediger, die zu nichts gut sind, als um die armen Frauen zu betrügen, sowie Solche, die nichts wissen und verstehen." — Da erhob sich Froment, winkte mit der Hand und betheuerte mit seinem Leben, die Falsch-heit der Predigt Furbity's aus der heiligen Schrift beweisen zu wollen. Er begann in der That damit und seine Anhänger fielen ein: gut, sehr gut! Der Doctor der Sorbonne stand sprachlos auf seiner Kanzel: dafür brachen die Chorherren aus: „Tödtet den Lutheraner, in die Rhone, in die Rhone!" Ein entsetzlicher Tumult entstand und es hielt schwer, Froment der Wuth der Katholiken zu entreißen: seine Freunde verbargen ihn in einem Heumagazin.

Dieser Zweikampf im Dome war nicht nur eine moralische Niederlage für die Katholiken. Die Reformirten wandten sich darauf an die Berner mit der Bitte um ihre Dazwischenkunft. Und Bern ließ sich nicht zweimal bitten. Es schickte zunächst Farel mit dem Auftrag, die Gesinnung Berns in dem anhängigen Processe der beiden Par-theien zu vertreten. Die Anwesenheit Farels, der alsbald auch die

Kanzeln bestieg, schürte aber das Feuer nur noch mehr. Man rüstete sich gegenseitig zum Losschlagen. „Drei Tage und drei Nächte blieben sie unter den Waffen: die Einen stellten gegen die Andern ihre Wachen aus, holten ihre Lebensmittel unter guter Bedeckung, gerade wie es unter Feinden im Kriege der Brauch ist." Indeß kamen Abgeordnete von Bern noch rechtzeitig, um die Ruhe wieder herzustellen. Hiemit war das Uebergewicht der Protestanten eine entschiedene Thatsache. Farel fuhr fort, unter dem Schutze der Berner Abgeordneten zu predigen, Furbity ward gefangen gesetzt, der evangelische Ritus in etlichen Kirchen eingeführt, der Abfall vom katholischen Bekenntniß machte reißende Fortschritte. Ein Vergiftungsversuch, welchen ein Chorherr durch eine Magd an den reformirten Predigern vornehmen ließ, kennzeichnete vollends die ganze Ohnmacht und Schlechtigkeit der alten Parthei. Sie sah selbst ein, daß sie den Boden in der Stadt vollständig verloren hatte, und wanderte daher in ihren vornehmsten Gliedern aus, wie der Bischof längst gethan hatte. Auf den Schlössern rings umher sammelten sie sich und riefen den Herzog von Savoyen herbei, ob sie nicht mit seiner Hülfe die abgefallene Stadt wieder erobern möchten. Der Herzog erschien gerne mit seinen Truppen, schloß die Stadt eng ein und hoffte sie durch Aushungern zur Uebergabe zu nöthigen. Zwei Jahre währte der allerdings beschwerliche Belagerungszustand. Allein innerhalb der Mauern machte sich eben während dieses Zeitraums die evangelische Bewegung vollends zurecht. Eine große öffentliche Disputation über die wichtigsten Punkte der Heilslehre wurde veranstaltet: das Ende war, daß die beiden Vertreter des Katholicismus, welche sich eingestellt hatten, Peter Caroli, Doctor der Sorbonne, und Johann Chapuis, Dominikaner, die protestantischen Sätze selber annahmen. So drängte Alles von allen Seiten zum schließlichen Resultate: der katholische Gottesdienst ward am 27. Aug. 1535 in aller Form abgeschafft und der reformirte Gottesdienst nach dem Ritus von Bern und Zürich feierlich eingesetzt.

Zu gleicher Zeit entschieden sich die Dinge außerhalb der Mauern. Die Berner rückten mit ihrem Heere auf Genf, Ausfälle von innen kamen ihnen entgegen, die Belagerungstruppen des Herzogs wurden geschlagen und zurückgetrieben, die Belagerungswerke sammt den Schlössern und Häusern, welche den Päpstlichen als Zufluchtsorte gedient hatten, geschleift und verbrannt. Hievon die Spuren einer Ver-

heerung, sowie das neue Stadtwappen an den Thoren, welche die Aus=
wanderer aus Noyon bei ihrer Ankunft vor Genf befremdeten: es war
kaum erst ein Jahr verflossen, seitdem sich alles dies dort zugetragen.
Ende Augusts 1536 langte Calvin zu Genf an und stieg in
einem Gasthof ab. Seinem Begleiter auf den Missionsfahrten durch
Italien, der schon früher, wahrscheinlich unmittelbar von Ferrara aus,
hieher gekommen war, ließ er irgendwie die Kunde zugeben, und Du
Tillet mochte das Geheimniß nicht für sich allein bewahren: es trieb
denselben, Farel mitzutheilen, er könne den Verfasser der christlichen
Institution sehen und begrüßen. Indem Farel dies vernimmt, durch=
zuckt ihn ein wundersames Gefühl: den hat Gott hergeführt! Und
er athmete dabei tief auf, denn er hatte in letzter Zeit oft geseufzt:
Herr schicke einen andern als mich! Waren doch die Verhältnisse in der
Gemeinde seit jener denkwürdigen Annahme der Reformation eher noch
schwieriger, als vorher, geworden. Das harte Joch des Papstthums
war abgeschüttelt, jetzt wollten eine Menge gar keines mehr, auch nicht
das sanfte Joch Jesu. Wie ein Geschwür durch den heilbringenden
Schnitt des Arztes zuerst eine Masse Eiters ausstößt, so brach
jetzt erst recht alle Unsittlichkeit und Unreligiosität hervor, welche bis=
her im Schooße eines rein äußerlichen Kirchenwesens genährt worden
waren. Dachte Farel an die Tage zurück, daran das Volk in einem
Anflug heiliger Begeisterung den Schwur aufs Evangelium gethan,
so fiel ihm nunmehr Angesichts so vieler Frechheit und Bosheit der
unsaubere Geist ein, der, ausgefahren von einem Menschen, keine Ruhe
findet und spricht: ich will wieder umkehren in mein Haus! Er geht
aber hin und nimmt noch sieben andere Geister mit sich, ärger als er
selbst, und mit demselben Menschen wirds noch ärger denn vorhin
(Luc. 11). Wohl verdoppelte und versiebenfachte dawider auch Farel
seine Kräfte: er verfaßte ein Glaubensbekenntniß, zog weitere Predi=
ger heran, richtete eine Gemeindeschule ein, legte selbst mehrmals jeden
Tag das göttliche Wort in der Kirche aus, und das mit jener ihm
eigenthümlichen, Mark und Bein erschütternden Gewalt, griff überall
persönlich an und ein, wo Unordnungen zu strafen, Unruhen zu däm=
pfen, Empörungen niederzukämpfen waren, und das mit jener herr=
scherischen Uebermacht, womit des Menschen Auge wilde Thiere zähmt.
Dennoch wollte das Gute nirgends eine feste Gestalt annehmen, noch
behaupten. Unsrem Farel wollte das Organisiren so wenig gelingen,

als ihm das Erobern glänzend gelungen war: er stand vor der Schranke seiner Natur in peinlichster Gedrücktheit.

Mit klopfendem Herzen klopfte er daher an der Thüre des Zimmers an, worin Calvin wohnen sollte. Es dunkelte schon stark. Ist er fehl gegangen? Er trifft eine hagere, blasse, kränkliche Gestalt: nur blitzt aus dem Auge unter hoher gefurchter Stirn ein Strahl, so hell und scharf, wie kein noch so blanker Stahl. Farel schüttet sein Anliegen aus. Calvin, der „nur eine Nacht in Genf zubringen und am nächsten Morgen so schnell wie möglich weiterreisen wollte," ist natürlich aufs Höchste über ein derartiges Ansinnen erstaunt und zeigt gar keine Lust, sich von einem Wegelagerer seine Plane nur so geschwind durchkreuzen zu lassen. „Er sei ein junger Mann, antwortete er, der für solch eine Stellung gar nicht tauge. Noch könne er sich nicht an ein bestimmtes Amt und an eine einzelne Kirche binden, sondern wolle zunächst für das Allgemeine wirken. Zudem sei er mit seinen Studien noch lange nicht am Ziele; es thue ihm zunächst Noth, sich noch etliche Jahre in die Stille zurückzuziehen und da mit Muße fortzuarbeiten." Farel wies diese Einwendungen durch den Hinweis auf die Dringlichkeit der Genfer Lage und die offenbare Führung Gottes entschieden zurück. Allein Calvin fuhr fort, er kenne sich selber am besten, er wisse, daß die Schüchternheit seines Charakters und die Art seiner Geistesanlagen ihn zu dieser Stellung untauglich machten. Da erfaßte Farel ein heiliger Zorn: „er hob, erzählt Calvin selber, die Hand zum Fluchen und Beschwören im Namen Gottes auf: Du redest von Deinen Studien und Deiner Ruhe; nun wohl, ich erkläre Dir im Namen des lebendigen Gottes, daß wenn Du in so großer Noth der Kirche Deine Hülfe uns versagst, und Dich selber mehr suchst als Christum, daß dann Gott Deine Studien und Deine Ruhe verfluchen wird." Unter diesem Donnerschlage brach Calvins Widerstand zusammen. „Die Drohung Wilhelm Farels, berichtet er noch später mit spürbarem Nachzittern der Nerven, erschreckte mich so, als ob Gott mich vom Himmel mit seiner furchtbaren Hand ergriffen hätte: und so gab ich meinen Reiseplan auf, ohne mich jedoch, da ich meiner Schüchternheit und Schwachheit wohl bewußt bin, zur Uebernahme eines bestimmten Amtes zu verpflichten."

So wurde Calvin zu Genf festgehalten; frühe, er war erst 27 Jahre alt, ging an ihm der Spruch in Erfüllung: ein Anderer wird dich gürten und führen, da du nicht hin willst (Joh. 21, 18).

VI

Die Missionsprobe: erstmalige Wirksamkeit in Genf.

Calvin hatte sich ausgebeten, wenigstens noch seinen Bruder Anton selbst in Basel unterbringen zu dürfen: er machte die Reise dahin so eilig ab, daß er nicht einmal etliche Gemeinden unterwegs besuchte, die ihn herzlich darum gebeten hatten, und sich daher verletzt fühlten. Zurückgekehrt nach Genf, stellte er sich zunächst einfach neben oder unter Farel, zusehend, wie dieser seine Kraft verwenden möchte. Der Magistrat wurde benachrichtigt, es sei ein Franzose angekommen, welcher der Kirche dienen wolle, und nahm diese Anzeige ohne weitere Verfügung zu den Acten. Erst fünf Monate später findet sich in den Registern des Rathes, datirt vom 13. Februar 1537, die Notiz: „Man bewilligt sechs Goldthaler an Canvin, genannt Calvin, da er noch nichts empfangen hat." — Was für ein gelehrter Mitarbeiter am Werke der Reformation auf romanischem Gebiete Fuß gefaßt habe, offenbarte sich in den ersten Wochen bei einer großen Disputation, welche auf Anordnung Berns in Lausanne abgehalten wurde. Es galt eine Entscheidung zwischen den dortigen Katholiken und Evangelischen: sieben volle Tage wurde unablässig gestritten. Farel führte das Vordertreffen, kam aber am fünften Tage aus Anlaß der Lehre vom Nachtmahl bei den Kirchenvätern ins Gedränge. Da erhob sich Calvin und mit ihm eine ganze Armee von Stellen aus den Werken der Kirchenväter, alle aus freiem Gedächtniß angeführt. „Die Gegner, sagt das amtliche Protofoll, die eben noch trotzige Gesichter gemacht hatten, weil Farel ihnen nicht zu antworten wußte, waren wie zu Boden geworfen von der Kraft dieser Beweise, sie verstummten ohne Erwiderung. Ein Barfüßermönch aber, Johann Tandy, der besonders aufmerksam gewesen war, stand plötzlich auf und wie verzückt in sich selbst rief er vor der ganzen Versammlung aus: er habe jetzt die

Wahrheit gesehen und wisse, was das Evangelium lehre. Würde er sich nicht dazu bekennen, so würde er die Sünde gegen den heiligen Geist begehen. Er bat das Volk um Verzeihung, daß er es so lange irre geführt, warf sein Ordenskleid ab und bat Gott mit lauter Stimme, daß Er seinen Mitbrüdern die gleiche Gnade erweise." — Auch innerhalb Genfs hatte es anfänglich den Anschein, als dürfte Calvin vorherrschend in der Richtung arbeiten, welche seine Vorliebe bildete, in der gelehrten. Er sollte ein Lehrer der Theologie sein: dies bedeutete zu einer Zeit, da es noch keine Akademie zu Genf gab, er sollte die Erkenntniß des Heiles in der Gemeinde noch auf andere Weise als durch die gewöhnliche Predigt zu fördern suchen. Er hielt zu diesem Zwecke tägliche Bibelstunden in der Peterskirche, zu denen sich freilich die Menge des Volkes derart hinzudrängte, daß auch seine Erwäh=lung zum förmlichen Predigtamt nicht lange mehr ausblieb. In jener Eigenschaft erachtete er es ferner für seine Aufgabe, dem Schulwesen der Stadt besondere Aufmerksamkeit zuzuwenden. In der Ueberzeu=gung, daß die Religion das Grund= und Hauptfach desselben bilden müsse, arbeitete er ein Schulbüchlein aus, welches die Summe der christlichen Wahrheit noch bündiger und faßlicher darstellte, als dies seine Institution bereits gethan hatte. Aus diesem Büchlein, das anfänglich der katechetischen Form noch entbehrte, erwuchs hernach **der Genfer Katechismus**, der für die reformirte Kirche ähnliche Bedeutung und Geltung erhielt, wie der Luthers für die luthe=rische Kirche. Gewöhnlich ist diesem Katechismus **Farels Glau=bensbekenntniß** beigedruckt. Beide Werkchen sollten miteinander das Werk der Reformation in Genf zu einem allgemein gültigen Aus=druck und Abdruck bringen. Hiezu glaubte Calvin einen feierlichen Act nöthig und betrat, indem er einen solchen anbahnte, die Bahn seiner reformatorischen Praxis. Er forderte den Rath auf, die Bür=gerschaft jene Bekenntnißschriften wie ein Grundgesetz der neuen Kirche beschwören zu lassen.

Mühlos gingen der Rath und die Bürgerschaft darauf ein: je zehn Bürger traten der Reihe nach zur Eidesleistung heran. Nur einige vornehme Männer sperrten sich: „die Artikel der Reformation wollten sie wohl beschwören, aber nicht die zehn Gebote, die allzu=schwer zu halten seien;" und obgleich promulgirt worden war, eine Verweigerung des Eides ziehe den Verlust des Bürgerrechtes nach sich, glaubte man den Widerstand jener Wenigen mit Stillschweigen übergehen zu sollen. Wer konnte ahnen, daß die geringe Opposition sich jemalen zur Majorität aufblähen möchte? Immerhin wars vielleicht für Calvins Auge ein Wink, sich am Gelübde eines kirchlichen Bekenntnisses nicht genügen zu lassen. Er wollte um jeden Preis — und stellte damit der religiösen Erneuerung die sittliche Erneuerung als eine gleichberechtigte Schwester zur Seite — die Reformation zu einer Sache des Lebens machen. Im letzteren Worte, daß er Etwas machen wollte, was vielmehr selbst werden sollte, liegt ohne Zweifel der Irrthum ausgedrückt, der zu Grunde lag und so viele Verirrungen erzeugte. Liest man aber die Beschreibung der sittlichen Ausgelassenheit und Verworfenheit, welche sich in der Genfer Gemeinde auch nach und trotz der feierlichsten Annahme der Reformation breit machte, so ist es einem Eiferer um das Heiligthum leicht nachzufühlen, wie er die Geduld des Harrens auf die langsamen, stillen Wirkungen des Worts auf die Gewissen verlieren und auf äußere Mittel zur Herstellung einer christlichen Zucht verfallen mochte. Calvin arbeitete eine Kirchenordnung und Lebensordnung aus: eine Denkschrift an den Magistrat, welche die Einrichtungen auseinandersetzt, die er zum Bestand einer reformirten Gemeinde unerläßlich hielt. — In erster Linie behandelt er hiebei die Verwaltung des Abendmahls, welche besonders im Argen lag. Es müsse dies Sakrament fleißiger, als bisher, genossen und wenigstens einmal jeden Monat in einer der drei Kirchen dargeboten werden. Um die Ordnung dabei zu handhaben, dürfe die weltliche Behörde den Geistlichen nichts einreden: den letzteren sei also die Ausschließung entschieden unwürdiger Glieder anheim zu geben, freilich nicht selbstherrlich, sondern die Gemeinde habe ordentlich mitzuwirken. Sie müsse Wächter aus sich wählen, welche den Geistlichen grobe Verfehlungen anzeigen und den Uebelthätern in Gemeinschaft mit Jenen Vorhalt machen, helfe dies nicht, so müsse die versammelte Gemeinde in Kenntniß gesetzt und von ihr der Schuldige, der sich nicht bessern wolle, vom Altare ausgeschlossen werden. — Sodann werden Rathschläge für eine bessere Ausstattung des Gottesdienstes ertheilt. Namentlich setzt Calvin den hohen Werth eines gemeinschaftlichen Gesangs auseinander, schlägt die Psalmen von Marot hiezu vor und wünscht, daß man mit einem Kinderchor beginnen soll, aus welchem das Einstimmen der ganzen Gemeinde von selber hervorgehen werde. — Drittens wird auf einen gründlichen Unterricht der Kinder auf der Grundlage des Katechismus und auf die Anhaltung der El=tern, die Kinder zum Geistlichen zu schicken, gedrungen. — Endlich will Calvin eine neue, eine evangelische Eheordnung: eine besondere Be=hörde, aus Mitgliedern des Raths und der Geistlichkeit zusammengesetzt, habe diese Dinge laut der heiligen Schrift zu regeln und zu entscheiden.

Nicht ganz mit der gleichen Bereitwilligkeit hieß der Rath diese Kirchen= und Lebensordnung gut: das Abendmahl brauche nicht jeden Monat gefeiert, eine Excommunication nicht vor versam=melter Gemeinde bekannt gemacht zu werden.   Dagegen kam er noch andren Wünschen der Prediger entgegen, indem er Verordnungen wider die Entheiligung des Sonntags, das Spielen und den Gesang schmutziger Lieder an öffentlichen Orten 2c. ergehen ließ. — Und ohne Verzug setzte die Behörde diese Verordnungen in Kraft.   Eine Putz=macherin wurde zu dreitägigem Arrest verurtheilt, weil sie eine Braut zu üppig aufgeputzt hatte, desgleichen die Mutter, die es erlaubt, und zwei Freundinnen, welche geholfen; ein Mann, der heimlich fortfuhr ein Spielhaus zu halten, an den Pranger gestellt, die Karten am Halse; ein Ehebrecher auf ein Jahr verbannt und nebst dem Weibe, womit er gesündigt, vom Henker durch die ganze Stadt geführt; eine Gesellschaft von Personen, die eine unwürdige Maskerade veranstaltet hatten, genöthigt, auf den Knieen zu St. Peter vor versammelter Gemeinde das Aergerniß abzubitten.   Die öffentlichen Tänze, welche freilich in öffentliche Schamlosigkeiten ausgeartet waren, duldete man gar nicht mehr. Eltern, welche ihre Kinder nicht zur Schule schicken wollten, strich man aus der Bürgerliste, denn „wer die Nothwendig=keit und den Segen des Unterrichts nicht einsehe, sei nicht werth, Glied eines freien Staates zu sein." Ein Mensch, der sich eines Meineids schuldig gemacht, ward an eine Leiter gehängt und blieb mehrere Stunden daran mit der rechten Hand oben angebunden. — Genug der Beispiele zum Erweise, wie rasch jenes Gebäude eines Kirchenstaats, welches Calvin als das Ideal eines christlichen Ge=meinwesens vor Augen schwebte, in etlichen Grundlinien zum Vor=schein kam; wie rasch sich der Stadt Genf die Ankunft einer großen Persönlichkeit — es waren erst Monate verflossen — zu fühlen gab. — Wie nahm die Bürgerschaft die wesentliche Aenderung auf, welche

das bürgerliche Regiment durch solche Eingriffe der geistlichen Gewalt
erlitt? Welche Miene machte sie zu diesen Erstlingsversuchen, aus
dem reformirten Glaubensbekenntniß die Consequenzen für ein refor=
mirtes Glaubensleben zu ziehen? Wir vernehmen zunächst keinerlei
Widerspruch, stoßen zunächst auf keinerlei Widerstand. Vielleicht war
der unmittelbare Eindruck befriedigend für das demokratische Bewußt=
sein, sofern jene Zuchtverordnungen ohne alles Ansehen der Person
gehandhabt und von ihnen gerade auch vornehme Herren betroffen
wurden. Vielleicht übte für den Augenblick der heilige Ernst, welchen
drei fromme, brüderlich verbundene Männer einsetzten, auf die Ge=
wissen einen Zauber, einen Bann aus.

Es war ja in der That eine selten erbauliche und Ehrfurcht gebietende
Erscheinung, dieses Triumvirat. Die beiden hervorragenden Glieder des=
selben kennen wir: Farel und Calvin. Umsomehr muß es uns verwundern,
zwei so scharf ausgeprägte, willensstarke, heftige Charaktere so einmüthig
zusammenstehen, zusammengehen, zusammenwirken zu sehen. Man weiß
nicht, welchem von Beiden hiebei die schönere Palme gebührt: denn Jeder
hatte natürlich sein eigenes Wesen zu verleugnen, zu bekämpfen und
besiegen, um den Andern in seiner Art mitgewähren und mitwalten zu
lassen. Farel erkannte alsbald willig die Ordnung an, daß er selbst
in Genf abnehmen und Calvin zunehmen müsse, Calvin dagegen
stellte sich in diese Ordnung stets nur wie ein Geschobener hinein und
lehnte sich innerhalb derselben stets noch mit aufrichtiger Ehrerbietung
an seinen Vorkämpfer. Der Dritte im Bunde war Peter Viret, zu
Orbe 1511 geboren; er war mit Farel nach Genf gekommen, nachdem
er zuvor schon gleichfalls für das Evangelium gestritten und gelitten
hatte: Orbe, Granson, Bayonne wußten von seiner treuen, muthigen
Wirksamkeit zu erzählen. Wie schon damals ein Degenstoß, brachte
ihn zu Genf jenes Gift, das ein Chorherr den reformirten Geistlichen
durch eine Magd beibringen ließ, in Todesgefahr: er behielt von
daher eine zerstörte Gesundheit, welche seinem Aeußern Leichenblässe
auftrug. Aber seine Hingebung ans Evangelium blieb unberührt, und
mit reichen Kenntnissen, seinen, sarkastisch durchwürzten Anlagen, ge=
winnender Herzlichkeit angethan, wurde er ein sehr verdienter Mitarbei=
ter und liebreicher Amtsbruder der Obigen. Calvin schaute noch in
späteren Tagen mit innigem Behagen auf das Verhältniß zurück, er
widmete seinen Commentar zum Titusbrief den beiden Vertrauten

6*

und sagt hiebei: „Meine Stellung zu Euch erinnert mich an die des
Titus zu Paulus: ich bin in Eure Arbeit zu Genf gekommen, um
mit Euch und nach Euch fortzuarbeiten. Diese Widmung soll aber
auch kommenden Geschlechtern unsre heilige Gemeinschaft bezeugen.
Denn ich glaube nicht, daß jemals ein Freundesbund so treulich zu-
sammenhielt, als wir in unsrem Dienst am Wort. Niemals trat ein
Neid oder ein Verdruß zwischen uns: ihr Beide und ich waren eigentlich nur Einer. Wir wurden zwar örtlich geschieden. Aber jeder
von uns hält seinen besondern, ihm angewiesenen Posten also
inne, daß wir miteinander die Kinder Gottes in der Gemeinschaft
mit dem Einen Leibe Jesu Christi erhalten." — Theodor Beza, dessen
Eintritt in denselben Bund wir später aufzuzeichnen haben, äußert
sich in seiner Lebensbeschreibung Calvins also: „Seine Freundschaft
mit Farel und Viret gereichte den Bösen zum bittersten Aerger, den
Guten zur herzlichsten Freude, ihm selber zum erquicklichsten Labsal.
Und es war in der That ein herrliches Schauspiel, wie diese drei
großen Träger der Kirche bei aller Verschiedenheit ihrer Geistesgaben
und Gemüthsanlagen an dem Einen Gotteswerk zusammenwirkten.
Farel zeichnete sich durch eine gewisse Seelenhoheit aus: seine Rede
rollte gleich dem Donner an die Ohren, sein Gebet floß wie Feuer in
die Herzen und hob diese gleichsam in den Himmel hinein. Viret
sprach mit hinnehmender Anmuth: an seinen Lippen hingen die Zuhörer. Calvin senkte mit jedem Wort einen tiefen Gedanken in die
Gemüther. Oft kam mir daher in den Sinn, der Geistliche müßte
als ein Urbild gelten, der das Wesen jener drei Männer einheitlich
in sich aufgenommen hätte."

Wo aber Gott eine Kirche baut, ist der Arge geschäftig, eine
Kapelle zu bauen. Mit dem Jahre 1537 fuhren böse Winde in die
bisherige Lage, zu welcher sich die Reformatoren hatten Glück wünschen dürfen. Die bösen Winde kamen nicht zunächst aus dem Schooße
der Gemeinde selbst. Calvin schreibt: „Kaum waren einige Monate
vergangen, als uns auf der einen Seite die Wiedertäufer angriffen
und auf der andern ein frevelhafter Apostat, der, von einigen Großen
insgeheim unterstützt, uns viel zu schaffen machte." Ein frevelhafter
Apostat — die persönlichen Bezeichnungen Calvins haben manchmal
Noth, gemildert zu werden, in diesem Falle nicht. Peter Caroli, jener
Doctor der Sorbonne, den wir bei der Disputation in Genf, kurz vor

der feierlichen Annahme der Reformation, das Gewehr strecken sahen,
ist gemeint, und seine ganze Lebensgeschichte drückt ihm ein Kains=
zeichen auf die Stirne. Farel hatte den charakterlosen Menschen schon
in Paris kennen gelernt: hier las und predigte er über das Evange=
lium, führte aber daneben ein wüstes Leben. Als Ketzer angeklagt,
widerrief er und verfolgte die Reformirten. In dieser Stimmung kam
er auch nach Genf, bis er sich durch Farel und Viret geschlagen gab.
Von da wandte er sich nach Basel und Neufchatel, wußte sich äußerst
fromm zu geben und heirathete. Bei der Berner Regierung setzte er
es darauf durch, neben Viret als Prediger in Lausanne angestellt zu
werden. Viret empfing ihn voll bester Hoffnung, der alte Caroli habe
einen neuen Menschen angezogen, mit aller Herzlichkeit. Allein er
sollte bitter enttäuscht werden: sein College spielte den eifersüchtigsten,
hochfahrendsten, intrikantesten Agitator, der förmlich darauf auszu=
gehen schien, die bisherigen Arbeiter am Evangelium in den roma=
nischen Ländern aus dem Sattel zu werfen und sich allein an ihrer
Stelle darein zu schwingen. Bald genügte ihm nicht mehr, blos Viret
zu chicaniren: während einer Abwesenheit des Letztern las er Thesen
von der Kanzel ab, welche die allgemein abgeschaffte Fürbitte für die
Todten wieder emporbringen sollten und wirklich einige Unruhe in
die Gemüther warfen. Doch gelang es Calvin und Farel, die sogleich
nach Lausanne eilten und von Abgeordneten der Berner Geistlichkeit
unterstützt wurden, den Thesenfabrikanten zum Geständnisse seines
Unrechts zu bringen. Kaum hatte er aber dies Geständniß abgelegt,
schleuderte er in großer Ekstase, wie wenn er eine heilige Schuld vom
Gewissen abzuladen hätte, den Genfer Predigern eine neue, schwerere
Anklage zu: sie bedienen sich nie der Ausdrücke „Person" und „Tri=
nität", woraus neben Anderem hervorgehe, daß sie im Grunde Arianer
seien. Calvin, der Rechtgläubigkeit als seiner tiefsten Kraft bewußt,
war aufs tiefste empört und konnte es kaum erwarten, bis eine Synode
zu Lausanne, aus über hundert geistlichen Abgeordneten bestehend, am
11. Mai zur Erledigung der Anklage zusammentrat. Allen Nach=
weisen zum Trotz, daß er an den biblischen Ausdruck, als den allein
maßgebenden, sich so buchstäblich als möglich anschließe, hiedurch
aber mit den symbolischen Bekenntnissen durchaus keinen Widerstreit
suche noch wisse, gelang es Viret nicht, Caroli zu befriedigen, sondern
dieser beharrte auf der Forderung, die Genfer müßten die ökumenischen

Symbole unterschreiben. Da sprang Calvin auf, seine Augen flamm=
ten, seine Lippen bebten: „Was, Du verlangst eine Rechtfertigung
und Versicherung von uns! Wohlan, erkläre doch Du selber zuerst,
ob Du an einen Gott glaubst? Aber wozu bedarfs Deiner Erklärung?
Vor Gott und vor diesen Brüdern erkläre ich, der ich Dich genau
kenne, daß Du nicht mehr Glauben hast als ein Hund oder Schwein!"
— Caroli hörte zwar noch nicht auf zu bellen und zu grunzen, die
Synode erklärte aber entschieden, sie verlange keine Uebereinstimmung
mit dem Wortlaut der Symbole, wo die Uebereinstimmung mit dem
Wortlaut der heiligen Schrift so schlagend nachgewiesen sei: sie er=
kenne also auch in der Trinitätslehre das Genfer Glaubensbekenntniß
als vollkommen gültig an. Dennoch, dennoch appellirte Caroli an die
Berner Landessynode, welche eben tagte, und die Angeklagten mußten
mit ihm vor ihr erscheinen. Allein der Kläger wurde gleichfalls nach
Verhandlung abgewiesen und der Rath forderte die Beklagten auf,
nunmehr ihrerseits über Caroli zu sagen, was sie von ihm wüßten.
Da entfiel ihm der Muth, er legte selbst, scheinbar reuig, ein langes
Sündenbekenntniß ab und flehte um Gnade. Der Rath entsetzte ihn
jedoch des Amtes und verwies ihm das Berner Gebiet. Aber am andern
Morgen stand er frech genug schon wieder da, um neue Anklagen im
alten Lügengeist gegen die Genfer vorzubringen. Dem Rathe brach
nun auch die Geduld, er ließ den Elenden einkerkern und hatte wohl
nicht viel dagegen, daß er entwischte. Caroli erreichte Solothurn, be=
suchte wieder die Messe und schimpfte auf die Reformirten. Ueber
eine Weile machte er sich aber nach Straßburg, wo Calvin sich auf=
hielt, stimmte ein neues Bußlied an und ward abermals von den dor=
tigen Reformatoren angenommen. Alsbald fing er darauf seine Hetze=
reien auf die Genfer wieder an, brachte Calvin selbst ins peinlichste
Gedränge, söhnte sich mit ihm wieder aus und erhielt sogar auf
dessen Verwendung eine Pfarrei in Metz. Allein auch hier wirkte
er nur als „gottloser Zerstörer" nicht blos in kirchlicher, sondern auch
in politischer Beziehung. Als ihn endlich die Obrigkeit fortjagte,
pilgerte er nach Rom und rutschte so lange auf den Staffeln der
Peterskirche herum, bis er wieder in seine Würden und Beneficien
als katholischer Priester eingesetzt wurde—ein frevelhafter Apostat. —

    Der andere Angriff kam, wie Calvin sagt, von den Wiedertäu=
fern. Diese Plagegeister alles kirchlichen Lebens fielen in Genf ein,

nachdem sie in Deutschland und in der Schweiz dem Reformations=
werke schon genug Schande und Schaden angethan hatten. Andreas
Benoit und Hermann von Lüttich standen hier an der Spitze, ächte
und gerechte Schwärmer, die kaum zurechnungsfähig erscheinen. Denn
ihre Lehren bildeten einen unklärbaren Mischmasch spiritualistischer
und materialistischer, gottseliger und gotteslästerlicher Ideen. Jeden=
falls drängten sich aber ihre gefährlichen Irrthümer zumeist auf die
Oberfläche: die Behauptung von der Leiblichkeit der Seele, die Ver=
achtung sittlicher, socialer, kirchlicher Schranken, die Hätschelung des
Fleisches. Farel und Calvin entschlossen sich daher, allen Ernstes mit
ihnen anzubinden, und verlangten eine Disputation. Aengstlich,
zögernd, ungerne ging der Rath darauf ein. Calvin kämpfte sich etliche
Tage lang mit den confusen Köpfen vor dem Rathe herum: sie konn=
ten unmöglich Stand halten, wurden für gänzlich überwiesen aus der
Schrift erklärt und auf ewige Zeiten aus der Stadt verwiesen
(19. März 1537).

So gingen die Prediger des Evangeliums aus zwei Gefechten
scheinbar als vollständige Sieger hervor: die Wirklichkeit zeigte jedoch,
daß die Sache, der es galt, eine Schlappe erhalten hatte. Die Recht=
gläubigkeit des Triumvirats, in evangelisch katholischem Sinne, war
in Frage gestellt worden: und obgleich die Berner für sie mit einem
Beschlusse eingestanden, nistete sich insgeheim ein gewisses Mißtrauen,
ein spürbares Mißbehagen bei ihnen ein. Die organisirende Thätig=
keit des Triumvirats war in Angriff genommen worden: und obgleich
der Rath für sie durch einen Urtheilsspruch eingestanden, nistete sich
der Widerspruch gegen das neue Sitten= und Kirchenregiment in der
Gemeinde tief ein. Die letztere Folge trat sogleich zu Tage.

Das Unwesen der Wiedertäufer war lauter erwünschtes Wasser
auf die Mühle jener geringen Opposition, welche sich bei der Eides=
leistung auf das Glaubensbekenntniß und den Katechismus gesperrt
hatten: „Die Artikel der Reformation wollten sie wohl beschwören,
aber nicht die zehn Gebote, die allzuschwer zu halten seien." Jetzt war
in den Straßen gepredigt worden, das Halten dieser 10 Gebote sei
auch gar nicht nöthig. Welche Musik für eine Stadt, die voll saß
von den Zuhälterinnen der Priester und ihrer Nachzucht, in welcher
ein ganzes Viertel mit besteuerten, unter einer Königin geordneten
Lustdirnen bevölkert war, über welche Jahrzehnte lang Revolutions=

stürmte hingebraust hatten. Aber nicht bloß der Schlamm gemeiner
Fleischeslust ward aufgerührt, sondern auch das natürliche Freiheits=
gefühl konnte sich, ohne daß wir ihm alle Berechtigung dazu absprechen
möchten, verletzt, bedroht, zum Widerstand aufgerufen fühlen. Eben
hatte die Bürgerschaft ihr Blut verspritzt im heißen Kampfe gegen
einen Fürsten und Bischof: eben hatte sie die eisernen Reise einer
priesterlich=feudalen Zwingherrschaft glücklich gesprengt und mit hohem
Selbstgefühl ihre Selbstregierung, die Republik, ausgerufen und ein=
gesetzt — da liegt sie plötzlich in den ersten Umarmungen eines Kirchen=
staats. Wäre es unter solchen Umständen billig, jedes Widerstreben
zu verdammen? Auch ein Bonnivard gesellte sich zu den Widerstrebenden
und half dadurch mit, seine Weissagung, die wir angeführt haben, zu
einer Thatsache zu machen. Er war der ganzen Bewegung seiner Va=
terstadt gegenüber, in welche er als liberaler Patriot so erfolgreich
eingegriffen hatte, auf die Seite gestellt, er hatte seine schöne Priorei
zu St. Victor eingebüßt, er sah, zum Ersatze nicht seine Ziele ver=
wirklicht: dies alles einfach hinzunehmen, zu verschmerzen, zu bewill=
kommnen, dazu gehörte mehr als humanistischer Edelsinn, und mehr
besaß er nicht. Noch andere Bürger von Verdienst und Ansehen, denen
aber gleichfalls die geistliche Begeisterung für das Unternehmen der
Prediger abging, begegnen uns in derselben schwierigen Stimmung.
Nur das muß bedauert und verurtheilt werden, daß derartige Männer
gemeinsame Sache mit der Hefe des Volks machten, welche sich offen=
bar aus platter Liederlichkeit gegen das strenge Regiment ins Zeug
warf.

Aus politischen Liberalen und moralischem Gesindel bildete sich
denn eine Oppositionsparthei, welche sich den Namen der Libertiner
erworben hat und zum Abzeichen grüne Blumen annahm. Nachdem
ihre Anhänger eine Weile in den Schenken geschimpft, auf den Stra=
ßen gelärmt, bei Versammlungen geknirscht und gebrummt hatten,
wagten sie sich in großer Anzahl vor den Rath selbst, um gegen die
neue Ordnung offen zu protestiren: „sie wollen in Freiheit leben und
den Zwang nicht dulden, den ihnen die Worte der Prediger auferlegen.“
Die Prediger waren jedoch keine Leute, die sich einschüchtern ließen.
Im Gebahren ihrer Feinde erkannten sie im Gegentheil einen Wink,
die Zucht verschärfen zu sollen. Die damaligen Syndici ließen sich
auch zu verschiedenen, gütlichen und ernstlichen Versuchen in dieser

Richtung bestimmen, aber nur um ihre Ohnmacht zu erleben und am Ende ihre Stellung zu verlieren. Die agitirende Parthei bekommt immer einmal, wenn auch auf noch so kurze Zeit, das Heft in die Hand. Als die Wahlen mit dem Februar 1538 heranrückten, lieferten sie das erschreckende Resultat, daß alle Syndiker aus den Reihen der Libertiner erkoren waren.

Und gewöhnlich kehrt ja das Unglück paarweise ein. Die Berner, seit jenen Auftritten mit Caroli verstimmt, erlaubten sich in denselben Tagen Einrede in den Ritus', welchen die Genfer Prediger eingeführt hatten. Calvin, die Logik in Persona, wollte den Gegensatz zu Rom auch im Cultuswesen aufs Aeußerste treiben: daher mußte nach seiner Anordnung noch Manches fallen, was Bern geduldet hatte: das ungesäuerte Brod, der Taufstein, die Festtage ꝛc. Die neugewählte Behörde ergriff die Gelegenheit mit Freuden, der Geistlichkeit einen Befehl zur Nachgiebigkeit gegen Bern, dessen Beeinflussung sich Genf sonst eifersüchtig vom Leibe zu schaffen suchte, zugehen zu lassen, vielmehr ihren Anspruch), auch auf kirchlichem Gebiete Behörde zu sein, geltend zu machen. Gerade um letztern Gesichtspunktes willen war Calvin entschlossen, nicht nachzugeben: übrigens wußte er wohl, „daß vor Gottes Gericht wenig von Ceremonien die Rede sein wird." Farel verfügte sich nach Bern, stellte die Sachlage vor und verlangte, wolle man die Sache nicht beruhen lassen, wenigstens eine kirchliche Behandlung und Lösung derselben. So weit ließ sich Bern herbei und schrieb eine Synode nach Lausanne aus: die geistlichen Abgeordneten entschieden sich gegen die Genfer Geistlichkeit und Calvin selbst scheint sich auch nicht besonders ereifert zu haben, doch appellirte er, um gleichsam den kirchlichen Instanzenweg vollauf zu durchmessen, an die allgemeine Synode der Schweiz, welche auf zwei Monate später nach Zürich anberaumt war. Unbegreiflicher Weise wollten sich aber die Berner auch diese kleine Frist nicht gedulden, sondern trieben den Rath zu Genf wiederholt an, auf Vereinigung der Sache zu dringen. Begreiflicher Weise verschärfte der Genfer Rath seine Befehle an die Geistlichkeit und diktirte ihr in gestrengster Form, sie habe am bevorstehenden Osterfeste das Nachtmahl nach Bernerischem Ritus auszutheilen. Die Geistlichkeit antwortete mit einem ebenso gemessenen Nein.

Dieses Nein gab den Libertinern eine erwünschte Loosung zum Losbrechen. „Die Liederlichen, sagt eine Chronik, durchzogen Nachts die Gassen dutzendweis, mit Armbrusten bewaffnet, die sie vor den Häusern der Prediger losschnellten; sie stürmten mit dem Geschrei „Petole de Dieu"*) daher, womit sie die Worte Parole de Dieu zu verhöhnen suchten; sie riefen den Geistlichen die Drohung zu, sie in die Rhone zu werfen, wenn sie nicht den Bernerischen Ritus annehmen wollten ꝛc." Alle bösen Geister schienen losgelassen: die Trunkenheit, die Unzucht, die Lästerung feierten entsetzliche Feste. Die Geistlichkeit machte persönlich im Rathe eine Vorstellung und die Behörde zeigte noch so viel Ehrgefühl, daß sie eine Warnung gegen die frechen Ban= den in der Stadt bei Trompetenschall ausrufen ließ. Allein wildes Hohngelächter war überall das Echo und von Seiten der Obrigkeit erfolgte außer dem Trompetenstoß lediglich nichts weiter.

Da fürchteten die Prediger, zu den stummen Hunden, die nicht strafen können (Jes. 56, 10.), gerechnet zu werden, wenn sie nicht lautes Zeugniß ablegen würden. Sie griffen von den Kanzeln herab nicht nur das wüste Wesen der Libertiner, sondern auch die Schwäche der Behörde scharf an. Umsonst wird ihnen bei hohen Strafen jede Einsprache ins bürgerliche Leben niedergelegt. Jener feurige Corault aus Paris, mit dem, gleichfalls einem Flüchtling, wir Calvin zu Basel Umgang pflegen sahen, Corault, immer noch feurig, obgleich schon schneeweiß und stockblind, läßt sich gleich am nächsten Sonntag auf die Kanzel zu St. Peter führen und vergleicht in seiner gehar= nischten Predigt Genf mit dem Staate der Frösche und die Genfer mit Ratten. Der fecke Greis wird von der Kanzel ins Gefängniß geführt. Die Evangelischen, oder, wie sie von den Libertinern beehrt wurden, „die Brüder in Christo," bewegen sich in langem Zuge, die Prediger an der Spitze, vor den Rath, um die Freigebung des Verhafteten zu verlangen. Die Syndiker wären dazu geneigt, wenn dagegen die Prediger Nachgiebigkeit versprächen, diese aber weisen jedes Compromiß von der Hand: „Wir werden lediglich thun, was Gott uns gebietet." So blieb Corault zunächst im Kerker.

Durch die Gitter seiner Zelle hörte er das Quaken der Frösche, das Knacken der Ratten, ein groß Getümmel auf den Straßen. Sehen konnte er nichts. Da zogen die Leute, welche die Austheilung des Nachtmahls nach Bernerischem Ritus auf den nächsten Sonntag,

---

*) Unübersetzbar garstiges Wort.

Ostern, so gewaltsam verlangten, in einer maskirten Procession daher, welche Geschichten aus der biblischen Geschichte krimassenartig vorführen und schmähen sollte. In der Nacht konnte Corault den Gesang schamloser Lieder, die Musik zu ausschweifenden Tänzen, das Gebrüll aus den Schenken — lauter Vorbereitungen der Libertiner zum Nachtmahl — vernehmen. Die Syndiker vernehmens auch und schicken zu Calvin, ob er das Sakrament mit ungesäuertem Brod, mit der Hostie, darzureichen gedenke? Keine Antwort ist auch eine Antwort. Hierauf senden sie ihm das Verbot, den folgenden Sonntag die Kanzel zu besteigen, und zeigen ihm an, daß statt seiner und der übrigen Collegen Waadtländische Geistliche zur Feier des Gottesdienstes bestellt seien. Die Prediger treten zusammen und beschließen, auf ihrem Posten zu erscheinen.

So bricht der verhängnißvolle Sonntag, der 21. April 1538, an. Die Massen wälzen sich mit dem Grauen des Morgens vor die Kirchen; dumpf tönen die Glocken der Thürme in die Stadt hernieder, festen Schrittes besteigen die Prediger, ohne angetastet zu werden, ihre Kanzeln. Calvin steht in St. Peter, Farel in St. Gervais. Dem Letzteren sind die grimmigsten Libertiner gefolgt. Er hebt an von der Gesinnung zu reden, welche zu einem gesegneten Sakramentsgenuß erforderlich. Daraus zieht er den Schluß, daß er der Gemeinde in ihrer gegenwärtigen Stimmung das Nachtmahl unmöglich austheilen könne. Ein Zischen des Zorns unterbricht ihn, aber seine Stimme wird übermächtig. „Es ist der Glaube nöthig, um würdig zu communiciren, und Ihr lästert das Evangelium. Es ist die Barmherzigkeit nöthig, und Ihr tretet mit Degen und Stöcken herzu. Es ist die Buße nöthig, und wie habt Ihr die Nacht zugebracht?" Nun kann Farel nicht mehr verstanden werden: die Unruhe, das Geschrei, das Getöse nimmt zu stark überhand: etliche Wüthende stürzen sich mit bloßen Degen nach der Kanzel. Farel kreuzt die Arme und wartet auf die Stöße. Indeß wirft sich eine Schaar seiner Freunde dazwischen, bringt ihn von der Kanzel herab und mitten durch die schnaubenden Reihen hindurch in seine Wohnung. Ganz ähnlich war der Vorgang in St. Peter. Calvin sprach, ebenfalls von der Ritusfrage absehend, ungefähr dasselbe, ward auch unterbrochen und gefährdet, entkam gleich glücklich aus dem Gedränge mit Hülfe der Evangelischen.

In der Frühe des folgenden Tages versammelte sich der Rath der Zweihundert, am Dienstag der allgemeine Bürgerrath, um über die Prediger zu Gericht zu sitzen. Das Protokoll enthält den Beschluß „der Stimmenmehrheit": „Binnen dreimal vierundzwanzig Stunden sollen die drei Männer (Calvin, Farel und Corault; Viret war schon seit länger in Lausanne angestellt) die Stadt und ihr Gebiet für immer geräumt haben." — Ferner heißt es in dem Protokoll: „Der Rathsdiener that das alsbald dem Meister Calvin zu wissen. Wohlan, antwortete dieser, wenn wir Menschen gedient hätten, so wären wir jetzt übel belohnt; aber wir dienen einem größern Herrn, der einem Jeden geben wird, nach dem er gehandelt hat." — Desgleichen wurde ein weiteres Wort von Calvin oder Farel aufgezeichnet: „Gut, es ist besser Gott als den Menschen gehorchen."

Am festgesetzten Tage verließen Calvin und Farel Genf, schüttelten den Staub von ihren Füßen und wanderten Bern zu — „fröhlicher, als im Grunde löblich war." (Vorrede zu den Psalmen.) Corault begab sich nach Orbe, um bald darauf im Frieden von hinnen zu fahren. Bei der Nachricht von seinem Hingang schrieb Calvin: „Er steht jetzt vor Gott, um über die uns gemeinschaftliche Sache Rechenschaft abzulegen. Kommen wir einmal auch dahin, so wird offenbar werden, auf welcher Seite die Verwegenheit oder Verirrung gewaltet. An diesen Richterstuhl appellire ich vom Urtheilsspruch aller Klugen, welche sich bedeutend genug wähnen, uns verurtheilen zu können. Dort werden die Engel Gottes entscheiden, wer die Schismatiker sind."

Glücklich, wenn auch verfolgt, wer also sein Herz vor Ihm stillen kann. Die Appellation bezog sich ohne Zweifel nicht sowohl auf die Gehässigkeiten der Genfer Libertiner, als vielmehr auf nachträgliche Vorwürfe von Seiten evangelischer Glaubensgenossen in Bern und anderwärts. Bevor wir aber Calvin weiter in sein Exil begleiten, werfen wir noch einen Blick in seine Genfer Studirstube zurück. Es gingen aus ihr zwei Sendschreiben hervor, welche beweisen, wie wenig er über den Wirren und Mühen im eigenen Kirchspiel den Blick ins Geraume der ganzen Kirche verlor. Beide Briefe bezogen sich auf die Zustände der Evangelischen in Frankreich. Unter der fortwährenden Verfolgung, welche Franz I. theilweise noch steigerte, versuchte sich daselbst eine zweideutige Anschauung einzunisten: als ob nemlich äußere Bethei-

ligung am römischen Kirchenwesen neben innerer Betheiligung an
der Sache des Evangeliums bestehen dürfte. So gingen z. B. Manche
in die Messe und wandten vor, es thäten dies eigentlich nur ihre Füße,
ihre Herzen dienten dem lebendigen Gott. So hatte Gerhard Roussel,
den wir als Hofprediger der Königin Margarete kennen gelernt, ein
Bischofsamt in Oleron angenommen, ohne doch einen Abfall von der
erkannten Wahrheit zugeben zu wollen. Solche Spiegelungen mußte
Calvin hassen, dem, wie Beza sagt, „neben einer wunderbaren Klar=
heit des Geistes vom Herrn eine solche Geradheit des Willens gegeben
war, daß ihm jede eitle Ausflucht zuwider war und es nie vermochte,
die reine Wahrheit ihm zu verschleiern." Die zwei Schriften führen
die Adresse: „Gegen die Pseudonikodemiten, welche die christliche Wahr=
heit nicht bewahren, sondern sich beflecken mit den Heiligthümern der
Gottlosen" — und — „Ueber die Pflicht eines Christenmenschen in
Betreff der Annahme oder Zurückweisung der christlichen Aemter in der
päpstlichen Kirche."

Im ersten Brief reißt Calvin hauptsächlich der Heuchelei, welche
das Mitmachen äußerer Formen unverfänglich darstellen will, die
Larve herunter. Er weist auf schlagende Beispiele des alten und des
neuen Testamentes hin, er erinnert an Proben ächter Glaubenstreue
in der Kirchengeschichte, besonders an Cyprian: „Als er zur Enthaup=
tung verurtheilt war, bot man ihm die Begnadigung an, wenn er nur
mit Einem Worte seinen Glauben verleugnen wollte. Auf der Hin=
richtungsstätte suchte der Richter ihn noch zu bewegen, 'aber er ließ
sich auf keinerlei Vergleich ein, indem er sagte: „In so heiliger Sache
darf man sich nicht erst berathen." Als die Marterwerkzeuge vor sei=
nen Augen ausgelegt wurden, der Henker mit grausamem, tückischem
Seitenblick ihm nahte, das nackte Schwert gegen seinen Hals zückte,
das wüthende Volk furchtbare Flüche ausstieß — warum ließ er nicht
ab, der heilige Mann, sich der Folterung fröhlich anheimzustellen?
Ein einziger Gedanke hielt seinen Heldenmuth bis zuletzt aufrecht:
sein Herz war an den Willen Gottes angeschlossen, welcher ihn berief,
von seinem Glauben Zeugniß abzulegen." Nicht anders dürften die
Reformirten jetzt handeln. Der Schluß lautet: „Ja, mein geliebter
Bruder, vor Gott und Seinen heiligen Engeln bezeuge ich Dir: es
handelt sich hier um Dein Heil! Es handelt sich um das Wort des
Herrn, daß Er den, der Ihn verleugne vor den Menschen, auch ver=

leugnen werde vor Seinem himmlischen Vater am Tage des Gerichts.
Und was fordere ich von Dir als das Allereinfachste und Selbstver=
ständlichste? Daß Du den Glauben an Gott nicht befleckest mit
schändlicher Abgötterei, daß Du Deinen Leib, den Er sich zum Tempel
geweiht, nicht entwürdigest durch gottlose Gebräuche, daß Du Deinen
Namen nicht setzest unter gotteslästerliche Worte. Ist es zu viel ge=
fordert, wenn ich sage: lieber sollen wir unser Blut vergießen, als der=
gleichen auf uns laden? O fürwahr, diese kurze Spanne Leben halten
wir zu hoch, wenn wir so daran kleben, daß es schließlich in der Ver=
dammniß endigen muß; und viel zu sehr fürchten wir uns vor dem
Tode, wenn wir das ewige Leben darum hingeben, um nur jenem zu
entgehen. Und was willst Du lieber hören, daß Menschen Dich einen
Ketzer, Abtrünnigen, Gottlosen heißen oder daß der Herr an jenem
großen Tage zu Dir spricht: Du bist meiner nicht werth? Sage nicht:
Du hast gut reden, Du sitzest im Frieden, Du würdest an meiner Stelle
auch anders sprechen. Ich hege zwar die Zuversicht, daß der Herr mich
in jeder Gefahr standhaft erhielte. Aber ich rede die Sprache der hei=
ligen Märtyrer: von ihnen sollen wir lernen, wie wir auf Gottes
Kraft gestützt unüberwindlich dastehen sollen gegen die ganze Schlacht=
reihe des Todes und der Hölle, der Welt und des Teufels." —

Der zweite Brief ist unmittelbar an Roussel gerichtet, „seinen
einstigen Freund, jetzt einen hohen Herrn," und greift hauptsächlich
die Leidenschaften an, welche zumeist an die katholische Kirche fesseln
konnten: Geld= und Ehrsucht. Er weist dem neuen Bischof nach, wie
unglücklich er sich in seinem scheinbaren Glück, wie entehrt er sich in
seiner scheinbaren Ehrenstellung fühlen müsse: er ruft ihn mit erschüt=
ternder Gewalt auf, zum Evangelium offen zurückzutreten und die
Bischofsmütze hinzuwerfen. „An den Platz, wo Du jetzt stehst, hat
nicht Gott, sondern der Satan Dich berufen!" Um wie viel härter
sei doch das innere Gericht, als der Verlust von Heimath, Glanz und
Reichthum. Er möge an Moses Hebr. 11, 25 denken. „Freilich kenne
ich wohl die gemeine Weichlichkeit unserer Natur, daß wir Nachsicht
für uns in Anspruch nehmen und dann auch gerne Nachsicht mit An=
deren haben. Auch wenn wir straucheln und fallen, wollen wir doch
für christliche Brüder gehalten werden. Und es mag das sein, so lange
wir in unserm Straucheln wenigstens den Weg des Herrn nicht ver=
lassen, uns alsobald wieder aufraffen von unserem Falle, wieder gut

machen unsere Schwachheit, nicht zurückweichen vor den Hindernissen, sondern uns redlich Mühe geben, sie zu übersteigen, und durch das Alles hindurch unsern Blick unverwandt auf das Himmelreich gerichtet halten, als auf das Ziel unsres Laufes. Die so verfahren, die fürwahr umfassen wir auch in ihrem Fallen und Fehlen mit brüderlicher Liebe und schließen sie freundlich in unsere Arme; freilich nicht in dem Sinne, als würden wir ihre Verbrechen gelten lassen und ihre Verirrungen hegen, sondern weil wir die nicht von uns wegtreiben wollen, die der Herr immer noch als die Seinigen anerkennt. Aber was hast Du mit diesen gemein? Du, dessen Leben keinen Schein christlichen Laufes mehr aufweist, ja sich völlig abgewendet hat vom Wege des Herrn? So lange Du also das Blut der Armen aussaugst durch Lug und Trug, um Dir damit Ueberfluß zu schaffen, so lange Du den Hirten spielst, um die Heerden auf dürre Haiden zu führen und zu verderben, so lange Du in der Schaar derer Dich finden lässest, die Christus Diebe, Räuber und Mörder nennt in seiner Kirche, so magst Du von Dir denken, was Du willst: mir wirst Du nicht mehr als ein rechtschaffener Mann gelten, und noch viel weniger als ein Christ." —

Gerhard Roussel blieb zwar ungerührt, wenigstens unerschüttert: denn er blieb, stets den Schild des Mysticismus vorhaltend, römischer Bischof. Aber aus diesen Sendschreiben schöpften unzählige Andere in Frankreich die Erkenntniß und Ermuthigung, den „päpstlichen Sauerteig" nicht blos von Herzen zu hassen, sondern auch um jeden Preis zu lassen. Jene Predigt an die Gewissen mit ihrem unerbittlichen Entweder — Oder mußte um so nachdrücklicher wirken, als die eigene Person des Predigers immer mehr das Gepräge einer unbedingten, schonungslosen Hingebung in den strengen Dienst der Wahrheit annahm.

VII.

Das Exil zu Straßburg.

Wenn Calvin mit fröhlichem Herzen, wie wir ihn sagen hörten, aus Genf wegzog, hielt jedenfalls diese natürliche Lust, einer entsetzlichen Last überhoben zu sein, gar kurz an. Sein Gewissen rührte sich bald übermächtig, und in Bern angelangt, ließ er 'es sich vor Allem angelegen sein, den Rath zu einem Schritte zu bewegen, der den Genfern die Köpfe zurechtsetzen möchte. Die Berner zeigten sich auch bereit, möglichst gut zu machen, was sie mit verdorben hatten: sie schrieben sehr ernst nach Genf, erhielten aber eine ganz barsche, zurückweisende Erwiderung. Hierauf entschlossen sich Calvin und Farel, ihre Sache vor die Züricher 'Kirchenversammlung zu bringen, an welche wir sie schon früher appelliren sahen. Diese Synode empfing die beiden Männer mit ungünstigem Vorurtheile, im Verlaufe der Verhandlungen ward sie jedoch mehr und mehr inne, daß sie es nicht mit eigensinnigen Proceßkrämern, sondern mit frommen Eiferern um das Heiligthum zu thun habe. Calvin und Farel gestanden zu, daß sie in der Hitze des Kampfes wohl auch zu hitzig geworden, daß sie ferner willig wären, sich in manchen Punkten anders weisen zu lassen. Sie nähmen den Taufstein, das ungesäuerte Brod an; nur sollten es die Berner auch brechen wie sie. Auch die Feiertage ertrügen sie, wenn nur die Leute nach der Kirche arbeiten dürften. Dagegen beharrten sie auf Einführung einer Kirchenzucht, Eintheilung in Parochien, Einsetzung von Kirchenältesten, die, vom Rathe erwählt, den Kirchenbann mit den Geistlichen ausüben sollten; Ordnung in Berufung der Prediger, daß der Rath sich der Handauflegung enthalte, welche den Predigern zustehe; öftere Austheilung des Nachtmahls und Absingen von Psalmen. Die Züricher Kirchenversammlung war hiemit ganz einverstanden und zufrieden, erließ nach Genf ein Schreiben, das die Zurückberufung der verbannten Geistlichen und die Wieder-

einführung kirchlicher Zustände dringlichst empfahl, ertheilte den Ber=
nern den Auftrag, dies Ansinnen durch eine mündliche, schiedsrichter=
liche Botschaft zu unterstützen.

Der Berner Rath beschloß auch wirklich, hienach zu handeln, ob=
gleich die Berner Geistlichkeit, den leidenschaftlichen Kunz an der
Spitze, dagegen wirkte. Calvin und Farel sollten von einer Gesandt=
schaft förmlich zurückgeführt werden. „Erasmus Ritter und Viret
wurden uns beigegeben. Wir waren eine Meile vor Genf, als uns
ein Bote entgegeneilte, uns den Eingang in die Stadt zu verbieten.
Wir wären dennoch ruhig vorwärts gegangen, hätten uns nicht die
Gesandten zurückgehalten. Und dies rettete uns das Leben, denn her=
nach erfuhren wir, daß nicht weit von den Thoren der Stadt zwanzig
Banditen versteckt lagen." (Br. C.) Der Gesandtschaft, welche sofort
allein Genf erreichte, schien anfänglich die Beruhigung der Gemüther
gelingen zu wollen: da zog plötzlich ein Volksredner die Artikel der
Züricher Synode aus der Tasche und las sie mit all ihren Bestim=
mungen über Kirchenzucht und Kirchenbann rc. vor. Kunz war intri=
kant genug gewesen, eine Abschrift heimlich in die Hände der Gegner
zu spielen. Und alsbald verwandelte sich die Stimmung in die auf=
geregteste, wildeste. Die Gesandtschaft konnte vor dem Toben der
Menge gar nicht mehr zum Worte kommen, die Prediger wurden aufs
Neue verbannt und mit der Todesstrafe bedroht, falls Einer den Fuß
auf Genfer Gebiet zu setzen wagen sollte. — Nachdem sie sich zu die=
sem Versuche vergeblich hergegeben hatten, glaubten Calvin und Farel
ihren Aufenthalt nach freier Neigung aufsuchen zu dürfen. „Von
Bern brachen wir auf, ohne uns vom Senate zu verabschieden: wir
eilten, weil wir merkten, daß Einige uns daselbst gern als Prediger
zurückhalten wollten." (Br. C.) Hiezu konnten sie nach den von Seiten
der Geistlichkeit erfahrenen Kränkungen natürlich keine Lust empfinden.
Sie wanderten mit einander auf Basel zu und „kamen hier an, recht
vom Regen durchnäßt und von Müdigkeit fast ertödtet. Auch fehlte es
nicht an Gefahr auf unsrem Wege, da Einer von uns Beiden in den
angeschwollnen Wassern der Aare fast ertrunken wäre. Doch haben
wir den Fluß barmherziger gefunden als die Menschen. Denn diese
haben uns gegen Recht und Pflicht fortgetrieben, jener diente als
Werkzeug der göttlichen Barmherzigkeit, indem er uns mit heiler Haut
entließ." (Br. C.) So durfte Calvin zum zweiten Male in dem schö=

nen, friedsamen Basel anzuathmen. Zunächst scheinen ihn freilich die letzten Angriffe auf Seele und Leib krank gelegt zu haben: aber sein Freund Grynäus bettete und beherbergte ihn bei sich so liebreich, daß wir ihn bald wieder in der wohlthuendsten Gemüthsverfassung treffen. Wir können in ihm selber lesen, wenn wir die Briefe aufschlagen, welche er von Basel aus an seinen theuren Bruder Farel schrieb, nachdem dieser als Prediger nach Neuschatel berufen worden war. —

„Was mir vor Allem am Herzen liegt, ist: keinen neuen Streit zu erregen, keinen neuen Anlaß zu Hader zu geben. Lieber will ich unsern Gegnern völlig aus dem Wege gehen, als durch meine Nachbarschaft irgendwie den Verdacht bei ihnen erwecken, als gedächte ich ihnen Gleiches mit Gleichem zu vergelten." — „Aus den ersten Vorspielen errathe ich leicht, wo endlich unsre Amtsnachfolger in Genf mit ihrem Treiben hinaus wollen. Nachdem sie schon durch ihre Heftigkeit allen Anschein des Friedens entfernt haben, werden sie als das Beste betrachten, uns, die wir schon öffentlich und privatim zersetzt sind, allen Rechtschaffenen so verhaßt wie möglich zu machen. Wir aber, wenn wir bedenken, daß sie nur mit der Zulassung Gottes uns fluchen können, werden auch bald verstehen, was Gott bei solcher Zulassung beabsichtigt. Wir sollen uns demüthigen, das ist sein Wille, und wir wollen uns demüthigen, damit wir nicht, so wir uns sträubten, gegen Gott selber ankämpfen. Unterdessen laß uns Gottes harren. Denn schnell wird sie dahinwelken, die Krone des Stolzes der Trunkenen aus Ephraim!" — „Gern möchte ich hier schließen, damit Du nicht Schmerzliches von mir zu hören bekämest. Aber es ist ja vom Herrn gethan: unsre Aufgabe ist es, die willige Unterwerfung unter Seinen Willen sowohl zu lernen als zu lehren. Dein Neffe wurde hier am letzten Sonnabend von der Pest befallen: sein Gefährte und der Goldschmied, welche zu Lyon ein Zeugniß für das Evangelium abgegeben, schickten gleich zu mir: da ich gegen mein Kopfweh etwas eingenommen hatte, konnte ich ihn nicht selbst besuchen. Alles aber, was zum körperlichen Heile nothwendig war, geschah schnell und treulich. Eine Frau wurde zur Wache gerufen, die beider Sprachen mächtig ist und schon öfters solche Kranke verpflegt hat: sie nahm auch noch ihren Eidam zu Hülfe, als ihre Kraft nicht mehr ausreichte. Grynäus besuchte ihn häufig: ich auch, sobald es nur meine Gesundheit zuließ. Sobald unser T. sah, daß ich die Gefahr nicht

fürchtete, wollte er sie mit mir theilen. Gestern waren wir lange bei
ihm. Wir bemerkten, daß es mit ihm zu Ende gehe, und jetzt dachte
ich weniger mehr an seinen Leib, als an die Erbauung seiner Seele.
(Er phantasirte ein wenig, hatte aber doch Bewußtsein genug, mich zu
sich heranzurufen und dringend zu bitten, daß ich für ihn bete. Er
hatte mich nemlich über den Nutzen des Gebetes öftere Male reden hören.
Diesen Morgen gegen 5 Uhr ist er dann heimgegangen zu seinem Gotte."

Indessen sollte der erquickliche Aufenthalt in Basel abermals von
kurzer Dauer sein. Martin Bucer in Straßburg wollte nach seiner
geschäftigen Art die bedeutsame Kraft, welche er in Calvin ahnen und
kennen gelernt hatte, möglichst verwenden und auf geeignetes Terrain
ziehen. Nachdem er zuerst Grynäus gebeten hatte, seinen Gast für
eine Berufung nach Straßburg zu bearbeiten, schrieb er in dieser Ab=
sicht an Calvin selbst aufs Dringlichste. Dieser hatte jedoch aufs
Neue alle möglichen Bedenken dawider und hätte sich namentlich gern
die Mitberufung Farels ausbedungen. — „Bucer meint, wir Beide
dürfen nicht an demselben Orte zusammenwirken, da wir uns gegen=
seitig nur noch mehr in einer Richtung anfeuerten, zu welcher Jeder
für sich schon genug hinneige." — „Ich schicke Dir die letzten Briefe
Bucers, der nach seiner Gewohnheit fortfährt, auf mich einzudringen.
Es würde, sagt er, zweckmäßig sein, wenn unsre Gegner mich als
Lehrer in einer Kirche angestellt sähen, welche sie achten müssen, sie
mögen wollen oder nicht. Ich könnte mich an den bevorstehenden Re=
ligionsgesprächen in Deutschland nur als Diener an einer deutschen
Kirche betheiligen 2c. Ich habe dennoch von Neuem gedankt, da ich
Dich nicht mitnehmen könnte. Grynäus, obgleich zurückhaltend, da=
mit er nicht meiner Beherbergung müde erscheine, neigt spürbar auch
zu Bucers Meinung hin. Ich will nun Deinen Rath abwarten." —
Wahrscheinlich redete Farel unter solchen Umständen auch zu. Jeden=
falls wurde Bucers Einladung so gewaltsam, daß Calvin selbst sie
eine „Beschwörung" nennt, „ähnlich der, mit der einst Farel mich er=
schüttert: wie Jonas wandte ich mich im Innersten erschreckt der
Mahnung zu, die mich aufs Neue ins Lehramt zog." Und nachdem
er sich einmal überwunden und entschlossen hatte, reiste er „in Drang
und Eile, ohne nur seine Angelegenheiten geordnet zu haben," nach
Straßburg ab. (Sept. 1538.)

So mußte Calvin, der Franzose, auf etliche Jahre in eine deutsch=

7*

evangelische Gemeinde zu wohnen und zu wirken — bald werden wir noch beisetzen, zu lernen und zu lehren — kommen. Bucer war von einem ganz richtigen Gefühl zu dieser Berufung getrieben worden. Straßburg war längst die Residenz einer vermittelnden, ausgleichenden, friedliebenden Richtung, welche den Gemeinschaftsgeist der Reformation vor allerlei Spaltungen zu sichern, über die Spaltungen hinauszuheben, trotz der Spaltungen zu erhalten bemüht war. In diesem treuen Sinne arbeiteten daselbst die frommen, reichverdienten Theologen: Zell, Bucer, Capito, Hedio 2c. Keiner von ihnen war jedoch geistesmächtig genug, die auseinanderklaffenden Ansichten unter höhere Gesichtspunkte wirklich zu einigen: sondern sie suchten dieselben nur möglichst abzuschleifen, um sie zu einem gemüthlichen Nebeneinander gefügiger zuzurichten. Nun trat in ihren Kreis ein Theolog, dessen Herz nicht weniger für die Einigkeit der Glieder am Einen Leibe schlug, dessen Auge aber zugleich die in der Tiefe liegenden Bindewurzeln der wider einander laufenden Aeste zu entdecken und bloßzulegen wußte. Für das Unionsbedürfniß der evangelischen Kirche, wie für die Unionsbegabung Calvins konnte daher nicht besser gesorgt werden, als durch die Verpflanzung des Letztern nach Straßburg, das auch nach seiner geographischen Lage, an den Grenzen Deutschlands, Frankreichs und der Schweiz, eine freie, weite Sicht ins Geräume des geistlichen Lebens und einen Einfluß auf das Ganze zu begünstigen schien.

Es ist merkwürdig, wie das erziehliche Walten des Herrn bei dieser Führung Calvins auch äußerlich so deutlich hervortritt: die Kreise, in welche er hineingestellt ward, erweitern sich zusehends, um seinen Gesichts- und Wirkungskreis zu erweitern. Zunächst lag ihm nichts ob, als eine französische Gemeinde in Straßburg zu sammeln und zu ordnen. Calvin ging daran mit seinem ganzen Eifer und Geschick zum Organisiren: die Grundlagen, auf denen, die Grundgedanken, nach denen er baute, blieben dieselben, wie zu Genf: und je weniger sich ähnliche Schwierigkeiten dagegen warfen, desto weniger traten bei der Durchführung ähnliche Härten hervor. So blühte hier auf deutschem Boden wohl das erste Gemeinwesen auf, das mit den vorbildlichen Einrichtungen der urchristlichen Kirche vollen Ernst machte und hiedurch selbst einen vorbildlichen Charakter annahm. Es ist uns zwar keine Urkunde von einer Kirchenordnung erhalten, wir erfahren aber aus Briefen Calvins hinreichend, um uns ein Bild von den Zuständen machen zu können. Der Rath ließ Calvin ganz frei gewähren, räumte der Gemeinde die Kirche zu St. Niclas ein und warf dem Prediger einen kleinen Gehalt aus. Dieser, der tagtäglich einen vollen Gottesdienst hielt, hatte sich die Presbyter und Diakone bald so herangezogen, daß er ihnen zu Zeiten der Abwesenheit die Leitung getrost anvertrauen konnte. Mit dem Abendmahle, das jeden Monat und nach vorhergegangener Beichte gehalten werden sollte, ging es freilich wieder am Anfange schwer. — „Bisher hatten die Leute die Gewohnheit, nur so ohne Weiteres herbeizulaufen. Als ich nun zu Ostern die heilige Handlung für den nächsten Sonntag ankündigte, bemerkte ich zugleich, daß Niemand zugelassen werden werde, der sich nicht vorher zur Prüfung bei mir gemeldet habe." — „Ich pflege zugleich zu bemerken, warum ich dies verlange: nemlich erstens um solche, denen es etwa an einer genügenden Erkenntniß der Heilswahrheit fehlen sollte, noch weiter zu unterrichten und zu belehren, zum zweiten, um denen, die einer besondern Ermahnung bedürfen, das Nöthige ans Herz zu legen, und endlich um verzagte, angefochtene Gemüther aufzurichten und zu trösten. Bei dieser Einrichtung haben wir nun aber allerdings sehr darüber zu wachen, daß die Einfältigen und Unverständigen, welche zwischen der Ordnung Christi und der Tyrannei des Antichrists nicht den gehörigen Unterschied zu machen wissen, nicht etwa meinen, man wolle ihnen ein neues Sklavenjoch auflegen. Ich gebe mir darum alle Mühe, jeder derartigen Auffassung der Sache vorzubeugen. Nicht nur erkläre ich auf das Unzweideutigste, daß ich die päpstliche Beichte durchaus verwerfe, sondern verbreite mich auch ausführlich über die Gründe, warum ich sie verwerfen muß; dann wiederhole ich im Allgemeinen, wie sehr solche Irrthümer, die sich in die Kirche Christi eingeschlichen haben, zu verabscheuen sind, und wie es überhaupt schlechterdings unstatthaft ist, durch irgend eine menschliche Einrichtung die Gewissen zu binden, da der Herr der einzige Gesetzgeber sei, dessen Gebote uns unbedingt verpflichten. Hierauf weise ich nach, daß ich nichts verlange, als was Er selber angedeutet hat. Denn wer die höchste Gemeinschaft der Kirche sucht, sage ich, der wird sich doch auch nicht schämen dürfen, seinen Glauben vor ihr zu bekennen, und welch eine Schmach, welch ein betrübter, ungebührlicher Zustand wäre es weiter für die Kirche selber, wenn sie zu dem größten Geheimnisse, das ihr anvertraut ist, auch die zulassen

müßte, von denen sie gar keine Kenntniß hat, oder in deren Gesinnung
sie sogar nach irgend einer Seite hin ein ernstliches Mißtrauen setzen
muß? Und nicht nur um die Kirche handelt es sich, sondern erwägt
doch auch, was dem Geistlichen befohlen ist! Er soll die Gnaden-
gabe verwalten und darreichen, aber unter der ausdrücklichen Bedingung, daß er sie nicht vor Hunde oder Schweine werfe, daß
er sie nicht unterschiedslos Würdigen und Unwürdigen dahingebe.
Wie kann er aber dem nachkommen, wenn nicht eine feste Ordnung ihm möglich macht, sich darüber zu unterrichten, welche
würdig und welche unwürdig sind? Nach alle dem zeige ich noch mit
wenigen Worten, wie nützlich und förderlich diese Ordnung zugleich
ist für das Seelenheil und das innere Leben eines Jeden." — Vom
Reichstag zu Worms aus schreibt Calvin an seinen Stellvertreter:
„Ich wünsche mir Glück und freue mich hoch, noch mehr um der Gemeinde selber als um Deiner willen, daß Alles so ruhig weiter geht
und der Gottesdienst nach wie vor so regelmäßig besucht wird. War
es doch, als ich fort mußte, mein innigstes Anliegen, daß diese Abwesenheit der Gemeinde keinen Schaden bringen möge, daß Keiner von
den Brüdern deßhalb lässig werde in der Benutzung der Gnadenmittel,
daß die feste Ordnung, die diese Heerde Christi in Einen Leib zusam-
menfaßt, in keiner Weise sich lockere. Freilich ist ja dies Alles an und
für sich werthlos, insofern es nicht unmittelbar zur Rettung der Seelen dient. — Aber da wir die Erfahrung gemacht haben, wie sehr es
doch in der That hiezu führt, so kann ich dem treuen Herrn nicht genug
dafür danken, daß Er die Herzen und Geister Aller so sichtbar erhält
in der Furcht Seines heiligen Wortes, und auch Dein Gemüth mit
alle dem ausrüstet, was die Seelen anzieht und erbaut." — Ferner
schreibt Calvin, der selbst in Straßburg so arm war, daß er seine
Bücher verkaufen mußte, um das Nothwendigste aufzutreiben:
„Was die Armen betrifft, so bin ich in großer Noth, wie wir die
Mittel auftreiben, ihnen beizustehen: wenn Ihr nur in unserer Kasse
genug findet, um bis zu meiner Rückkehr der jetzigen Noth abzuhelfen,
dann werden wir weiter berathschlagen." — „Wie wohl thut mir doch,
was ich von Dir hören darf: daß unsre Gemeinde so trefflich zusam-
menhält und meine Abwesenheit keinerlei Störung mit sich bringt; inmitten all der Sorgen und Kümmernisse, darin ich mich hier befinde,
klingt mir solche Botschaft wie ein fröhlich machendes Trostwort."

Nächst dem Hirtenamt an der Gemeinde ward Calvin etwas später mit einem Lehrauftrag an der theologischen Akademie Straßburgs betraut. Hiemit wurde die theologische Wissenschaft eine förmliche Berufssache für ihn. So ungern er anfänglich auf das Ansinnen einging, so hingebend widmete er sich dann seiner Professur. Mindestens drei Vorlesungen hielt er in der Woche, wohnte den üblichen Disputationen regelmäßig bei und betheiligte sich gelegenheitlich an öffentlichen Gefechten mit katholischen Gegnern. Die Stadt freute sich sehr über den Zulauf, den seine Collegien besonders aus Frankreich gewannen, und ertheilte ihm als Zeichen der Anerkennung das Bürgerrecht. Calvin warf sich schon als Docent vorherrschend auf die Exegese: aus diesen Beschäftigungen ging sein berühmter Commentar zum Römerbrief mit einer Zueignung an Grynäus vom 18. Okt. 1539 hervor. Im Blick auf die studirende Jugend empfand er damals auch das Bedürfniß, eine zweite, weit reichere Ausgabe seiner Institution auszuarbeiten: „es sollen dadurch die Theologie Studirenden zur Lesung des göttlichen Wortes also vorbereitet werden, daß sie einen leichten Zugang zu diesem erhalten und schnell begreifen können, was sie in der heiligen Schrift zu suchen und zu finden, sowie zu welchem Zweck sie Alles darin anzuwenden haben." — Jedoch suchte sich Calvin den Studenten durchaus nicht blos als Gelehrter dienstbar zu machen, sondern er strebte eine wirkliche Lebensgemeinschaft mit ihnen durch persönliche Hingabe an, zog sie in sein Haus, lud sie zu Tisch ein und verkehrte überhaupt in freundlichster Weise mit den Strebsamen. Bei allem Ernst, den er etwaigen Rohheiten entgegensetzte, hatte er doch auch genug liberales Verständniß der Jugend, um übertriebener Strenge abhold zu sein. „Einigen freien Raum müssen wir ihnen ja wohl lassen für ihren Unverstand, und es wäre gewiß ein Unrecht, die Bande der Disciplin so straff anzuziehen, daß sie nicht noch hie und da die Thoren spielen dürften, wie es dieses Alter liebt." — Als ihm während des Aufenthaltes beim Regensburger Reichstag die Nachricht zukam, es sei ein Student, Namens Louis de Richebourg, der in seinem Hause gewohnt hatte, an der Pest gestorben, schrieb er an dessen Vater: „Der Tod Ihres Sohnes und seines Erziehers hat mich so erschüttert, daß ich mehrere Tage nichts thun konnte, als seufzen und weinen. Und obgleich ich vor Gott mich noch so aufrecht halten konnte, durch die trostreiche Kraft, mit der Er in solchen Augenblicken

unsrer Seele zu Hülfe kommt, so war ich doch vor Menschen fast wie
ein Nichts: für Alles, was mir oblag, war ich so untüchtig, wie ein
halbtodter Mann. O so ist er denn hingerafft worden in der Blüthe
seiner Jahre, der treffliche Jüngling, den ich lieb hatte, wie mein eige=
nes Kind, und der seinerseits wiederum mich mit so zärtlicher Anhäng=
lichkeit erfreute, wie einen zweiten Vater 2c. Erwarten Sie nicht, daß
ich Sie mit Gemeinplätzen zu trösten versuche: daß man den Tod des
Sterblichen nicht beweinen dürfe, daß es Ihre Pflicht sei, auch in die=
sen trüben Tagen jene Kraft der Seele zu zeigen, die Ihre treffliche
Natur, Ihr gebildeter Geist, Ihr reifes Alter, Ihre vielfache Erfah=
rung, Ihr bewährter Ruf von Ihnen verlange, oder daß Sie endlich
mit der alten Thatsache sich beruhigen sollten, der zu Folge auch das
bitterste Leid nach einiger Zeit seinen Stachel wieder verliere. Nein,
es giebt nur e i n e unfehlbare Quelle des Trostes, an welche wir Chri=
sten gewiesen sind: diejenige, welche aus dem innern Glauben fließt:
derselbe ist, weiß ich, reichlich in Ihnen vorhanden. Daß diese Ihr
Herr und Meister voll in Ihnen strömen lasse, das allein sei Ihr
Sehnen und Bitten. Den Sohn, den der Herr Ihnen für einige Zeit
geliehen, hat Er von Ihnen zurückgefordert. Er hat das gethan, nicht
der „blinde Tod“, nicht „das harte Geschick“, nicht die „grausame
Bestimmung“; und was Er thut, das thut Er, wie wir wissen, nicht
unbedacht, nicht zufällig, nicht auf irgend einen äußern Antrieb, son=
dern nach Seinem klaren, festen Rath, der jeder Zeit nur beschließt,
was in sich selber recht und gut ist, und gut und wohlthätig auch für
uns. Ist es nun schon Sünde, über das zu murren, was von der
Gerechtigkeit und der vollkommenen Einsicht ausgeht, um wie viel
mehr würde der sich undankbar erzeigen, der die Güte vergißt, die
mit dieser Gerechtigkeit sich verbindet, der das eigene Heil vergißt, auf
welches allein diese Gerechtigkeit und Güte abzielt? Und haben denn
die Gläubigen nicht das Recht, aller Bekümmernisse sich zu begeben
im Hinblick darauf, daß Alles von Gott gethan ist und Er Alles
ordnet? Ist doch nichts unfruchtbarer und peinlicher, als wenn man
sich fortwährend mit den Fragen quält: warum habe ich die Sache
so gemacht und nicht anders? warum bin ich hieher gekommen und
dergl.? Solche Fragen sind gut und recht, wenn es sich dabei um die
E r k e n n t n i ß i r g e n d e i n e r S ü n d e handelt. Wo dies aber nicht
der Fall, da ist auch kein Raum für solche Klagen. Und als Gott

Ihnen den Sohn geschenkt, da wußten Sie ja wohl, wie Er nur unter der Bedingung das gethan, daß dieser Sohn auch in Ihrer Hand Sein Eigenthum bleibe. Nun nahm Er ihn hinweg, sowohl weil es gut war für ihn, aus der Welt zu scheiden, als auch weil Er Sie durch dieses Leid zu läutern und Ihre Geduld zu prüfen gedachte. Wenn Sie die Gnade, die hierin liegt, nicht alsobald erkennen, so lassen Sie es doch ja Ihr Erstes sein, recht darum zu bitten, daß Ihre Augen in diesem Stücke aufgethan werden. Und wenn selbst dies Gebet Ihnen nicht gleich erhört wird, nun so unterwerfen Sie sich auch hierin in Geduld und Glauben, und halten Sie fest daran, daß Seine Weisheit höher ist, als Ihre Schwachheit." — (Folgt eine rühmende Beschreibung der Tugenden des Hingegangenen). — „Aber was hilft es mir, sagen Sie vielleicht, daß ich einen so hoffnungsvollen Sohn hatte, da er nun doch hinweg= genommen ist in der Blüthe seiner Jugend? Als ob nicht Christus durch Seinen Tod das Leben errungen hätte, daß die Lebendigen und die Todten in gleicher Weise Ihm zugehören! Er hat die Macht, sie zu rufen, wann Er will und wohin Er will; und wenn Ihr Sohn nach unsrer Meinung nur ein kurzes Leben hatte, so muß es uns genug sein zu wissen: er hat den Lauf vollendet, den der Herr ihm zugemessen. Wie sollten wir also klagen, er sei in der Blüthe seines Alters gestor= ben, da er doch schon ein Herangereifter war vor den Augen des Herrn? Davon bin ich überzeugt: wen der Herr abruft, der ist auch zur Reife gekommen; sonst müßten wir ja mit Ihm hadern, als ob Er Jemand hinwegnähme vor der rechten Zeit. Es ist dies wahr für Jeden: aber hauptsächlich für Ludwig, der gerade so lange lebte, bis er sich in klarer, unzweideutiger Weise als ein Glied des Leibes Christi erwies, und dann von uns entrückt und verpflanzt wurde, sobald diese Frucht sich an ihm gezeigt. Er ist nur hinweggenommen aus dem Reiche des Scheins, aus dem schwindenden, schwankenden Schatten dieses Lebens, dagegen aufgenommen in die wesenhafte Unsterblichkeit, wo Sie ihn wiedererhalten werden in der herrlichen Auferstehung des Reichs Gottes ꝛc. — Bedenken Sie auch, was Ihnen geblieben ist: Ihr an= derer Sohn Carl lebt noch, von dem wir Alle so urtheilen, daß Keiner von uns sich nicht einen solchen Sohn wünschte. Ich sage das nicht, um Ihnen zu schmeicheln, oder Ihrem Vaterherzen wohl zu thun; sondern der junge Mann ist wirklich voller Frömmigkeit und Gottes= furcht, aller Weisheit Anfang und Ende; dabei von trefflichem Herzen,

anziehendem Benehmen, von seltener Haltung und Bescheidenheit. Sie
wissen, daß ich das nicht nur auf Hörensagen versichere: ich kenne ihn
von Grund aus, indem ich ihn jederzeit genau bewacht und beobachtet
habe. Ludwig hatte allerdings eine schnellere Fassungskraft, aber
Carl übertrifft ihn dafür weitaus an Klarheit des Urtheils und
Scharfsinn. Jener mußte schneller anzuwenden, was er gehört oder
gelesen, bei diesem geht es langsamer, aber nachhaltiger. Der Eine
bewegte sich leicht und gewandt in Wissen, Kunst und Leben, der
Andere sinnt mehr nach und erscheint beständiger: schon der Ausdruck
seines Wesens deutet darauf hin. Ludwig mit seinem sanguinischen
Temperamente war lebhafter und heiterer, Carl, der einen melancholischen Zug in seinem Charakter hat, kommt nicht so leicht aus seiner
Ruhe heraus. Er war immer der Zurückgezognere und Nachgiebigere
von den Brüdern, und wenn sein Bruder heftig wurde, so mußte er
durch seine sanfte Art ihn bald zu entwaffnen. So haben Sie gewiß
noch reichen Anlaß, Gott zu danken. — Bei alledem, werden Sie mir
sagen, ist es schwer, die väterliche Liebe so zu unterdrücken, daß man
über den Verlust eines Sohnes nicht mehr traure. Aber das will ich
auch nicht, daß Sie nicht mehr trauern. In Christi Schule lernen
wir fürwahr nichts von der Philosophie, die uns gebietet, jedes
Menschengefühl zu unterdrücken und unser Herz in einen Stein zu
verwandeln. Alles, was ich Ihnen vorhielt, soll vielmehr nur dazu dienen,
Ihren Schmerz zu lindern und ihm die rechte Richtung zu geben, damit,
wenn Sie sich ausgeweint, wie die Natur und das Vaterherz es verlangen, Sie nicht in der Trauer bleiben und darin untergehen ꝛc."

Wir theilten dies Schreiben nicht mit, um das Muster eines
Condolenzbriefes darzureichen, obgleich es dafür gelten mag: auch nicht,
um in die Gemüthstiefe Calvins einen Blick zu öffnen, obgleich wir
solche Gelegenheiten aus gutem Grunde ausbeuten möchten: sondern
dies Eine Beispiel gebe uns zu ahnen, was ein derartiges Mitleben
mit der Jugend, Hineinleben in die Jugend einem derartigen Charakter austragen mußte. Desgleichen braucht nur angedeutet zu werden, wie wohlthätig, nemlich in befreiender Richtung, für einen solchen Denker der Umgang mit der Wissenschaft als solcher wirken
mußte. Und Calvin stand noch in einem für lebenskräftige Eindrücke
ganz empfänglichen Alter; er passirte in Straßburg die Schwelle von
den zwanziger Jahren zu den dreißigern.

Die dritte öffentliche Stellung, in welcher uns der Genfer Verbannte begegnet, trägt nicht weniger die höhere Fügung an der Stirne. Die Straßburger Stadt und Kirche hatte von der Bedeutung ihres kaum gewonnenen Geistlichen, Professors und Bürgers bereits eine so zuversichtliche und hohe Ueberzeugung, daß sie ihn als ihren Vertreter auf die verschiedenen Reichsversammlungen abordnete, auf welchen dazumalen zugleich die kirchlichen Wirren gelöst werden sollten. Es kam nun freilich bei diesen Congressen zu Frankfurt, Hagenau, Worms, Regensburg (1539—41) blutwenig Ersprießliches heraus: die Evangelischen woben, wie Melanchthon sich ausdrückte, durchaus am Schleier der Penelope. Auch spielte Calvin bei den Verhandlungen keine hervorragende Rolle, was schon seine mangelhafte Kenntniß der deutschen Sprache mit sich brachte. Aber die Theilnahme daran stellte ihn doch auf eine Warte, von der aus die politischen und religiösen Bewegungen in Folge der Reformation eine ganz andere Perspective darboten, als vom einsamen Studirpulte aus. Und überdem trat hier der einzelne Arbeiter im Weinberge des Herrn in einen persönlichen Verkehr mit einer ganzen Schaar von auserwählten Knechten, dessen anregender, bildender, hebender Einfluß nicht hoch genug angeschlagen werden kann. Calvins Correspondenz von jenen Orten aus geht auch mit vollen Segeln einher: zum Beweise, wie mächtig die Vorgänge seine Seele faßten und beschäftigten. Um diese Zeit (in Worms 1541) schwang er sich sogar zu einem Gedichte, dem einzigen, das wir von ihm besitzen, auf: Siegeslied auf Christus, Epinikion.*) Zwei einzelne Errungenschaften, welche sich für ihn dorther datirten, heben wir besonders aus. Während des Regensburger Reichstages bestand er mit einem Dekan aus Passau, Robert Mosheim, einen gelehrten Zweikampf, der nach dem Berichte Sturms, des andern Abgeordneten von Straßburg, mit einem so glänzenden Siege schloß, daß Calvin von da an mit dem Namen „der Theologe" gekrönt wurde, welchen Ehrentitel ihm die Kirchengeschichte bis auf den heutigen Tag bewahrt hat. Sodann schreibt sich vom Zusammensein auf diesen Congressen die Freundschaft her, welche den Präceptor Germaniae und den Theologus verband. In Frankfurt (1539) sahen sich Melanchthon und Calvin zum ersten Mal ins Auge, um sich fortan im Herzen und

---

*) Vergl. das erste Blatt.

auf dem Herzen zu tragen. Der Abendmahlslehre, dieser Achillesferse
des Bruderbundes zwischen Luther und Melanchthon, galt ihre erste
Besprechung, und Calvin, der seine eigenthümlichen Ansichten darüber
in etliche bündige Artikel zusammengefaßt hatte, durfte sogleich ein
wohlgefälliges Lächeln der feinen Lippen, ein beifälliges Nicken der
milden Augen ernten. Ach wie viele heiße Thränen sollte den edeln
Philippus dies Lächeln, wie viele schlaflose Nächte dies Nicken noch
kosten! Wenn aber nicht geleugnet werden kann, daß der tiefe Zug,
womit Calvin den ehrwürdigen Meister an sich zog, über dessen Haupte
die schwersten Gewitterwolken zusammenzog, dürfen wir uns andrer=
seits den Segen nicht verbergen, den dieser Zug in sich barg. War's
nicht gewiß des Herrn höchsteigene Hand, welche zwischen Luther und
Calvin, diese zwei sich fast abstoßenden Naturen, einen Melanchthon als
ihren gemeinsamen Freund hineingestellt hat und heute noch hinein=
stellt? Die evangelische Kirche darf und soll genießen, was der Letztere
in dieser Zwischenstellung leiden mußte. Uebrigens ging's auch für
ihn, den Märtyrer, durchaus nicht ohne Förderung und Erquickung
aus dem Verhältnisse ab. Er brauchte einmal ein so stahlscharfes und
stahlblankes Gewissen, wie das Calvins, als Mahner neben sich, über
sich, sollte er an seiner hohen Aufgabe im Dienste der Wahrheit nicht
erliegen: daher wir die manchmal hartklingenden Aufrufe aus Genf
an ihn nicht zu empfindsam nehmen dürfen. Er hatte ferner an Calvin
eine felsenfeste Wand, an die er sich mit unbedingter Zuversicht unter
allen Stürmen lehnen zu dürfen wußte. „Verehrter Mann, geliebtester
Bruder, schrieb er an ihn im schmalkaldischen Kriege, wie oft möchte
ich an Dich schreiben, wenn ich zuverlässigere Boten fände! Denn ich
möchte mich über alle wichtigen Dinge mit Dir unterhalten, weil ich
sowohl Dein Urtheil sehr hoch halte, als auch die Redlichkeit und
Reinheit Deiner Seele kenne. Jetzt lebe ich wie der Esel unter den
Wespen: aber vielleicht werde ich in Kurzem aus diesem sterblichen
Leben zu jener himmlischen Gesellschaft dort oben gelangen. Wenn
ich am Leben bleibe, habe ich neue Exile zu erwarten: tritt das ein,
so bin ich entschlossen, mich zu Dir zu wenden."
       Wie nun Melanchthons Wesen sich von der unbeugbaren Gerad=
heit und rücksichtslosen Entschiedenheit Calvins öfters verletzt und
zurückgescheucht, schließlich aber immer wieder eingenommen und hin=
genommen fühlt, so konnte hinwiederum bei Calvin der häufige Aerger

über die Zaghaftigkeit und Haltlosigkeit des Freundes niemals die
innigste Ehrerbietung vor seiner priesterlichen Frömmigkeit, jungfräu=
lichen Lauterkeit und königlichen Gelehrsamkeit bewältigen. Im letzten
Briefe an ihn, worin manche Vorwürfe, wie gewöhnlich, laut werden,
faßt er sich am Schlusse: „Wie dem aber auch sei, laß uns die Bruder=
freundschaft treu bewahren, deren Band keine Liste des Satans je zer=
reißen werden. Was wenigstens mich betrifft, so wird meine Seele
nie um irgend einer Kränkung willen von der heiligen Freundschaft
und Hochachtung lassen, womit ich Dich umfaßt habe. Lebe wohl, sehr
berühmtes Licht der Kirche und vorzüglicher Lehrer! Gegenseitig
wollen wir uns dem Schutze Gottes fleißig empfehlen: Du siehst, wie
wir hineingeworfen sind in den Rachen der Wölfe. Meine Amts=
brüder und der zahllose Haufen der Frommen grüßen Dich ehrfurchts=
voll!" — Wie der Heimgang Melanchthons, der kurz nach diesem
Schreiben erfolgte, auf Calvins Gemüth eingewirkt haben mag, deute
eine Stelle in dessen Schrift gegen Heßhus an: „O Philipp Melanch=
thon, Dich rufe ich an, der Du nun mit Christo lebest bei Gott und
uns dort erwartest, bis wir dereinst mit Dir zur seligen Ruhe versam=
melt sein werden. Wie hundert Mal hast Du gesagt, wenn Du von
Deiner Arbeit ermüdet und von Deinen Sorgen erdrückt, Dein Haupt
an meinen Busen legtest: o daß ich doch an diesem Herzen sterben
dürfte! Und ich meinerseits habe tausend Male gewünscht, mit Dir
zusammen zu leben. Gewiß, Du würdest dann stärker gewesen sein in
den unvermeidlichen Kämpfen, muthiger in der Verachtung des Hasses
mit seinen Anklagen und Verläumdungen. Dann wäre auch der gott=
lose Sinn so Mancher niedergehalten worden, denen jetzt Deine Schlaff=
heit, wie sie sie nannten, nur Muth gemacht hat zu erneuten Schmä=
hungen." — Gerade deswegen, weil Melanchthon und Calvin grund=
verschieden angelegt waren, konnten sie sich, Jeder mit einer Art von
Heimweh nach des Andern Vorzügen, innigst umschließen: die Liebe
zur Wahrheit bewährte sich ihnen als das Band der Vollkommenheit
mitten in der Unvollkommenheit persönlicher Beziehungen. Ganz an=
ders verhielt es sich mit Luther und Calvin.*) Man bedauerte schon,

---

*) Der Versuchung, Beide mit einander bei einzelnen Anlässen
näher zu vergleichen, widerstand ich geflissentlich. Nach meinem Eindruck
beweisen die reformirten Geschichtschreiber, auch die entgegenkommendsten,

daß sich die Beiden nicht auch einmal persönlich zusammengefunden. Wir möchten dies eher als eine Vorsichtsmaßregel des Herrn ansehen, der uns bitten gelehrt hat: Führe uns nicht in Versuchung! Diese beiden Männer waren zu Herrschern im Reiche des Geistes erkoren, hatten daher auch, wie sie mußten, bei aller Privatdemuth einen ent= schiedenen Herrscherzug in ihrem Wesen, der in unbewachten Stim= mungen bis zur Herrschsucht ausarten konnte. Beide waren gleichsehr vollgerundete Persönlichkeiten, je mit eigenem Schwergewicht und Selbstgefühl. Beide waren nicht blos Menschen und Christen und Gelehrte, sondern zugleich incarnirte Vertreter ihrer Nationen, des deutschen Gemüths und des französischen Geistes. Beide waren mit empfindlichen Nerven und entzündlichem Blute behaftet. Beide waren in ihrem Glauben gleich unerschütterlich gegründet, Beide ihrer Berufung und Erwählung gleich zweifellos gewiß, Beide auf ihre Heiligung gleich ernstlich bedacht. Alle diese Gleichheiten mußten aber für Beide fast eben so viele Schwierigkeiten werden, die vielen Ungleichheiten, welche zwischen ihnen erübrigten, zu überwinden. Eine persönliche Begegnung wäre daher wohl eher schädlich als förderlich ausgeschlagen. Wie noch heutzutage volle Lutheraner und volle Cal= vinisten schwerlich klug daran thun, sich allzunahe zu rücken: in etlicher Entfernung werden sie sich besser würdigen, ehren und lieben können.

Letzteres traf denn auch bei Luther und Calvin reichlich zu, ob= schon Keiner den Andern ganz verstehen lernte und Beide sich daher immerhin Schuldner geblieben sind. Wir schieben hier einiges Ur= kundliche über ihre gegenseitigen Beziehungen ein: denn in Straßburg näherte sich Calvin dem Lutherthum näher als vorher und nachher, so daß die Schweizer anfingen, ernstlich besorgt zu werden. Die äußern Lebensverhältnisse üben auch auf den Selbständigsten eine Wucht aus, und Straßburg war bei allem Wohlwollen für die Züri= cher doch eine Gemeinde der deutschen, damals noch ungetheilt luthe= rischen Kirche. Ferner trat hier der Jammer des dogmatischen Haders

---

auf diesen Punkt, so oft sie sich darauf einlassen (und sie thun es oft), allemal Voreingenommenheit. Ich dachte nun, ich würde als Lutheraner denselben Eindruck bei den Reformirten hervorrufen, und entschloß mich daher, den Leser sich seine Gedanken darüber selbst machen zu lassen.

Der Verf.

zwischen Glaubensbrüdern greller vors Auge und klopfte in demselben Maß der Friedensgeist beweglicher an des Herzens Thüre an. — „O daß wir doch einmal davon abließen, durch das Wiederaufwärmen der alten Streitigkeiten immer wieder die Gemüther zu verbittern. In thörichter Weise hat einst Carlstadt die Wittenberger Kirche in Bewegung gesetzt; und unser ernstliches Bestreben muß nun darauf gerichtet sein, nicht jede Meinungsverschiedenheit zu einer bleibenden kirchlichen Trennung zu steigern. Denn wahrlich, es ist nicht heilsam, sich leichtfertig von denen zu scheiden, die Gott uns nun einmal beigesellt, die Er uns zu Genossen des Glaubens gegeben hat. Vielmehr sollte das Herz sich uns umwenden, so oft wir uns hiezu gezwungen sehen." (Brief an Zebedäus.) — „Was sollte uns jetzt angelegentlicher beschäftigen, als das Bestreben, die brüderliche Gesinnung unter uns auf alle mögliche Weise zu erhalten? Wir sehen ja wohl, wie wichtig es nicht nur für uns, sondern für die ganze christliche Kirche ist, daß alle diejenigen, denen der Herr irgend eine bedeutende Wirksamkeit darin übertragen hat, durch wahre Eintracht zusammenhalten. Hierauf hat auch der Satan sein Augenmerk, der, weil er dem Reiche Christi auf alle Arten Verderben schmiedet, auf nichts mehr hinarbeitet, als daß er Streitigkeiten unter uns stifte und uns Alle auf irgend eine Art einander entfremde. Darum ist es unsre Pflicht, diesen Künsten entgegenzuwirken, und je mehr der Feind sich bestrebt, unsre Verbindung zu zerreißen, mit desto mehr Beharrlichkeit und regerem Fleiße müssen wir bemüht sein, sie zu erhalten." (Brief an Bullinger.) — Auf deutschem Boden angelangt, gelangte Calvin zunächst zu der Ansicht, daß die Züricher der schuldigere Theil seien. „Sie können es nicht ertragen, daß man auch nur um einen Buchstaben oder um ein Jota von ihrem Zwingli abweicht. Es ist, als müßte das Evangelium darob zu Grunde gehen. Besonders wollen sie nicht, daß man Luther ihm vorzieht, und doch geschieht ihm damit nach meiner Ueberzeugung durchaus kein Unrecht. Denn wenn man die Beiden zusammenstellt, so ist doch Luther offenbar der bei Weitem Größere." (Brief an Farel v. 1539.) — Freilich drängt sich ihm bald auch über Luther Klage auf: „Was ich von ihm denken soll, weiß ich nicht, obschon ich von seiner Frömmigkeit die höchste Meinung habe. Aber nicht unwahrscheinlich erscheint mir doch das, was selbst seine Freunde eingestehen: daß seiner Standhaftigkeit eine gute Dosis von Eigensinn beigemischt ist." (An Bucer.) — Wie sehr Calvin darnach rang, dem Riß in der evangelischen Kirche entgegenzuarbeiten, bewies auch seine Schrift über das Abendmahl,*) welche er damals in ungewöhnlich mildem Tone ausgehen ließ. Es handelte sich darin um den zähesten Zank= apfel, und obgleich er im Wesen seine eigenthümliche, schon in der Institution festgesetzte Lehre festhielt, stellt er diese diesmal doch in einer Weise dar, daß immer, fast in bittendem Tone, das Fragezeichen durchschimmert: könntet Ihr Euch doch nicht auf diese Fassung eini= gen? Interessant ist, wie freilich Alles darin, die Art, wie er gegen den Schluß ein Resumé zieht. „Wir sehen also, worin Luther, worin auch Oekolampad und Zwingli gefehlt haben. Luther hätte von Anfang an erklären sollen, daß er die räumliche Gegenwart nicht in der Art lehren wolle, wie sie die Papisten träumen, geschweige daß er eine An= betung des Sakramentes an Gottes Statt verlange. Ferner hätte er sich jener harten und schwer zu duldenden Vergleiche enthalten oder sie wenigstens doch mit Mäßigung gebrauchen und so deuten sollen, daß das Aergerniß vermieden wurde. Endlich, nachdem es zum Streite gekommen, hat er alles Maß überschritten; sowohl in der Art und Weise, seine Meinung zu behaupten, als auch durch die Bitterkeit der Ausdrücke, mit denen er die Andern tadelte. Denn statt sich so aus= zudrücken, daß seine Ansicht annehmlich erscheinen konnte, bediente er sich, seiner gewohnten Heftigkeit gemäß, im Gegentheile der übertrie= bensten Worte, welche diejenigen unmöglich zu ertragen vermochten, die ohnehin schon seiner Auffassung abgeneigt waren. — Die Andern wiederum fehlen darin, daß sie bei der Bekämpfung jener abergläubi= schen und fanatischen Lehre der Papisten von der räumlichen Gegen= wart und der daraus folgenden Anbetung so beharrlich stehen blieben, daß sie ihre Kräfte fast nur auf die Zerstörung des Irrthums, nicht aber auf die Festsetzung dessen, was zu erkennen heilsam war, ver= wandten. Denn wenn sie die Wahrheit auch nicht leugneten, so lehr= ten sie dieselbe doch nicht so deutlich, als die Sache es erforderte. Ich meine, während sie mit allzugroßem Eifer der Behauptung Eingang verschaffen wollten, daß Brod und Wein nur deshalb Leib und Blut Christi genannt werden, weil sie deren Zeichen seien, bedachten sie nicht, daß zugleich hinzugefügt werden müsse: mit diesem Zeichen sei aber

---

*) Ins Deutsche übersetzt von Mathien 1858, (Pasewalk, Braune).

nichtsdestoweniger eine wesenhafte Sache verbunden. Auch haben sie es nicht deutlich genug ausgesprochen, daß sie keineswegs die Absicht hätten, die wahrhaftige Gemeinschaft mit dem Leibe und Blute Christi zu leugnen, zu welcher der Herr uns in diesem Sakrament führt. — So wurde denn in der That auf beiden Seiten gefehlt, da man sich gegenseitig nicht anhören wollte, um der Wahrheit, auf welcher Seite sie sich auch herausstellen möchte, leidenschaftslos zu folgen. Aber dessenwillen dürfen wir nun nicht aus den Augen setzen, was uns die=sen Männern gegenüber geziemt, dürfen nicht vergessen, was für Gnadengaben und Wohlthaten ihnen Gott geschenkt und durch ihre Hand uns mitgetheilt hat. Wollen wir hiefür dankbar sein, so haben wir wahrlich allen Grund, uns jeder Schmähungen und Verwün= schungen zu enthalten, und ihnen diese Fehler und noch größere zu verzeihen. Nicht anders als mit der größten Bescheidenheit und Ehr= furcht dürfen wir von ihnen denken und sprechen, zumal da es Gott gefallen hat, diesen Streit jetzt einigermaßen zu besänftigen, bis er einst ganz beendet sein wird. — Diese Darstellung habe ich geben wollen, weil bisher noch keine Formel veröffentlicht worden ist, welche die nothwendige Verständigung herbeigeführt hätte. Bis Gott diese uns schenkt, muß uns eine brüderliche Freundschaft und Verbindung zwischen den Kirchen genügen, die da auf dem einstimmigen Bekennt= niß unser Aller beruht: daß wir bei gläubigem Empfange des Sakramentes der Substanz des Leibes und Blutes Christi in Wahrheit theilhaftig werden. Wie dies geschehe, mögen Andere deutlicher auseinandersetzen. Im Uebrigen gilt es einfach festzuhalten, daß jegliche fleischliche Vorstellung ausgeschlossen und unser Geist in den Himmel erhoben werde, damit wir nicht meinen, unser Herr Jesus Christus sei aus dem Himmel verstoßen und in verwesliche Elemente eingeschlossen. Und wiederum, damit die Wir= kung jenes heiligen Geheimnisses nicht vermindert werde, müssen wir glauben, daß dies Alles geschehe durch die geheime und wunderbare Kraft Gottes, und daß Sein Geist das Band dieser Gemeinschaft sei, welche auch deswegen eine geistige genannt wird."*) —

***

*) Dr. Stähelin I, p. 222 faßt die Calvinische Abendmahlslehre in folgenden Cardinalsätzen zusammen: 1) Beim Genusse des heiligen Abend= mahles findet eine wirkliche, wesenhafte Mittheilung an den Communi-

Welchen Eindruck machte auf Luther die Schrift, die wohl bis heute, wie keine andere Fassung, einen Vorschlag zu gütlicher Verständigung für gläubige Protestanten*) enthält? Calvin schreibt noch zu Lebzeiten Luthers hierüber: „Auch Luther hat es zu Gesicht bekommen und durchaus gebilligt. Denn als es aus dem Französischen in das Lateinische übersetzt worden war, brachte es Moritz Goltsch im Jahre 1545 von der Frankfurter Frühlingsmesse nach Wittenberg, und händigte es dort Luthern ein, als dieser ihn nach den buchhändlerischen Neuigkeiten fragte. Da wird mir nun von den zuverlässigsten Zeugen gemeldet, daß er beim Lesen in die Worte ausgebrochen sei: Wahrhaftig, dieser Mann urtheilt nicht übel. Ich für meinen Theil wenigstens nehme von ihm an, was er von mir sagt. Wollten die Schweizer dasselbe thun, so daß eine jede Parthei mit Ernst ihr Unrecht anerkennte und wieder zurücknähme, so hätten wir jetzt den Frieden in diesem Streite." — Es ist nur eine andere Lesart, wenn Pezel die Worte Luthers also setzt: „Moritz, es ist gewiß ein gelehrter und frommer

---

kanten statt. 2) Das, was der Herr mittheilt, ist er selbst nach Gottheit und Menschheit, nach Geist und Leib; es ist die Gesammtperson des für uns gekreuzigten und auferweckten, jetzt verklärten und zur Rechten des Vaters sitzenden Gottmenschen. 3) Brod und Wein sind Bilder dieser Person und ihres Versöhnungswerkes, aber als solche zugleich auch Pfänder, durch welche wir jener Mittheilung gewiß werden in Kraft der verheißenen Einsetzungsworte. 4) Die Mittheilung selbst geschieht in der Weise, daß das Wesen des Herrn, das durch und durch Kraft ist, sich in den Mittelpunkt unsres unsterblichen Wesens herniedersenkt, doch nicht auf irgend eine räumliche Art (so daß diese Kraft sich hindurchbewegen müßte durch den zwischen uns und Christo liegenden Raum!), sondern durch einen über alle Raumverhältnisse weit erhabenen Allmachtsact des heiligen Geistes. 5) Nicht unser Glaube ist es, der diese Mittheilung vom Himmel bewirkt, sondern unabhängig von uns findet dieselbe statt, auch wenn der Communikant geradezu gottlos wäre, aber den sich uns mittheilenden Christus in sich empfangen können allerdings nur Diejenigen, in welchen ein Glaubenszustand vorhanden ist. Die Andern stoßen seine reale Mittheilung positiv zurück, während die Ersteren, welcher Grad von Glaubensleben auch immer in ihnen vorhanden sei, durch jene neue Mittheilung Christi an sie weiter darin gefördert werden.

*) Wogegen auch die Augsburger Confession, die nur eine Gegenwart im Abendmahle, nicht auch im Brode hervorhebt, nicht streitet: daher dieselbe Calvin zu Regensburg „willig und mit gutem Herzen" unterzeichnete.

Mann, dem hätte ich anfänglich wohl dörffen die ganze Sache von diesem Streit heimstellen. Ich bekenne meinen Theil; wenn das Gegentheil das Gleiche gethan hätte, wären wir balde anfangs vertragen worden; denn so Oekolampadius und Zwinglius sich zum ersten also erklärt hätten, wären wir nimmer in so weitläuftige Disputationen gerathen."*) — Und daß es sich um mehr als um eine flüchtige Regung in versöhnlichem Sinne handelt, erhellt aus der letzten Unterredung, welche Luther vor seinem Heimgang mit Melanchthon führte. — „Lieber Philippe, ich muß es bekennen, der Sache vom Abendmahl ist viel zu viel gethan. — Herr Doctor, so lasset uns eine Schrift stellen, worin die Sache gelindert werde, auf daß die Wahrheit bleibe und die Kirche wieder einträchtig werde. — Ja, ich habe das oft und vielfältig gedacht, aber so würde die ganze Lehre verdächtigt. Ich wills dem allmächtigen Gott befohlen haben. Thut Ihr auch Etwas nach meinem Tode!"**) — In denselben Zusammenhang gehört eine schon frühere, auf die Institution bezügliche Aeußerung, welche Calvin 1539 seinem Farel mittheilt: „Neulich ist Orato, einer unserer Chalkographen, von Wittenberg zurückgekehrt, und brachte einen Brief von Luther an Bucer mit, worin Folgendes zu lesen: „„Grüße mir den Sturm und Calvin auf das Achtungsvollste, deren Schriften ich mit einem besondern Vergnügen gelesen."" — (Nun erinnere Dich, was ich darin über das Nachtmahl sage: bedenke auch Luthers Freimüthigkeit!) — „Melanchthon aber schrieb also: Luther und Pommeranns haben Sturm und Calvin grüßen lassen. Calvin ist zu hohen Gnaden gekommen. Folgendes ließ ferner Melanchthon durch den Boten sagen: Einige, um Luthern aufzureizen, hätten ihm bemerkt: er würde von mir mit den Seinigen sehr gehässig bezeichnet. Er habe daher die betreffende Stelle durchgelesen und ohne Zweifel gefühlt, daß er hier angegriffen werde. Aber endlich habe er ihnen geantwortet: „„Ich hoffe, er selbst wird einst besser von uns denken, jedoch ist es billig, daß wir von einem so vortrefflichen Geiste etwas ertragen."" — „Wenn wir durch eine solche Mäßigung nicht gebrochen werden,

---

*) Vergl. auch Köstlin', Luthers Theologie II, 214 und 222.

**) Dies Gespräch, das bisher beanstandet wurde, ist neuerdings durch einen Fund Pastor Kohlmanns in Horn bei Bremen (vergl. Erlanger Reformirte Kirchenzeitung 1853, Nr. 40) außer alle Beanstandung gesetzt worden.

8*

so sind wir Felsen: ich bin gebrochen." — — Der „Gebrochene"
brach nun freilich nichtsdestoweniger manchmal noch stark über Luther
aus, spricht vom „Ungestüm, Trotz, Großthun des Perikles von
Wittenberg", warnt vor seiner „Tyrannei", wünscht die „Schmeichler"
von ihm weg, „welche ihn nicht zur Erkenntniß der eigenen Fehler
kommen lassen, sondern seine Selbstgefälligkeit noch steigern" 2c. Aber
mitten im Flusse derartiger Vorwürfe hält Calvin auch wieder inne:
„Ich habe schon oft gesagt, daß, wenn er mich auch einen Teufel
schelten sollte, ich ihn doch immer ehrfurchtsvoll als einen großen
Diener Gottes anerkennen würde, der freilich, so wie er mit außerordentlichen Tugenden begabt ist, auch große Fehler an sich hat." —
In die Streitschrift gegen Pighius, einen bigotten Pelagianer und
daher fanatischen Reformationsfeind, (1543) streute Calvin eine
Reihe besonders warmer Urtheile über Luther ein. — „Luthers Lehre
von den Werken klingt freilich hyperbolisch. Aber er hatte guten
Grund zu so kräftiger Bekämpfung ihres Werthes. Denn er sah die
Welt durch die falsche und gefährliche Sicherheit der Werkheiligkeit
so tief in einen tödtenden Schlummer versunken, daß er sie nicht mehr
durch Worte, nicht mehr durch die Stimme zu erwecken vermochte,
sondern nur durch Trompetenstöße, Blitze und Donner." — „Was
Luther anbetrifft, so soll hierüber kein Zweifel obwalten, daß wir ihn
für einen ganz ausgezeichneten Apostel des Herrn achten, durch dessen
Arbeit und Amt zu dieser Zeit ganz vorzüglich das Evangelium in
seiner Reinheit hergestellt worden ist." — „Seine wüthendste Anklage
läuft darauf hinaus, daß Luther ein Ungeheuer des Tartarus sei,
weil er, durch heftige Gewissenskämpfe oft gepeinigt, die Qualen der
Hölle ausgestanden. Aber wenn dieser Schwätzer auch nur wie im
Traume die Bedeutung solcher Kämpfe verstehen könnte, so würde er
verstummen oder in Luthers Bewunderung ausbrechen. Denn da es
das gewöhnliche Schicksal der Frommen ist, daß sie die stärksten Ge-
wissensfoltern durchmachen, um in die wahre Demuth und Gottesfurcht gezogen zu werden: sowie auch Jeder, je nachdem er vor Andern durch des Geistes Vortrefflichkeit ausgezeichnet ist, auf eine so
wunderbare und ungewöhnliche Weise mitgenommen wird, daß er
sagen kann, er sei nicht nur durch Todeswehen, sondern durch die
Hölle selbst gegangen: also müssen die Allervorzüglichsten unter den
Heiligen gleich auserlesenen Werkstätten Gottes sein, worin Er Seine

Gerichte wunderbar ausübt. Dies ist Jacobs Kampf, in welchem er mit Gott selbst gerungen hat: wie zeigte sich in ihm Gottes Macht, indem der Kämpfer sein ganzes Leben hindurch zu hinken hatte. Doch dies ist nur den Frommen gesagt." 2c. — „Du hältst uns spottend vor, daß wir ein schwereres Werk als das der Apostel unternähmen: und im wahren Sinne ist dies wirklich wahr. Denn überschlägt man die Schwierigkeiten, gegen die Luther anzukämpfen hatte, so sind sie fast noch größer. Den Aposteln stand kein bestimmtes Reich oder Fürstenthum entgegen, dem sie zum Voraus den Krieg hätten ankündigen müssen, während Luther in keiner Weise aufkommen konnte, ohne jenes päpstliche Reich zu brechen und niederzuwerfen, das damals nicht nur das mächtigste von allen war, sondern auch alle übrigen gefangen hielt und beherrschte." — Als Luther 1540 die Antwort auf Sadolets Schreiben las, von welcher wir demnächst Näheres hören werden, äußerte er gegen Cruciger: „Diese Schrift hat Hände und Füße, und ich freue mich, daß Gott solche Leute erwecket, die, so Gott will, dem Papstthum vollends den Stoß geben, und was ich wider den Antichrist angefangen, mit Gottes Hülfe hinausführen werden." — In dem Jahre, bevor „der alte Gottesheld" zur triumphirenden Kirche einging, schrieb auch Calvin noch an ihn, um seinen Rath wegen der Verfolgten einzuholen, welche eine äußere Unbequemung an den römischen Cultus für ein erlaubtes Rettungsmittel halten wollten. Der Brief, der noch erhalten ist, athmet die lauterste Ehrerbietung („Mein im Herrn hochgeschätzter Vater, auserwähltester Diener Christi, berühmtester Mann" 2c.), doch war Melanchthon zu schüchtern, ihn Luthern, der damals an krankhafter Erregtheit litt, zu überreichen. Als Calvin dies zu großem Bedauern erfuhr, wollte er sich persönlich aufmachen, um durch einen Besuch in Wittenberg ein Verständniß mit Luther zu versuchen. Geldmangel und Krankheit hielten ihn jedoch zurück. — Indessen ging längst in Erfüllung, was er in jenem Schreiben ersehnte: „Dürfte ich doch einmal auf etliche Stunden zu Dir fliegen, ich hätte so Manches mit Dir zu bereden; was jedoch hienieden nicht sein soll, wird uns, ich hoffe bald, im Himmelreiche vergönnt werden!" Und was wird es doch um das Zusammenkommen und Zusammenleben solcher Geister da, wo das Stückwerk aufhört, sein!

In persönlicher Hinsicht haben wir dem Aufenthalt zu Straßburg noch einen Verlust und einen Gewinn aufzurechnen. Der vornehme Canonicus von Angoulème, Louis du Tillet, hatte Rom, die Welt, wieder liebgewonnen. Es mußte Calvin bitter wehe thun, als er die Nachricht vernahm: die Treue, welche er in reichem Maße von dem Manne erfahren hatte, und diese Treulosigkeit, welche der Mann dem Evangelium gegenüber nunmehr beging, brachten einen Kampf von Gefühlen hervor, der sich in mehren Briefen an ihn, voll Dankbar= keit und Entschiedenheit, abspielte. — Dagegen fiel dem Vielgeprüften auch einmal ein liebliches Loos zu: nemlich in Gestalt einer Gehülfin. Er hatte einsehen gelernt, wie ungut es sei, daß der Mensch allein sei, und bat seine Freunde, da er selbst Anderes zu thun hatte, in dieser Richtung für ihn besorgt zu sein. Farel zeigte sich nicht faul mit Vorschlägen, darunter wohl dieser oder jener Calvin zu der Weisung veranlaßte: „Halte Dich daran, daß ich Keiner von den verliebten Thoren bin, die über einem hübschen Gesichte alles Andere vergessen und am Ende auch die Fehler ihrer Geliebten anbeten. Die einzige Schönheit, die auf mich Eindruck macht, ist die, wenn eine Frau sich sanft, keusch, bescheiden, haushälterisch, geduldig zeigt, und die Pflege des Mannes ihr die Hauptsache ist. Weißt Du Eine, die diesem Bilde entspricht, so setze die Sache ins Werk." Man sieht, der Theolog von 28 Jahren ging nicht gerade auf brennenden Freiersfüßen, und als etliche Versuche ungeschickt abliefen, schreibt er demselben Freund ge= lassen: „Vielleicht ist es das Beste, wenn ich die Bemühungen dieser Art überhaupt aufgebe." Allein die Freunde dachten nicht so ergeben: und Bucer gelang ein Fund. Es lebte zu Straßburg die Wittwe eines Wiedertäufers aus Lüttich, Johannes Storder, der mit Anderen durch Calvins Einfluß zur evangelischen Kirche zurückgeführt worden und kurz darauf gestorben war. Bucer hatte die arme Wittwe mit ihren zwei Kindern und ihrem frommen, feinen Sinn kennen gelernt und empfahl sie seinem Amtsbruder. Der weitere Verlauf ist durch keine einzige Notiz, aus der sich etwa Fäden zu einem Roman spinnen ließen, aufgezeichnet. Es muß uns die Thatsache genügen, daß die Hochzeit im September 1540 recht feierlich unter Anwohnung von Abgeordneten aus mehreren Consistorien der französischen Schweiz stattfand. Die Ehe Calvins mit Idelette von Büren (Städtchen in Geldern) werden wir bald ins Auge zu fassen und auch um ihrer willen das Straßburger Exil zu segnen haben.

VIII.

Rückberufung.

Wenn ein Krieger auf dem Schlachtfelde seinen Arm oder Fuß verliert, empfindet er, liest man, noch in meilenweiter Entfernung, was diesem abgelösten Gliede widerfährt. Genf lag nicht anders hinter Calvin: als wäre es ein Stück von ihm selbst, gehörte demselben un= unterbrochen das tiefste Mitgefühl seines Verbannten an. Und zwar dies in ganz anderem Sinne, als es sich gewöhnlich bei Solchen ge= staltet, welche ein Gewaltspruch des Landes verwiesen hat. Mögen wir ihn oft gereizt, bitter, gewaltthätig treffen, seine Erinnerung an Genf verräth nichts als Weichheit, Schonung, Liebe, dies Wort im edelsten, heiligsten Sinne. Und während sonst die Zugkräfte des Ge= müths bei ihm fast gelähmt erscheinen, hier walten sie mit der Macht eines Zauberbanns, aus dem kein Entkommen. Calvin selbst, der klare Verstand, war mit sich in Betreff dieses Hanges im Unklaren, und es ist schon in psychologischer Hinsicht äußerst interessant, den Stimmen, welche darüber in seinen Briefen laut werden, zu lauschen. Von höhe= rem Interesse ist freilich noch die Art, wie uns in diesen Vorgängen zu schmecken und sehen gegeben wird, daß dieses Rüstzeug in außer= ordentlichem Sinne ein Werkzeug in des Herrn Hand sein sollte und sein wollte.

Kaum hatte er sich in Straßburg eingewohnt, wendet er sich in längerem Schreiben an „die treu gebliebenen Trümmer der zerstörten Kirche von Genf, seine theuern Brüder im Herrn." „Nein, die Men= schen sollen das Band nicht zerreißen können, das uns verbindet: denn ich weiß es gewiß, daß Gott selber es gewesen ist, der durch Seine Be= rufung uns zusammenführte. Und so will ich der Eure bleiben, wie auch die Feinde vielleicht lästern mögen und sagen, ich gehe damit nur darauf aus, eine Parthei zu bilden und eine Spaltung in Eure Kirche hineinzutragen. Gott ist mir Zeuge, daß ich das nicht will, daß nichts mehr mir am Herzen liegt, als Euer Aller Frieden und Eintracht. Aber sollte ich Euch denn nicht meine Liebe bezeugen, nicht Euer ge= denken vor dem Herrn, nicht die Vorwürfe der Menschen mit ihrer Schmach geringer achten als die Pflicht, die aus Gottes Hand uns zukommt? Unser Trost in dem Allen ist, daß wir ihnen keine Ursache geben zur Klage, wie auch unser Herr nicht kam, um irgendwie Anstoß zu geben, sondern um ein Weg zu werden, auf dem Alle wandeln könnten ohne Fehle." Indem er seine Getreuen sofort ermahnt, das Mißgeschick als eine höhere Schickung anzusehen, unter der sich Jeder prüfen und demüthigen müsse, wendet er dies auf sich selbst an: „Vor Menschen habe ich zwar ein gutes Gewissen und wüßte mich wohl zu reinigen vor der Welt; aber etwas Anderes ist es, wenn man vor dem Angesichte Gottes steht. Da muß ich wohl anerkennen, daß Er mich so gedemüthigt hat, um mir meine Unwissenheit, Unklugheit und Schwachheit vor Augen zu stellen, und ich zögere keinen Augenblick, dies auch vor der Kirche des Herrn zu gestehen. Aber um deßwillen wird Er uns doch nicht ganz niederwerfen oder verlassen. Die Er lieb hat, die züchtiget Er, und auch was wir gefehlt haben, wird Er uns zum Guten wenden. Denn Sein Zorn gegen die Seinen währt einen Augenblick, sagt der Prophet, aber Seine Gnade und Barm= herzigkeit für und für. Daran haltet fest, darauf stützet Eure Hoffnung und werdet in ihr stark, um die Züchtigung Seiner Hand geduldig zu ertragen, bis der Tag kommt, da Er Sein Angesicht auch wieder leuchten läßt." — Als Calvin etwas später vernahm, daß die mangelhafte, zum Theil unwürdige Art, wie seine Amtsnachfolger pastorirten, die Gläubigen in der Gemeinde stark aufrege, macht er diesen alsbald ernste Vorstellungen: „Nichts hat mich so bekümmert seit jenen schweren Tagen unsrer Austreibung, als Euer fortwährender Streit und Hader mit denen, die unsere Nachfolger wurden. Nicht ohne Schmerz und Entsetzen konnte ich es hören, daß Ihr auf eine Spaltung hinarbeitet und sogar das kirchliche Amt hintansetzet. Es war mir dies unaussprechlich bitter. Jetzt höre ich freilich zu großer Freude, daß dies Unheil sich zu Ende neigt und Eintracht zurückkehren will. Es ist mir das ein Pfand dafür, daß sich nun die Sache über= haupt wieder zum Besten wenden und das Reich Christi in Eure Stadt aufs Neue einziehen wird. Denn wo Streit und Zwietracht ist, da ist keine Hoffnung einer Besserung. Um so mehr aber fühle ich

mich gedrungen, Euch in solchem Vorsatze zu bestärken, und nach mei=
nem geringen Vermögen das Meinige beizutragen zu einer recht gründ=
lichen Versöhnung. Was ich Euch früher in diesem Sinne schrieb,
wurde nicht besonders freundlich von Euch aufgenommen; aber das soll
mich nicht hindern, meine Pflicht zu erfüllen, um wenigstens meine eigene
Seele zu erretten. Wie ich es mit Euch meine, wißt Ihr ja wohl: es
wird mir Keiner einen andern Beweggrund zutrauen, als den, Euch
auf den rechten Weg zu leiten. Und da ist denn das Erste, daß ich
Euch wieder und wieder vorhalte, welcher Ehre die werth sind und
welche Gnaden der Herr denen übertragen hat, die Er in Seiner
Kirche zu Hirten und Dienern des Wortes bestellte. Wir sollen ihnen
gehorchen mit Furcht und Zittern, schreibt uns der Apostel, wir sollen
sie aufnehmen als Seine Botschafter und Gesandten, die uns das Heil
verkündigen an Seiner Statt. So lange ich bei Euch war, habe ich
diese Wahrheiten nur wenig hervorgehoben, um allen Verdacht eines
Eigennutzes zu vermeiden; jetzt aber, da ich vor jedem Gedanken der
Art geschützt bin, sage ich Euch frei heraus, was zu sagen ist. Hätte ich
zu den Geistlichen zu reden, so würde ich ihnen vorzugsweise vorhalten,
was die Pflicht von ihnen erfordert Euch gegenüber, da ja allerdings
ein Jeder seine Aufgabe hat und Rechenschaft geben muß von seinem
Verhalten. So aber habe ich es mit Euch zu thun, und gewiß faßt
am besten Jeder das ins Auge, nicht was Andere ihm, sondern was
Er den Andern schuldig ist. Daß Ihr Eure Hirten prüft und unter=
scheidet zwischen den getreuen und ungetreuen, will ich Euch ja freilich
nicht verwehren: es ist des Christen Recht und Pflicht. Aber nur
nicht in einem Geiste des Eigensinns und der Verbitterung, sondern
das Doppelte im Auge: zuerst, daß Eure Geistlichen nicht ohne den
Willen Gottes da sind, der sich stärker erwiesen hat als der Böse,
und nicht zugab, daß Ihr ganz verlassen bleibet oder wieder
zurücksinket unter das Joch des Antichrists. Es ist eher eine
Züchtigung und Heimsuchung des Herrn, die über Euch ergeht,
als eine Beschädigung und Zerstörung. Und immer wieder ermahne
ich Euch darum: richtet Eure Gedanken nicht so sehr gegen die Gott=
losen, als auf Eure eigenen persönlichen Sünden, die ja eine noch viel
strengere Bestrafung verdient hätten. Dies ist das einzige Mittel,
Gnade und Erlösung zu erlangen von dem Banne, der auf Euch liegt.
Und während Ihr Euch anklagt, so vergesset auf der andern Seite

auch nicht, dem Herrn zu danken für das, was Er Euch immer noch
Gutes erweist, ihm zu danken für diese Hirten, die immer noch Eure
Seelen weiden und die Kirche aufrecht erhalten. — Das Andere, das
Ihr zu bedenken habt, ist dies, daß das nothwendige Urtheil über die
Geistlichen (denn eine Tyrannei möchte ich ja freilich nicht in die
Kirche bringen) sich lediglich darnach richten muß, ob sie wirklich das
Wort des Herrn predigen oder nicht? Thun sie das nicht, dann freilich sind sie nicht mehr als Hirten zu betrachten, denen man zu gehorchen hat. Aber in diesem Falle befindet Ihr Euch nicht. Ich weiß,
daß die Brüder, die gegenwärtig ein Amt unter Euch haben, im Ganzen das Evangelium verkünden, und sehe also nicht, wie Ihr Euch
vor dem Herrn verantworten könnt, wenn Ihr sie vernachlässigt oder
verwerfet. Ihr erwidert vielleicht, dieses oder jenes in ihrer Lehre
oder ihrem Benehmen sei doch offenbar tadelnswerth; aber ich bitte
und beschwöre Euch bei unserm Herrn Jesu Christo: erwäget solches
Urtheil doch wohl, ehe Ihr Euch darauf steifet! Vergesset nicht, welche
Liebe wir uns gegenseitig schuldig sind, welche Nachsicht, welche Zu-
rückhaltung im Richten, und wie Ihr hiezu doppelt verpflichtet seid,
wo es um Diejenigen sich handelt, die Gott über Euch gesetzt. Und
weiter bedenkt, daß überhaupt Niemand durchaus vollkommen ist und
nichts an sich vermissen läßt. — Darin aber zeigt sich der Sinn des
Christen, daß wo Er nur ein Herz erkennt, das in Wahrheit Gott
fürchtet, er im Uebrigen Geduld hat mit seinen Schwächen. — Und
so bitte und ermahne ich Euch denn, theuerste Brüder, in dem Namen
und der Kraft des Herrn Jesu Christi, daß Ihr Herz und Geist ab-
wendet von Allem, was menschlich ist, und Euch ganz und gar hin-
kehrt zu dem Einen Erlöser und Seinen heiligen Geboten. Was Er
unverletzt zu halten befohlen hat, das lasset durch keine Betrachtung
irgend einer Art Euch anfechten oder in Frage stellen. Wenn Ihr
mit Euren Hirten zankt und streitet, so verdunkelt Ihr damit
den hellen Schein Seiner Herrlichkeit, und auf Ihn selber fällt
Verachtung und Vorwurf. Denket also daran, daß Ihr nicht
Menschen bekämpfet, sondern Gott selber, wenn Ihr weiter so fort-
fahrt wie bisher. Und dünkt es Euch denn überhaupt etwas so Geringes, Spaltungen und Zerwürfnisse hervorzurufen oder zu hegen in
der Kirche des Herrn? Schlägt denn kein Christenherz in Eurer Brust,
das sich darüber entsetzt und lieber alles Andere erduldet? — O wenn

Ihr mich für einen Bruder haltet, so verschließt Eure Ohren der Mah=
nung nicht: wieder Eins zu werden und den Dienst des Wortes nicht
zu verwerfen, auf dem der Bestand der Kirche und die Förderung
auch Eures eigenen Heils beruht. In solcher Hoffnung grüße ich Euch
aus tiefstem Herzen und flehe unsern Herrn Jesum an, Euch zu be=
schützen in der Burg Seiner heiligen Kraft, auf Euch auszugießen
Seine Gaben in immer reicherer Fülle, die Kirche wieder herzustellen
in Eurer Mitte, und ganz besonders Euch zu geben Seinen lieblichen
Geist der Sanftmuth und Geduld, so daß wir Eins und verbunden
mit Ihm, mit einander Sein Reich bauen und fördern in jedem Stücke."

Macht sich dem treuen Hirten nun aber der Gedanke an eine
Rückkehr zu dieser Heerde, der offenbar in seiner eigenen Brust ins=
geheim arbeitete, durch irgend eines Freundes Aeußerung vernehmlich,
so erschrickt er bis ins Mark wie vor einem Gespenst. „Vor meinen
Augen steht immerfort der weite Schlund, in den ich herabstürzen
müßte, und der mich sicherlich in sich hineinzöge, bis er mich ganz ver=
schlänge." — Als derselbe Gedanke auch in Genf um sich zu greifen
anfing und die Zeichen sich mehrten, daß er sich zu einer förmlichen
Bitte der Gemeinde gestalten werde, schrieb Calvin eiligst an Farel:
„Thue, was Du kannst, damit dies nicht geschieht: denn ich werde in
keinem Falle folgen. Hundert Mal lieber will ich sterben, als mich an
dies Kreuz schlagen lassen, worauf man täglich aus tausend Wun=
den verblutet." Andrerseits konnten die Straßburger, bei welchen der
Genfer Rath endlich in der That anklopfte, in ihrer Antwort ver=
sichern: „Mit Einem Gedanken hat sein Geist gewiß sich immer be=
schäftigt, mit der Sorge um Euer Heil, wenn es ihn auch die größten
Anstrengungen, ja sein Blut kosten würde. Was er nun aber thun
wird, weiß er so wenig noch als wir" ꝛc. — Und was für einen bangen
Ringkampf die Nothwendigkeit, ein entscheidendes Ja oder Nein aus=
zusprechen, seiner Seele verursachte, werden wir bald zu spüren be=
kommen.

Die Dinge zu Genf schienen sich nemlich zu verschwören, der ge=
sammten Bevölkerung den Namen Calvin als den einzigen Rettungs=
anker ins Gedächtniß und Gewissen hineinzubrennen. Alles mitein=
ander gestaltete sich so verzweiflungsvoll, daß Jedermann inne ward,
mit der Vertreibung der Prediger seien die guten Geister aus der
Stadt gewichen. Die kirchlichen und die politischen Errungenschaften

drohten gleichsehr ein Raub der allgemeinen Auflösung zu werden. Die
neuen Prediger, Schwächlinge an theologischer Einsicht und moralischem
Willen, erwiesen sich den Bedürfnissen der Gläubigen wie den Leidenschaften der Ungläubigen gegenüber gleich wenig gewachsen: kirchliche
Anarchie verheerte die Gemeinde. „Man stellte, meldet Roſets Chronik, die Taufsteine wieder her, tanzte, spielte, betrank sich, hurte, alles
unter dem Vorwande der Berner Ceremonien: man durchzog nackend
die Straßen mit Tamburinen und Pfeifen." Die Tempel und Schulen verödeten. Zurückgebliebene Priester krochen wieder aus ihren
Verstecken hervor und lasen die Messe: die Libertiner, baar jeder
Gottesfurcht, machten folgerecht Rom gegenüber freundliche Gesichter.
Wohl versuchte sogar jene Obrigkeit je und je einen Hemmschuh ein-
zulegen, allein stets nur, um ihre verdiente Ohnmacht zum Guten zu
erfahren. Dazu jedoch, daß sich das sittliche Gefühl des Völkleins in
kräftiger und heilsamer Weise ermannte, bedurfte es noch einer weitern
Erfahrung, die auch nicht lange auf sich warten ließ: im Schooße der
Libertiner zettelten sich landesverrätherische Complote und Intriguen
an. Die Entdeckung politischer Verbrechen sollte dem Faß den Boden
vollends einbrechen: angesichts des gähnenden Abgrunds forderte die
Volksstimme die Rückberufung Calvins gerade so dringlich, wie einst
die Kinder Israel in der äußersten Angst vor dem Ueberfall der Am-
moniter nach Jephtha, dem verstoßenen Helden, ihre Aeltesten aus-
sandten.

Indessen müssen wir eines einzelnen Vorfalls in dieser Bewegung besonders gedenken, weil derselbe als ein besonderer Wink auf
Calvin durchschlagend wirkte und uns eine seiner herrlichsten Geistes-
früchte vom Baume schüttelte.

Wer das Argusauge und das arge Herz Roms aus der Geschichte
kennt, wird es erwarten, daß die chaotischen Zustände der neurefor-
mirten Gemeinde von dort aus als trübe Wasser, in welchen gut fischen,
angelächelt und angefaßt wurden. Es lohnt sich nicht, das Gewebe
von reactionären Machinationen, in dessen Mitte der vertriebene
Bischof, Pierre de la Baume, als Kreuzspinne saß, genauer zu
entwickeln. Genug, die Leitern schienen alle schon so gut an die
Mauern gelegt, daß die Wiedereinnahme der schönen und wichtigen
Stadt bereits gesichert schien. Man glaubte eigentlich nur noch eines
Signales zu bedürfen, und dieses sollte auf einer Conferenz verschiede-

ner Cardinäle, Erzbischöfe und Bischöfe zu Lyon, wozu auch ein mitverschworenes Regierungsmitglied aus Genf erschien, verabredet werden. Man beschloß einen Appell, eine feierliche Zuschrift an die abtrünnig gewordene Gemeinde, worin ihr die Rückkehr in die alte Kirche herzlichst ans Herz gelegt und die Wiederaufnahme in freund= lichste Aussicht gestellt werden sollte. Mit der Abfassung betrauten die Herren gewiß den feinsten und besten unter ihnen, den Bischof Sadolet von Carpentras. Es ist derselbe Würdenträger der katholi= schen Kirche, der von einer innigen Zuneigung und Verehrung für Melanchthon beseelt war und, scheint es, nicht nur vom humanistischen Standpunkt aus, welchem seine gediegene Bildung ergeben sein mußte, sondern spürbar auch aus innerstem, religiösem Bedürfniß Anwand= lungen zu Gunsten der Reformation durchmachte. Allein der empfäng= liche, begabte Mann war offenbar zu lange Sekretär des Papstes Leo X., des Mediceers, gewesen, um noch weiter als bis zur Geburt zu kommen: die Kraft, wirklich zu gebären, hatte sich in jenen schön= geistigen, blasirten Kreisen verflüchtigt. Sein Brief „an den Senat und das Volk von Genf" wurde denn auch wirklich etwas Ausgezeich= netes. Der Ton desselben vermeidet vorsichtigst Alles, was die Genfer verletzen könnte, weiß vielmehr in der berechnendsten, gewinnendsten Weise, wie lauter Musik, an die Ohren zu dringen. Der Inhalt ist reich an hübschen Gedanken, sogar an evangelischen Wahrheiten: die römische Kirche wird vornehmlich von den zwei Gesichtspunkten des Alters und der Einheit aus gegen die Reformation ins Licht gestellt und ins Feld geführt. Heben wir der Gerechtigkeit zu Ehren wenig= stens Eine Stelle aus.

„Wie kann man nur dazu kommen, unsre Kirche zu verlassen? Ge= rade so, wie Satan dazu kam, dem Himmel den Rücken zu kehren: aus Hochmuth und Selbstverblendung. Aber welch eine Verantwortung, die man damit auf sich lädt: und welch ein jammervolles Geschick, das man damit um unvergängliche Seligkeit eintauscht. Ihr werdet es mir ja doch zugeben: etwas Aergeres kann uns nicht geschehen, als die Seele verlieren; und darum auch keine größere Pflicht und Auf= gabe, als hievor sich zu hüten. Da ist es auch keine Entschuldigung, daß man von Andern verführt worden ist. Freilich wird die Verfüh= rer die härtere Strafe treffen, aber sind denn die Verführten unschul= dig? Hatten sie nicht auch Augen, um zu sehen, Verstand, um zu

prüfen? Wer aber die Augen aufthut, der sieht ja auf der einen
Seite diese Eine von Christo gegründete, ewig katholische Kirche,
immer vom Geist Gottes geleitet, immer Segen spendend und
begründend, und auf der andern Seite einige unbeständige, namen=
lose, verbitterte Menschen, die sich hin und her treiben und nicht
wissen, wo 'zur Ruhe kommen. Unter diesen Umständen kann doch
für den Verständigen und Willigen die Wahl nicht schwer wer=
den. Er sieht sich an einem Scheidewege stehen, dessen einer Arm
offenbar zum Leben, der andere zum ewigen Tode führt. Und
stelle man sich nun zwei Seelen vor, von denen die eine diesen, die
andere jenen Weg einschlägt. Sie kommen an vor dem furchtbaren
Richterstuhl des Höchsten und werden gefragt, ob sie Christum kennen?
Sie bejahen es Beide. Ob sie in der rechten Weise an Christum ge=
glaubt? Beide sagen Ja. Aber Was sie geglaubt, wie sie geglaubt?
Sie sollen ein Bekenntniß ablegen ihres rechten Glaubens. Der treugebliebene Katholik antwortet: Ich habe in Allem den Geboten der
Kirche gehorcht, wie Deinen eigenen, o Herr, gleich meinen Vätern
und Vorvätern, gleich Allen, die mit mir und lange vor mir weit
und breit den Christennamen trugen und es als eine Schändung des
Heiligthums ansahen, von jenen zu weichen. In dieser Weise habe ich
Dein Wohlgefallen gesucht. Wohl traten Neuerer auf, welche die
heilige Schrift viel auf den Lippen und in den Händen führten, und
wollten mich aus der Kirche herausreißen, aber ich habe nicht auf sie
geachtet, ich habe ausgehalten in der Gemeinschaft der heiligen Väter
und Lehrer von Alters her, und bin auch den Anstößen und Aerger-
nissen nicht gewichen, welche in der gegenwärtigen Zeit Manche mir
gaben, die der Mitgliedschaft der Kirche sich rühmten. Denn ich habe
dafür gehalten, der Lebenswandel eines Jeden gehöre vor Dein Ge=
richt, aber die Lehre sei sicherlich heilig, die Du in Deinem Evangelium verheißen hast, sie rein und heilig zu bewahren. —Sodann wird
der Andere vorgefordert und antwortet: Was mich betrifft, so hat
mich der Anblick der tief verdorbenen 'Sitten der Geistlichkeit, und
der Gleichmuth, womit man aus Ehrfurcht gegen die Religion die=
selben ertrug, gerechter Weise so sehr erzürnt, daß ich ihr entschiedener Widersacher wurde. Zudem sah ich mich überall zurückgesetzt, der
ich doch viel ausgezeichneter war in Wissenschaft und Theologie, als
die meisten Andern; Unwürdige sah ich mit Ehren überhäuft, und

so, ich gestehe es, gesellte ich mich denen zu, welche diejenigen angriffen, die ja auch Dir selber mißfallen müssen. Und da ich ihre Gewalt nicht brechen konnte, ohne zuerst die Gesetze der Kirche kraft= los zu machen, so habe ich viel Volk dazu gebracht, die kirchlichen Ordnungen, die es vordem heilig gehalten, zu verlassen. Den Con= cilien nahm ich ihre Autorität, die Väter erklärte ich für unverstän= dig und irrend, die Päpste für Tyrannen und Betrüger, Fasten, Festtage, Beichte, Absolution, knechtische Gelübde habe ich abge= schafft: der Glaube allein, selbst ohne die guten Werke, welche die Kirche so sehr rühmt und empfiehlt, verleihe uns Gerechtigkeit und Heil, denn durch Dein Blut habest Du ja alle Schuld und Strafe ein für allemal gebüßt. Auch habe ich die heiligen Schriften genauer durchgegangen als die Alten, und zwar namentlich um in ihnen Waffen gegen jene Gegner zu finden. Vieles ist mir in dieser Weise gelungen: habe ich die Kirche nicht ganz umstürzen können, so ist es doch mein Verdienst, daß sie tief erschüttert ist, und sich Unzählige von ihr trennten. — Wenn er so redet und wahr redet (obwohl er allerdings noch Manches von Ehrgeiz, Habsucht, Betrug, Aufruhr bei sich behielt), was meinen wir, welch ein Urtheil wird über die Beiden ergehen? Wird nicht das treugebliebene Glied der Kirche ohne Irrthum dastehen? Zuerst: weil die vom heiligen Geiste geleitete Kirche überhaupt nicht irren kann; und dann weil man unmöglich einen etwaigen Irrthum dem zurechnen dürfte, der mit aufrichtigem und in Gott demüthigem Herzen lediglich dem Glauben seiner Vorfah= ren folgte; dagegen der Andre, der nur auf den eigenen Verstand vertraute, dem keiner der heiligen Väter etwas galt und keine Ver= sammlung der Bischöfe ehrwürdig erschien, der mehr darauf ausge= gangen war, niederzureißen und zu verkleinern, als zu bewahren und aufzubauen: worauf soll der sich stützen, wo sich schützen vor Gottes Gericht, daß er nicht in die Finsterniß hinausgeworfen werde? Und wird nicht schon dies Eine hinreichen, ihn zu verdammen, daß er die Kirche Christi zerrissen hat, jenes untrennbare, heilige Gewand des Herrn, an das selbst die Kriegsknechte nicht wagten Hand anzu= legen? Ist nicht die Einheit der Seinen das letzte Gebot gewesen? Hat Er sie nicht als das Merkmal aufgestellt, an dem die Welt er= kennen solle, welche von Ihm gesandt sind? Für den, der sich an ihr vergreift, kann es also keine Entschuldigung geben, und eben so

wenig für die, welche solchen Frevlern freiwillig anhangen und ihren
verkehrten Wegen folgen. Von welcher Seite man also auch den Ab=
fall von der alten Kirche betrachten mag: Alles ladt die Abgewiche=
nen zur Rückkehr ein: unsre Personen können sie vielleicht hassen und
unsern Wandel tadeln, aber unsre Lehre nicht. Auch der Mund dessen,
der hier redet, ist unrein und unwürdig: aber es ist dennoch Gottes
Stimme, die sich daraus vernehmen läßt, und die Gnade des Herrn
und das Lob der Menschen wird denen folgen, die ihr gehorchen."

Der Brief, welchen geheime Schildknappen Roms von Haus zu
Haus in Genf umhertrugen, konnte nicht ohne Wirkung bleiben.
Fühlte auch die Mehrheit, daß die Flugschrift im Grunde ein Erzeug=
niß nicht der Wahrheit, sondern der Sophistik sei, so fühlte sie doch
zugleich, daß zu ihrer Entkräftung eine Kraft nöthig sei, welche die
Stadt in ihren Mauern nicht aufzuweisen habe. Die Augen kehrten
sich unwillkührlich nach Straßburg und Extraboten überbrachten also=
bald ein Exemplar des gefährlichen Aufrufs an Calvin. Diesem gab
der Geist schnell Zeugniß, daß er ein Zeugniß abzulegen habe, und
förderte ihn dabei so, daß er „in etwa sechs Tagen" damit fertig war.
Wir geben die Antwort nach ihren wesentlichen Bestandtheilen.

„Ungern gehe ich daran, einen Mann, der gleich Dir um seiner
Gelehrsamkeit und Wohlredenheit willen bei allen Freunden edler
Bildung in vorzüglichem Andenken steht, öffentlich zur Rede zu stellen.
Ich hätte es ohne Nöthigung gewiß nicht gethan: Denn es ist mir
wohl bewußt, wie verwerflich es wäre, einen um die Wissenschaft
verdienten Mann aus bloßer Streitlust anzugreifen, und wie sehr die
allgemeine Mißbilligung den treffen müßte, der ohne wirklichen
Grund an einem wegen seiner ausgezeichneten Gaben mit Recht ge=
ehrten Mann seinen Muth kühlen wollte. Nach näherer Erklärung
hoffe ich jedoch das allseitige Zugeständniß, daß ich ohne Pflichtwidrig=
keit nicht schweigen durfte. — Du hast jüngst an den Senat und das
Volk zu Genf einen Brief geschrieben, darin Du so zu sagen die Ge=
müther sondirt hast, ob sie sich eine Rückführung unter das römische
Joch bieten lassen möchten? In diesem Briefe bist Du wie ein ge=
wandter und kluger Redner verfahren. Du hütetest Dich, Diejenigen,
welche Du zur Durchführung Deines Planes brauchtest, zu verletzen,
sagtest ihnen vielmehr mancherlei Schönes und Freundliches, um sie

günſtig zu ſtimmen. Allen Zorn und alle Bitterkeit haſt Du gegen
die Urheber des Abfalls von der päpſtlichen Tyrannei gekehrt. Von
ihnen ſagſt Du mit ätzender Schärfe, ſie hätten durch ſchlechte Künſte
unter Vorſchützung des Evangeliums jenes beklagenswerthe Wirrſal
in Religion und Kirche angerichtet.

„Nun, Sadolet, ich bin Einer von dieſen, die Du alſo angreifſt.
Zwar war die Reinigung der Religion und Kirche ſchon geſchehen,
als ich nach Genf berufen ward: aber ich habe nicht nur ganz gebil=
ligt, was Farel und Viret gethan hatten, ſondern auch für die Be=
feſtigung deſſelben nach Kräften gearbeitet. So kann ich meine Sache
von der ihrigen nicht trennen. Hätteſt Du indeß nur meine Perſon
angegriffen, ſo würde ich Dir das bei Deinem gelehrten Ruf und Ver=
dienſt leichter zu gut halten. Da Du aber gegen meine amtliche Wirk=
ſamkeit, welche, wie ich ganz gewiß weiß, in göttlicher Be=
rufung ihren feſten Grund und ihr heiliges Recht hat,
Deinen Angriff richteſt, ſo wäre Schweigen und Stillebleiben nicht
Sanftmuth, ſondern Fahnenflüchtigkeit. Zuerſt als Lehrer und dann
als Hirte habe ich in jener Kirche gearbeitet und das ganze Maß
meiner Kraft in ihren Dienſt gelegt. Das Lob der Klugheit, Gelehr=
ſamkeit, Scharfſinnigkeit, Geſchicklichkeit, auch des Fleißes, will ich
nicht für mich in Anſpruch nehmen; aber daß die Aufrichtigkeit, die
in einem Werke Gottes ſich geziemt, mir nicht gefehlt hat, deſſen bin
ich mir vor Chriſtus, meinem Richter, und vor all Seinen Engeln
bewußt: auch wird es mir die Gemeinde bezeugen. Ich würde mich
verſündigen, wenn ich ſchweigend zuſehen wollte, wie Du mein Wir=
ken, das vom Herrn war, verurtheilſt; ich würde eine heilige und
dringliche Pflicht verſäumen, und meine im Auftrag des Herrn geübte
Thätigkeit ſchmählich preisgeben und verrathen, wenn ich Deinen Beſchul=
digungen nicht widerſprechen wollte. Daß ich gegenwärtig der Für=
ſorge für die Genfer Kirche enthoben bin, das hindert mich nicht, ſie
mit der Liebe eines Vaters fort und fort zu umfaſſen; indem mich
Gott einmal zu ihrem Leiter beſtellt hat, hat Er mich verpflichtet, ihr
für immer die Treue zu halten. Wohlan, wenn ich ſehe, daß dieſe
Kirche, deren Wohl mir durch den Willen Gottes aufs Herz und Ge=
wiſſen gelegt iſt, von ſchlimmen Verſuchungen aufs Aeußerſte bedroht
iſt, wer darf mir dann rathen, daß ich ſtumm und ſicher des Ausgangs
harren ſoll? Wahrlich es wäre eine ſchmachvolle Gleichgültigkeit, wenn

ich es vermöchte, die Gemeinde, für deren Erhaltung ich zu wachen
berufen bin, ruhig dem Untergang entgegen gehen zu lassen. Doch es
ist überflüssig, hierüber noch weiter zu reden, da Du selbst mir jede
Schwierigkeit aus dem Weg räumst. Als Nachbar, und zwar als nicht
sehr naher Nachbar, hältst Du Dich für befugt, Deine Liebe zu den
Genfern durch heftige Angriffe auf mich und meinen Ruf zu erweisen;
gewiß wird mir da das Recht zugestanden werden, gegen Deine, wie
ich nicht zweifle, verderblichen Anschläge aufzutreten, um so für das
Wohl einer Stadt zu sorgen, gegen die ich noch ganz andere als nach=
barliche Pflichten zu erfüllen habe. Zu dem, wenn ich selbst von der
Genfer Gemeinde absähe (wiewohl ich die Sorge für sie so wenig
aufgeben kann, als die Sorge für meine eigene Seele), gesetzt, sie
läge mir nicht am Herzen, so würde ich es doch nicht dulden dürfen,
daß mein Wirken an ihr fälschlich verleumdet und verlästert wird;
weil ich weiß, daß es von Christo ist, so muß ich für dasselbe nöthigen=
falls mit meinem Blute 'einstehen. Darum muß nicht nur von ge=
neigten Lesern, sondern auch von Dir, Sadolet, anerkannt werden,
daß ich durch gute Gründe unausweichlich genöthigt bin, diesen Streit
aufzunehmen — wenn anders meine einfache, ruhige Vertheidigung
gegen Deine falschen Anklagen ein Streit heißen darf. Hiemit ver=
theidige ich zugleich meine Genossen: denn wir haben so durchaus ge=
meinsam gehandelt, daß ich gern Alles, was gegen sie gesagt worden
ist, auf meinen Namen nehme. — In welchem Sinne ich den Kampf
gegen Dich aufnehme, werde ich in der Verhandlung selbst zu zeigen
mich bemühen. Ich will mich so verhalten, daß Alle erkennen sollen,
wie ich nicht blos die Gerechtigkeit der Sache, die Reinheit des Ge=
wissens, die Aufrichtigkeit des Herzens, die Geradheit der Rede vor
Dir voraus habe, sondern wie ich auch die Sanftmuth und Bescheiden=
heit besser zu bewahren weiß als Du. Freilich wird wohl Einiges vor=
kommen, was Dich verletzt oder gar verwundet, doch werde ich mich
bemühen, daß mir kein hartes Wort entfährt, wo es mir nicht etwa
durch die Ungerechtigkeit Deiner Anklage, womit Du mich zuerst an=
gefallen, oder durch das Gewicht der Sache abgenöthigt wird. Aber
auch die Strenge soll Maß halten und jede Ungebühr vermeiden.— —

„Du hebst immer das Alter Eurer Kirche hervor. Aber wir
wollen nicht das Volk von den alten Ordnungen abziehen. Nur
vergessen wir nicht, wie Du, daß zu den Merkmalen der wahren Kirche

vor Allem die Uebereinstimmung mit dem Worte Gottes gehört und
diese vom Herrn, wie von den Aposteln, stets in erster Linie betont
worden ist. Die Leitung durch den Geist ist ihnen jeder Zeit zugleich
eine Leitung durch das Wort: wer des Herrn Stimme hört, der ge=
hört zu Seinen Schaafen: was erbaut ist auf dem Grund der Apostel
und Propheten, das ist die Kirche. Und weißt Du nun nicht, daß
wir mit dem christlichen Alterthum unvergleichlich mehr Aehnlichkeit und
Gemeinschaft haben als Ihr? Daß wir überhaupt auf nichts Ande=
res ausgehen, als ihren Urzustand, ihr altes heiliges Angesicht wieder
herzustellen, nachdem es zuerst durch mehr oder weniger unverschuldete
Unwissenheit, sodann durch des römischen Papstes Trug und List so
schändlich befleckt und unkenntlich gemacht worden ist? — —

„Du berührst die Lehre von der Rechtfertigung durch
den Glauben. Ist das eine unnütze Spitzfindigkeit? Wahrhaftig,
sie beseitigen, das heißt Christo Seine Ehre rauben, die christliche Re=
ligion abschaffen, die Kirche zerstören, die Gewißheit des Heils ver=
nichten. Nun, wir behaupten, daß diese Grundlehre des Christen=
thums von Euch schändlich in Vergessenheit gebracht worden ist. Unsre
Schriften haben das unzählige Male aufs Klarste bewiesen, und die
in allen Euren Kirchen andauernde Unwissenheit zeigt, daß wir zu
unserer Klage berechtigt waren. Du aber machst uns böswilliger
Weise die Zulage, wir ließen, indem wir Alles in den Glauben setzten,
keinen Raum für die Werke. Ich will hier keine vollständige Wider=
legung unternehmen, dazu wäre eine lange Abhandlung nöthig. Aber
wenn Du nur in den Katechismus, den ich als Pfarrer für die Genfer
geschrieben habe, hineinsehen wolltest, so würden Dich drei Worte zum
Schweigen bringen. Doch will ich Dir in kurzen Worten unsre Ge=
danken über diesen Punkt sagen. Zuerst dringen wir darauf, daß der
Mensch mit der Erkenntniß seiner selbst anfange, und zwar nicht in
oberflächlicher, trügerischer Weise, sondern so, daß er sein Gewissen
vor Gottes Richterstuhl stellt, und wenn er seiner Ungerechtigkeit
innerlich überwiesen ist, den ganzen Ernst des über alle Sünder er=
gehenden Verdammungsurtheiles sich zu Herzen gehen läßt. So, vom
Gefühl seines Elends ergriffen und geängstigt, heißen wir ihn vor
Gott sich niederwerfen und demüthigen, um unter Wegwerfung allen
Vertrauens auf sich selbst, als ein dem Verderben Preisgegebener, Ihn
um Hülfe anzuschreien. Dann zeigen wir ihm, daß es keinen andern

9*

Hafen der Rettung giebt, als das Erbarmen Gottes, das uns in Christo dargeboten wird: da Er Alles, was zu unserer Erlösung gehört, vollkommen vollbracht hat. Wir sagen also, daß alle Menschen vor Gott verlorene Sünder sind und daß Christus uns zur Gerechtigkeit gemacht ist, da Er durch Seinen Gehorsam unsre Uebertretungen getilgt, durch Sein Opfer den göttlichen Zorn versöhnt, durch Sein Blut unsre Flecken abgewaschen, durch Sein Kreuz unsern Fluch weggenommen, durch Seinen Tod für uns genug gethan hat. So also, lehren wir, wird der Mensch durch Christum mit Gott, dem Vater, versöhnt, nicht durch eigene Würdigkeit und Werkverdienst, sondern durch Seine Gnade. Da wir aber durch den Glauben Christum ergreifen und in Seine Gemeinschaft eingehen, so nennen wir mit der Schrift die so erlangte Gerechtigkeit die Gerechtigkeit des Glaubens. Was findest Du nun hiebei zu tadeln und zu schelten? Etwa, daß wir die Werke ausschließen? Ja davon weichen wir nicht, daß sie zur Rechtfertigung des Menschen nicht das Allergeringste helfen. Ueberall predigts die Schrift, daß wir Alle verloren sind, und einem Jeden bezeugt es sein Gewissen. Desgleichen lehrt die Schrift, daß wir gar nicht anders gerettet werden können, als allein durch die Gnade Gottes, durch welche uns die Sünde vergeben und die Gerechtigkeit zugerechnet wird. Beides, lehrt sie, geschieht umsonst, und ausdrücklich wird gelehrt, daß der Mensch ohne Werke gerecht werde. Aber erhält nicht das Wort Gerechtigkeit eine ganz neue Bedeutung, wenn an gute Werke gar nicht gedacht werden soll? Ja wenn Du beachtetest, was die Schrift unter Rechtfertigung versteht, so würdest Du darob Dich nicht befremden. Sie redet dabei nicht von der eigenen Gerechtigkeit des Menschen, sondern von der Gnade Gottes, welche dem Sünder ohne und gegen sein Verdienst die Gerechtigkeit zurechnet, indem Er ihm die Ungerechtigkeit nicht zurechnet. Das ist unsre Gerechtigkeit, welche Paulus (2. Cor. 5, 19) beschreibt, indem er sagt: daß Gott in Christo uns mit Ihm selbst versöhnt hat, und um die Art und Weise zu bezeichnen, hinzufügt: durch Nichtzurechnung der Sünden. Endlich sagt er noch, daß wir durch den Glauben dieses Gutes theilhaftig werden, indem er ausspricht, daß in der Predigt des Evangeliums das Amt dieser Versöhnung bestehe. Doch Du wendest ein, Glaube sei ein vieldeutiges Wort. Aber so oft Paulus von dem rechtfertigenden Glauben redet, stellt er ihn ganz auf Gottes

freie Gnadenzusage und schließt jedes Hinblicken auf die Werke von
dem Begriffe aus. Daher jener ihm so geläufige Schluß: ists durch
den Glauben, so ists nicht durch die Werke; ists durch die Werke, so
ists nicht durch den Glauben. — Ist es denn aber nicht eine Verun=
ehrung Christi, wenn man unter Berufung auf Seine Gnade die
Werke verschmäht? Er ist ja gekommen, um sich zu reinigen ein Volk
zum Eigenthum, das fleißig wäre zu guten Werken (Tit. 2, 14).
Auch sonst beweisen es viele Stellen, Christus sei gekommen, damit
wir, Gutes thuend, durch Ihn Gott angenehm würden. Fortwährend
führen unsre Gegner die Verläumdung im Munde: wir tilgten das
Streben, Gutes zu thun, aus dem christlichen Leben durch unsre Pre=
digt von der Gerechtigkeit aus Gnaden. Diese Anklage ist aber zu
nichtig, um uns viele Unruhe zu machen. Daß die guten Werke
irgend einen Antheil an der Rechtfertigung des Menschen haben, das
bestreiten wir; im Leben der Gerechtfertigten aber, behaupten wir,
haben sie ihre wichtige Stelle. Wer die Gerechtigkeit erlangt hat, der
hat Christum; Christus ist aber nirgends ohne Seinen Geist; es ist
also die Rechtfertigung aus Gnaden nothwendig mit der Erneuerung
verbunden. Um also recht zu verstehen, wie unzertrennbar Glaube und
Werke sind, muß man auf Christum sehen, welcher, wie der Apostel
lehrt (1. Cor. 1, 30), uns gemacht ist zur Gerechtigkeit und zur Hei=
ligung. Wo daher die aus Gnaden geschenkte Glaubensgerechtigkeit
ist, da ist Christus. Wo Christus ist, da ist der Geist der Heiligung,
der das Herz erneuert: wo aber kein Trachten nach Heiligkeit und
Vollkommenheit ist, da ist weder Christi Geist noch Christus selbst.
Wo Christus nicht ist, da ist auch keine Gerechtigkeit — da ist auch
der Glaube nicht, welcher ohne den Geist der Heiligung Christum und
Seine Gerechtigkeit nicht ergreifen kann. Wenn wir also lehren, daß
Christus die, welche Er rechtfertigt, erneuert, daß Er sie von der
Sünde Herrschaft befreit und sie in das Reich der Gerechtigkeit ver=
setzt, daß Er sie durch Seinen Geist dem Bilde Gottes ähnlich und
Seinem Willen gehorsam macht, ist dann Grund vorhanden zu der
Anklage, daß unsere Lehre dem Fleische Freiheit gebe und den Lügen
die Zügel lasse? — Wir halten fest an dem Spruch Pauli: Gott hat
uns nicht zur Unreinigkeit berufen, sondern zur Heiligung (1. Thess.
4, 7). Wir halten aber gleichermaßen fest daran, daß der Mensch
nicht etwa nur einmal aus Gnaden ohne Verdienst der Werke gerecht=

fertigt werde, daß vielmehr fort und fort das Heil des Menschen von
dieser Rechtfertigung aus Gnaden abhängt. Ein menschliches Werk
kann nur Gott gefallen, sofern es durch sie angenehm gemacht wird.
— Mit Erstaunen habe ich bei Dir gelesen, die Liebe sei der eigent=
liche Weg zur und die wahre Bedingung für die Seligkeit. O Sa=
dolet, wer hätte von Dir ein solches Wort erwarten sollen? Fürwahr,
selbst die Blinden fanden es sicherer, im Finstern nach der Barmher=
zigkeit Gottes die tastenden Hände auszustrecken, als von ihrer Liebe
zu erwarten, daß sie ihnen zur Seligkeit verhelfe. Wer aber einen
Funken göttlichen Lichtes hat, der weiß es, wie all sein Heil darin be=
ruhe, daß ihn Gott an Kindesstatt angenommen. Das ewige Heil ist ja
das Erbe des himmlischen Vaters, das nur Seinen Kindern bereitet ist.
Wer darf nun etwas Anderes zur Ursache unsrer Kindesannahme machen,
als was die Schrift dafür erklärt? Sie lehrt aber an vielen Stellen, daß
nicht wir Ihn zuerst geliebet haben, sondern daß wir vom Ihm aus lau=
ter freier Barmherzigkeit zu Gnaden angenommen worden sind. — —

„In Betreff des Abendmahls lehren wir klar und deutlich,
daß Christi Fleisch die rechte Speise, Sein Blut der rechte Trank sei,
und daß die Seele nicht genug hat an einem eingebildeten Empfangen,
sondern daß sie auf wahrhafte und wirksame Weise damit genährt wird.
Die Gegenwart Christi schließen wir vom heiligen Abendmahl, in
welchem wir Ihm eingeleibt werden, keineswegs aus, verdunkeln sie
auch nicht: nur wollen wir kein Hereinziehen des verherrlichten Leibes
Christi in die irdischen Elemente , keine Verwandlung des Brodes in
Christum, keine Anbetung des Brodes. Den Werth und die Noth=
wendigkeit des Mysteriums preisen wir an, soviel wir vermögen, und
erklären, welchen hohen Segen wir durch dasselbe haben. Dies Alles
wird bei Euch versäumt. Ihr redet nicht von der göttlichen Gnaden=
wohlthat, die uns hier zu Theil wird, Ihr schweigt von dem rechten
Gebrauch des Gnadengeschenkes, Ihr begnügt Euch, wenn das Volk
ohne alles Verständniß des geistlichen Mysteriums das äußere Zeichen,
anstaunt. Wenn wir aber Eure krasse Brodverwandlung und die thö=
richte Brodanbetung verwerfen, bei welcher die Seelen der Menschen
an den Elementen haften bleiben und nicht zu Christo sich erheben, so
haben wir dabei die einstimmige Meinung der alten Kirche für uns
und vergeblich bemühst Du Dich, mit ihrem Ansehen Euern argen
Aberglauben zu decken. — —

„Allen Euern Irrthümern willst Du damit ihre Bedeutung neh=
men, daß Du sagst: wir hätten doch in keinem Falle von der
Kirche uns trennen und ihre Einheit zerreißen sollen. Du
verweisest uns dabei auf Euch selber, die Ihr ja den einen und andern
Mißbrauch anerkennetet, und deßhalb nichtsdestoweniger der heiligen
Mutter weiter dienetet in gehorsamer Demuth und Ehrfurcht. Aber
wir unsererseits fragen: ist solcher Gehorsam gegen Unwahrheit,
Sünde und Verkehrung des Worts Gottes einem Christen geziemend
oder auch nur erlaubt? Ist das die rechte Demuth, die Gottes heilige
Majestät für nichts achtet, indem sie vor den Menschen sich beugt?
Oder dürfen wir mehr Ehrfurcht haben vor ihren Satzungen als vor
des Höchsten unvergänglichen Geboten? Lasse doch ab, Sadolet, der=
gleichen für Tugenden auszugeben und hiemit Einfältige zu berücken,
erkenne vielmehr mit uns die wahre Demuth an: dem Haupte der
Kirche die höchste Ehre geben und den Gliedern nur soweit, als sie
mit dem Haupte zusammenhängen; den rechten Gehorsam: dem
Worte Gottes sich unbedingt unterwerfen und den menschlichen Leh=
rern und Vorgesetzten nur soweit, als sie mit diesem Worte überein=
stimmen. Indem wir aber dieses thun, ist es da unsere Schuld, daß
Ihr nicht mehr mit uns zusammengehen wollt, daß Ihr dem gött=
lichen Worte Euch entgegensetzet, daß Ihr dabei beharret, die Men=
schen höher zu achten als den Herrn? Du meinst freilich: ohne das
zusammenhaltende Band der kirchlichen Autorität werde Alles aus=
einanderfallen, und der Einzelne, lediglich auf die eigene Ansicht be=
schränkt, in alle möglichen Irrthümer gerathen. Aber läßt denn über=
haupt eine wahrhaft christliche Ueberzeugung auf menschliche Zeugnisse
sich gründen und bedarf sie einer menschlichen Autorität? Wird sie
nicht vielmehr durch den Finger des lebendigen Gottes unsern Ge=
müthern so eingegraben, daß nichts sie mehr verdunkeln oder auslöschen
kann? Giebt es denn keinen heiligen Geist, der in den Herzen redet
und die Gewissen fest macht durch Sein Zeugniß? Weiß denn Paulus
nicht von einem Glauben, so sicher und gewiß, daß kein Raum mehr
übrig bleibt für einen Zweifel, auch wenn der ganze Erdkreis sich gegen
ihn erhöbe und ihm widerspräche? Und von diesem Grunde aus
schreiben wir denn allerdings auch der Kirche die Fähigkeit zu, ihr
Urtheil zu fällen, und wollen diese Fähigkeit ihr bewahrt wissen. Die
Welt mag sich verwirren, wie sie will, und eine Meinung um die an=

dere in ihr auftauchen: die erfahrene Christenseele wird dabei nie so
verlassen bleiben, daß sie nicht den geraden Weg zum Heile fände.
Ich träume damit nicht eine Genauigkeit in der Erkenntniß der Wahr=
heit, die nie irren könnte im Unterscheiden des Richtigen und Unrich=
tigen, und gegen Alles um sich das Ohr verschließt, weil sie sich schon
selber vollkommen zu genügen wähnte. Vielmehr gestehe ich offen, daß
auch die Gläubigen nicht immer alle Geheimnisse Gottes erfassen, ja
oft in sehr klaren Dingen blind sind, weil eben der Herr sie demüthigen
und recht in die Hingabe an Ihn gewöhnen will. Aber das behaupte
ich: daß, wer im Worte Gottes sich gründet, nie so irren kann, daß
er verloren geht. Denn aus diesem Worte leuchtet immer so viele Wahr=
heit heraus, daß sie unmöglich einem Herzen, weder durch Menschen noch
durch Engel, ganz zweifelhaft und wankend gemacht werden kann." —

„Du hast uns übrigens zum Schlusse, um das stärkste Mittel an=
zuwenden, gleich als Schuldige vor den Richterstuhl Gottes gerufen.
Wohlan, mit getrostem Herzen rufe auch ich Dich dahin. Aber nicht
in der spielenden, unpassenden Weise, wie Du es thatest, nicht indem
ich dem andern Theil eine Vertheidigung in den Mund lege, die in
keiner Weise sich schickt. Denn wenn jener Tag mir vor Augen tritt,
wird mein Herz zu gewaltig durchschüttert, als daß ich noch Raum
fände zu müßigen Witzeleien. Also mit ganzem Ernst wollen wir in jene
Stunde uns versetzen, deren Erwartung nie aus des Menschen Ge=
dächtniß verschwinden sollte, und dessen eingedenk sein, daß sie nicht
nur für die Gläubigen kommen wird, sondern auch für die Gottlosen
und Frevler und Verächter des Höchsten. Wir richten unsere Ohren
empor zu dem Schall der Posaune, welche den Staub in den Gräbern
erwecken wird. Wir tragen unsre Seelen und Geister vor den Richter,
der durch das Licht Seines Angesichts aufdeckt Alles, was in ihren
Tiefen schläft, der alle Geheimnisse des menschlichen Herzens offenbar
macht und die Bösen vernichtet durch den bloßen Hauch Seines Mun=
des. Da siehe nun ernstlich zu, was Du dann für Dich und die Deinigen
wirst zu antworten haben. Unserer Sache, da sie auf Gottes Wahr=
heit gegründet ist, wird wahrlich die rechte Vertheidigung nicht fehlen.
Von unsern Personen rede ich dabei freilich nicht: für die ist kein
Heil im Rechten, sondern nur im demüthigen Bekennen und flehenden
Bitten um Erbarmen; was dagegen unser Amt betrifft, so wird Je=
der von uns also sprechen dürfen:

„Schwer ist es mir geworden, o Herr, den Haß der Anklagen zu ertragen, die auf Erden über mich gehäuft wurden, aber wie ich mich immer mit ganzem Vertrauen auf Dein Gericht berief, so trete ich nun auch vor Dich hin. Denn bei Dir ist die Wahrheit, auf die ich mich stützte, da ich das Werk begann, das ich in Deiner Kirche aus= gerichtet, durch die ich mich belehren ließ, als ich es weiter führte und zum Ziele brachte. Zweier Frevel besonders klagten sie mich an: der Irrlehre und der Trennung von der Kirche. Irrlehre ist in ihren Augen, daß ich den Sätzen, die unter ihnen gültig sind, zu wider= sprechen wagte. Was aber hätte ich thun sollen? Ich hörte aus Deinem Munde, daß kein anderes Wahrheitslicht da sei, uns zu leiten auf unserem Wege, als das uns Dein Wort angezündet. Ich hörte, daß Alles Eitelkeit sei, was der Menschengeist von sich aus erdacht habe über Deine Majestät, über die Verehrung Deines Namens, über die Geheimnisse des Glaubens. Und wenn ich meine Augen auf die Menschen wandte, so fand ich in der That bei ihnen Alles sehr ver= schieden von Deinem Worte. Welche als die Boten des Glaubens galten, verstanden dasselbe nicht oder kümmerten sich nicht darum. Mit allerlei selbstgemachten Lehren trieben sie das arme Volk umher und betrogen es mit unnützen Dingen. Sie nannten Dich zwar den Einen Gott, aber die Ehre, die Dir gebührt, theilten sie Andern zu, indem sie unter dem Namen von Heiligen unzählige neue Götter bil= deten und aufstellten. Dein Gesalbter wurde zwar als Gott angebetet und behielt den Namen des Erlösers, aber gerade das, worin Sein Ruhm besteht, wurde Ihm entzogen: ihr Vertrauen setzten sie nicht mehr auf Ihn allein, sondern auch auf die ganze Menge der Heiligen mit Ihm und neben Ihm. Sein Opfer, einmal am Kreuze dargebracht zu unserer Versöhnung, erkannte Niemand mehr als genügend an; Niemand dachte mehr an Sein ewiges Hohepriesterthum und die Für= bitte, die daran hängt, Niemand an Seine Gerechtigkeit, in der allein Gerechtigkeit besteht. So erlosch alle Gewißheit, alle Zuversicht des Heils, wie sie aus Deinem Worte hervorgeht. Als anmaßender Thor galt Jeder, der, auf Deine Barmherzigkeit und die Genugthuung Deines Sohnes gestützt, sich mit fröhlichem Munde der getrosten Hoff= nung der Seligkeit rühmte. Mit der gesunden Lehre von der Taufe und dem Abendmahle ging es nicht anders: durch eine Menge Lügen wurde sie entstellt und verkehrt. Und wie die Leute nun, Deinem

Worte und Deiner Gnade durchaus zuwider, auf die guten Werke
sich stützen und durch sie die Seligkeit verdienen wollten, siehe, da
wußten sie nicht einmal mehr, was wahrhaft gute und vor Dir wohl=
gefällige Werke sind: unnütze Thorheiten dachten sie sich aus, statt
bei Deinen Geboten stehen zu bleiben. — Ueber dies Alles, o Herr,
hast Du mir durch das Licht Deines Geistes die Augen geöffnet, die
Fackel Deines Wortes hast Du mir vorangetragen, daß ich begriff,
wie verkehrt dieser Zustand war, mein Herz hast Du entflammt, es
mit Ernst von mir zu stoßen. Du weißt, daß ich mit meinen Lehren
nie Deine Bahnen verlassen wollte, daß ich nur, was mich Dein Mund
gelehrt, der Gemeinde vorzutragen suchte, daß nichts Anderes das
letzte Ziel all meines Arbeitens war, als den Ruhm Deiner Gnade
und Gerechtigkeit durch alle verhüllenden Nebel wieder in vollem
Glanze durchbrechen und das Heil Deines Christus in ganzer Fülle
wieder schmecken zu lassen. Selbst ohnmächtig dazu, verwies ich die
Menschen an Dein Wort, das nicht lügen kann. Das ist das ewige
Leben, daß sie Dich und den Du gesandt hast, Jesum Christum, er=
kennen (Joh. 17, 3). — Was nun den andern Vorwurf betrifft, ich
sei von der Kirche abgefallen, so bin ich auch hierin mir keines Bösen
bewußt, wenn man nicht etwa Den einen Ueberläufer nennen will, der,
wenn er die Kriegsleute sich zerstreuen und ihre Reihen verlassen sieht,
die Fahne emporhebt und sie an ihre Posten zurückruft. Denn so
waren die Deinigen, o Herr, Alle zerstreut: Deine Gebote hörten sie
nicht mehr, kannten nicht mehr ihren Führer und Kriegsdienst und
Eidschwur. Ich aber, um sie wieder zu sammeln, habe nicht etwa ein
fremdes Panier emporgehoben, sondern Dein herrliches Feldzeichen,
dem ein Jeder folgen muß, will er zu Deinem Volke gehören. Da
haben sich aber die Verführer widersetzt, die ihre Pflicht verletzt hatten,
und indem sie immer heftiger gegen mich auftraten, kam es zur Zwie=
tracht und Trennung. — Auf welcher Seite nun die Schuld ist, das
hast Du zu entscheiden, o Herr! Immer habe ich mit Wort und
That bezeugt, wie gern ich die Einheit erhalten hätte. Aber freilich
war mir nur das die rechte Einheit, welche in Dir ihren Anfang und
ihr Ende hat. So oft Du uns nemlich Frieden und Einigkeit gebie=
test, hast Du uns auch Dich als das einzige Band bezeichnet. Mit
diesen Leuten jedoch hätte ich nur Frieden haben können um den Preis
der Verleugnung Deiner Wahrheit. Und Alles mußte mir nun lieber

sein, als zu solch frevelhaftem Vertrag mich herabzuwürdigen. „Wenn auch Himmel und Erde vergingen, hat ja Dein Gesalbter uns gesagt, so solle doch Dein ewiges Wort nicht vergehen." Und so glaube ich denn nicht von Deiner Kirche abgefallen zu sein, weil ich mit diesen ihren Oberherren im Streite stand. Durch Deinen Sohn und Seine Apostel hattest Du es uns ja vorausgesagt, daß einst Leute an ihre Stelle treten würden, denen man in keiner Weise zustimmen dürfe. Wie hätte ich es also dennoch thun sollen, da ich in ihnen die reißen= den Wölfe erkannte? Immer standen die Beispiele Deiner Propheten mir vor Augen, die fortwährend im Kampfe sich befanden mit den Priestern und falschen Propheten ihrer Zeit, welche doch sicher die rechtmäßigen Vorsteher Israels waren. Aber deshalb giebt ihnen Niemand eine Trennung von der Kirche Schuld: Jedermann gesteht es vielmehr ein, daß sie in der wahren Einheit derselben blieben, ob= wohl die frevelhafte Priesterschaft sie mit ihrem Bannfluche belegte und sie für unwürdig erklärte, noch ferner der Menschheit anzuge= hören. Durch diese Beispiele fest geworden, habe ich mich denn nicht schrecken lassen von den Drohungen oder Anklagen wegen des Abfalls von der Kirche, sondern kühn und beharrlich bin ich denen entgegen= getreten, die unter dem Namen von Hirten Deine Gemeinde miß= brauchten und zu Grunde richteten. Wie es mir dabei am Herzen lag, die Einheit Deiner Kirche zu erhalten oder wiederherzustellen, weißt Du selbst, o Herr! Nur kannte ich kein anderes Band solcher Einheit als das der Wahrheit. Selbst mein Leben hätte ich nicht zu theuer geachtet, um den Deinigen den Frieden zurück= zugeben und allen Streit zu schlichten durch Dein heiliges Wort. Was aber thaten unsre Widersacher? Haben sie nicht in aller Eile zu Feuer und Kreuz und Schwert ihre Zuflucht genommen? Haben sie nicht alle Friedensvorschläge von sich gestoßen und von Anfang an in Waffen und Wüthen ihren besten Schutz gesucht? Da ist denn freilich aus einer Verschiedenheit, die freundlich hätte beigelegt werden können, ein solcher Kampf aufgeflammt, wie wir ihn jetzt vor Augen sehen. Menschen haben uns darum viel getadelt und gerichtet: doch jetzt bin ich von aller Furcht befreit, da wir hier vor Deinem Richterstuhle stehen, wo Gerechtigkeit und Wahrheit walten und gerichtet wird nach eines Jeden Schuld oder Unschuld. — Und ebensowenig, o Sadolet, wird es weiterhin denen, die durch unsre Predigt belehrt, solche Ueber=

zeugungen annahmen, an den rechten Gründen der Vertheidigung fehlen. „Ich habe, o Herr, werden sie sprechen, mich immer zum christlichen Glauben bekannt, wie ich von Kind auf darin unterrichtet worden bin. Freilich ohne einen bessern Grund dafür zu haben, als die allge=meine Sitte und Gewohnheit. Denn Dein Wort, das Deinem ge=sammten Volke vorleuchten sollte wie ein Licht, war uns hinweggge=nommen und verborgen. Auch wurde uns unaufhörlich wiederholt, daß es für uns niedrige und profane Geister einer höhern Erkenntniß nicht bedürfe, wir hätten uns einfach der Kirche zu unterwerfen und Alles anzunehmen, was sie uns sage. Nun waren aber die Lehren, mit denen man uns abspeiste, solcher Art, daß sie mich weder zur rechten Verehrung Deiner Gottheit anleiteten, noch zu einer gewissen Hoffnung des Heils den Weg mir zeigten, noch zu einem Manne mich zu bilden, der es versteht, nach Deinen Geboten zu wandeln. Ich er=füllte Alles, was man mir vorschrieb, kam aber dabei zu keiner ge=trosten Ruhe, zu keinem Frieden des Gewissens. Indessen hielt ich doch darin aus, da mir nichts Besseres dargeboten wurde, bis mit Einem Male eine andere Art der christlichen Verkündigung vor uns auftauchte, die zu ihren reinen Anfängen und ihrer ursprünglichen Gestalt uns zurückzuführen verhieß. Die Neuheit der Sache flößte mir zuerst Mißtrauen ein, und ich verschloß meine Ohren. Ueberdies hielt mich die Ehrfurcht vor der Kirche gefangen. Aber bald lernte ich erkennen, daß jene Männer der Kirche wahrlich nichts abbrechen wollten von ihrer Majestät und Wirksamkeit, daß sie vielmehr ihren eigentlichen Glanz ihr zurückgaben und sie wieder ausstatteten mit ihrer himmlischen Herrlichkeit. Ich hörte Dein Wort, ich vernahm Deine Stimme, ich schaute den wahrhaftigen Weg, den Du vorge=zeichnet hast zum ewigen Leben. Durfte ich da in meinem alten Stande, in meinem Irrthume bleiben? Heißt es nicht, daß der Blinde, der dem blinden Leiter folgt, auch in die Grube fallen wird? Wollte ich nicht Deinen ernstesten Drohungen verfallen und verloren gehen, so blieb mir nichts Anderes übrig, als mich abzuwenden von dem alten Wesen, und mit geängstetem und zerschlagenem Gemüthe Dein barmherziges Vergeben und Vergessen anzuflehen. Und so, Herr, stehe ich jetzt vor Dir und bitte Dich von Neuem: rechne mir jenen frühern Ab=fall und gräulichen Ungehorsam gegen Dein Wort nicht zu, nachdem Du selbst mich daraus errettet hast durch Deine überschwengliche Gnade!"

„Nunmehr, Sadolet, vergleiche diese Rede mit derjenigen, welche Du Deinem Schützling in den Mund legst. Dieser weiß im Grunde nichts zu versichern, als daß er an seinem überkommenen Glauben festgehalten habe. Könnten sich Juden, Türken und Sarazenen nicht mit derselben Schutzrede decken? Weg mit solchen eiteln Ausflüchten vor dem Richterstuhl Gottes! Und wollte ich in Deinem Tone mit Dir streiten, was für Bilder könnte ich malen von Päpsten und Car= dinälen, von allerlei Würdenträgern, auch von Euer Einem? Ich stehe ab, weil ich Deine Art mißbillige. Aber ermahnen möchte ich Euch, in Euch zu gehen und zu bedenken, daß dem Christenvolk, das Ihr weiden sollt, keine Speise als das Wort Gottes dienlich ist. Fragen möchte ich auch: wissens nicht Manche unter Euch, daß sie mit ihrem Kampfe gegen uns mehr Menschen als Gotte dienen? — Du schüttest viele Vorwürfe über uns aus, deren Erwiderung sich nicht die Mühe lohnen würde. Wie konntest Du nur auf den unglücklichen Gedanken kommen, Geiz und Habgier als die Beweggründe unsres Abfalls von Rom hinzustellen? Sollten wir so dumm sein, daß wir nicht von An= fang eingesehen hätten, wir gehen zeitlichem Erwerb und Gewinn viel= mehr aus dem Wege? Sollten wir so blind sein, daß wir nicht erkannt hätten, wir müssen die Armuth für uns wählen, wenn wir Eure Prachtliebe und Ueppigkeit angriffen? Botet Ihr uns, wenn wir schweigen wollten, nicht alle möglichen Schätze und Ehren an? Könn= ten wir's nicht auf diese Weise im Nu zum glänzendsten Reichthum bringen? Aber ich höre Deine Antwort, Cardinal, Du sagst, der Ehrgeiz halte uns ab. Der Ehrgeiz — und wir werden von aller Welt mit Schmach überdeckt! Du leitest unsern Widerspruch auch von böser Streitsucht her: hingerissen von ihr zerfleischen wir die Braut Christi. Habe Recht, wenn Du darunter das verstehst, daß wir in heiliger Ei= fersucht darnach streben, Christo die Braut als eine züchtige Jungfrau wiederzubringen und unbefleckt zu bewahren, sie zur bräutlichen Treue zurückzurufen, nachdem sie durch Eure schnöde Kuppelei auf böse Ab= wege gerathen ist, gegen alle Ehebrecher, welche ihrer Keuschheit Netze stellen, schonungslos das Schwert zu ziehen. Nichts Anderes wollen wir: Ihr aber zerfleischt in Wirklichkeit nicht nur die Braut Christi, sondern Christum selbst. Er ist bei Euch zertheilt, denn Er muß Seine Gerechtigkeit, Heiligkeit, Weisheit an Andre abtreten. —

„Gleichwohl, sagst Du, ging Alles ruhig und friedlich zu, ehe von uns der Hader entzündet wurde. Ja bei Hirten und Heerden war es freilich durch Trägheit und Stumpfheit so weit gekommen, daß es fast keinen Streit über Glaubensdinge mehr gab. In den Schulen aber, wie tapfer zankten da die Sophisten? Du hast somit gar keine Ursache, Euer Reich so überaus als ein Friedensreich zu preisen: es war nur stille, weil Christus nicht zu Worte kam. Seit dem Wiederaufleben des Evangeliums sind, ich gebe es zu, heiße Kämpfe entbrannt, vor denen zuvor die Kirche Ruhe hatte. Aber es wird das den Unsrigen mit Unrecht zur Last gelegt: sie haben stets innigst angestrebt, daß nach der Reinigung des Glaubens die von einander getrennten Kirchen wiederum zur Einheit gesammelt würden. Aber alle Versuche sind vergeblich, weil wir einen Frieden wünschen, darin Christi Reich blühe, Ihr aber Alles verloren achtet, was Christus gewinnt, und Euch dagegen wie Verzweifelte mehret. Wozu jedoch viele Worte? Wir stehen da und geben Rechenschaft von unsrem Glauben und erklären laut, daß wir bereit sind, Alles zurückzunehmen, wenn man mit Gründen uns eines Bessern überweist. Was kannst Du mehr verlangen? Gehe nun hin und klage uns an, wenn Du den Muth hast, wir seien Friedensstörer, welche die Kirche nicht wollen zur Ruhe kommen lassen! — Um ja nichts zu übergehen, was auf unsre Sache ein übles Licht werfen könnte, so unterläffest Du es nicht, es uns zur Schmach und Schuld zu machen, daß in diesen wenigen Jahren so viele Sekten aufgestanden sind: woher nimmst Du das Recht hiezu? Sind wir deshalb verabscheuungswürdig, dann ist auch der Christenname mit Grund von den Ungläubigen verabscheut worden. Laß also von solchen Angriffen oder erkenne öffentlich an, daß das Christenthum aus der Welt geschafft werden müsse, weil es so viele Unruhen und Bewegungen hervorbringt. Dies kann gewiß unsre Sache nicht beeinträchtigen, daß der Satan auf alle Art geschäftig war, Christi Werk zu hindern. Hättest Du lieber gefragt, wer denn die Sekten bekämpft habe? Wir allein, Du weißt es, nahmen diese ganze saure Arbeit auf uns, während Ihr der Ruhe und des Schlummers pflegtet, nur schadenfroh die Hände reibend. — Nun, Sadolet, Gott helfe Dir und allen Deinen Genossen zur endlichen Erkenntniß, daß es kein anderes Band der kirchlichen Einheit giebt, als daß Christus, der Herr, der uns Gott dem Vater versöhnt hat, uns aus der Zerstreuung sammle zu der Einheit Seines Leibes, damit wir durch Sein einiges Wort und Seinen heiligen Geist zusammenwachsen in Ein Herz und Eine Seele. Straßburg, September 1539." —

Diese Antwort Calvins war nicht nur eine übermächtige Geistes=that, welche Sadolet und Genossen so gänzlich aufs Haupt schlug, daß sie sich auch nicht im Geringsten mehr rührten, sie war zugleich im Zu=sammenhang mit allem Vorhergegangenen eine so überwältigende Lie=besthat, daß bei der Genfer Gemeinde sich bethätigte, was Novalis singt: „Die treuste Liebe sieget, am Ende fühlt man sie: weint bitter=lich und schmieget sich kindlich an ihr Knie."

Mit dem Jahre 1540 brach in Genf die Sturm= und Drang=periode des Verlangens nach dem Verbannten an. Im September eilte ein Bote des Rathes zu Calvin nach Straßburg, um ihm die förmliche Bitte um Rückkehr zu überbringen. Derselbe war eben im Begriff, zum Wormser Reichstag abzureisen, und benutzte dies zu einer ausweichenden Erwiderung, indem er zugleich auf Viret als den ge=eigneten Geistlichen an seiner Statt hinwies. Wie es ihm aber hiebei zu Muthe war oder wurde, erfahren wir kurz darauf aus einem Briefe von Worms (Oktober) an Farel, der indessen bereits jene erste Bot=schaft unterstützt hatte. — „Daß auch Du in mich dringen würdest, wußte ich wohl: aber Du würdest Mitleid mit mir gefühlt haben, wenn Du gesehen hättest, welche Noth und Angst mich befiel, als die Bot=schaft kam, ja wie ich kaum mehr bei mir selber war. So oft ich wie=der daran denke, in welchem Zustand ich dort meine Tage zubrachte, geht mir beim Worte „Rückkehr" ein Schauder durch die Seele. Der unaufhörlichen Unruhe, die uns da umherwarf, will ich nicht einmal erwähnen, denn ich weiß ja wohl, daß für einen Nachfolger Christi die Welt immer eine Stätte der Angst und Noth sein wird. Aber das Andere kann ich nicht vergessen: die damalige Bedrängniß meines Ge=wissens, das die ganze Zeit über wie auf die Folterbank gespannt war. Du weißt selber, daß nur die bestimmte Ueberzeugung, das Joch sei vom Herrn mir auferlegt, im Stande war, mich dort so lange zurück=zuhalten. Mit Gewalt unterdrückte ich die immer neu aufsteigenden Gedanken an eine Flucht: denn von dem Ewigen fühlte ich mir Hände und Füße gebunden. Und jetzt, da Seine Gnade mich befreit hat, sollte ich von mir selber aus mich noch einmal in diesen Abgrund und Strudel hineinstürzen, dessen Schrecken und Gefahren ich so gründlich an mir erfahren habe? Niemand wird mir das zumuthen, ja Wenige würden es nur billigen. Aber selbst abgesehen von meiner Person, wie kann ich denn überhaupt nur hoffen, daß mein Dienst ihnen Nutzen brächte? Du weißt ja wohl, welch ein Geist des Trotzes und Widerspruchs, in ihnen wohnt; sie sind mir unerträglich und ich ihnen; und voraus= sichtlich werden wir uns niemals in einander zu finden wissen. Dazu kommt noch die Beschaffenheit der gegenwärtigen Geistlichkeit. Würde ich mich nicht mit meinen Collegen mehr abzukämpfen haben, als mit denen, die draußen sind? Und was vermögen die Bemühungen eines einzelnen Mannes, wenn sie von allen Seiten nur auf Hindernisse und Gegenanstrengungen stoßen?— Endlich habe ich, wahr zu reden, auch ganz und gar die Kunst verlernt, große Massen zu bestimmen und zu lenken. Hier in Straßburg habe ich es nur mit einer kleinen Zahl zu thun, die mit einer Aufmerksamkeit und Ehrfurcht mich hört und mir folgt, wie Schüler sie ihrem Lehrer erweisen. — Darüber schiltst Du mich nun freilich verzärtelt und selbstgefällig, und meinst: ein so ver= wöhntes Ohr werde sich allerdings nicht mehr an einen rauhern Ton gewöhnen können. Indessen ist es wahrlich nicht solche Selbstsucht, sondern das Gefühl meiner Unfähigkeit, um das es sich hier handelt. Denn zu welchem Zwecke berufen sie mich wohl überhaupt zurück? Nur etwa aus Noth, weil alle Andern sie verließen? Oder um mich zum Sturmbock einer Parthei zu machen? — Du siehst, welche Fra= gen alle in Betracht kommen und mich ängstigen. Und doch, je mehr ich mich geneigt fühle, mit Abscheu von der ganzen Sache mich abzukehren, um so verdächtiger werde ich mir selber. So lasse ich denn zunächst die Sache auf sich beruhen und bitte auch die Freunde, für den Augenblick doch nicht in mich zu drin= gen. — Die Kirche von Genf will ich ja freilich in keinem Falle ver= lassen, denn sie ist mir theurer als mein Leben; Ausflüchte und Be= quemlichkeiten für mich selber suche ich nicht, aber was Gottes Wille ist, muß mir klar werden, damit ich sicher und mit Segen meinen Weg gehen kann." —

Indeß die Genfer wichen nicht ab, Calvin mochte ausweichen, wie er wollte. Die Rathsregister haben fünf Beschlüsse aufbewahrt, welche Schlag auf Schlag, einer dringlicher und demüthiger als der andere, demselben Ziele zusteuerten. Eine Gesandtschaft wurde nach Worms entboten, um den Ablehnenden umzustimmen: allein, obgleich ihm das Herz dabei so brach, daß seine „Thränen schneller flossen als die Worte", die Antwort fiel abermalen so aus, daß die Gesandtschaft sich beim Gehen des lauten Weinens nicht enthalten konnte, denn sie ging hoffnungslos. Auf der Heimreise nach Straßburg schrieb Calvin von Ulm aus an Viret: „Ich muß dabei bleiben, daß es keine Stätte unter dem Himmel giebt, vor der ich mich mehr fürchte: nicht als ob ich sie haßte, sondern weil ich nichts als Schwierigkeiten erblicke, welche zu überwinden meine Kraft nicht ausreichen wird. Je tiefer ich mich in die Sache versenke, um so klarer wird es mir, welche uner= meßliche, dornenvolle Aufgabe ich damit auf mich nähme; und sowenig ich mich aus bloßer Bequemlichkeit derselben entziehen möchte, so sehr muß ich doch fürchten, ich werde nicht im Stande sein, sie zu vollenden. Jedenfalls müßte ich feste Zusicherungen haben, daß es nicht etwa nur um die Rückkehr eines Geistlichen sich handelt, sondern um die Wieder= herstellung der gesammten kirchlichen Verhältnisse, ehe ich einen be= stimmten Entschluß fassen dürfte." — Auch diese Bedingung erfüllte sich. Peter Viret, der für einige Monate aushilfsweise nach Genf ge= kommen, mag davon gesprochen haben. Folgendes berichtet das Schrei= ben eines Predigers in Genf, Namens Jacob Bernhard, vom 1. Feb. 1541: „Ich ermahnte das bekümmerte Volk, sich an den Herrn in de= müthigem Gebet um einen Hirten, so der Kirche wieder aufhelfen könnte, zu wenden. Und daß ich nicht lüge: Deiner gedachte ich nicht, weil ich die Hoffnung auf Dich aufgegeben hatte. Das Volk betete mit der größten Inbrunst. Am andern Tage werden die Zweihundert zusammenberufen und — alle verlangen Calvin. Tags darauf sam= melt sich der große Rath und ebenso — erheben sich alle Stimmen für Calvin: „Calvin, den biedern, gelehrten Mann wollen wir zum Pre= diger des Herrn haben." Als ich dies sah, mußte ich Gott loben und erkennen, es sei Sein Wille, daß gerade der Stein, den die Bauleute ver= worfen, zum Eckstein erwählt wurde. Komm also, würdiger Vater: Du bist unser, Gott, der Herr, hat Dich uns gegeben: Du wirst erleben, wie erwünscht Deine Ankunft Allen sein wird. Zögere nicht zu kommen und Genf zu sehen, ein neues Volk, erneuert durch Gottes Gnade, ein Werk des Viret. — Gott gebe, daß Du nicht säumest. Würdige unsre Kirche Deiner Hülfe, sonst wird Gott, der Herr, aus Deiner Hand unser Blut zurückfordern: denn Du' sollst der Wächter des Hauses Israel bei uns sein!" — Am 1. Mai 1541 tagte der große Rath

wieder feierlich), nahm das Verbannungsdekret von 1538 zurück, erklärte Calvin und Farel für „Männer Gottes" und billigte Alles,
was geschehen sei und noch geschehen möge, Jenen wieder zu gewinnen.
In einem öffentlichen Schreiben sprach er sich aus: „Wir wünschen
lebhaft, unser Unrecht gegen Calvin gut zu machen, er ist uns nothwendig. Er allein kann der Kirche den Bestand und Glanz geben,
deren sie bedarf. Wenn er wieder kommt, werden wir Gott preisen,
der uns hinausgeführt hat aus der Finsterniß zu Seinem wunderbaren Licht." — Kurz, es war nicht mehr zu zweifeln, daß der Sinn
der Gemeinde gründlich gebrochen und umgebrochen war. Dennoch
bedurfte es noch anderer Einflüsse auf Calvin, bis auch sein Sinn
gründlich gebrochen und umgebrochen war. Die Genfer hatten sich nicht
vergeblich an die Kirchen von Bern, Zürich und Straßburg rc. ge-
wendet, um auch sie um Fürbitte bei demselben anzugehen: sie stellten
ihnen beweglich vor, daß von den Schicksalen der Genfer Kirche auch
das der ihrigen zum Theil abhänge. Bedenkt man nun, welches große
Gewicht Calvin auf Kundgebungen von Kirchengemeinschaften legte,
so ahnt man das Gewicht, das die Thatsache auf ihn ausüben mußte,
daß die Stimmen dieser Gemeinden mit wachsender Einmüthigkeit
und Entschiedenheit auf die Annahme der Rückberufung drangen. Die
schließliche Zurede Straßburgs war um so wichtiger, als Calvin sich
bei seiner Weigerung auch besonders darauf innerlich und äußerlich
berief, sich daran gerne hielt, daß er „von Gott augenscheinlich hieher
gezwungen worden sei und er sich in seinem Gewissen daher gebunden
fühlen dürfe, hier auszuhalten." So sank nach und nach der Boden,
auf dem er sich entgegenstemmte, unter seinen Füßen zusammen. Endlich stürmten die nächsten Freunde immer mehr auf ihn ein, voran
Farel. „Gewiß, die Donner und Blitze, die Du gewaltig gegen mich
schleuderst, haben mich tief bewegt und erschüttert." Vom Frühling
1541 an bekommt man es seinen Aeußerungen anzufühlen, daß er sich
zu einer Niederlage seines Willens, des Widerwillens gegen Genf, an-
schickt, und im August des Jahres bespricht ein Brief den Sieg Gottes
über ihn bereits als vollendete Thatsache: „Was den Weg betrifft,
den ich nun betrete, so ist mein Gefühl immer noch das nemliche:
stände mir die Wahl frei nach eigenem Belieben, so würde ich nichts
weiter von mir wegwerfen, als was ich nun zu ergreifen im Begriff
stehe. Aber weil ich mich erinnere, daß ich nicht mir selber angehöre,

so opfere ich mein blutendes Herz und bringe es ganz und gar dem Herrn zur Gabe dar. Du brauchst also nicht zu fürch= ten, daß ich noch hinhalte oder Ausflüchte suche. Unsre Freunde mei= nen es ernst und ihre Versprechen lauten aufrichtig. Und ich meines= theils bezeuge Dir, daß ich nichts Anderes im Sinne habe als jede Rücksicht auf mich selber daran zu geben, und allein auf das meinen Blick zu richten, was die Herrlich= keit Gottes und den Aufbau Seiner Kirche befördern kann. Ich sage das, indem ich weiß, daß ich vor Gott stehe, der aller Herzen Gedanken durchschaut. Seinem Gehorsam unterwerfe ich Wil= len und Neigung, gebunden und gezwungen durch Ihn. Und wenn mir selber Rath und Kraft ausgeht, so will ich an Die mich halten, von denen ich hoffen darf, daß durch sie der Herr zu mir redet!" Vergessen wir nie diesen fast übermenschlichen Opferact*) im Leben Calvins: suchen wir uns daraus alles das zu erklären, was uns an ihm bisweilen fast den Eindruck des Unmenschlichen erregt: sein Herz blutete, verblutete fast, bei der schonungslosen Uebergabe an Gott. Je tiefer ein Stahl in der Gluth gelegen, desto härter wird er. Christus freilich ging auch aus Gethsemane sanftmüthig hervor. Immerhin war Seine erste Rede, nachdem Er vom Ringkampf mit Seinem Vater auf den Knieen sich erhoben hatte, eine Strafrede an Seine schlafenden Jünger. Und wie hoch steht ein Menschenkind, wenn es auch nur Aehnlichkeit mit dem Menschensohn in der Selbstentäußerung erreicht!

Der Kalendertag ist unbekannt, an welchem Calvin endlich sprach: stehet auf, laßt uns gehen! Am 19. August beschloß man zu Genf, ihn feierlich abzuholen und einzuholen, gegen Ende des Monats ver= ließ er Straßburg, am 13. September zog er durch die Thore Genfs ein, vom Volk und Magistrat wie ein Triumphator empfangen. An demselben Tage noch legte ihm der Rath die Bitte der ganzen Gemeinde vor, er möge sich nun für immer in Genf niederlassen: Straßburg hatte ihn nemlich zunächst nur weggeliehen. Es wurde ihm angekün= digt, daß auch seine Frau und sein Hausrath auf öffentliche Kosten nachgeholt werden würden, daß ihm der Schatzmeister einen tuchenen

---

*) Derselbe wurde seines Wappens Bild: eine ein Herz haltende Hand.

Rock mit Pelzwerk für acht Sonnenthaler anzuschaffen habe, daß ihm
als Gehalt fünfhundert Gulden (c. 3000 Francs), zwölf Scheffel
Weizen und zwei Eimer Wein ausgesetzt seien: man begleitete ihn zu
dem freundlichen Haus mit Garten, das die Senatoren selbst für ihn
ausgesucht und hergerichtet hatten. Am Himmel über der festlichen
Stadt war kein Wölklein zu entdecken. Im Dome zu St. Peter harrte
die Kanzel, neu erbaut und möglichst günstig zum Predigen aufgestellt.
Calvin hatte die Absicht, wie er selbst bezeugt, in seiner Antrittsrede
von dem Unrecht zu sprechen, das mit der Vertreibung der Prediger
vor drei Jahren geschehen. „Aber ich fand mich dessen ganz überhoben,
da die gesammte Bevölkerung sich so bußfertig und reumüthig zeigte.
Ich hätte den Schein der Unbarmherzigkeit hervorgerufen, als wollte
ich mich an der Niederlage der Feinde weiden. Und so verbot mir
mein Gefühl, irgend ein Wort über unsre Gegner fallen zu lassen."

IX.

Häusliches Leben.

Die Frau des „Meisters Calvin" wurde wirklich kurz darauf nachgeholt: vom 11. Oktober ist der Beschluß datirt, wonach die drei Pferde und der Wagen, welche hiezu auf öffentliche Kosten gekauft worden waren, wieder versteigert werden sollten. Am Hausrathe, der mitkam, hatten die Pferde nicht schwer zu ziehen gehabt: woher hätte Calvins Frau, die selbst so arm als er war, viel bringen sollen? Den Rath erbarmte der Anblick und es ward eine Summe ausgeworfen, dazu bestimmt, ein wenig nachzuhelfen. Das dargeliehene Mobiliar der Predigerwohnung bestand in Folge hievon, wie es uns das Rathsregister genau verzeichnet hat, aus folgenden Stücken: zwei Tische aus Nußbaum= und zwei Tische aus Tannenholz, zwei Schränke, drei Bettstellen, zwei Behälter für die Eßwaaren, ein Pult mit Bücherschrank, einige Bänke und zwölf Sitze ohne Lehnen, endlich ein hölzerner Armstuhl. Der letztere, den Calvin auf seiner Studirstube im Gebrauch hatte, steht heutzutage in der Genfer Peterskirche als Reliquie. Die Kargheit dieser äußern Einrichtung, mit welcher Idelette zu wirthschaften hatte, ist jedoch nur ein Schattenriß der ganzen Lebensart, welche ihr in der Ehe mit Calvin beschieden war. Sie mußte sich freilich darauf gefaßt halten, an der Seite dieses Mannes in die Schule strenger Selbstverleugnung einzutreten, in der Verbindung mit ihm auf eine Menge von Ansprüchen verzichten zu müssen, welche sonst die Frauen an ihre Männer machen, theilweise machen dürfen und sollen. In manchen Beziehungen hoffte sie aber doch vielleicht auf eine Verbesserung in Genf, und wie stellte sich's heraus?

Als einen Habenichts, der seine Bibliothek verkaufen mußte, um sich hinauszuschlagen, hatte sie sicher ihren Werber in Straßburg kennen gelernt. Wußte sie auch, daß er gar keine Lust hatte, jemals etwas Anderes zu werden? Das stellte sich jetzt heraus. Denn die Be=

soldung, welche der Rath seinem ersehnten Prediger ausgesetzt hatte, hätte zu einer bescheidenen Wohlhäbigkeit ausgereicht, und die Geschenke, welche dankbare Verehrung anzubringen suchte, hätten in ehrbarster, erlaubtester Weise einigen Wohlstand — ohne Beeinträchtigung reichlicher Wohlthätigkeit — begründen können. Allein sowohl in Betreff der ordentlichen Besoldung als der außerordentlichen Vergütungen, welche ihm der Senat oder Privaten für besondere Dienstleistungen bald in Geld, bald in Naturalien, wie Wein, Holz, Getreide u. s. w., leisten wollten, benahm er sich zu verschiedenen Malen, wie es uns ein einzelner Fall veranschaulicht. Ein Wiedertäufer, der 1546 vor dem Rath in Untersuchung stand, nannte unter andern Beschimpfungen Calvin einen Geizhals: „Da, schreibt der Bezüchtigte, brach ein allgemeines Gelächter aus, weil die Räthe sich gut erinnerten, daß ich nicht nur verschiedene ihrer Geschenksanerbietungen mit dem Bemerken zurückgewiesen, ich besteige die Kanzel nicht mehr, wenn man noch länger in mich dränge, sondern auch auf 20 Goldthaler meines Gehaltes (fast dessen Hälfte) verzichtet hatte." Die Räthe hatten gut lachen, aber Idelette daheim? Flüchtlinge und Freunde wollten doch in ihrem Hause beherbergt und bewirthet sein: das Gastzimmer oder die Gastzimmer standen wohl selten leer. Denke man sich, wie die Buchstaben in ihrer Seele standen, welche das Protokoll vom selben obigen Jahr enthält: „Der Rath hat vernommen, daß Meister Calvin erkrankt ist und an Allem Mangel leidet: man hat ihm zehn Thaler geschickt, die er jedoch schlechterdings zurückwies." — Oder was mag sich in ihr geregt haben, als ihr Mann, der auch für alle seine Werke keinen Kreuzer Honorar vom Buchhändler Wendelin zu Straßburg annahm, weil dieser ihm früher einmal mit 40 Gulden aus der Verlegenheit geholfen, in Betreff einer Reise, die er gar zu gerne nach Deutschland unternommen hätte, schreiben mußte: „Ich kann unmöglich, weil meine Kasse mehr als leer ist, wir mußten, so ungerne ichs that, noch Schulden machen! Uebrigens sage ich das nicht klagweise. Gott hat mir bisher so viel Güte erwiesen, daß ich durchaus zufrieden bin mit dem, was ich besitze." — Wahrlich, es wollte unter solchen Nöthen gelernt sein, sich dem Worte zu ergeben, das Vincentius ausgesprochen und Calvin gleich ihm ausgeführt hat: „es ist in der Armuth eine verborgene Gnade und glücklich, wer sie zu finden weiß." — Idelette wird freilich zur Stärkung manchmal etwas

davon empfunden und erfahren haben, was selbst Papst Pius IV. be=
zeugte: „Was die Kraft dieses Ketzers ausmachte, ist, daß das Geld
nie Etwas für ihn war." — Sie mag sich auch mehr als reich vor=
gekommen sein, wenn z. B. eines Tages der hohe Gegner ihres Man=
nes, der Cardinal Sadolet, nicht durch Genf reisen zu können glaubte,
ohne unter ihr Dach zu treten. Er suchte nach der Wohnung min=
destens eines Bischofs: betroffen klopfte er an einem kleinen Hause an
und sah sich die Thüre durch Calvin selbst geöffnet. Da ihm dieser
also in seiner einfachen, übrigens immer sorgsamen Kleidung entgegen=
kam, konnte er sich eines Ausdrucks der Verwunderung nicht enthalten.
Calvin aber bat ihn zu bemerken, daß er in seiner Wahl und Hand=
lungsweise nicht Fleisch und Blut zu Rath gezogen, noch den Zweck
gehabt habe, sich zu bereichern und groß in der Welt zu werden, son=
dern Gott zu verherrlichen und die Wahrheit zu vertheidigen. — Trotz
allem Augenschein wurde Calvin dennoch — es ist ein rechter Beweis
des satanischen Lästergeistes, der sich überhaupt an ihm zerarbeitet
hat — schon bei Lebzeiten häufig, wie von jenem Wiedertäufer, der
Habsucht beschuldigt: „Nun, wenn mein Leben diese Verläumdung
nicht fern halten konnte, so wird der Tod mich endlich rechtfertigen."

Idelette hatte sicher erfahren, daß ihr Werber vom Worte Ver=
gnügen für sich nichts wußte noch wollte, daß ihm das Weben im Be=
ruf das eigentliche Leben war. Bucer konnte ihr so gut einen Tages=
lauf Calvins beschreiben, als dieser selbst es einem Freund gegenüber
that: „Heute war's ein Ernst. Zuerst hatte ich etwa zwanzig Bogen
meines Buchs durchzusehen, die der Bote mitnehmen wollte; dann
kam meine gewöhnliche Vorlesung an der Universität; dann die Pre=
digt, dann vier Briefe, die beantwortet werden mußten; einige Zwistig=
keiten waren ins Reine zu bringen und mehr als zehn Male kamen
unter alle dem Leute zu mir, denen ich Rede und Antwort stehen mußte.
Entschuldige mich daher, wenn mein Brief kurz und ungeordnet aus=
fällt." — Konnte sie aber nicht meinen, wenn der Herr Professor in
den Ehestand zu treten entschlossen sei, werde er's mit in Rechnung
nehmen, daß für das Familienleben einige Zeitspähne abfallen müssen?
Und als dies in Straßburg nicht geschah, mag sie's mit der Vielseitig=
keit seiner dortigen Stellung als Pfarrer, Docent und Abgeordneter
zu den Reformationsverhandlungen in Deutschland entschuldigt und
um so mehr von der Berufung nach Genf erwartet haben, welche einen,

wenn auch angestrengten, doch geschlossenen Wirkungskreis in Aus=
sicht stellte. Allein sie täuschte sich empfindlich: ihr Mann kam mit
seinen Geschäften vielmehr vom Regen in die Dachtraufe. Es klingt
wie ein Märchen aus dem Zeitalter der Heroen und Halbgötter, und
muß doch schon um des riesenhaften Erfolges willen, der zu Tage kam,
wirklicher Sachverhalt sein, was uns über die Arbeitsamkeit Calvins
von allen Seiten berichtet wird. „Beim ersten Morgengrauen, im
Winter noch bei dunkler Nacht — denn er schlief sehr wenig, oft nicht
mehr als vier Stunden — sehen wir ihn sich erheben, um sein Tage=
werk zu beginnen. Eine Zeit lang bleibt er allein mit seinem Gott in
innerer Sammlung, Selbstprüfung, Betrachtung der heiligen Schrift
und Gebet. Dann um fünf oder sechs Uhr läßt er sich die Bücher
bringen, deren er zu seiner jeweiligen Arbeit bedarf. Da die mecha=
nische Thätigkeit des Schreibens ihn ermüdet, so benützt er dabei sei=
nen Famulus — einen der Jünglinge, welche er in seinem Hause zu
beherbergen pflegte — und diktirt ihm mit einer fliegenden Eile, der
die Feder kaum folgen kann. Um acht Uhr bricht er ab und begiebt
sich in die Kirche, um zu predigen, wenn die Reihe an ihm ist. Hier=
auf erwarten ihn die Studenten in der gegenüberliegenden Akademie.
Er hält seine Vorlesung, redet mit Einzelnen von ihnen, bespricht
Dies oder Jenes mit seinen Collegen, was der Erledigung bedarf.
Nach Hause zurückgekehrt, legt er sich ermüdet auf sein Bett und
nimmt seine Arbeit wieder auf. Aber selten wird ihm eine ruhige
Stunde dazu gegönnt. Eins und Andere kommt dazwischen. Aus
der Druckerei bringt man Correcturbogen oder holt man darein fri=
sches Manuscript, das noch nicht getrocknet ist. Ein Bote von Zürich,
Bern, Lausanne, Neufchatel oder einer französischen Stadt langt an
und überbringt ein Packet Briefe, die eine sofortige Beantwortung
erfordern. Indem er sie überfliegt und die Feder nehmen will, um
die dringendsten zu erledigen, klopfen Leute aus der Gemeinde an, die
ihm ihre Anliegen jeder Art vorzutragen wünschen, die seiner seel=
sorgerlichen Mahnungen und Tröstungen bedürfen, die vom Consisto=
rium hriesizugewen sind, damit er ihnen eine Zurechtweisung ertheile,
ihre Streitigkeiten schlichte, sie über ihren Glaubensstand prüfe; es
findet sich ein Brief, worin er sagt, daß er mehr als zehn, ein anderer,
daß er mehr als zwanzig Partheien während eines Morgens in dieser
Weise habe empfangen und abfertigen müssen. Oder ein Flüchtling

aus Frankreich, Italien, England tritt ein, stellt sich ihm vor, erzählt seine Geschicke und Leiden, bittet um Fürsorge und Unterkunft. Oder der Rathsbote ruft ihn auf das Rathhaus, um sich mit den „gnädigen Herren" über eine wichtige Angelegenheit zu besprechen, seine Meinung über einen Gesetzesvorschlag abzugeben, eine schwierige Depesche zu verfassen. Bei solchen Unterbrechungen kommt ihm nur sein fabelhaftes Gedächtniß zu statten, vermöge dessen er nicht nur nie eine Amtsobliegenheit vergaß, sondern nach etlichen Stunden mitten in einem abgebrochnen Satze unmittelbar fortdiktiren konnte. Endlich rückt ein halbes Stündchen heran, das den Hausherrn in die Wohn= stube brachte. Um Mittag nimmt er das erste und letzte Essen, äußerst einfach, zu sich. Auf dieses hin streckt er sich wieder auf sein Bett, liest die eingegangnen Briefe, Aktenstücke, Depeschen aus allen Welt= gegenden und über alle möglichen Angelegenheiten, diktirt dazwischen eine Antwort, ein Gutachten, eine kleine Abhandlung, oder erquickt sich wohl auch ein Weilchen mit einem Freunde in erbaulicher Unter= redung oder betender Gemeinschaft. So wie er sich wieder etwas ge= kräftigt fühlt, geht er aus, um Hausbesuche zu machen und namentlich seinen Kranken den Trost des Evangeliums und der Fürbitte zu brin= gen. Ist es Donnerstag, so muß er sich um drei Uhr in die Sitzung des Consistoriums begeben, die sich häufig bis in die Nacht hinzieht. Oder es erwarten ihn Verhandlungen vor Gericht, wie in den Pro= cessen mit den verschiedenen Irrlehrern, eine Zusammenkunft der Geist= lichen, eine Conferenz mit den Abgeordneten dieser oder jener aus= ländischen Kirche. Bleibt vor Sonnenuntergang noch eine Stunde übrig, so macht er in Eile den Spaziergang ab, den die Aerzte ihm vorgeschrieben, oder geht einen Augenblick aufs Casino, um sich beim Schlüsselspiel (unserm Billard verwandt) die erforderliche Bewegung zu geben. Indem die Nacht einbricht, kommt die langersehnte Muße zum Studiren. Die neu erschienenen Bücher liegen auf seinem Tische, werden durchgegangen und mit Anmerkungen versehen. Seine eigene Arbeit setzt er fort, versenkt sich in die Schrift, vergleicht die Aus= sprüche der Kirchenväter über diesen oder jenen Punkt. Um Mitter= nacht sitzt er noch bei dieser Beschäftigung, die seinem natürlichen Wesen die liebste ist, nachdem er höchstens noch ein Ei oder eine Tasse Fleischbrühe, gewöhnlich gar nichts mehr, genossen. Hat er die Schrift eines Freundes durchzugehen, so bricht er auch den wenigen zum

Schlaf bestimmten Stunden ab und freut sich zu diesem Zweck „der
langen Nächte"." — Welche Zeit blieb übrig, da Idelette ihren Mann
haben konnte? —

Dazu kam noch ein Umstand, welcher bei dieser schmerzlichen
Frage fast einen Tropfen Eifersucht in ihr Herz träufeln mußte. Für
den Verkehr mit seinen Freunden verstand er's doch immer, sich die Zeit
herauszuschneiden. Liest man auch seit der Rückkehr nach Genf nie
mehr Etwas von einem Gastmahl, daran er sich, wie wenigstens Einmal in Straßburg, vergnügt hätte, so kamen doch Farel, Viret u. A.
je und je auf Besuch, wobei ein gemüthliches Zusammensitzen unvermeidlich war. Eine ganze Woche sogar widmete er einmal (1550)
einer Tour mit Viret: sie wandern zusammen, nachdem sie ohne Bedenken an einem Sonntag nach der Predigt aufgebrochen, dem See entlang ins Waadtland hinein und lassen sich die Landluft nach Herzens-
lust schmecken. Idelette erfuhr nach den Berichten niemals eine derartige Gunst. Dienstleistungen jeder, oft rührend kleinlicher Art sind
ihm ferner den Freunden gegenüber eine Herzensfreude: bald bestellt
und besorgt er ihnen Wein, bald eine passende Magd, bald eine Frau,
bald eine Wohnung ꝛc. Doch nirgends eine Erwähnung, daß die
Gattin gleiche Aufmerksamkeit erfahren hätte. Auch kein einziger Brief
an sie steht in der bändereichen Briefsammlung Calvins. Diese mußte
so außerordentlich anschwellen, da er, abgesehen von der geschäftlichen
Correspondenz mit einer halben Welt, ein tiefes Bedürfniß hatte, seinen intimsten Freunden, voraus Viret und Farel, sich ununterbrochen
mitzutheilen. Lese man darin: eine ganze Tonleiter warmer, treuer,
heiliger Gefühle, die eine edle Menschenbrust in Leid und Freud, in
Ruhe und Zorn durchspielen können, klingt hier bald zart und bald
hart auf und ab. Idelette mußte sicher davon und fragte sich auch gewiß mehr als einmal: Warum kann er für Andre Zeit erübrigen, warum für Andre das Gemüth aufthun — und nicht für mich, seine
Frau? —

Es wurde dafür gesorgt, daß sie dennoch in innigsten Umgang
mit ihm kommen und dadurch aufs Innigste ihn kennen lernen sollte,
um nicht an ihm irre, sondern friedsam, glückselig mit ihm zu werden.
Das liebe Kreuz sorgte dafür. Es war bereits aus der Erfahrung
heraus gesprochen, wenn Calvin bei der Wahl einer Frau, wie wir
hörten, den Gesichtspunkt hervorhob, daß ihr die Pflege des Mannes

die Hauptsache sein müsse. Denn er war schon damals schwächlich und kränklich. Und schon in der ersten Woche der Ehe legte ihn ein heftiges Fieber, das ihn sehr entkräftete, hart nieder. „Es sei wohl gesendet worden, damit ihre Honigwochen nicht allzusüß würden und ihre Freude nicht die Schranken überschreite." Solche Fieberanfälle und namentlich auch periodisch wiederkehrende Kopfschmerzen, welche ihn so furchtbar herunterbrachten, daß er, der sich ungemein hart war, „gestehen mußte, er sei krank," bildeten eine fortlaufende Leidenskette. Da durfte Idelette in schlaflosen Nächten, an qualvollen Tagen unge= theilt um den Kranken sein, das schwere Haupt halten und drücken, die ringenden Hände umfangen, die Gebete anhören und fortsetzen, den leisesten Seelenlaut vernehmen. Und wenn sie nun, wie gewiß, keinen Seufzer um den eignen, persönlichen Schmerz hörte, sondern die Kla= gen sich allein darüber ergossen, daß die Kraft zur großen Aufgabe versage, daß die Zeit ohne Thaten für den heiligen Beruf zerrinne, dann wird sie's verstanden haben, warum sie zurückstehen mußte, nicht weniger als er sein eigenes Ich zurückstellte; warum Farel und Viret bevorzugt schienen, nicht weil den Freunden mehr Liebe als der Frau zugefallen, sondern weil er im Umgang mit den Gehülfen am Werk mit dem Werke selbst umging, das ihm Alles war.

Sie erfuhr auch aus andern schweren Anlässen denselben Herz= schlag ihres Gatten. Wer wünscht der schmalgehaltenen Frau nicht einen Ersatz, eine Erquickung? Calvin steht so ganz im Ernste des Lebens, das Leben kehrt ihm so ganz nur die ernste Seite zu, daß ihr von ihm aus wenig Erheiterung, im gewöhnlichen Sinne des Wortes, zufließen konnte. In seinem reichen Briefwechsel findet sich eine einzige Spur von Lachen. Und was für eine Spur! Er wünscht einem Bekannten, dem Vaterfreude zu Theil geworden, Glück. „Es thut mir wehe, daß ich nicht wenigstens einen halben Tag bei Euch sein kann, um mit Euch zu lachen, in Erwartung, daß man das kleine Kind, das weint und schreit, zum Lachen bringe. Denn Weinen ist die erste Note, die beim Beginn dieses Lebens angestimmt wird, um sich in herzliches Lachen aufzulösen, wenn wir aus demselben ge= schieden sind!" — Dürften wir doch Ideletten zur Mutterfreude Glück wünschen! Aber dreimal sollte sich ihr Lachen gleich wieder in Weinen auflösen. Zwei Söhnlein und ein Töchterlein starben wenige Tage nach der Geburt. So brachten die Eltern kein Kind davon. Der

Mutter Gram ist für uns nicht hörbar geworden. Der Vater aber antwortet auf einen Trostbrief der Frau Virets: „Gewiß, der Herr hat uns eine schwere Wunde geschlagen durch die Wegnahme unsres ersten Söhnchens. Aber Er ist Vater, und Er weiß, was Seinen Kindern Noth thut." — Leicht möglich, daß Calvin hiebei dachte, es thue ihm Anderes Noth als die Erziehung eigener Kinder. Beim Verluste des zweiten Söhnleins arbeitet sich ein verwandter Gedanke noch klarer durch: „Gott gab mir einen Sohn, Gott nahm ihn wieder. Mögen mir das meine Feinde, wie sie belieben, zur Schmach auslegen. Zähle ich denn meine Kinder nicht zu Zehntausenden in der christlichen Welt?" — Also das Werk, an dem er arbeitet, füllt nicht nur seine ganze Seele und seine ganze Zeit aus, es ist auch sein Trost und Stolz, sein Schutz und Trutz. —

Wer hat jemals die Berufstreue weiter getrieben? Aber läßt sich denn nicht auch diese hohe Tugend, das Kennzeichen ächter Frömmig-keit, übertreiben? Folgt aus ihr, daß der gesammte Mensch im Be-rufe aufgehen muß? Wenns dabei bleibt, daß der Mund von dem übergeht, wovon das Herz voll ist, so übte auch die Natur auf Calvin keinen, oder fast keinen Reiz aus. Er mochte stehen und gehen, wo er wollte, so trat sie ihm zu Genf in ihrer ganzen Majestät und Lieblich-keit vors Auge — auch in die Seele? Nur Einmal, da er für einen Andern eine Wohnung ausmittelt, spricht er kurz von einer schönen Aussicht: sonst spiegelt sich nirgends ein Eindruck von jenen Alpen, jenem See. Uebrigens steht er in dieser Beziehung nicht vereinsamt. Der heilige Bernhard soll am Genfer See vorübergepilgert sein, ohne ihn zu bemerken. Bei Zwingli, dem natur- und geistesfrischen Men-schen, findet sich ebenfalls kein Reflex von der Schönheit der Züricher Gegend. Und wie fern von romantischer Hingabe bewegt sich auch Luther in der Natur: die Jagd, die er auf der Wartburg als Jun-ker Georg mitmacht, wird ihm zum Gleichniß von der Jagd, die der Satan und sein Troß, die falschen Theologen, auf arme Seelen ma-chen.*) Ein Aehnliches erzählt uns Mathesius von ihm: „1540 war ein sehr schöner Lenz, darin Alles grünte und blühte. Da sprach der Doctor zum Herrn Justus Jonas: wenn nur Sünde und Tod weg

---

*) Vergl. Franz von Sickingen, ein erzählendes Gedicht aus dem Reformationszeitalter von Paul Pressel, p. 51 u. 52. — Leipzig 1860. —

wären, wollten wir uns an solchem Paradiese genügen lassen. Aber es
wird viel schöner werden, wenn die alte Welt und die alte Haut gar
erneuet und ein ewiger Lenz angehen und für und für bleiben wird."
— So, nemlich ganz mit theologischen Augen, wußte auch Calvin die
Natur wohl anzuschauen und zu genießen. „Wenn wir, sagt er bei
Erklärung von Psalm 19, 1 (Die Himmel erzählen ꝛc.), das schöne
Gebäude dieser großen Welt anschauen, auf der kein Gräslein noch
Kräutlein gemein und verächtlich, sondern Alles erfreulich, gut und
lieblich ist, und dabei dessen gedenken, daß dies Alles von Gott kommt,
dem unvergleichlichen Werkmeister: so müssen nothwendig unsre
Geister wie hingerissen werden von anbetender Bewunderung dieser un=
faßbaren Güte, Weisheit und Macht." — Derlei läßt freilich gegen=
über der modernen Art, mit der Natur umzugehen, gar kühl: aber
schwärmt jetzt nicht manchmal der kalte Unglaube am wärmsten für
die Natur? Und seis, daß jene heiligen Männer, Calvin voraus, uns
in solchen, humanen und ästhetischen, Beziehungen verkürzt, beschränkt, .
einseitig erscheinen, so müssen wir uns doch tief beugen vor der Art,
in welcher sie Ernst machten mit des Herrn Wort: Eins ist Noth.
Mögen sie die Manchfaltigkeit dieses Einen verkannt, die Freiheit bei
der Concentration auf dies Eine verscherzt haben, es war ihnen jeden=
falls in ihrer Verkürzung, als wäre sie ein gutes Theil seelenwohl, sie
haben jedenfalls mit ihrer Beschränktheit unendlich mehr geleistet, als
alle ihre Kritiker, und wer weiß, ob ihre Leistungskraft nicht eben in
ihrer Einseitigkeit wurzelte? —

Kehren wir zu Idelette, der Blume des Hauses, zurück. Etliche
Male lesen wir doch auch davon, daß sie der schwülen Luft in Genf
entfliehen durfte: endelich, wie Maria aufs Gebirge zu Elisabeth, geht
sie nach Lausanne zu ihrer Freundin, der frommen Frau Virets, Eli=
sabeth Turtaz. Viele Andeutungen lassen darauf schließen, daß die
beiden Frauen so innig miteinander standen als die Männer. Wie
mag ihr Herz da aufgeathmet und sich über Vieles ausgeschüttet haben,
was sie daheim in sich verschließen mußte. Allein freilich die Sorge,
ob unter ihrem Hause nicht wieder ein wüthender Haufen tobe, den sie
mit ihrem Gebet im Kämmerlein bannen müsse, während ihm der
Gatte unter der Thüre gegenübertritt, ob nicht einem Gaste die Her=
berge zu bestellen, einem Kranken in der Gemeinde Handreichung zu
thun, ihrem Manne selbst in einer Schwäche beizuspringen sei; der=

artige Sorge duldet sie nicht lange fort, sie kehrt erquickt und gestärkt zu ihrem unscheinbaren Pflichtkreis zurück. Bald indeß versiegt auch diese Erholungsquelle. Beide Frauen begannen gleichzeitig ernstlicher zu siechen, worüber sich die Männer durch kurze, aber schwerathmige Sätzchen in ihren Briefen auf dem Laufenden erhalten, und Elisabeth erlag noch vor Idelette. Letztere folgte ihr kurz darauf, Anfangs April 1549, nach: ein Zehrfieber löste vollends die zarte Seele vom zarten Leib. Jetzt, als das Grab sich öffnete, geht auch Calvins Herz auf und über. War bisher die Kargheit schwer zu verwinden, womit er von ihr sprach — fast so wenig als eine Eiche den Duft rühmt, welchen ein Maiglöckchen, im Schatten zu ihren Füßen gepflanzt, aus= athmet —, so dankbar wollen wir ihm nun für seine Aeußerungen sein. Es gilt, sie bei ihm, dem unerbittlichen Feind aller Phrase, wohl auf die Wagschale zu legen, dann besagen sie uns über Idelettes gei= stigen und geistlichen Gehalt, über ihn selbst und das gegenseitige Ver= hältniß Beider, das offenbar zu einer gewissen Wesensgemeinschaft heranwuchs, mehr als weitschweifige Schilderungen.

An Viret schrieb er am 7. April 1549: „Obgleich der Tod mei= ner Frau mich sehr hart angegriffen hat, so suche ich so viel wie mög= lich meine Traurigkeit zu überwinden, und meine Freunde wetteifern mit einander, mich auf jede Art zu trösten. Freilich kann ihre und meine Mühe nicht ausrichten, was zu wünschen wäre. Wie klein aber auch der Nutzen sei, so thut er mir doch unaussprechlich wohl. Da Du die Zärtlichkeit oder vielmehr die Schwachheit meines Herzens kennst, bist Du gewiß überzeugt, daß wenn ich nicht die ganze Kraft meines Geistes darauf verwandt hätte, meinen Schmerz zu lindern, ich ihn so nicht hätte ertragen können. Und wahrlich die Ursache meines Kummers ist nicht leicht. Ich bin von der besten Lebensgefährtin getrennt, die, wenn mir noch etwas Härteres begegnet wäre, mir freiwillig nicht nur in die Verbannung und ins Elend, sondern selbst in den Tod gefolgt wäre. Während ihres Lebens war sie mir eine treue Gehülfin bei mei= nen Amtsgeschäften. Sie ist mir nie im Kleinsten entgegen ge= wesen. Und so wie sie nie um irdische Dinge ängstlich besorgt war, so vermied sie auch während ihrer ganzen Krankheit, mir ein Besorgtsein um ihre Kinder erster Ehe zu zeigen. Indessen fürchtete ich, diese Schweigsamkeit möchte sie innerlich doch angreifen, fing daher drei

Tage vor ihrem Tode selbst mit ihr darüber zu sprechen an und ver=
sicherte sie, daß ich für die Hinterlassenen thun werde, was in meinen
Kräften stehe. Sie antwortete sogleich, sie habe sie schon Gott empfoh=
len, und auf meine Erwiderung, dieses verhindere nicht, daß ich Sorge
für sie trüge, sagte sie: „Das bin ich zum Voraus überzeugt, daß Du
nicht Kinder verlassen wirst, die dem Herrn befohlen sind." Gestern
aber erfuhr ich auch, daß, als eine Freundin sie aufforderte, mit mir
über ihre Kinder zu sprechen, sie derselben kurz antwortete: „Das Eine,
was Noth thut, ist, daß sie gottesfürchtig und fromm sind. Es thut
nicht Noth, meinen Mann versprechen zu lassen, daß er sie in der
Furcht Gottes und einer keuschen Zucht auferziehe. Wenn sie fromm
sind, wird er ihnen schon unaufgefordert Vater sein; wenn sie es nicht
sind, so verdienen sie nicht, daß ich für sie bitte." — Und diese See=
lengröße wird wahrlich mehr auf mich einwirken als alle Ermah=
nungen."

Vom 11. April ist der Brief an Farel datirt. „Du hast wohl
schon den Tod meiner Frau erfahren. Ich thue, was ich kann, um die=
sem Unglück nicht gänzlich zu unterliegen. Meine Freunde lassen auch
nichts unversucht, um den Kummer meiner Seele nur etwas zu lin=
dern. Als Dein Bruder von hier abreiste, mußte man schon fast an
ihrem Leben verzweifeln. Am Dienstag, da alle Brüder bei mir wa=
ren, erachteten sie ein gemeinschaftliches Gebet für das Beste. Dies
geschah. Hierauf ermahnte sie Abel zum Glauben und zur Geduld:
sie war so schwach, daß sie weniger durch Worte als durch Geberden
zu erkennen gab, welche Gedanken ihre Seele bewegten. Ich fügte einige
Worte hinzu, die sich auf ihren Zustand bezogen. Den Tag als sie
den Geist Gott zurückgab, sprach ihr unser Bruder Bourgouin
gegen sechs Uhr Abends christlich zu. Währenddem that sie je und je
Ausrufungen, welche deutlich bekundeten, das ihr Herz weit über die
Erde erhaben: „O herrliche Auferstehung! O Gott Abrahams und
aller unsrer Väter! Die Gläubigen haben auf Dich gehofft von An=
beginn, zu allen Zeiten, und ihrer Keiner ist in seiner Hoffnung zu
Schanden geworden: von Dir erwarte auch ich mein Heil." Diese
kurzen Reden wurden mehr ausgestoßen, als ausgesprochen. Sie wie=
derholte nicht die Worte der Andern, aber sie äußerte bündig ihre
Empfindungen. Um sechs Uhr wurde ich von Hause weggeholt. Um
sieben Uhr brachte man sie in ein anderes Bett, und als sie fühlte, daß

sie immer schwächer werde und die Stimme bald zu versagen drohe,
rief sie hastig: „Laßt uns Alle, Alle beten, beten, betet für mich!"
In diesem Augenblick trat ich wieder ins Haus ein; sie konnte nicht
mehr sprechen, gab aber noch Zeichen des Trostes, der ihr Inneres
füllte. Nachdem ich Einiges gesagt hatte von der Gnade Jesu Christi,
von der zukünftigen Seligkeit, von unsrem Beisammenleben und
unsrem Heimgehen, sammelte ich mich zum Gebet, welches sie, wie die
belehrenden Worte, mit vollem Bewußtsein aufmerksam anhörte. Vor
acht Uhr schlief sie so sanft ein, daß die Umstehenden den Augenblick
des Verscheidens kaum unterscheiden konnten. Obgleich ich sehr nieder=
gedrückt bin, so erfülle ich doch alle Pflichten meines Amtes, und in=
dessen hat mir Gott neue Kämpfe bereitet."

Viret antwortete am 10. April, erfreut über die Nachricht von
allen Seiten, daß der gebeugte Wittwer ungebrochnen Muthes alle
Pflichten des Amtes erfülle, den Sitzungen mit gewohnter Geistes=
gegenwart anwohne, predige und die sonstigen Geschäfte eher noch
geschickter als bisher besorge. „Was mir wie aus Einem Munde über
die Festigkeit und Kraft Deiner Seele bei diesem so schweren Schlage
mitgetheilt wird, veranlaßt mich vielmehr zu einem Glückwunsch als
zu einem Trostbriefe. Kenne ich doch die Zartheit Deiner Gefühle:
heiße sie nicht Weichlichkeit, indem Du solche Proben ablegst. Sondern
der heilige Geist treibt kräftig in Dir sein Trostamt, um Dir ein rech=
tes Zeugniß der göttlichen Liebe gegen Dich auszustellen. Dadurch
kannst Du so Vieles durchmachen, sonst müßte Dich das Leid auf=
zehren, da Du auch am Unglück Anderer denselben Antheil zu nehmen
pflegst, wie wenns Dich selbst beträfe. Wie ganz anders wars bei mir
in ähnlichem Falle: die ganze Welt schien mir nur noch eine Einöde,
Kraft und Muth waren hin, die himmlische Philosophie, deren Schü=
ler und Lehrer ich sein soll, versagte mir den Trost. Du aber zeigst
durch Dein Beispiel, daß Du selbst zu bewähren vermagst, was Du
von Andern in der Heimsuchung verlangst" ꝛc.

Wie tief bei Calvin der Verlust ging, erkennen wir auch daraus,
daß er etliche Zeit hernach sich nicht enthalten kann, in einer öffent=
lichen Schrift (Tractatus de scandalis 1550) auf die Heimgegangene
zu reden zu kommen. Das Buch ist jenem Herrn von Normandie ge=
widmet, welcher sich einst dem jungen Calvin bei seiner Auswanderung
aus Frankreich (c. f. p. 65) angeschlossen und in rascher Aufeinander=

folge Vater, Gattin und Tochter verloren hatte, so daß es den An=
schein bekam, es ruhe ein Fluch auf seinem Uebertritt zum Evangelium.
„Keine bessere Arznei des Trostes weiß ich zu geben, als die heldenmä=
ßigen Worte, welche meine Gattin vor ihrem Hinscheid sprach. Sie
hielt mich bei der Hand und dankte Gott, daß Er sie von einem Orte
weggeführt, wo sie nicht in Gewissensruhe hätte sterben dürfen, und
rief aus: O wie bin ich so glücklich, daß ich aus jener vermaledeiten
Gefangenschaft Babylons errettet wurde und nun aus meinem letzten
Kerker befreit werden werde. Ach wenn's mir jetzt verwehrt wäre, mei=
nen Glauben frei zu bekennen! Und wenn sie mit tiefem Gefühl aus
dem Geiste heraus, ganz anders als gewöhnliche Frauen, von ihren
Sünden sprach, von der Verdammniß, welche sie verdient, von dem
furchtbaren Gericht Gottes, spürte man deutlich, wie sich mehr und
mehr die Gnade Jesu in ihr verherrlichte, wie sie bei Ihm ihre Zu=
flucht mit einer Innigkeit suchte und fand, daß man nicht wußte, was
größer in ihr war, der Muth oder die Demuth ihres Glaubens. Die
Kraft, womit sie jene Worte sprach, hat in mir einen so tiefen
Eindruck hinterlassen, daß ich mein ganzes Leben hindurch glauben
werde, dort gegenwärtig zu sein." — Wiederum sieben Jahre später
(1556) hat Calvin dem Prediger der französischen Gemeinde in Frank=
furt, Richard von Valeville, zu condoliren. „Ich fühle wohl an mir
selber, wie die Wunde brennen muß, welche Dir der Tod Deiner treff=
lichen Frau geschlagen hat, wenn ich an meine Traurigkeit vor sieben
Jahren denke. Ich erinnere mich, wie schwer es mir geworden ist,
meines Schmerzes Meister zu werden. Da Du aber die Mittel zur
Besiegung eines maßlosen Grams wohl kennst, so bleibt mir nur die
Bitte übrig, Du mögest sie anwenden. Unter den Trostgründen für
Dich ist der nicht der geringste (obgleich unser irdischer Theil dadurch
noch mehr betrübt wird), daß Du eine so schöne Zeit Deines Lebens
mit einer Frau zugebracht hast, mit der Du Dich freuen darfst wieder
vereinigt zu werden, wenn Du ins ewige Leben eingehst. Ueberdies
hat sie Dich durch ihr Beispiel gelehrt, wohl zu sterben. Wenn aber
unser Haupttrost immer die wunderbare Vorsehung Gottes ist, durch
die unsre Trübsale zu unserm Heile dienen, und Er uns von unsern
Lieben nur trennt, um uns mit ihnen wieder zu verbinden in Seinem
himmlischen Reiche, so mußt Du als Gläubiger Dich in Seinen
Willen finden. Möge der Herr die Traurigkeit Deiner Vereinsamung

durch die Gnade Seines Geistes mildern, Dich leiten und Deine Arbeit segnen."

So treibt Calvin das Heimweh um: dies letztere zeichnet uns
erst vollends das Bild Jdelettes als 'eines Weibes, dessen Schmuck
nicht auswendig, sondern der verborgene Mensch des Herzens unverrückt, mit sanftem und stillem Geist, köstlich vor Gott (1. Petri 3, 3).
Auch wir werden manchmal ein Heimweh nach ihr empfinden: es
kommen Stunden, Tage, Jahre, in welchen wir sie, den Friedensengel,
gar schmerzlich zu seiner Seite vermissen müssen. Und es wird sich in
uns der Eindruck festsetzen, als hätte sich das Herz Calvins in der
Trauer um seine Frau noch mehr verblutet. Eine zweite Verbindung
wird Niemand erwarten. Indeß spricht sich Calvin selbst darüber aus
(Tractatus): „Unsre Gegner geben vor, daß wir einen trojanischen
Krieg um der Weiber willen gegen das Papstthum unternommen haben. Um Andre für jetzt zu übergehen, so müssen sie mich wenigstens
nothwendig von dieser Schlechtigkeit freisprechen. Mir bleibt eine
große Freiheit, ihr gemeines Geschwätz Lügen zu strafen. Es stand
mir unter der Tyrannei des Papstthums, aus welcher der Herr mich
erlöst hat, immer frei, ein Weib zu nehmen, und doch habe ich Jahre
lang ohne Weib gelebt. Als meine Frau, eine Frau seltenen Wesens,
gestorben, habe ich das e i n s a m e L e b e n erwählt."

Wer nun die Haushaltung fortgeführt habe, wie sie geführt worden sei u. s. w., darüber fehlt jede Kunde. Wir denken an jene Schwester, Marie, welche mit Calvin aus Noyon auswanderte: allein wir
finden sie seit damals nirgends mehr erwähnt. Vom Bruder Anton
erfahren wir ein Weniges. Er hielt sich längere Zeit im Hause Calvins auf und rühmte sich, der Mitarbeiter an dessen Werken zu sein:
er schrieb nemlich nicht nur Diktate, sondern band auch die Schriften
ein. Als Buchbinder und Bürger siedelte er sich später förmlich in
Genf an, verheirathete sich aber ganz unglücklich. Die Ehe wurde
wegen Ausschweifungen der Frau wieder getrennt: es läßt sich denken,
zu welchem Schmerz und Aergerniß für Calvin. Daß noch immer
Freunde, Flüchtlinge und Obdachlose im verwaisten Hause kürzeres
oder längeres Quartier aufschlugen, darauf stoßen wir öfters. Auch
lesen wir von einer eigenthümlichen Art, wie die tiefe Lücke, welche das
Haus nach innen erlitten hatte, von außen her gleichsam ausgefüllt zu
werden suchte. In der nächsten Nachbarschaft kauften und wohnten

sich immer mehr die vertrautesten und ergebensten Anhänger an: so daß es nach und nach wie von einem Wall der Freundschaft umschlossen ward. Der Rath, welcher einmal das Fenster eines anstoßenden Gebäudes zumauern ließ, weil daraus ungebührliche Störungen erfolgt waren, that, was er konnte, eine derartige Befestigung zu begünstigen. So konnte Calvin mitten in der Vereinsamung gleich David sprechen: Meine Augen sehen nach den Treuen im Lande, daß sie bei mir wohnen, und habe gerne fromme Diener (Psalm 101, 6). —

Wie haben unsre Augen nach der äußern Erscheinung Calvins auszuschauen? Das Bild, welches diesen Blättern vorgedruckt und von Ary Scheffer entworfen ist, hat sich bemüht, in das blasse, abgezehrte, geisterhafte Gesicht etwas Farbe, Fleisch und Blut einzutragen. Das Bild Hornungs „Calvin auf dem Sterbebette" entspricht der Wirklichkeit getreuer. Dr. Stähelin zeichnet die Hauptzüge mit folgenden Worten: „Das Leben lag fast nur im Auge: in welchem Alles Strahl und Blitz, forschende Prüfung und gebietende Entschiedenheit war. Die Stirne war nicht gerade hoch, aber von jener eigenthümlichen Bildung, welche auf einen eisernen Willen und eine unüberwindliche Beharrlichkeit hindeutet. Die ohnehin schon stark ausgebildete Nase trat durch die übrige Magerkeit noch stärker hervor und erhöhte den Eindruck der Festigkeit und Schärfe, den die ganze Erscheinung machte. Ein dünner, aber langer Bart umschloß den feinen Mund und reichte, in eine Spitze auslaufend, bis tief auf die Brust hinab. Die Farbe der Haare war schwarz, der Teint bräunlich, ohne einen Anflug von Roth; die Gestalt hager, aber von höchstens mittlerer Größe. Wenn man die ganze Erscheinung des Mannes sich vergegenwärtigt, wie er in seinem langen, schwarzen Talare, den nie ein Stäubchen beflecken durfte, einherging, macht sie den Eindruck des personificirten Ernstes, der personificirten Entschlossenheit, Ordnung und innern Kraft. Der Körper scheint kaum noch ein eigenes Leben zu haben: nur als Organ des Geistes besteht und dient er noch: lediglich Knochen und Nerven, wie solch ein Dienst es erfordert."

Unsrer deutschen Art kann dies ganze Capitel wenig Gunst ablocken. Allein man rühmt uns ja nach, daß wir auch einer andern Art Rechnung zu tragen wissen, und jedem vorschnellen Aburtheilen nach Neigung oder Abneigung gilt jedenfalls das Wort des Herrn als Dämpfer: „An ihren Früchten sollt Ihr sie erkennen!"

11*

X.

Die Reformationsarbeit an Genf.

1. Der Bau.

Von der Opferbank her kam Calvin nach Genf zurück. Opfer waren auch das Erste, das er hier verlangte. Sein Plan stand Röm. 12, 1 u. 2: „Ich ermahne Euch, liebe Brüder, durch die Barmherzig= keit Gottes, daß Ihr Eure Leiber begebet zum Opfer, das da lebendig, heilig und Gott wohlgefällig sei, welches sei Euer vernünftiger Gottes= dienst. Und stellet Euch nicht dieser Welt gleich, sondern verändert Euch durch Verneuerung Eures Sinnes, auf daß Ihr prüfen möget, welches da sei der gute, der wohlgefällige und der vollkommene Got= teswille." — Wollten dasselbe nicht alle ächten Prediger im Dienste der Reformation? Gewiß, aber sie bezogen diese Forderung mehr auf den einzelnen Christen, der sich hienach umgestalten zu lassen habe. Calvin dagegen dehnte sie mit allem Ernst auf die christliche Gemeinde aus: sie dem Herrn darzustellen als eine Gemeine, die herrlich sei, die nicht habe einen Flecken oder Runzel oder deß Etwas, sondern daß sie heilig sei und unsträflich (Eph. 5, 27) — dies war seiner Wünsche höchster, sein Ideal, und dies war das eigenthümlich Neue, wodurch er in praktischer Beziehung das bisherige Reformationsleben berei= cherte, vervollständigte. Die Art der Ausführung blieb freilich dem apostolischen Worte nicht ganz getreu: die Ermahnung durch die Barmherzigkeit Gottes schlug oft in eine Bedrohung durch die Gerech= tigkeit Gottes und Nöthigung durch menschliche Gerichtshände um. Auch der Erfolg blieb hinter dem vorgehaltenen Ziel zurück: schon im Verlauf der Entwicklung schlichen sich Widersprüche mit dem Plane selbst ein. Dennoch begegnen wir einem Gemeindebau ganz außer= ordentlicher Anlage und Einrichtung, der trotz seinen Unvollkommen= heiten nicht blos zur Bewunderung hinreißt, sondern zur Nacheife=

rung bedeutungsvoll mahnt — die Annahme vorausgesetzt, daß es in der Aufgabe des Christenthums liege, nicht blos den einzelnen Menschen zu heiligen, sondern auch die menschliche Gesellschaft in ein heiliges Gemeinwesen zu wandeln. Calvin hat es gelehrt und bethätigt, daß auch die Reformation eine Kirche, im vollen Sinne des Wortes, aufführen soll und will und kann.

Opfer, sagten wir, seien das Erste gewesen, was Calvin nach seiner Ankunft in Genf verlangt habe. Schon am zweiten Tage stellte er nemlich dem Rathe die Nothwendigkeit vor, Verordnungen zu erlassen und zu sammeln, „damit Jedermann wisse, wie er dem Willen Gottes und der Gerechtigkeit gemäß sich zu verhalten habe." Sogleich ward eine Commission eingesetzt, welche in Gemeinschaft mit ihm einen Entwurf ausarbeiten sollte. Dieser (168 Artikel) kam schon im November in die Berathung der obrigkeitlichen Collegien und trat nach williger, einstimmiger, feierlicher Annahme von Seiten des Volkes am 2. Jan. 1542 in Gesetzeskraft. Die Genfer Gemeinde hatte damit ihre Verfassungsurkunde, genannt die Ordonnanzen (Ordonnances ecclésiastiques). Wir haben uns vor Allem nach den wichtigsten Bestimmungen etwas umzusehen.

Vom geistlichen Amte. Es giebt Lehrer oder Doctoren und Hirten oder Pastoren: jene haben die Glaubensartikel zu formuliren und festzustellen, diese den Inhalt der Schrift auszulegen und der Gemeinde nahe zu bringen: Beide haben lediglich keinerlei Norm und Schranke ihres Thuns als das Wort Gottes. — Wer Prediger werden will, hat eine Prüfung durch die wirklichen Prediger zu bestehen, welche sich auf die drei Hauptpunkte erstreckt: 1) ob er eine gesunde Kenntniß von der heiligen Schrift habe, 2) fähig sei, sie dem Volke wirksam mitzutheilen, 3) in sittlicher Beziehung fest stehe. Hierauf werden ihm die Hände aufgelegt und er kann eine Stelle erhalten. Die Wahl nimmt das Collegium der Geistlichen vor, theilt sie alsbald dem Rathe mit und läßt sie in den Kirchen verlesen, damit die Gemeinde wenigstens ein Veto habe. Das Collegium der Geistlichen aus Stadt und Land (la venerable Compagnie) wird durch seinen Vorsitzenden (Moderator) zusammenberufen: jede Woche wenigstens einmal. Bei diesen Zusammenkünften werden sämmtliche Gemeindeangelegenheiten verhandelt: jedes Mal hat auch Einer der Geistlichen eine Predigt abzuhalten und Jeder dem Andern in brüderlich offener Weise nach den verschiedensten Beziehungen die Wahrheit zu sagen. Können Lehrstreitigkeiten nicht innerhalb dieser Sitzungen zum Austrag gebracht werden, so soll die Obrigkeit eine Erledigung herbeiführen. — Den Geistlichen stehen zweierlei Gehilfen zur Seite: die Diaconen für die Armen= und Krankenfürsorge, die Aeltesten für die Zucht= und Rechtspflege. Diese Letztern bilden mit den Geistlichen das Presbyterium oder Consistorium. Die 12 Aeltesten werden vom Rath aus dem Schooß der obrigkeitlichen Rathscollegien gewählt, von den Zweihundert bestätigt und der Gemeinde zu etwaiger Beanstandung von den Kanzeln verkündigt: sie sind von Jahr zu Jahr wieder wählbar. Das Consistorium ist ein Sittengericht: es tritt jeden Donnerstag zusammen, um die Gemeindeglieder nach ihrem öffentlichen und privaten Verhalten zu mustern. Jeder Aelteste hat daher die Pflicht und das Recht, jeden Einzelnen genau ins Auge zu fassen, Besuche in den Häusern von Hoch und Niedrig zu machen, Verdächtige oder Uebertreter zu warnen und zu rügen, vorzuladen und zu strafen, bald insgeheim, bald öffentlich: das Consistorium verordnet allerlei Kirchenbußen bis zum Ausschluß vom heiligen Nachtmahl: reicht auch letzterer nicht mehr zu, so übergiebt es den Sünder zu weiterer Verfolgung der bürgerlichen Obrigkeit. Die Excommunication [in Form des Ausschlusses vom Abendmahl] ist die äußerste Kirchenstrafe und steht allein dem Consistorium zu. — Ferner soll das Consistorium das Vermögen der Kirche verwalten. Denn Calvin eifert stark dagegen, daß der Staat es einstecke: „das heißt die Kirche berauben, sie bleibt entblößt: der Magistrat giebt soviel als ihm gefällt, als ob es das Seine wäre." — Endlich verhandelt das Consistorium auch die Ehestreitigkeiten.

Vom Cultus. Jeden Sonntag finden mindestens zwei Gottesdienste in jeder Kirche statt, bei denen folgende Stücke nach der Ordnung: Sündenbekenntniß, Psalmgesang, Gebet, Predigt, Danksagung und Segen, Psalmgesang. Außerdem wird die Jugend wöchentlich in einer Stunde kirchlich versammelt, um in der Wahrheit unterwiesen und auf die Communion (im 16. Jahre) vorbereitet zu werden. Das Nachtmahl wird, wie die Taufe, nur in der Kirche gehalten, und zwar viermal im Jahre: das Brod reicht ein Geistlicher, den Kelch zwei Aelteste. Aus den Tempeln ist alles Bilder= und Schmuckwerk ferne zu halten, damit die Anbetung im Geist und in der Wahrheit nicht durch Sinneneindrücke gestört werde.

Von der Ehe. Sie ist heilig: die Gemeinschaft und Gehilf-
schaft zweier nach Gottes Bild erschaffener Geschöpfe. Schon die
Verlobung wird durch einen religiösen Act geweiht. Ehescheidung
darf nur bei Ehebruch oder einer ihm ähnlichen Rohheit stattgegeben
werden. Die Verbindung zwischen Personen, die miteinander verwandt
oder im Alter sich ungleichartig sind, ist durch eine Menge strenger
Stipulationen möglichst erschwert, das Verhältniß zwischen Eltern
und Kindern aufs Genaueste umschrieben.

Bei Beerdigungen soll die ernsteste Einfachheit oder der ein-
fachste Ernst herrschen: die Kirchhöfe dürfen keine Denkmale bekommen, gewöhnlich scheint sogar jede Ansprache am Grabe gefehlt zu
haben.

Luxusgesetze. Unter diesem Namen laufen eine Menge von
Verordnungen, welche das äußere, sociale Leben gegen Augenlust,
Fleischeslust, hoffährtiges Wesen schützen sollen. Verboten sind:
Kartenspiel, Tanz, Gesang unreiner Lieder, Lärmen im Wirthshaus,
lange Haare bei Männern, geschlitzte Pumphosen, auffallender Haar-
putz bei Frauen, ausgeschnittene Kleider, bloße Arme ꝛc. Für Fest-
mahle wird der Speisezettel und die Gästezahl je nach den verschiedenen
Ständen, für Hochzeiten das Maß der Geschenke, bei Wöchnerinnen
das Besuchswesen ꝛc. ganz im Einzelnen vorgeschrieben und Zuwider-
laufendes mit bestimmten Straftaxen in Geld bedroht.

Diese kirchlichen Ordonnanzen sollen laut ihrem letzten Artikel
„alle fünf Jahre vor der allgemeinen Bürgerversammlung vorgelesen
werden, ohne daß Jemand sich davon ausnehmen oder Etwas daran
ändern darf, es sei denn zuvor von dem kleinen, großen und allgemeinen Rathe dieser Stadt vorgeschlagen und beschlossen." — Und um
gleichsam anzuzeigen, daß er mit alle dem nichts anderes beabsichtige,
als aus der Gemeinde eine Magd des Herrn zu machen, beantragte
Calvin zur selben Zeit und setzte es ohne Anstoß durch, daß der Na-
menszug Jesu auf die öffentlichen Gebäude, die Fahnen und Münzen
der Stadt gesetzt wurde: das hergebrachte Zeichen, das Kreuz, mag er
nicht gewählt haben, weil es in der römischen Kirche fast zu einem
Götzenbilde mißbraucht worden war.

Denken wir nur an das Consistorium, wie es die Ordonnanzen
schufen, so muß es uns natürlich erscheinen, daß die bürgerliche Gesetzgebung neben einer derartigen Kirchenordnung wesentliche Aende-

rungen erleiden mußte. So kam es, daß der Rath schon im zweiten
Monat nach seiner Ankunft Calvin anging, auch für den Staat ein
neues Gesetzbuch entwerfen zu helfen. Der einstige Jurist ging mit
demselben Eifer darauf ein. Nach zwei Jahren lag der Codex gleichfalls fertig da und seinem geistigen Urheber ward ein Faß des besten
Weines dekretirt, „damit er sich nun wieder erquicken möge, nachdem
er Tag für Tag zum Besten der Stadt so viele Anstrengungen übernommen.“

Was nun die eigentlich politische Seite, die Verfassung
des Staates, anbetrifft, so war es das offenbare Bestreben Calvins, den demokratischen Grundcharakter der bisherigen Republik zu
mäßigen, indem er den Schwerpunkt der öffentlichen Gewalt aus dem
Generalrath mit seiner Menge von Köpfen in den kleinen Rath, aus
24 Gliedern bestehend, verlegte. Dieser letztere bekam thatsächlich die
Regierung in die Hände: die übrigen Rathscollegien, die Sechzig, die
Zweihundert und der allgemeine Bürgerausschuß, mußten sich gestehen,
daß sie weniger mehr die Macht ausüben als vielmehr nur noch con-
troliren. War doch auch in der Kirchenordnung einem zu großen
Einfluß der Masse weislich vorgebeugt: was wir nicht vergessen dürfen, wenn wir die Calvinischen Einrichtungen nachahmen wollen.
Wurde aber die Grundlage des Freistaates nicht eben dadurch eine
stärkere, daß sie an Breite verlor? — Für das Civilrecht und die
Administration arbeitete Calvin so eingehend ins Detail, daß wir
staunen oder lächeln müssen, wie ein Reformator für Derartiges das
Interesse und Verständniß haben konnte, wüßten wir nicht aus seinem
ganzen Leben, daß ihm der Unterschied zwischen Großem und Kleinem
überhaupt in der Pflichttreue zusammenschwand. Es sind noch eine
Menge von Documenten seiner Hand aufbewahrt, welche von polizei-
lichen Fragen, vom Amt des Bauaufsehers, des Artillerieinspectors,
der Thurmwächter, von der Art des gerichtlichen Verhandelns, der
Dauer der Processe, vom Korn-, Holz-, Kohlenmarkt, von der Metz-
gerei und dem Fischhandel, vom Zollwesen, von Dienstboten und Tage-
löhnern, Vormündern und Testamentsvollstreckern ꝛc. handeln. Und
Schriftsteller vom Fach rühmen ungemein die praktische Einsicht und
Umsicht, womit Alles angeschaut, angefaßt und angeordnet sei, als ob
der erfahrenste Mann vom Fach sich ausgeschüttet hätte. — Insonderheit müssen wir aber noch auf den Theil dieser Arbeit unser Augen-

merk richten, welcher das **Criminalrecht** enthält. Hier kommt die
Ansicht Calvins von der Aufgabe eines christlichen Staates zu einem
erschrecklich klaren Ausdruck. Er führte durch, was er an den Herzog
Somerset, Reichsverweser in England, schrieb: „Auf nichts habe man
ernstlicher zu dringen, als daß die Ehre Gottes so gut als die Sicherheit der Menschen durch die Gesetze beschützt werde. Es sei unbillig
und gottlos, Diebstahl, Mord, Erpressung auf das Strengste zu strafen, weil Menschen dadurch beschädigt würden, und daneben Unzucht,
Hurerei, Trunkenheit, Schmähungen des göttlichen Namens ungestraft
hingehen zu lassen, als seien das erlaubte oder gleichgültige Dinge.
Denn klar sei es doch, was Gott hievon halte. Die Heiden sogar
hätten dergleichen nicht geduldet; und wenn nun eine christliche
Obrigkeit solchen Freveln zusehe, ohne sie zu hindern, was bleibe dann
Anderes übrig, als daß Gott selber eingreife und an Allen die Ab-
scheulichkeiten räche, die in der That durch ihre Straflosigkeit die gemeinsame Schuld Aller geworden seien? Darin liege auch die Ursache
der vielen und schweren Plagen, die in der gegenwärtigen Zeit die
Welt überschwemmten." — Also müssen wir uns erinnern, daß der
furchtbaren Strenge gegen die Einzelnen eine gar liebreiche Fürsorge
für die Gesellschaft zu Grunde lag. Sehen wir durch Thatsachen in
jenes Criminalbuch hinein. — Der Ehebruch, der früher mit Arrest
von etlichen Tagen oder mit geringen Geldbußen belegt war, wurde
seit Calvins Rückkehr mit dem Tode bestraft, Unzuchtvergehen mit
körperlicher Züchtigung und zeitweiliger Verbannung. Gegen die Ab-
götterei- und Zaubereisünden, die traurigen Ueberbleibsel der katholischen Wirthschaft, ging die Obrigkeit mit schneidendem Ernste los.
Ein Bürger bewahrte in seinem Hause seit 15 Jahren eine Figur,
auf Glas eingeprägt, welche er seinen Hausdämon nannte und welcher
er nachrühmte, sie zeige ihm alle Untreuen seiner Frau an. Der Rath
und das Consistorium befahlen ihm, das Bild zu vernichten: da er
sich aber hartnäckig sträubte, wurde er, allerdings wegen noch anderer
Vergehen, hingerichtet. Die Feuerstrafe gegen Hexerei blieb in Kraft
und wurden in Genf binnen 60 Jahren urkundlich 150 Personen
verbrannt. — Versäumte Jemand, ohne excommunicirt zu sein, die
Communion einmal, so wurde er auf ein Jahr des Landes verwiesen.
Desgleichen setzte ein Nichtbesuch der Predigt, konnte er sich nicht gehörig entschuldigen, Alt und Jung empfindlichen Unannehmlichkeiten

aus. Unanständige Reden, Gesänge, Handlungen, Mißhandlung der
Thiere, Spielen um Geld, Fluchen ꝛc. hatten öffentliche Auspeitschun=
gen, schmachvolle Ausstellungen ꝛc. zur unnachsichtlichen Folge. Ein
Mädchen, daß ihre Mutter geschimpft hatte, wurde 3 Tage bei Wasser
und Brod eingesperrt; ein Bauernkind, das die Mutter „Teufelsweib"
genannt und mit Steinen geworfen hatte, wurde an einem Galgen
unter den Armen aufgehängt; ein drittes Kind, das die Eltern ge=
schlagen hatte, geköpft. Ein Lehrer, der einem Schüler im Zorn einen
Zahn ausgebrochen hatte, mußte öffentliche Buße thun. Spieler wur=
den mit den Karten am Hals an den Pranger gestellt: auch Kegeln
und Würfeln war streng verboten.*) Die Folter fand nach wie vor
bei peinlichen Processen ihre grause Anwendung, obgleich Calvin selbst
ihr nirgends das Wort redet. Ueberhaupt muß bemerkt werden, daß
dies furchtbare Strafsystem nach Calvins Tode nicht nachließ, sondern
vielmehr noch schärfer anzog.

Halten wir indeß bei der Beschreibung inne und beantworten uns
etliche Fragen, welche sich aufdrängen.

Die Gesetzgebung für Kirche und Staat war in kurzer Zeit zu
Stande gekommen: wie gestaltete sich nach ihr und in Wirk=
lichkeit das Verhältniß zwischen Kirche und Staat? Ge=
wöhnlich nimmt man an, beide Gebiete seien gänzlich verschmolzen
worden, der Freistaat habe sich in einen Kirchenstaat aufgelöst, die
Kirche den Staat in die Tasche gesteckt. Und faktisch machte es sich
auch zu Zeiten Calvins nicht viel anders: denn in seiner Person
gipfelten beide Sphären, und sofern er, das Factotum, vor Allem
Kirchenmann war, überwog das kirchliche Element entschieden gegen=
über dem staatlichen. Daß dies mit ihm so kommen werde, das mußte
ganz Genf zum voraus wissen, als es ihn zurückberief: von einer
Täuschung oder Uebertölpelung durfte sich Calvin nach allen jenen
Vorgängen gründlich frei wissen: Er war immer derselbe und auf
diese starre Consequenz fußend, konnte er dem Widerstreben, wenn es
in der Bevölkerung sich gegen sein Regiment rührte, stets mit bestem

---

*) „Karten, Würfel und dergl. sind an und für sich nichts Unrechtes
und Gottloses, aber gewöhnlich werden sie Werkzeuge der Sünde und
ziehen die Seelen in Schaden und Verdammniß. Darum ist es gerathen,
sich von dem Allen ferne zu halten."

Gewissen erwidern: warum habt Ihr mich gewollt? Uebrigens bergen die Ordonnanzen auch genug Haltpunkte für einen Uebergriff der Staats= gewalt ins Kirchenregiment. Die Aeltesten, „welche den ganzen Kör= per der Kirche vertreten", wurden nicht blos lediglich vom Rathe ge= wählt, sondern durften auch blos aus dem Rathe gewählt werden: damit hatte ja der Staat an sich die Möglichkeit in Händen, das Consistorium ganz nach seinem Sinne zusammenzusetzen und eben da= mit die Richtung zu bestimmen, welche auf kirchlichem Gebiete herr= schen sollte. Nicht einmal das Collegium der Geistlichkeit war vor einer Bevormundung durch die Staatsbehörde ganz gesichert, wenn dieser nach einem der Statute ausdrücklich die letzte Entscheidung in Lehrstreitigkeiten vorbehalten war. Andererseits wurde freilich da= durch, daß die Consistorialräthe zugleich Regierungsräthe sein mußten, ein starker kirchlicher Keil ins Staatsleben hineingetrieben. Die Ein= richtung des Consistoriums hob ebensowohl die Selbständigkeit der Kirche als die des Staates auf, während doch Calvin die Selbstän= digkeit dieser beiden Gebiete im Princip aufgestellt hatte. Nach der Institution sollten sich nemlich Staat und Kirche weder übergeordnet noch untergeordnet sein: ein Grundsatz, der sich ebensosehr gegen die Unterordnung des Staats gegenüber der Kirche, wie dieselbe durch den Katholicismus erstrebt und erlebt worden war, als gegen die Unterordnung der Kirche gegenüber dem Staate, wie dieselbe als das andere Extrem durch die Reformation eben im Begriff war, festgesetzt zu werden, mit bedeutsamster Tragweite kehrte. Staat und Kirche wurden vielmehr dahin bedeutet, sie mögen sich als zwei gleichberech= tigte Organe betrachten, durch welche Gott Seine Rathschlüsse mit der Menschheit verwirklichen wolle: je mehr ein jedes in seinem Theil und Kreis seine Schuldigkeit thue, je mehr arbeiten sie sich in die Hände und erarbeiten Ein Resultat: die Verherrlichung Gottes durch die Menschheit. „Die zwei Anstalten haben eigentlich den gleichen Zweck und unterscheiden sich nur darin, daß die Kirche ihre Macht über die Seele ausübt und auf das ewige Leben abzielt, der Staat hingegen mit dem äußern Menschen es zu thun hat und auf die rechte Anordnung des Lebens in dieser Welt sich beschränkt. Es folgt daraus von selber, daß sie zusammengehören und zusammen= wirken müssen, so wie Leib und Seele zusammengehören und zu Einem Ziele hinstreben. Dem Leibe fällt bei den Geschäften des Menschen

die thatſächliche Handlung und Ausführung zu, der Seele
das beſtimmende Wollen, welches die Glieder des Leibes durch=
dringt und leitet. In derſelben Weiſe iſt in der gottgefälligen Ord=
nung der menſchlichen Verhältniſſe die bürgerliche Obrigkeit die Macht,
welche die Gewalt des eigentlichen Regierens, Richtens, Ausführens
beſitzt, und in dieſe ihre Funktionen hat die Kirche in keiner Weiſe ſich
zu miſchen. Dagegen ſoll ſie ihrerſeits die bürgerliche Obrigkeit mit
ihrem Geiſte beſeelen und erfüllen. Denn der Geiſt, der in
ihr waltet, iſt ja der Geiſt Chriſti, ſie iſt beſtellt zur Auslegung Sei=
ner Geſetze, zur Wirkung Seiner Heilszwecke: und Chriſtus iſt auch
der König des Staates und kann kein anderes Regiment deſſelben
wollen, als das Seinen Geboten entſpricht. Wirkt der Staat gleich=
ſam von oben herab, menſchlich geredet, auf die Kirche und hat that=
ſächliche Gewalt über ihre Ordnungen, ſo wirkt die Kirche wiederum
von unten empor auf den Staat, läßt ihren Hauch einſtrömen in alle
ſeine Grundſätze, Handlungen, Einrichtungen, giebt ihm Antrieb und
Richtung, macht ihn zum chriſtlichen Staat im vollen Sinne des
Wortes und die Obrigkeit zur chriſtlichen Obrigkeit." (Inſtit. VI.,
20. a.) — Verkennen wir nun auch nicht, daß die Praxis den Staat
in einer ſecundären Stellung erſcheinen läßt, ſo ſchlug doch gewiß das
Princip ſo weit durch, daß die Zuſtände nicht auf Einer Linie ſtanden
mit den katholiſchen des Mittelalters, in welchen der Staat an und
für ſich als der natürliche, ewige Feind der Kirche nur feindlich ange=
ſehen und behandelt wurde, noch mit den theokratiſchen des Moſais=
mus, in welchen der Staatsbegriff noch zu gar keiner Selbſtberechti=
gung durchgebrochen war. Das Unzuträgliche, zum Theil Unerträg=
liche des erſten Verſuchs, den Calvin im Drange der Noth und in
der Vorausſetzung ſeiner perſönlichen Dazwiſchenkunft ausführte,
wurde denn auch von der Geſchichte gehörig corrigirt und zwar in der
Richtung des Princips: Unabhängigkeit des Staates und der Kirche.
Denn die Calviniſchen Kirchen ſind doch die freieſten in der Welt ge=
worden.

Wie mochte ſich, fragen wir ferner, ein freiheitsluſtiges
Völklein, das mit Stolz auf die politiſchen Errungenſchaften eines
kaum erfochtenen blutigen Sieges über päpſtliche und fürſtliche Tyrannei
hinſehen konnte, in ein ſolches Zwangshemd ſtecken laſſen?
Vier Jahre verfloſſen, ohne daß eine nennenswerthe Auflehnung ſich

kund gab. Uebte die Anarchie, welche jüngstens den Staat und die Kirche an den Rand des Grabes gebracht hatte, einen solchen Gegendruck auf die Bevölkerung aus, daß sie mehr oder weniger bewußt das Bedürfniß nach einer eisernen Diktatur empfand? Legte sich die Hand Gottes in der Pestseuche, welche damals Genf entsetzlich verheerte, so gewaltig auf die Nacken, daß eine wirkliche Demüthigung der Geister die Auflage jenes Jochs begünstigte? Es mag dies und Anderes mitgewirkt haben: allein den Ausschlag gab doch ohne Zweifel nichts Anderes als der frische Eindruck von der majestätischen Persönlichkeit, welche auf den Plan getreten war. So gings den Israeliten auf dem Zug durch die Wüste mit Moses, so den Macedoniern unter den Strapazen des indischen Feldzugs mit Alexander, so den Genfern mit Calvin. So vieles er ihnen zumuthen mochte, das wurden sie doch stets inne: er muthete sich selbst noch mehr zu. Paulus will, schreibt er einmal, daß der Eifer um das Haus Gottes uns verzehre, und davon legte sein Wandel ein ununterbrochenes thatsächliches Zeugniß ab. Wir haben bereits davon gehört, wie tief in die Nacht hinein die Lampe in seiner Studirstube brannte. Davon merkte man ihm aber bei Tage nichts an: als ein allzeit gespannter Bogen wird er von einem Zeitgenossen bezeichnet und er selber versichert uns, es sei ihm nie wohler, als wenn die Arbeit recht über seinem Kopfe zusammenschlage; oder er spricht ein ander Mal wehklagend die Befürchtung aus, „in Trägheit zu verrosten," weil er kränklichkeitshalber „einen ganzen Monat nichts Anderes habe thun können, als an jedem Tag eine Predigt und eine Vorlesung." Je die andere Woche besteigt er Tag für Tag die Kanzel, um ganz so zu predigen, wie er es Andern vorgeschrieben hat: „Das Volk muß so belehrt werden, daß es innigst ergriffen wird und die Wahrheit des apostolischen Wortes an sich erfährt: das Wort Gottes ist lebendig und kräftig, und schärfer denn kein zweischneidig Schwert, und durchdringet, bis daß es scheidet Seele und Geist, auch Mark und Bein, und ist ein Richter der Gedanken und Sinne des Herzens."*) Desgleichen sah man jenes

---

*) In demselben Brief an den Herzog von Somerset sagt er ferner: „Ihr müßt für gute Trompeter sorgen, die bis ins Tiefste der Herzen eindringen, denn, wenn nicht diese Gewalt der Predigt sich mehr und mehr entfaltet, lauft Ihr Gefahr, nicht viel Frucht von Eurer ganzen

Wort, das er oft Andern aufs Gewissen band, auf die Fersen seiner
eigenen Wirksamkeit brennen: „das Blut der Seelen wird aus der
Seelsorger Händen zurückgefordert werden." Jeden Donnerstag leitete
er die Sitzungen und Verhandlungen des Consistoriums, worin er,
wie ein Kriegsherr mit seiner Armee, Revue hielt mit seiner Gemeinde.
Jeden Freitag besuchte er die sogenannte Congregation in St. Peter,
einen Gottesdienst, in welchem die Gemeinde das Herz und den Mund
auch gegen die Prediger aufthun durfte, um zu fragen und zu rügen,
in welchem wiederum die Prediger der Gemeinde manches nahe legen
konnten, was auf die Kanzel weniger gepaßt hätte. Mit Vorliebe benutzte Calvin diese Gelegenheit zu lehren und zu wehren, zu mahnen und
zu warnen, zu strafen und zu trösten. Die Thüre seines Hauses stand
fortwährend für Alle ohne Unterschied offen und öffnete sich auch wirklich Tag für Tag einem Heere von Anliegen, so daß er, wie seine
Briefe versichern, zwanzig Mal an einem Morgen in der Arbeit unterbrochen werden konnte. In Betreff der Hausbesuche, welche den
Aeltesten vorgeschrieben waren, ging er gleichfalls unermüdlich und
unerschrocken mit gutem Beispiele voran. Und wußte er vollends
Kranke, so wartete er sicher nicht, bis man ihn höflich einladen ließ:
er erhob es vielmehr zu einem Gesetz, daß Niemand drei Tage krank
liegen dürfe, ohne den Geistlichen zu benachrichtigen, und wehe einem
solchen, der dann nicht Alles hätte liegen und stehen lassen! Es ist
der Mühe werth, sich vorzuhalten, wie er diese Pflicht des geistlichen
Amtes einschärft: „Am allermeisten bedarf der Mensch eines Zeug-
nisses vom Herrn, wenn er durch Dessen Hand mit Leiden, Krankheiten
und andern Unfällen heimgesucht wird, und vorzüglich in der Todes-
stunde, denn da fühlt er sich mehr als je im Gewissen angefochten,
sowohl wegen des Gerichtes Gottes, vor welches er nun gefordert wird,
als durch die Angriffe des Teufels, welcher alsdann alle Kraft auf-
bietet, um das arme Geschöpf zu besiegen und in Schande und Elend
untergehen zu lassen. Folglich ist es heilige Pflicht der Prediger, die

---

Reformation zu ernten. Nicht ohne Grund heißt es, daß Jesus Christus
das Erdreich mit dem Scepter Seines Mundes schlagen wird und den Bösen tödten mit dem Geiste Seiner Lippen. Mehr als durch Edicte und
Gesetze der Fürsten will Gott Seine Herrschergewalt offenbaren durch das
Schwert der Predigt des Worts."

Gläubigen zu besuchen, sie zu trösten durch Gottes Wort, indem sie dieselben belehren, wie Alles aus der höchsten, besten Hand komme. Der Prediger wird hiezu die schicklichsten Sprüche wählen. Wenn er die Leidenden in Todesgefahr findet, soll er sie ihrem Seelenzustand gemäß behandeln: sind sie voll Angst und Bangigkeit, so zeige er ihnen, daß der Tod für den Christen nichts Grauenhaftes sei, da er Christum als Führer durchs finstre Thal habe, sowie zum Fürsprecher vor dem Richterstuhl Gottes. Sind sie aber durch das Gefühl der Sünde nicht genug erschüttert, so muß er ihnen erklären, was das Gericht Gottes sei, vor welchem sie nur bestehen können durch Seine Barmherzigkeit, indem sie Christum als ihr Heil umfassen. Sind sie im Gegentheil über ihre Sünden erschrocken und zerschlagen, so male er ihnen Christum recht lebendig und klar vor, wie zu Ihm alle armen Sünder, die kein Gutes in sich selbst finden, getrosten Muth fassen dürfen. Je nach dem Geiste, der sich vorfindet, muß ein rechter Geist= licher das Wort des Herrn hier theilen. Und bemerkt er Etwas, wo= durch der Leidende leiblich erquickt werden kann, so soll er es möglichst beischaffen; um in Allem ein Beispiel wahrer Liebe zu geben." Als die Pest die Stadt verheerte, mußte es Calvin durch einen förmlichen Befehl des Rathes niedergelegt werden, das Krankenhaus zu besuchen, „weil Amt und Kirche seiner nicht entbehren könnten." Daß es diesem Manne ein Geringes war, sein Leben im Dienste der Wahrheit und Pflicht in die Schanze zu schlagen, mußten die Genfer ohnehin bei genug Anlässen der drohendsten Art aufs Schlagendste zu empfinden bekommen. Wie er kein Ansehen als das Gottes kenne, bewies er fort= während mit der unpartheiischen Strenge, die er gegen die Vornehmsten und Reichen, ja sogar gegen Befreundete, denen er sich verpflichtet fühlen mußte, gerade so unerbittlich nach dem Gesetze walten ließ, wie gegen die Geringsten, Aermsten und Gleichgiltigsten. Aber nicht nur auf geistlichem Gebiete bekam Genf, es mochte wollen oder nicht, die tiefsten Eindrücke davon, daß dem Terrorismus dieses Gewaltigen eine heilige, erzieherische Liebe zu Grunde liege. Nein, seine Fürsorge und Hingebung für das Wohl der Stadt erzeigte sich ebenso auf zeit= lichem Gebiete. Als die Stadt einmal belagert zu werden fürchten mußte, gab er allen Bürgern das Beispiel, indem er selbst, obgleich noch unter den Nachwehen einer kaum überstandenen Krankheit leidend, mit den Professoren und Predigern an den Festungswerken arbeitete.

Als die schrecklichen Seuchen nicht aus den Mauern weichen wollten, setzte er es durch, daß der Unrath aus den Häusern und Gassen regelmäßig fortgeschafft werden mußte, und gab damit überhaupt den Anstoß zur Reinhaltung der Stadt. Als auffallend viele Kinder verunglückten, mußte der Rath auf sein Betreiben anordnen, daß jedes Fenster „ein solides Geländer bis zur Höhe der Brust erhalten müsse." Als die Theuerung anhielt und die Armuth unter den arbeitenden Klassen immer mehr zunahm, vermochte er den Rath und legte einen ausführlichen Plan vor, die Tuch= und Sammtweberei in der Stadt auf öffentliche Kosten einzuführen, womit der Grundstein zur industriellen Bedeutung Genfs gelegt ward. Außerdem weckte und organisirte er den Wohlthätigkeitssinn der Bürger in der kräftigsten, nachhaltigsten Weise, wogegen er freilich auch wieder den Bettel aufs Unnachsichtlichste verfolgte und ausrottete. Genügt die kleine Auswahl von Exempeln nicht, um es begreiflich zu finden, daß man sich von einem Manne solcher Art auch viel gefallen lassen mochte? Durch Alles, was er that, schlug die Wahrheit seiner Aeußerung, wie eine Flamme, in die Gewissen: „Diese Gemeinde von Genf liegt mir auf der Seele, daß ich mein Herzblut für sie geben möchte." — Allein schadete nicht doch dem Eindruck von der schonungslosen Hingebung dieser Persönlichkeit die schonungslose Heftigkeit, womit sie je und je um sich griff? Calvin war sich dessen bewußt. „Es ist wahr: gegen keinen andern meiner großen und zahlreichen Fehler habe ich mehr zu kämpfen und kämpfe ich mit mehr Mühe und Noth, als gegen meine Ungeduld. Gottlob, daß meine Bemühungen nicht ganz ohne Erfolg bleiben; aber doch habe ich es noch nicht dazu gebracht, dies wilde Thier meines Zorns völlig bezähmen zu können." Eben dies, daß er gegen seine Heftigkeit ernstlich ankämpfte, einen ungebührlichen Ausbruch oftmals abbat und möglichst gut zu machen suchte, mit spürbarem Erfolg an sich arbeitete, führte vor Allem eine versöhnliche Wirkung mit sich. Sodann mußte das Gefühl aufkommen, daß man mit einem Menschen einige Nachsicht haben möge, der, von Natur so nervenschwach und durch die Arbeit so überreizt, unausgesetzt nicht nur von reißenden Wölfen, sondern auch von stechenden Fliegen angefallen und geplagt wurde. Ferner bewährte sich durch eine Menge von Exempeln sein Wort: „Wo es um meines Gottes Ehre geht, will ich lieber rasen als nicht zürnen, damit der Schimpf, womit Seine heilige Majestät befleckt wird, nicht auf mein Haupt zurückfalle. Dagegen habe ich zu allen Zeiten auch die schwersten Beleidigungen, welche meine geschwornen Feinde mir zufügten, vergessen und verge= ben. Mit Wahrheit darf ich von mir sagen, daß, wie sehr mich auch die Gottlosen als unversöhnlich verschrieen, es keinen Menschen auf der weiten Welt giebt, dem ich um einer privaten Beleidigung willen feind wäre. Du weißt selber, wie viele mich in der boshaftesten und ungerechtesten Weise angegriffen haben, während ich doch nur ihr Bestes wollte; wie schmachvoll man mich behandelt, wie grausam man mich zerfleischt hat; nun wohlan, ich darf bezeugen, daß ich nie den Wunsch empfunden, irgend Einem dieser Feinde Gleiches mit Gleichem zu vergelten, auch wenn die Gelegenheit dazu in meiner Hand lag." — Endlich, — und das gilt ebenso dem Vorwurf der Herrschsucht gegenüber — drang sicher schon damals etwas von der Erkenntniß ins Bewußtsein der Denkenden, daß ein gewisses Maß von Erregtheit und Gewaltthätigkeit für eine derartige Reformations= arbeit schlechtweg unerläßlich war. Die Billigkeit, Verträglichkeit, Nachgiebigkeit, welcher sich ein neueres Geschlecht befleißigt und rühmt, hätten zu jenen Zeiten wo möglich noch weniger als heutzutage ge= leistet. „Wer war mit ihm auf dem heiligen Berge im Sturme seiner= Zeit, wer hat die Worte gehört, die Gott zu ihm geredet? Ein neues Sinai hatte die Welt nöthig, als wiederum ein neues Lebensprincip in der Menschheit sich entfalten sollte und die Erde sich bewegte. Da hat der Herr einen zweiten Moses gesendet, einen zweiten Elias im Feuereifer, aber zugleich durchleuchtet und ausgerüstet mit dem erha= benen Geiste eines Apostels Paulus." (Henry.)

Wie äußerte sich, fragen wir drittens, der Einfluß des strengen Regiments auf die Zustände Genfs? Wir werden an eine Fabel (Emile Pagès) erinnert. Ein Diamant, unförmlich von Gestalt und mit Erde ganz überdeckt, wollte sich dereinst nicht behauen lassen: er brach unter der Hand des Steinschneiders in grimmiges Geschrei aus: „Warum versetzt Ihr mir so schreckliche Schläge? Habe ich Euch irgend ein Leid gethan? Man sagt häufig, die Natur hätte mich allzu hart geschaffen, aber Ihr fürwahr habt ein noch härteres Herz! Macht um Alles Eurer Grausamkeit ein Ende und ziehet mich gelinde aus dem Schmutze, darin ich stecke!" — „Ja, mein Freund, erwiderte der Arbeiter, ich gebe zu, daß ich Euch streng behandle.

Aber erkennet Jhr denn nicht, daß ich Euch nur deshalb so plage, um Euch einen recht lebendigen Glanz beizubringen? Es geht nicht auf sanfte Weise: wenn meine Kunst Euch nicht mit Macht reinigt und schleift, bleibt Jhr in Ewigkeit werthlos." Und obgleich der Diamant sich dadurch nicht überzeugen ließ und immerfort Schreie des Zorns und Schmerzes ausstieß, konnte sich der Steinschneider doch nicht enthalten, Hammer und Meißel auf ihm spielen zu lassen, bis er eine wohlthuende Gestalt hatte. Als er vollends fertig war und wie lauter Feuer funkelte, zog er die allgemeine Bewunderung auf sich und ein Fürst ruhte nicht, bis er ihn besaß und seiner Krone eingesetzt hatte. Da pries der Diamant den Steinschneider gar höchlich.

Wir werden allen Zügen dieser Fabel in der Geschichte Genfs unter der Hand Calvins begegnen. An das grimmige Geschrei des Widerspruchs werden wir unsre Ohren erst später zu gewöhnen haben. Allein viel Seufzen und Knirschen können wir uns von Anfang an in feste Rechnung nehmen, wenn wir lesen, wie allen Arten eingenisteter, eingefreßner Unreinigkeit und Leichtfertigkeit zu Leibe gerückt wurde. Wie mag's den Spielern zu Muth gewesen sein, wenn sie nirgends mehr eine sichere Höhle für ihre Leidenschaft zu finden wußten: wie den Wucherern, wenn sie nur noch mit Zittern einen zu hohen Zins einnehmen konnten: wie den Wollüstlingen, wenn sie ihres Gleichen unter der Peitsche oder gar auf dem Schaffot bluten sahen! Jedoch die Laster fanden es zuletzt nach zuverlässigen Berichten gerathen, lieber auszuwandern, als dem Consistorium unter die Hände zu fallen. Sogar das Wirthshausgebummel, ein sonderliches Schooßkind der Genfer, sah sich genöthigt zu weichen, wenigstens Concessionen zu machen. Calvin eröffnete ihm nemlich Gelegenheit, sich in eine anständigere Form zu wandeln: er schuf statt der Schänken sogenannte „Cercles" oder Casinos, in denen die Bürger kannegießern durften. In ähnlicher Weise wies er der Theatersucht des Volks eine edlere Befriedigung an, indem je und je Stücke, welche die Censur des Consistoriums mit Glück bestanden, aufgeführt werden durften. Die beharrliche Verfolgung des Bösen, getragen von einer beharrlichen Begeisterung für das Heilige, leistete denn auch Wesentliches, wenngleich Genf immerhin vor dem Himmel außen blieb. Der Druck fesselte nur die Kraft der Sünde, nicht die Kraft des Guten: diese entwickelte sich vielmehr schwunghaft und pflanzte in die Bevölkerung einen sittlichen

Ernst, eine religiöse Treue, eine politische Festigkeit, durch welche die=
ses Gemeindewesen auf eine Reihe von Menschenaltern hinaus als ein
ehrwürdiges Muster hervorragte. Farel, der doch gewiß nicht geneigt
war, durch die Finger zu sehen oder die moralischen Zustände rosen=
farbig anzusehen, schrieb nach einem Besuche in Genf a. 1557: „Wie
wohl hat es mir gefallen! Nicht etwa daß ich wünschte, Lehrer zu
werden an dieser großen und heilsbegierigen Gemeinde, sondern hören
und lernen möchte ich wie der Geringste im Volke.“ — Und um dieselbe
Zeit ließ sich Johannes Knox, der Reformator Schottlands, nach einem
Aufenthalt daselbst vernehmen: „In meinem Herzen habe ich immer
gewünscht, daß es Gott gefallen möge, mich nach Genf zu bringen, wo
die beste christliche Schule ist, die es seit der Apostel Zeiten auf Erden
gab. Ich gestehe, daß auch noch an andern Orten Christus in Wahr=
heit gepredigt wird: aber noch an keinem habe ich gesehen, daß sich
die Reformation auf die sittlichen und religiösen Ver=
hältnisse in dem Maße erstreckte, wie in Genf.“ Abermals
um dieselbe Zeit schildert der Graf Vergerio, der um des Glaubens
willen nach Genf geflohen war, die Zustände ausführlicher also: „Es
sind nun zwanzig Jahre, daß diese Stadt den Aberglauben und die
Abgötterei des Papstthums aus ihrer Mitte verbannte; und mit Ver=
gnügen sehe ich, wie die vornehmsten Bürger eins darin sind, diesen
glücklichen Stand der Dinge aufrecht zu erhalten und immer wirk=
samer zu machen. Ich habe viele Kirchen besucht, die sich reformirte
nennen, aber keine einzige war so vorgerückt in diesem Werke wie die
hiesige. Es giebt hier acht Geistliche, welche zusammen zehn Predigten
am Sonntage und zwei an jedem Wochentage halten, überdies noch
einen Jugendunterricht am Tage des Herrn. Zu dem Ende versam=
meln sie die Kinder beiderlei Geschlechts im Tempel und erklären ihnen
ein Stück der christlichen Lehre oder der biblischen Geschichte, über das
dann die jungen Zuhörer ihrerseits befragt werden. Alles geht dabei
freundlich, einfach, klar zu; man sieht, wie rasch die Kinder vorwärts
kommen in der Lehre des Heils und wie gerne sie diese Nahrung ge=
nießen, die zum ewigen Leben speist. Wie wenig wissen hievon unsere
Papisten und wie wenig mögen sie eine derartige Mühe auf sich neh=
men! Freilich sagen sie, es sei auch nicht nöthig, daß man von seinem
Glauben Rechenschaft zu geben wisse, es genüge, wenn man erkläre: „ich
glaube, was die Kirche glaubt.“ — Eine andere Einrichtung scheint

mir gleichfalls vortrefflich. Jeden Donnerstag treten die Geistlichen mit zwölf Bürgern zusammen, „den Aeltesten der Kirche", und wer sich nun irgend Etwas gegen die Ehre Gottes und des christlichen Be= kenntnisses hat zu Schulden kommen lassen, wird vorgefordert und nach Befinden zurechtgewiesen oder bestraft. Schlagen die Mahnungen und Belehrungen aus dem Worte Gottes nicht an, so schließt man nöthigenfalls die Betreffenden von dem heiligen Abendmahle aus, dar= unter auch die, welche in irriger Lehre beharren. Aber, werdet Ihr sagen, das ist ja eine Inquisition, wie in Frankreich, Spanien und Italien! Nichts weniger als das, sondern merket auf den Unter= schied. Jene Inquisitionen bestrafen mit Gefängniß, Galeeren und Feuer die Bekenner der reinen Lehre Jesu Christi; das Genfer Con= sistorium dagegen sucht durch Güte und Ueberzeugung die Herzen für die Wahrheit zu gewinnen und sie von den unfreiwilligen Irrthümern loszumachen, die in diesen Zeiten der verschiedensten Meinungen so schwer zu vermeiden sind. Neben der Reinhaltung der Lehre bildet auch die Reinhaltung des Lebens einen Gegenstand seiner Sorgfalt. Namentlich die ehelichen Verhältnisse werden in dieser Beziehung über= wacht 2c. Im Allgemeinen erscheint das Consistorium wie ein Pflug, der alle Wochen das Unkraut wieder entwurzelt und hinauswirft, wel= ches der alte Mensch in unsrem Herzen und im Ackerfelde des Herrn aufgehen läßt. Auch die Papisten reden, wie Ihr wisset, mit vielen und hohen Worten von dieser Reinigung; aber wie kläglich sind doch die Resultate, die bis jetzt dabei herauskommen. Ein Glück, daß Genf nicht auf sie gewartet, sondern von sich aus Hand an das Werk gelegt hat. Es wäre wahrlich Zeit, daß Alle ihm nachfolgten! — In den Gottesdiensten wird für Alles gebetet, was den Völkern zum Segen dient: für die Könige, Fürsten und alle bestehenden Obrigkeiten. Einen höchst anziehenden Anblick bietet die Stadt an den Wochentagen, wenn die Stunde der Predigt herannaht. Sobald der erste Glocken= schlag sich hören läßt, schließen sich alle Buden, jedes Gespräch hört auf, jedes Geschäft wird abgebrochen und von allen Seiten eilt man in das nächste Gotteshaus. Dort zieht Jeder ein kleines Buch aus der Tasche, das die Psalmen auf Noten gesetzt enthält, und aus vollem Herzen, in ihrer Muttersprache, singt daraus die Gemeinde vor und nach der Predigt, wie es in der alten Kirche zu geschehen pflegte. All= gemein bezeugt man mir, wie viel Trost und Erbauung das gewähre.

Sind Kinder zur Taufe da, so wird die Ertheilung des Sakramentes an den Gottesdienst angeschlossen. Die Gemeinde bleibt während des höchst einfachen Actes in der Kirche versammelt. Der Vater des Neugeborenen ist dabei zugegen mit einem Freunde, der als Pathe dient. — Das heilige Abendmahl oder die Communion wird viermal des Jahres gefeiert: an Weihnachten, Ostern, Pfingsten und am ersten Sonntag des Septembers. Nichts erscheint feierlicher als diese Handlung, die in keiner der alten Kirchen würdiger kann begangen worden sein. Das Sakrament den Kranken in die Häuser zu bringen, ist nicht Sitte. Auch die Kinder dürfen erst daran Theil nehmen, wenn sie einmal im Stande sind, seine Bedeutung zu verstehen, und sich als gute Christen auch durch ihr Leben erwiesen haben. Um sich so viel als möglich über den Herzenszustand derer zu erkundigen, die zur Communion kommen, beobachten die Geistlichen Folgendes. In der Woche, die der Abendmahlfeier vorangeht, theilen sie die Stadt in vier Quartiere und gehen in Begleitung der Aeltesten von Haus zu Haus. Jeder Bewohner ohne Unterschied wird herbeigerufen und über den Zustand seines Innern geprüft, einem Jeden die ernste Wichtigkeit der heiligen Handlung vorgehalten. Finden sie Jemanden schlecht vorbereitet, so ermahnen sie ihn väterlich, sich ferne zu halten, dagegen trösten sie die erschrockenen und verzagten Gewissen und weisen Alle hin auf die Fülle und die Bedingungen der göttlichen Barmherzigkeit in Christo Jesu. — Die Gestorbenen werden auf zwei Kirchhöfen außerhalb der Stadt beerdigt. Keinerlei Ceremonien, keinerlei kostspieliger Aufwand zeichnet diese traurigen Tage aus. Auch ein Gottesdienst wird nicht gehalten, die Glocken nicht geläutet, die vom Staat bestellten Träger tragen einfach die Leiche hinaus, der die Verwandten und Freunde folgen. Um so sorgfältiger werden die Kranken von den Geistlichen besucht. Nicht mit ranzigen Oelen wie bei uns treten sie an die Leidenslager, sondern mit dem aufrichtenden und heiligenden Worte der Schrift, mit herzlichem Gebet und der Salbung durch die Gnade des Herrn. — Ist ein Geistlicher zu erwählen, so prüfen zuerst die Pfarrer den Candidaten über seine Lehre und ziehen nach allen Seiten hin die ernstlichsten Erkundigungen über seine Sitten ein. Wird Alles in Ordnung befunden, so stellen sie ihn der bürgerlichen Obrigkeit vor. Diese giebt ihre Zustimmung, und am folgenden Sonntag wird er nun, nach einer Predigt über die Pflichten des Geistlichen der, Ge-

meinde vorgeführt, mit der Ermahnung, wenn sie nichts gegen ihn
einzuwenden habe, ihn als ihren Hirten gebührend aufzunehmen. So
ging's in alten Zeiten bei der Wahl von Bischöfen zu, während jetzt
Pomp, Vergoldung, Oel und allerlei heidnische Ceremonien die Bei=
stimmung und Fürbitte der Frommen in der Gemeinde ersetzen sollen.
— Was die kirchlichen Gebäude anbetrifft, so sind sie von jedem Zei=
chen des Aberglaubens und Götzendienstes gereinigt. Man sieht nichts
darin als die Kanzel und die Sitze der Zuhörer. — Die Klöster sind
in Schulen verwandelt, in denen die Jugend, die Wissenschaften
des Lateinischen, Griechischen, Hebräischen und vor allem die des ewi=
gen Lebens lernt. So sind diese Häuser zu Pflanzstätten der Tugend
und Frömmigkeit geworden, während sie in unsrem Italien, wie ihr
Alle wißt, noch immer dastehen als die Schlupfwinkel der Sittenlosig=
keit. — Für die Armen habe ich nie in der Kirche öffentlich sammeln
sehen: kein klingender Beutel wird geschwungen. Und doch habe ich
in der Straße noch nie auch nur einen einzigen Bettler getroffen. Als
ich das Spital besuchte, so löste sich mir das Räthsel bald. Ich sah
ein, daß hier das Elend nicht nöthig habe, die christliche Liebe erst
durch allerhand öffentliche Veranstaltungen anzuflehen, sondern daß man
schon von selbst aus wahrhaft brüderlicher Gesinnung ihm entgegen=
komme. — O Genf, gelobt sei der starke Gott, der das römische Hei=
denthum ausrottete aus deinen Mauern: möge Er dir für immer den
Gottesdienst im Geist und in der Wahrheit bewahren!"

Hundert Jahre später legte der Württemberger Valentin Andreä,[*])
ein entschiedener Lutheraner, folgendes Zeugniß ab: „Bei meinem
Aufenthalt in Genf bemerkte ich etwas sehr Wichtiges, das ich ebenso=
wenig vergessen, als ich mich mein ganzes Leben darnach sehnen werde.
Außer der vollkommnen Form eines Freistaates besitzt die Republik
eine besondere Zierde an dem Sittengericht, das beständig über das
Verhalten der Bürger wacht und auch die kleinsten Ausschweifungen
rügt und zurückdrängt. Dadurch wird Alles, was das christliche Le=

---

*) Leicht möglich, daß Andreä bei seinem Gedichte: „die Christen=
burg" an Genf dachte. Siehe ein Bruchstück daraus: „Tugendspiegel,"
die geistliche Dichtung von Luther bis Klopstock, ausgewählt
und eingeleitet von P. Pressel, **pag. 283.** (Band V der ev. Volks=
bibliothek von **Dr. Klaiber.** Stuttgart, Ab. Becher, 1862.) — Das ganze
Gedicht herausgegeben von **Dr. Carl Grüneisen,** 1536.

ben trübt und stört, was zur Sünde verführt oder dem fleischlichen
Leichtsinn dient, alle dergleichen Spiele, Redensarten, muthwilligen
Dinge, Geilheit, Haß, Streit, Betrug, Geldschneiderei, Schwelgerei,
Trägheit, Grobheit, Verachtung der göttlichen Dinge verhütet, noch
mehr aber größere Verbrechen, die hier ganz ungewöhnlich und fast
unerhört sind. Eine solche Reinigkeit ziert die christliche Religion
ganz außerordentlich, ist ihr angemessen und eigen, sodaß wir ihren
Mangel bei uns nicht genug beklagen können, und alle Rechtschaffenen
an ihrer Herstellung arbeiten sollten. Entfernte mich nicht der Unter=
schied der Religion von Genf, so hätte mich die Harmonie der Sitten
an diese Stadt gefesselt." — Ein anderer Schriftsteller sagt: „hier
kann man mit Wahrheit sagen, daß sich die Gerechtigkeit und die Liebe
küssen." — Das beredteste Zeugniß legte jedoch diesem mit so scharfer
Pflugschar umgebrochnen Ackerfelde die Thatsache ab, daß Tausende
und aber Tausende, welche Gewissens halber die Heimath verlassen
mußten oder meiden wollten, aus allen Theilen der Welt hieher flohen,
hier sich niederließen, hier fröhlich aufathmeten und gedeihlich fortleb=
ten. Ließe sich das erklären, wenn nicht die Freiheit, die freilich Cal=
vin allein wollte, die evangelische Freiheit, vollauf in Genf gewaltet
hätte? Die große Bedeutung, welche die kleine Republik für die ganze
Welt gewann, bestand lediglich darin, daß sie gleichsam eine Verkör=
perung des Calvinischen Geistes und den Typus eines christlichen
Freistaates darstellte. —

Die Reformationsarbeit Calvins an Genf beschränkte sich jedoch
nicht auf kirchliche und staatliche Einrichtungen: es hätte seiner Wirk=
samkeit eine wesentliche Ader des Reformationslebens gemangelt,
würde sie sich nicht auch auf das Schulwesen erstreckt haben. Schon
Farel errichtete, vernahmen wir, noch vor Calvins erster Ankunft eine
Gemeindeschule in Genf. Es wurde ihr aber schwer, ordentlich aufzu=
kommen, und mit der Verbannung der Prediger war sie jedenfalls wie=
der untergegangen. Folglich hatte Calvin auch in dieser Beziehung
von Grund auf neu zu bauen. Wie sehr ihm die Sache am Herzen lag,
sehen wir aus der Noth, die es ihm bereitete, daß die rechten Lehrer
so schwer zu beschaffen waren. Sein früherer Rector von Paris her,
Cordier, hatte ihm früher die Hand gereicht und das Schulwesen ge=
leitet: aber die Verbannung der Prediger und die nachkommenden
Erfahrungen hatten dem guten Mann die Stadt so gründlich entleidet

daß er längere Zeit sich zu einer Rückkehr nicht mehr verstehen wollte.
Calvin bot ihm sammt einem Gehülfen, den er mitbringen sollte, um=
sonst für die ersten Monate im eignen Hause Kost und Logis an. Da=
für ließ sich ein Savoyarde, Sebastian Castellio, gewinnen: ein ganz
tüchtiger Schulmann, der aber nicht bei seinem Leisten blieb, sondern
nebenher in der Theologie eine Rolle spielen wollte, in Folge davon
mit dem Großmeister Genfs in Reibung gerieth und hiebei so eigen=
sinnig trotzte, daß seines Bleibens nicht länger sein konnte: denn dies
war einmal der Drang der Geschichte, das Gebot der thatsächlichen
Bedürfnisse und Verhältnisse, durchaus keine selbstwillige Herrschsucht,
daß Calvin einen anhaltenden, unbekehrlichen Principwiderstand nicht
ertragen konnte, wollte er das begonnene Werk hinausführen. Und
bekam er nicht genug Zeichen von oben, daß ihm dieser sein sogenann=
ter Eigensinn als ein berechtigter gutgeschrieben werde? — So schien
lange kein ganzes Gedeihen in diesen wichtigen Zweig einer heilsamen
Volkserziehung kommen zu wollen, bis er doch später noch anfing aufs
Schönste zu blühen und die reichsten Früchte zu tragen. Als die Zeit
erfüllet war, erfüllten sich endlich im Jahre 1558 auch in dieser Be=
ziehung Calvins langjährige Wünsche und Mahnungen. Das Be=
dürfniß nach einer höhern Lehranstalt klopfte allzumächtig an die
Thore Genfs: die einzige, vielbesuchte Akademie war bisher Calvin
selbst gewesen, der zu all seinen übrigen Geschäften hin noch drei Vor=
lesungen in der Woche hielt. Der Blick auf seine Schultern mag die
Herzen besonders erweicht haben, daß sie der Aufforderung zu Bei=
steuern für Gründung einer Schule, „da Bürger und Auswärtige sich
gründlich unterrichten könnten in allem Nothwendigen, besonders der
Wissenschaft von der wahren Religion," bereitwilligst nachkamen. Der
treue Mann ging selbst mit der Collecte von Haus zu Haus und hatte
bald eine so schöne Summe beisammen, daß der Bau beginnen konnte.
Derselbe stieg auch ungemein rasch empor, denn der Sammler war
nun der Treiber, und es mußte wohl Wunder thun, wenn er, weil da=
mals krank, sich auf den Bauplatz tragen ließ, um die Bauleute an=
zuspornen. Unterdessen wurden bereits die nöthigen Lehrkräfte bestellt
und der ganze Lehrplan entworfen, so daß die Akademie nach Beendi=
gung des Baues alsbald eröffnet werden konnte. Es war am 5. Juni
1559, ein hoher Festtag für Genf. Die Hauptfeier ging in der Pe=
terskirche vor sich und den Haupteindruck rief es hervor, als Calvin,

von langer Krankheit noch abgezehrter als zuvor, aber doch freude=
strahlenden Auges aufstand, um den Segen Gottes in einem brünstigen
Gebet auf das Institut herabzuflehen. Sodann verlas der Staatssekre=
tär das Statut der Anstalt und verkündigte ihren Rector in der Per=
son Theodor Beza's, der fortan Calvins rechte Hand wurde. Dieser
schloß sich mit einer Rede an die Studirenden an, welche den Grund=
geist der Akademie mit Berufung auf das Wort Plato's darlegte:
„Alle Wissenschaft, die von der Gerechtigkeit abgelöst ist, verdient nur
eine Geschicklichkeit, nicht eine Wahrheit, genannt zu werden." Schließ=
lich dankte der Gründer selbst noch Gott und Menschen. — Aus An=
laß der Jubelfeier, welche die Genfer Akademie vor 4 Jahren beging,
wurde das gesammte Statut derselben aufs Neue veröffentlicht und
können wir daraus Calvin als Pädagogen mit gleich großem Orga=
nisationsgenie kennen lernen. Es ist hinlänglich bekannt, was für eine
Schule von weltgeschichtlicher Bedeutung aus dieser Anstalt geworden
ist: die theologische Hochschule für die reformirte Welt, die Pflanz=
schule einer zahllosen Menge von Evangelisten diesseits und jenseits
des Oceans. Für Genf selbst aber äußerte sich die Wirkung in unge=
schmälerter Fülle. Die Barbaries, über welche Calvin manchmal bitter
lächelte oder jammerte, schwand schnell vor dem Lichte, das aus den
Mauern jenes Baues floß: eine solide, ächte Bildung durchdrang
bald nicht nur die obern, sondern auch die mittlern Schichten des Bür=
gerthums und verlieh diesem ein anerkanntes Uebergewicht in der ge=
sammten Lebensstellung, die Politik wesentlich miteinbegriffen. Daher
leicht zu glauben, daß den Genfern noch heutzutage kein Gebäude ihrer
Stadt nach der Kathedrale theurer ist, als dieses, das so ziemlich in
erster Gestalt erhalten ist. Ueber dem Eingang steht auch immer noch
die Schrift, welche die geheime Macht des Institutes offenbart: die
Furcht Gottes ist der Weisheit Anfang. (Psalm 111, 10.) —

So bildete ein Edelstein würdig den Schlußstein im reformato=
rischen Aufbau Genfs. Ueber das Ganze der Arbeit hat ein neuerer
Geschichtschreiber, der einer dogmatischen Befangenheit gewiß nicht
bezüchtigt werden kann, hat Michelet das Urtheil gefällt: „Die voll=
ständigste Umwandlung, die sich denken läßt, mußte mit der Stadt vor=
gehen und ist in der That mit ihr vorgegangen, damit sie das werden
konnte, was sie geworden ist: die große Leuchte, Schule und Zuflucht=
stätte der Nationen. Sich selber hat sie abschwören müssen; aus einem

Vergnügensort, einer lebenslustigen Handelsstadt sich umgestalten in die Erziehungsstätte der Heiligen und Märtyrer, in die ernste Werk- stätte, darin die Erwählten des Todes zubereitet und gestählt wurden. Das ist das Werk Calvins, der selber die vollendetste Gestalt des Märtyrerthums ist und der eiserne Gesetzgeber aus Gott."*)

2. Der Kampf.

Vier Jahre, berichteten wir, gingen ohne bedeutendere Auflehnung vorüber: eine dankwerthe Gnadenfrist für die Kelle Calvins. Aber

---

*) Ueber das heutige Genf sprach sich jüngstens Jules Levalois, ein Redacteur der Opinion Nationale, kein Gläubiger, folgender Maßen aus: „Indem meine Absicht ist, nicht ein Gemälde zu entwerfen, sondern nur den Eindruck wieder zu geben, den Genf bei einem zweiwöchentlichen Besuch auf mich gemacht, muß ich gleich den wesentlichen Charakter dieser Stadt in ihren religiösen, christlichen Geist setzen. In Genf wird der fremde, freie Denker angehaucht vom Christenthum. Anstatt, wie bei der Mehrzahl unsrer Pariser Katholiken in den Gemüthern auf keine gediegene Widerstandskraft zu stoßen, anstatt sich einer auswendigen, nicht in- wendigen Glaubensformel, einem Gedächtniß, nicht einem Gewissen ge- genüber zu befinden, steht man in den christlich-evangelischen Kreisen Genfs vor festen, geschlossenen Persönlichkeiten, die wissen, was sie glau- ben, und glauben, was sie wissen, die sich im vollen Besitz des Warum ihres Bekenntnisses befinden und dafür in Begeisterung glühen. Das ist ein Großes, Herrliches: denn das Herrlichste auf der Welt ist doch ein aufrichtiger und seiner selbst bewußter Glaube. Und ich wurde in Genf vom Christenthume angehaucht, wenn auch nicht durchhaucht. Hier lernte ich es nicht nur in Kirchen, sondern in Menschen wirksam kennen: ich sah es seine Signatur gleichsam dem Fleisch und Geist der Glieder einer zahl- reichen Gesellschaft aufprägen. Sofern man nicht aus Eitelkeit oder Eigen- sinn ein Freigeist ist, wird man bei einem solchen Anblick nachdenklich. In der fieberhaften Erregtheit unsres Kampfes gegen den wiedererstandenen Jesuitismus fühlen wir uns nur zu sehr versucht, auszurufen: „das Christenthum ist todt." Im Gespräch mit Genfer Protestanten überzeugt man sich, daß es jedenfalls noch nicht begraben ist. — — Wenn es mir gelungen ist, eine Idee vom durch und durch sittlichen, christlichen Charak- ter des Kerns der Genfer Gesellschaft zu geben, so wird klar, daß Rousseau, im Jahre 1862, als Prophet wenig in seinem Vaterlande gilt: Genf hat in vielfacher Beziehung nicht aufgehört, die Stadt Calvins zu sein; ich zweifle stark, ob es jemals die Stadt Rousseau's werden wird." (Neue evang. Kirchenzeitung von Meßner, 1863, p. 56.)

er bekam es doch schon innerhalb dieser Zeit vielfach zu empfinden, daß er zur Durchführung seines Werks auch noch das Schwert brauchen werde. Von welcher Seite her traten Widersacher gegen ihn auf den Plan? der Bau war so geartet, daß nicht nur ein ächt menschliches, sondern auch ein ächt christliches Gefühl sich dagegen sträuben durfte: denn er beengte die persönliche Freiheit offenbar in übertriebener Weise und verstieß handgreiflich gegen das Wort Jesu: „Mein Reich ist nicht von dieser Welt." So denken wir, aber so dachte das Geschlecht jener Zeit nicht. Die Rechtschaffnen und Frommen hielten es damals ohne Bedenken und Befremden ungetheilt mit Calvin: mag ihnen je und je die Härte seines Systems ins Bewußtsein getreten sein, sie nahmen sie jedenfalls wie eine Nothwendigkeit der Verhältnisse mit in den Kauf, ohne sich in der treuesten, ehrerbietigsten Anhänglichkeit beirren zu lassen. Der Widerstand kam vielmehr von Seiten des Fleisches und Blutes her: diese löckten gegen den furchtbaren Stachel, den dieser Ascet ihnen einsenkte. Sie hatten jedoch so viel Schaamgefühl, daß sie nicht nackt herausplatzen mochten, sondern sie flochten sich erst Feigenblätter zusammen und machten ihnen Schürzen. Calvin sah in diese Arbeit hinein, als er 1544 seine Schrift gegen die Libertiner ausgehen ließ.

Diese Sekte hatte ihre eigentliche Heimath in den Niederlanden und schon Luther hatte vor ihr — „den Brüdern des freien Geistes" — aufs Ernstlichste gewarnt. Indem sie sich unter dem Namen der Spiritualen besonders in Genf einnistete, scheint sie von dem Gesetze getrieben worden zu sein, wornach die Extreme sich suchen: denn nirgends konnte sie einen vollständigern Antipoden finden. Calvin legte zunächst ihre heillose Lehre möglichst bloß. Die Hauptpunkte derselben sind nahe beisammen. „Es giebt überall nur Einen Geist, der in allen Creaturen lebt und webt, der Geist Gottes. Durch ihn wird namentlich auch der Mensch erhalten, bis er sich wieder von ihm zurückzieht: statt der Seele lebt Gott selbst in ihm: jede Lebensthätigkeit ist unmittelbar sein Werk. Außerdem fällt alles Andere ins Gebiet des Wahns, oder ist Nichts. Auch die Sünde ist, da Gott selbst Alles in Allem wirkt, nur ein leerer Wahn, der verschwindet, sobald er als solcher erkannt wird, worin die Wiedergeburt besteht (also in der Gewissenlosigkeit), und worauf die Erlösung hinarbeitet. Der Tod Christi stellt nur die Idee typisch dar, daß die Sünde getilgt und aufgehoben,

in Wahrheit und vor Gott nichts sei. Der Ausruf: es ist vollbracht!
bedeutet so viel, daß die Sünde für Ihn wie uns alle Bedeutung ver=
loren habe, Kampf gegen sie, Buße, (Ertödtung des Fleisches, Kreuzes=
aufnahme nicht mehr am Platze sei" 2c.—Die praktischen Consequen=
zen zogen sich vollends schnell. „Das Fleisch ist frei, denn der Natur-
trieb ist Gottes Ruf und des Geistes Stimme; das Eigenthum ist
eine Beleidigung der Liebe, Unrecht, Diebstahl; die gesetzliche Ehe ist
ein Unding, die Gemeinschaft der Heiligen erstreckt sich nicht nur auf
die Güter, sondern auch auf die Leiber" 2c. — So öffnete der Liber=
tinismus mit geistreicher Hand jedem ungeistlichen Gelüsten Thür und
Thor, während Calvins Bau zu einem Kerker und Grab desselben be=
stimmt war. Wer darf es Letzterem verübeln, wenn seine Schrift, seine
Predigt und Seelsorge von Ergrimmen im Geiste troffen? Die Köni=
gin von Navarra, welche sich damals an ihrem Hofe zu Nerac von
Einigen dieser Taschenspieler, Quintin und Pocquet, umgaukeln ließ,
verübelte es zwar höchlich, bekam aber dafür einen Brief zu schlucken,
dessen Verdanung etliche Beschwer kosten mußte. Höre man die Sprache
eines Gläubigen mit den Hohen der Erde: „Gnädige Frau, es thut
mir Leid, Sie betrübt zu haben, außer insofern es zu Ihrem Heile
dient. Denn eine solche Traurigkeit ist, wie Paulus sagt, etwas so
Gutes, daß man wahrlich keine Reue darüber empfinden soll, sie ver=
ursacht zu haben. Indessen weiß ich wirklich nicht, wie dies Buch Sie in
solche Bewegung bringen konnte. Sie lassen mir Ihren Eindruck mit=
theilen, wonach es gegen Sie und einige Ihrer Diener gerichtet wäre.
Was nun Sie selbst betrifft, so beabsichtigte ich gewiß nicht, irgendwie
Ihre Ehre anzutasten, oder die dankbare Verehrung zu mindern, die
alle Gläubigen Ihnen schuldig sind. Auch die königliche Majestät, zu
welcher der Herr Sie erhoben hat, wollte ich nicht verletzen, denn wer
mich kennt, weiß zur Genüge, daß ich die Fürstenthümer und die ir=
dische Hoheit und Alles was zur Ordnung dieser Welt gehört, keines=
wegs der Verachtung preiszugeben gesonnen bin. Die mit ihren Ein=
flüsterungen Ihr Herz gegen mich aufbringen wollen, können darum
im Grunde auf nichts Anderes ausgehen, als Sie von der Gemein=
schaft mit der Kirche Gottes abzuziehen und Ihnen die Lust zu neh=
men, dem Herrn Jesus in Seinen Gliedern noch weiter zu dienen, wie
Sie es bisher thaten. — Was aber Ihre Diener angeht, so werden
Sie doch Ihre Umgebung nicht höher achten als den Kreis, der einst

unserm Erlöser folgte. Und wird nicht Einer aus dessen Mitte ein Teufel genannt, während er doch an der Tafel seines Meisters saß und noch den Namen eines Apostels trug? Uebrigens habe ich nirgends darauf hingedeutet, ja vielmehr es verheimlicht, daß jene Männer mit Ihnen in Verbindung stehen. Konnte ich mehr thun? Sollte ich um dieses Umstandes willen davon ablassen, der Wahrheit gemäß und als vor Gottes Angesicht zu reden? O gnädige Frau, wenn Sie sich nur einmal davon überzeugt haben, daß ich in meinem Innersten gezwungen war, so aufzutreten, und die Sache lediglich darstellte, wie sie sich wirklich verhält, so werden Sie mich sicherlich nicht nur entschuldigen, sondern meinem Thun Ihren vollen Beifall schenken. — Ich sehe die verderblichste und fluchwürdigste Sekte entstehen, die jemals die Welt befleckte. Ich sehe, welchen Schaden sie anrichtet, welch ein Feuer sie anzündet, das Alles zu verzehren droht. Man fordert mich auf, Hülfe zu bringen, und da der Herr mich nun einmal in dies Amt gesetzt hat, so zwingt mich mein Gewissen, ihr entgegenzutreten, so gut ich es vermag. Nichts destoweniger habe ich noch ein Jahr gezögert, in der Hoffnung, daß das Uebel allmälig von selber erlöschen werde. Und wenn man nun einwirft, ich hätte ja gegen die Sache schreiben können, ohne die Personen zu nennen, so vergißt man dabei, daß ich gerade vor diesen Personen selber warnen mußte, weil sie in betrügerischer Weise ihre Lehre vortragen und durch mündliches Zureden die Seelen umgarnen und verderben. Ein Hund, gnädige Frau, bellt, sieht er seinen Herrn angegriffen werden, welch ein Feigling wäre ich, so ich stumm bliebe und keinen Laut von mir gäbe, wenn die Wahrheit Gottes in solcher Weise angegriffen wird! Ich bin überzeugt, Sie verlangen nicht, daß ich aus Rücksicht auf Sie der Vertheidigung des Evangeliums untreu werde, die Gott mir befohlen. — Wenn Sie weiterhin sagen, daß Sie keinen Diener meiner Art sich wünschten, so bekenne ich gern, daß ich allerdings noch keine großen Dienste Ihnen erwiesen habe. Denn ich hatte keine Gelegenheit dazu und Sie bedürfen derselben auch nicht. Aber an der herzlichen Neigung dazu fehlt es mir wahrlich in keiner Weise. So lange ich lebe, werde ich mich bestreben, Ihnen das darzuthun, wo Gott mir Gelegenheit dazu giebt. Und ob Sie gleich meine Dienstleistungen verschmähen, so soll mich das doch nicht hindern, Ihnen in aller Willigkeit und Demuth mich zu jeder Verrichtung darzubieten.

Nicht als ob ich im Uebrigen je die Dienste und Höfe der Könige
gesucht hätte! Es genügt mir vollkommen am Dienste des besten
Meisters, der mich angenommen und in sein Haus aufgenommen und
mir sogar ein Amt darin vertraut hat, das überschwenglich groß und
herrlich ist, wie verächtlich es auch scheine in den Augen der Welt. —
Sie schelten mich endlich schwach und unbeständig, weil man Ihnen
gesagt hat, ich hätte bei drohender Bedrängniß Dies und Jenes zu=
rückgenommen. Aber man hat Ihnen damit eine Unwahrheit gesagt.
Denn nie hat mein Herr mich in die Lage gebracht, daß ich ein öffent=
liches Zeugniß meines Glaubens abzulegen gehabt hätte. Würde Er
es gethan haben, so will ich nicht im Voraus meiner Treue mich rüh=
men, aber ich zweifle allerdings nicht daran, daß Er mir mit Seiner
Kraft beigestanden wäre, in jeder Weise Seinen heiligen Namen zu
verherrlichen. Ja, ich darf sagen, daß nichts mir elender vorkommt,
als eine Verleugnung Jesu, um Gut und Leben zu retten, und so ur=
theilte ich auch, als ich noch in Frankreich mitten unter den Verfolgun=
gen stand, wie Mehrere mir bezeugen können. Ich halte darauf, Ihnen
dies recht bestimmt zu sagen, damit in meiner Person der Namen
Gottes nicht gelästert werde. Denn ob ich gleich nichts bin, so hat es
dem Herrn nun doch einmal gefallen, mich zu Seinem Werkzeuge zu
machen, um die Kirche zu erbauen, und ich merke wohl, daß man durch
solche Verläumdungen nicht eigentlich mich, sondern das Evangelium
in mir mit Schmach belegen will. Aber ich danke Gott, der dem Sa=
tan keine solche Gewalt über mich gab, und selbst mit meiner Schwach=
heit Geduld hatte, indem Er es niemals bis zu Banden und Foltern
mit mir kommen ließ. — Und so, gnädige Frau, empfehle ich mich de=
müthig Ihrem besten Wohlwollen und bitte den Herrn Jesum, Sie
in Seiner Hut zu erhalten und durch Seinen Geist zu leiten, um
in rechter Klugheit und Beharrlichkeit Ihren heiligen Beruf zu er=
füllen."

Die Königin von Navarra ließ sich die Binde von den Augen
ziehen, denn ihr Willen war geistlich, nicht fleischlich. Wie aber, wo
Letzteres der Fall war? Da mußte ein solches System des natürlichen
Libertinismus als ein erwünschtes Banner aufgenommen werden,
unter welches der Widerstand gegen den unnatürlichen Rigorismus
mit scheinbarem Anstand sich stellen und sammeln konnte. Nicht als
ob sämmtliche Gegner, welche gegen die Calvinischen Ordnungen auf=

standen, Libertiner in dem Sinne gewesen wären, daß sie der Auf= lösung aller sittlichen und religiösen Principien, welche das System in sich barg, mit vollem Bewußtsein zugesteuert hätten. Aber vergiftet war ihre Anschauung durch die heillose Lehre, und die Schaamlosigkeit des Inhalts, welche durch die vermummenden Hüllen gleichwohl in die Gewissen eindrang, lähmte wesentlich noch die Reste von Schaam= gefühl in der Masse. Weil der Libertinismus ein ganzes Lebenssystem, wie der Calvinismus, enthielt, so bildete er auch ein Arsenal, aus dem die verschiedensten Lebensbeziehungen Waffen holen konnten, um sich im Gegensatze geltend zu machen. In buntem Gemisch sehen wir die Kämpen bald vom sittlichen und religiösen, bald vom socialen und politischen Standpunkte aus ihre Lanzen einlegen und ihre Sturmböcke vorschieben. Aber freilich einen fest gegliederten Plan und Zusammenhalt konnte eine Parthei, deren oberstes Princip gegen göttliche und menschliche Autorität, Ordnung und Disciplin anlief, nicht bewerkstelligen. Der Krieg, welcher mit dem Jahre 1546 gegen Calvin losbrach und bis 1555 anhielt, ist ein Guerillakrieg: eine Reihe von Angriffen, Scharmützeln, Belagerungen mehr oder weniger gefährlicher Art. Um so interessanter ist es, den Felsen, gegen den alle diese Wogen braußten und brandeten, in unerschütterlicher Festig= keit und Gleichheit dastehen zu sehen. Es kommen dabei freilich auch seine schärfsten Zacken und starrsten Adern erst recht zum Vorschein, oft in der wehthuendsten Weise: trotz alledem wird schließlich der Ein= druck haften müssen, daß dieser Fels ein Petrus war, auf welchen der Herr eine den Pforten der Hölle unüberwindliche Gemeinde bauen wollte.

Der Ausbruch der Feindseligkeiten erinnert an den Aufruhr der Ephesier gegen Paulus, vom Goldschmiede Demetrius angefacht. Ein vornehmer Herr, Namens Peter Ameaux, sah durch das neue Regi= ment seine Kartenfabrik ruinirt und fing nun aufs Pöbelhafteste ge= gen Calvin zu poltern an. Seine Frau blieb nicht zurück: sie äußerte ihr libertinisches Bekenntniß mit den frechsten Reden und Thaten. Das Consistorium übergab das Ehepaar, das sich der kirchlichen Be= hörde nicht fügen wollte, der Obrigkeit und diese erkannte auf eine mehrtägige Gefängnißstrafe, ließ sich aber, weil Ameaux bei seinen Gesinnungsgenossen gräulichen Lärm schlug, einschüchtern und ver= langte nur, er solle im Stillen auf dem Rathhaus Abbitte thun.

Calvin erhob sich mit Macht gegen eine solche Schwäche und erklärte dem Rathe, derselbe müsse, lasse er Ameaux so gelinde durchkommen, die Prediger wegen ihrer bisherigen Lehre und Praxis in Anklage= stand versetzen. Letzteres wollten nun die Herren doch nicht riskiren und verurtheilten endlich den Lästerer zur großen Kirchenbuße: er mußte im Hemde, mit bloßen Füßen, eine Fackel in der Hand und von den Gerichtsdienern geführt, durch die ganze Stadt ziehen, zuletzt auf öffentlichem Platze niederknieen und mit lauter Stimme um Verzei= hung flehen. — Die Parthei begann über diese Demüthigung zu schäumen und zu toben, wie vor Vertreibung Calvins; das Getümmel nahm derart überhand, daß die bewaffnete Macht aufgeboten und ein Galgen auf dem Platze von St. Gervais aufgerichtet wurde. Dies wirkte für den Augenblick, jedoch nur für den Augenblick.

Kurz darauf eröffnete eine Patricierfamilie, welche auf altes Ansehen und Verdienst pochen zu dürfen glaubte, ihren wechselvollen Feldzug, in welchem sich sittliche und politische Antipathieen gegen den französischen Gesetzgeber und Herrscher Genfs durchkreuzten. Der Oberhauptmann Ami Perrin war mit einer Tochter des alten Favre, der für die Freiheit des Staates mit Auszeichnung gefochten hatte, verheirathet. Diese Tochter schien von ihrem Vater hauptsächlich den Hang zur Liederlichkeit geerbt zu haben. Sie veranstaltete eines Tags in ihrem flotten Hause einen jener ausschweifenden Bälle, um deren willen die Ordonnanzen das Tanzen überhaupt niederlegen zu müssen glaubten. Etliche Mitglieder des Rathes betheiligten sich selbst bei der Ueberschreitung des Verbotes, der ersten seit fünf Jahren. Das Consistorium schritt sogleich ein, ließ alle Theilnehmer verhaften und ins Verhör nehmen. Da schüttete der alte Favre seinen ganzen Grimm über Calvin aus: Was dieser predige, sei Alles erlogen, er wolle Freie zu Sclaven machen, die Leute zwingen, vor ihm auf die Kniee zu fallen. Als man den Wüthenden ins Gefängniß abführte, schrie er durch die Straßen: „Freiheit, Freiheit, Calvin plagt Euch mehr als vier Bischöfe, aber ich wenigstens will ihn nicht als Herrn anerkennen — tausend Thaler für den, der eine allgemeine Volksversammlung ausruft!" Indessen geiferte Madame Perrin im Verhöre ähnlich gegen Calvin: „Elender Mensch, du willst die Favre's zu Grund richten, du willst unser Blut trinken: sei aber gewiß, du wirst noch vor uns Genf verlassen!" — „Hierauf, erzählt Calvin selbst brieflich, antwortete ich, wie es mir recht schien und sie es verdiente. Ich fragte, ob ihr Haus hochheilig und von den Gesetzen entbunden wäre? Der Vater war schon eines Ehebruchs überwiesen, einen zweiten waren wir auf der Spur zu beweisen, von einem dritten redet man viel. Der Bruder hatte den Rath und uns öffentlich verachtet und verhöhnt. Endlich fügte ich hinzu, sie möchten sich, wenn sie sich hier nicht unter das Joch Christi beugen wollten, anderswo eine Stadt bauen. So lange sie in Genf wären, müßten sie sich den Gesetzen Genfs fügen. Denn wenn auch so viele Diademe im Hause der Favre's wären, als wüthende Köpfe, so würde das doch nicht verhindern, daß Gott der Herr bleibe." — Perrin selbst war der Untersuchung nach Lyon ent= flohen. Ihm gegenüber hatte Calvin mit Erinnerungen zu kämpfen: der leichte, ehrgeizige, erst nach und nach frivol und bösartig werdende Mann hatte einst eifrig für die Reformation und namentlich auch für die Rückberufung Calvins gewirkt. Der Letztere gab sich daher längere Zeit alle Mühe, ihn gütlich zu gewinnen, und schrieb ihm auch jetzt in freundschaftlichem Tone, er möge doch heimkommen und sich zur Be= strafung stellen. „Warum Du das nicht willst, sondern als Flücht= ling Dich ferne hältst, begreife ich nicht. Wir dürfen doch nicht dop= pelt Maß und Gewicht haben, am allerwenigsten in der Kirche Gottes. Im Uebrigen kennst Du mich und weißt, daß das Gesetz meines himmlischen Vaters mir so theuer ist, daß kein Mensch in der Welt mich dazu bringen könnte, Etwas davon fahren zu lassen. Nichts= destoweniger bin ich gerne dazu bereit, indem ich zur Erbauung der Kirche und um Deiner eigenen Seele willen dem Rechte seinen Lauf lassen muß, doch Deinen Namen, Deinen Stand und Dein Wohl so= viel als möglich zu schonen. Aus Deinem Hause gehen freilich recht unerfreuliche Dinge aus: „„Ich solle mich hüten, heißt es dort, das schlummernde Feuer nicht anzublasen, sonst könnte mir noch Aergeres widerfahren als bisher."" Aber dergleichen Drohungen bewegen mich wenig: bin ich doch nicht um Ehre oder Gewinns willen nach Genf zurückgekehrt und werde mich persönlich kaum darob grämen, wenn ich es wieder verlassen muß. Die Sorge für Kirche und Staat hat mich zur Wiederkehr bestimmt, und führt Ihr wirklich Etwas gegen mich im Schilde, so kann ich nur sagen: was Du thun willst, das thue bald! So lange ich aber noch an meiner Stelle bin, soll weder Mißhandlung noch Undankbarkeit an meiner Pflicht mich irre machen, und nur mit meinem letzten Athemzug will ich aufhören, für diese Stadt zu sorgen und zu wirken, so lange Gott mir befiehlt, in ihr zu leben." — Perrin kam in der That, stand seine Strafe aus und schien die dargebotne Hand Calvins versöhnlich zu ergreifen. Allein die eigne Eitelkeit und der Einfluß dieser Favre's, die sich rühmten, die Gewalt bald wieder in ihrer Hand zu haben und dann den ausgewiesenen Dirnen an den vier Enden der Stadt Paläste bauen zu wollen, warfen ihn doch wieder ins Lager der Feinde, bis er sogar deren Führerschaft übernahm. Auch mit den Favre's schloß Calvin einen Frieden, freilich einen unliebsamen. Als sie ihre sittenlose Wirthschaft fortsetzten und das Consistorium sie zur Rechenschaft ziehen wollte, versagte der Rath, von der einflußreichen Familie und ihren Anhängseln bestürmt, das gesetzliche Verfahren. Es kam vielmehr zu einem Bescheide, den Calvin diesmal mit Rücksicht auf einige ungestüme, herausfordernde Bewegungen seiner Collegen hinnehmen zu müssen glaubte: „Es ist beschlossen, daß der Streit und Haß zwischen den Geistlichen und der Familie Favre gütlich beigelegt werden. Doch soll der genannte Favre in Zukunft Gott und der Gerechtigkeit gehorchen wie jeder andere Bürger und sich möglichst bestreben, sein Leben zu bessern. Solche Versöhnung geschah denn auch im Consistorium, nachdem die Geistlichen nicht hart geredet, sondern gute und freundliche Vorstellungen gemacht hatten." — Ein derartiges Abkommen hätte ganz übel nachwirken können, wenn nicht die Favre's dafür gesorgt hätten, daß der Rath sich ermannen mußte: Vater und Tochter fuhren fort, den Gesetzen in einem Grade Hohn zu sprechen, daß sie Beide, während Perrin sich auf Reisen befand, der Stadt verwiesen wurden.

Tags darauf besteigt Calvin die Kanzel und findet hier einen Zettel folgenden Inhalts liegen: „Du und die Deinen, Ihr verteufelten Priester, packet Euch, sonst trifft Euch endlich gewiß der Rache Schwert: wir dulden Euch Herren nicht länger, die der Möncherei entlaufen sind, um hier eine Tyrannei aufzuschlagen." — Der Ernst der Lage war deutlich zwischen den Zeilen zu lesen. „Jetzt haben wir auf Tod und Leben zu kämpfen." Der Rath leitete sogleich eine strenge Untersuchung ein und kam dem Wolfe bald auf sichere Fährte. Ein gewisser Jacob Gruet hatte sich längst als eifrigster Partheigänger der Libertiner bemerklich gemacht. Jetzt fand man unter sei-

nen Papieren allerlei Schmähartikel gegen Calvin, einen Aufruf an
„das souveräne Volk", worin dasselbe aufgefordert wird, das Regi=
ment des melancholischen Zwingers abzuwerfen, und müßten Ströme
Blutes darob fließen, ferner Briefe an savoyische Notabeln, worin ein
politischer Restaurationsplan gegen die errungene Unabhängigkeit
Genfs verhandelt wurde, endlich Manuscripte voll Hasses gegen alles
Heilige. Die Beweise, daß Gruet einen Hochverrath an den zeitlichen
und ewigen Grundlagen der Republik angezettelt habe, erschienen voll=
ständig, er selbst legte auch, freilich auf der Folter, ein Geständniß
ab und er wurde nach den Gesetzen am 26. Juli 1547 auf dem
Schaffot enthauptet. Etliche Jahre später verbrannte der Henker noch
seine weiter aufgefundenen gotteslästerlichen Manuscripte öffentlich,
nachdem Calvin ein Gutachten gestellt hatte: „Es handelt sich nicht
nur um Schmähungen der Religion, sondern um Ruchlosigkeiten, *)
bei denen uns die Haare zu Berg stehen müssen und das ganze Land
um Abwendung des Fluches zu flehen hat. Laut aussprechen möchte
sich der Rath noch einmal, daß Gruet durch ein gerechtes Gericht hin=
gerichtet worden, damit die Rache Gottes nicht über uns bleibe und
für die Anhänger der teuflischen Sekte ein flammendes Exempel sta=
tuirt werde."

Allein diese erste blutige Verfolgung erhitzte vielmehr das böse
Blut der Parthei um so mehr. Man suchte sie nur als eine persön=
liche Rache oder als das Schnauben des religiösen Fanatismus dar=
zustellen und die politische Seite des Verbrechens ganz auf die Seite
zu schieben. Die Polizei kam förmlichen Comploten zur Ermordung
der Prediger auf die Spur, diese wurden auf den Straßen, wo sie sich
sehen ließen, beschimpft, bedroht, beworfen, auf Calvin hetzte man die
Hunde und benannte dieselben mit seinem Namen, ihm selber aber
schrie man „Cain" nach. Er hielt sich freilich vor, daß „gegen Moses
und die Propheten noch andere Empörungen angestiftet worden, daß
uns derartige Prüfungen nöthig, heilsam seien, daß man es nur um
so fester mit dem Herrn zu halten habe, um fröhlich und getrost zu

---

*) Das Schimpfen auf Christus, die Apostel und Propheten, die
10 Gebote und Glaubensartikel, auf alles Göttliche und Geistliche, über=
steigt wirklich jede nur erdenkliche Gemeinheit: es ist gewiß nie ein nie=
derträchtigerer Atheismus und Materialismus ausgespieen worden.

sein" 2c. Er bezeugte auch auf der Kanzel: „Wollte ich meiner Nei= gung folgen, so würde ich Gott bitten, mich wegzunehmen: lieber heute als morgen. Denn Euer Unwesen ist zu arg und toll. Und dabei wollen wir uns noch rühmen, eine Reformation begründet zu haben, während Blinde unsre Nichtswürdigkeit greifen können. Aber was gilt mir jede Rücksicht auf meine eigne Person? Ich und wir Alle werden nicht ablassen, unsre Pflicht zu erfüllen und Haus und Kirche zu reinigen von Jeglichem, was der Gnade Gottes unter uns im Wege steht." — Doch fehlt es auch nicht an Spuren — wir be= grüßen sie —, wonach er in andrer Menschenkinder Art den frischen Muth sinken fühlte. Er sagt es offenbar nicht nur seinem Freunde Viret, sondern mit Absicht auch sich selbst: „Ich will nicht Alles merken, was die Feinde gegen mich versuchen. Sie würden glauben, schon gesiegt zu haben, wenn sie irgend ein Zeichen von Furcht bei mir wahrnähmen. Es giebt sicher nichts, was ihren Angriff mehr bricht und die Guten mehr anfeuert, unsre Sache zu vertheidigen, als mein festes Vertrauen."—Ebenso läßt uns eine Aeußerung an Farel den Kampf fühlen, aus dem er sich die erhabene Ruhe erobern mußte: „Du mahnst mich zu beständigem Ausharren. Nun rauben mir zwar die Mühen und Gefahren den Muth nicht; aber das Gewirr der Zu= stände macht mich doch bisweilen so rathlos, daß ich wünsche, Gott möchte mich entlassen. Ein thörichter Wunsch, wirst Du sagen, und ich gestehe es selbst. Aber seufzte nicht auch Moses, das herrliche Vor= bild in der Geduld, über die allzuschwere Bürde seiner Schultern? Durch solche Gedanken werde ich stark angefochten, und ich habe Mühe, ihnen recht zu widerstehen. O daß Viret oder Du mir zu Hülfe kämest!"—Ja er spricht sogar einmal offen aus: „Ich zweifle daran, die Kirche noch länger aufrecht erhalten zu können, wenigstens durch meine eigenen Anstrengungen." — Keinenfalls konnten aber solche Anwandlungen seine Thatkraft im Geringsten schwächen, wenn es galt, für die Sache einzustehen. Davon legte er um diese fatale Zeit eine genügende Probe ab. Ami Perrin war von der Reise heimgekehrt und als er seine Frau sammt dem alten Favre nicht antraf, machte er sich grimmig auf, holte die Verbannten auf eigene Faust zurück und ließ dem Rathe melden, dies Mal ihn noch für diese Schmach schonen zu wollen, in Zukunft würde er aber seinen Feinden den Fuß auf den Nacken zu setzen wissen. Die Syndici sprachen einen Verhaftsbefehl und eine Anklage auf Hochverrath über ihn aus. Allein es erhob sich ein so furchtbarer Sturm in der Stadt, daß der Rath beschloß, Perrin wieder der Haft zu entlassen und nur seiner Würden zu entsetzen. Das Zugeständniß half nicht nur nichts, sondern schadete: die Libertiner trotzten noch weit übermüthiger jeder Ordnung, praßten, lärmten, tanzten, fluchten, daß die Mauern Genfs von höllischem Getümmel wiedertönten. Oeffentlich erscholl die Drohung, die Geistlichen schlage man todt, wenn sie sich wieder mit ihren Einsprachen hervorwagen würden. Calvin forderte seine Amtsbrüder auf, sich in feierlichem Zuge aufs Rathhaus zu begeben, um die Wahrung und Vollziehung der Gesetze zu verlangen. Tobende Volkshaufen werfen sich dem Zug in den Weg, stoßen und zerren die Prediger hin und her, umringen auch Calvin. Dieser beschwört sie, wollten sie Blut vergießen, mit dem seinigen zu beginnen, und bricht sich, da Niemand ihn berührt, Bahn in die Versammlung der Zweihundert. Sein Erscheinen bläst hier den Partheihaß zu hellen Flammen an, die Schwerter werden gezückt und „hätte er nicht im eigentlichsten Sinne des Worts sein Haupt zwischen die entblößten Klingen gehalten, so wäre das entsetzlichste Blutbad unvermeidlich gewesen." Endlich kommt Calvin zum Wort: „Ich weiß, daß ich die oberste Ursache aller dieser Kämpfe bin. Will man mich tödten, ich bin bereit; will man mich fortjagen, ich bin bereit: versucht es noch einmal, Genf ohne das Evangelium zu retten!" Da wirds leiser, immer leiser. Ueber eine Weile tauchen Stimmen auf, nach und nach werden sie zu einem Chor: „Vergessen, verzeihen, vertragen!" Es wird eine allgemeine Versöhnung beschlossen. Die Prediger glauben sich im Blick auf die nahe Abendmahlsfeier nicht sperren zu dürfen. Calvin beantragt sogar, Perrin möge in seine Würden wieder eingesetzt werden, dieser tritt vor und streckt seinem hochherzigen Gegner die Hand dar. Großer Jubel dringt aus dem Rathhaus in die Stadt. Die Regierung will gar Calvin durch eine Gehaltserhöhung belohnen: er bittet aber, das Geschenk unter seine Collegen zu vertheilen, die es nöthiger hätten.

Die Scene war keine Komödie, es war eine wirkliche Rührung, nicht weniger und nicht mehr. So schaffte sie auch fast ein Jahr lang Ruhe. Allein zu einem innern, wahren Austrag war der Streit keineswegs gekommen und unter der glatten Oberfläche der Wasser wühlten die Libertiner eifrigst fort. Was insbesondere die Stellung Calvins schwächen, gefährden, untergraben konnte, wurde begierig aufgegriffen und sorgsam aufgezogen. So ließ man z. B. der häßlichen Intrigue eines gewissen Trolliet vollen Lauf. Dieser junge Mann aus Genf war ein Eremit in Burgund gewesen, zum reformirten Bekenntniß übergetreten und alsbald vom Rathe zur ersten offnen Pfarrstelle in seiner Vaterstadt vorgemerkt. Hiegegen that Calvin Einsprache und sollte sie büßen. Der Beleidigte machte sich an einen Diener Virets und gelangte durch denselben in den Besitz etlicher Briefe Calvins, worin über die Genfer ärgerliche Ergüsse standen: „das Volk miß= brauche die Freiheit zu einem Deckel der Bosheit und der Rath sei so heuchlerisch gesinnt wie die andern, es sei wenig Gutes von ihm zu hoffen." Trolliet verbreitete nun solche Stellen und richtete damit eine so ernste Mißstimmung an, daß Virets und Farels „des Vaters" Dazwischenkunft nöthig wurde. Der Letztere setzte seinen „Kindern" den Kopf endlich zurecht: „Bedenket, was Ihr an Meister Calvin habt: wer bekämpft den Antichrist so gewaltig wie Er? Und wenn sich die größten Männer, wie Luther und Melanchthon, von ihm zanken lassen mußten, wollt Ihr Euch nicht auch ein herbes Wort von ihm gefallen lassen?" — Allein Viret und Farel mußten wieder auf ihre Posten zurück und Calvin war aufs Neue die Zielscheibe einer Unzahl von Gehässigkeiten: er mußte beim Rathe klagen, daß er überall, wo er stehe und gehe, mit den wüstesten Schimpfreden überschüttet werde. Unter bedenklichen Anzeichen rückte mit dem Jahre 1549 eine neue Rathswahl heran. Doch übertraf ihr Ausfall noch jede Befürchtung: denn siehe da aus der Urne ging Ami Perrin als Präsident der Re= gierung hervor und die große Mehrheit des Rathes bestand jetzt aus Libertinern. Alles schien verloren, die Geistlichkeit und ihre Gesin= nungsgenossen meinten die Waffen strecken zu müssen. Calvin erklärte, man müsse gerade jetzt mit erneuter Entschiedenheit auftreten, eine Proclamation ans Volk aufsetzen und sie dem Rathe mit der Anfrage überreichen, ob er sie nicht zugleich in seinem Namen erlassen möchte? Der Rath — sei's aus Bestürzung, sei's aus Berechnung — erklärte sich wahrhaftig dazu bereit und ertheilte dem merkwürdigen Schrift= stück seine Sanction. „Nach dem Beispiel der guten Könige und Obrigkeiten der alten Kirche erklären wir der Stadt unsern tiefen Un= willen, daß die heiligen Gebote des göttlichen Worts und die daraus enthobenen Ordonnanzen hiesiger Ordnung so vielfältig mißachtet und übertreten werden." — Allerlei Verderbniß reiße ein, das römische Unwesen tauche wieder auf, Unglaube, Aberglaube, Zauberei, Läste= rung, Trunkenheit, Ueppigkeit, unzüchtige Gesänge, Spiel, übertriebene Kleiderpracht, Hurerei, Wucher, Betrug und dergleichen mehr rufen den Zorn Gottes auf die Gemeinde, wenn nicht gesteuert würde. — „Darum erklären wir unsern festen Willen, mit ganzem Ernst und Fleiß Groß und Klein, Hoch und Niedrig zu einem christlichen Le= benswandel zurückzuführen, und befehlen einem Jeden, wer er auch sei, nach Stand und Gelegenheit hiezu die Hand zu bieten. Die Fa= milienväter sollen ihre Häuser überwachen und Kinder und Gesinde zu Kirchenbesuch und Gottesfurcht anhalten. Die Beamten sollen auf strenge Beobachtung der Gesetze halten und bei ihrer Vollziehung vor keinem Ansehen der Person, vor keiner Gefahr einer Unruhe oder Empörung sich scheuen. Den Predigern wird besonders aufgetragen, ihres Amtes mit vollem Ernst zu warten und noch eifriger als bisher zu lehren, zu ermahnen, die Sünde zu strafen, sich durch keine Menschenrücksicht binden, sondern sich allein von ihrer Pflicht gegen Gott und das gemeine Beste lenken zu lassen."

Der glaubenskühne und glaubenskluge Handstreich ermuthigte einerseits die Calvinisten in und außer Amt, bändigte andrerseits die Libertiner in und außer Rath. Es trat wieder eine Pause ein, „ein Waffenstillstand, den die Gnade Gottes selber für Calvin in diesem Jahre vermittelte, worin das schwerste häusliche Leid ihn traf, der Tod seiner ausgezeichneten Frau" (Beza). Vielleicht machte es auch einigen Eindruck, daß der Getreuesten Einer, Raoul Monet, die Frei= heit des Fleisches in die eigenen Familien der Rathsherren hineinspie= len ließ: jedenfalls unterzeichneten sie bereitwillig sein Todesurtheil, als ihn das Consistorium wegen eines Bilderbuchs, worin er biblische Scenen auf die frechste, obscönste Weise travestirt hatte, zur Bestra= fung übergab. Auch in einem andern Streite ließ der Rath die Rechts= kraft der Ordonnanzen nicht fallen. Diese verboten nemlich die Fort= setzung gewisser Taufnamen (Claudius, Balthasar, Engel, Sonntag, Allerheiligen ꝛc.), an welche sich abergläubisches, zauberhaftes Wesen aus der katholischen Zeit hinrankte. Einer Anzahl von Eltern und Pathen fiel es nun plötzlich ein, dies Verbot als einen brutalen Ein= griff ins Privatrecht abgeschafft zu wünschen und die Prediger, welche daran festhielten, zu verklagen. Der entscheidende Spruch lautete jedoch im Allgemeinen zu Gunsten des Verbots und machte überdem der Ge= wohnheit ein Ende, die Täuflinge mit Musik und Trommelschlag in die Kirche zu bringen. — In andern Beziehungen ward freilich mehr als ein Auge zugedrückt. Die rohen Massen, welche der Instinkt von der Wahlverwandtschaft mit den dermaligen Gewalthabern überzeugte, trieben einen raffinirten Muthwillen mit den Personen der Prediger: Calvin selbst konnte von seinen andächtigen Zuhörern in der Vorle= sung oft kaum verstanden werden, denn draußen lärmte, pfiff, heulte übertäubend eine Bande von ältern oder jüngern Straßenjungen. Auch in die Kirche verpflanzten die Libertiner bei Gelegenheit ihren frivolen Spuk. „Diese Uebel ertrug Calvin, da er ihnen nicht abzu= helfen vermochte, mit stiller christlicher Ergebung und einer unüber= windlichen Geduld" (Beza). —

Ohne Zweifel, weil mit solchen Bübereien und Teufeleien nichts auszurichten war, versuchte sich nun die Feindschaft auf andern We= gen. Scheinbar aus dem eignen Lager, dem des Glaubens, sollte Cal= vin Herzstöße erhalten. Zuerst gelüstete es einen frühern Carmeliter= mönch, Hieronymus Bolsec, der als Convertit 1551 nach Genf ge= kommen war, sich seine Rittersporen durch einen Angriff auf die Calvinische Rechtgläubigkeit zu verdienen: insgeheim und öffentlich suchte er namentlich die Prädestinationslehre in ihrer Verkehrtheit und Gefährlichkeit nachzuweisen. Vergeblich warnte ihn das Consisto= rium, vergeblich bemühte sich Calvin selbst, ihn seines Unverstands und Mißverstands zu überführen, vergeblich gaben die Schweizer Kirchen, auf die er sich als auf mit ihm Einverstandene berufen hatte, ein Votum gegen ihn ab — er polterte und kollerte fort, bis er bei Vermeidung von Prügeln des Genfer Gebiets verwiesen ward. — Bolsec suchte rasch das Weite*): aber in manches Gemüth hatte er doch Mißtrauen ausgesäet und insofern spürbar Etwas geleistet. Das Streitroß, von dem er abgesetzt worden, bestieg daher gleich darauf

---

*) Er ging später zum dicksten Katholicismus zurück und schrieb aus Rache „Histoire de la vie etc. de Jean Calvin par Hieronymus Bolsec, Paris 1577." Obgleich diese Schrift längst als ein wüster Lügensumpf nachgewiesen ist, schöpft daraus doch fortwährend katholische und ander= weitige Gehässigkeit ihre Schmähungen gegen Calvin.

(1552) jener Trolliet, von deſſen ritterlicher Geſinnung wir bereits ein Müſterchen gekoſtet. Feierlich trat er vor den Rath, um Calvin der Keßerei anzuklagen: Gott werde zum Urheber der Sünde gemacht und eben damit die perſönliche Verſchuldung des Sünders aufgehoben. Der Rath maß der Anklage die ernſteſte Bedeutung zu und zog den Angeklagten in einer Weiſe zur Verantwortung, daß der beſſere Theil der Bürgerſchaft laute Einſprache erhob und auf Berufung Virets und Farels drang. Dieſe Beiden erſchienen auch wirklich und mußten ihr ganzes Gewicht in die Waagſchale werfen, um wenigſtens einen leidlichen Beſcheid herbeizuführen, wonach Calvins Lehre als ſchrift= mäßig anerkannt, zugleich aber auch Trolliet's Ehrenhaftigkeit bezeugt wurde.

Kein Wunder, daß den Libertinern bei ſolchen halben Maßre= geln ſeitens der Obrigkeit der Kamm ſtets höher ſchwoll. „Die Un= ordnungen nahmen mit dem Jahre 1553 unglaublich überhand. Die Aufrührer griffen zu allen Mitteln und machten die äußerſten An= ſtrengungen. Beinahe wäre es ihnen gelungen, die Kirche und das Gemeinweſen völlig zu zerſtören, denn nachdem ſie durch ihre Dro= hungen und ihre Ueberzahl alle Diejenigen unterdrückt hatten, welche die Freiheit unterſtüßen wollten, ſtießen ſie die ihnen entgegenſtehenden Mitglieder aus dem Rathe, ſchafften die Edicte ab, auf denen der ge= genwärtige Stand der Dinge beruhte, entwaffneten alle Freunde (die Glaubensflüchtlinge) und trieben es, als hätten ſie ſchon die unum= ſchränkte Herrſchaft in Händen, nach der ſie eingeſtandner Maßen ſtreb= ten" (Beza). — „Sie ſind in offenbarer Verſchwörung gegen uns, ſie werden einen Aufſtand erregen. Offenbar will der Herr uns von aller menſchlichen Hülfe entblößen, damit wir auf Ihn allein uns verlaſſen" (Br. C.). —

Der Aufſtand brach wirklich aus. Philibert Berthelier, Sohn des politiſchen Märtyrers, glaubte längſt in ähnlicher Weiſe wie die Favre's den Geſeßen gegenüber eine Ausnahmeſtellung beanſpruchen zu dürfen und ſoppte namentlich das Conſiſtorium aufs Unverſchäm= teſte. Um ſeines leichtfertigen troßigen Wandels willen endlich excom= municirt, klagte er beim Rathe und ſeßte es durch, daß dieſer ihm ohne Weiteres erlaubte, ſich bei der nächſten Communion zu betheili= gen. Das hieß dem beſtehenden Kirchenprincip und Kirchenbeſtand die Hauptſehne vollends durchſchneiden. Calvin eilte vor den Rath und rief Gott sammt den heiligen Engeln zu Zeugen an, daß er sich eher schlachten lassen werde, als diesen rechtswidrigen Eingriff der Staatsbehörde dulden. Der Rath ließ sich nicht umstimmen, vermahnte aber doch Berthelier unter der Hand, auf sein Recht diesmal noch zu verzichten. Allein er erschien mit seinem Gefolge stattlich in der Peterskirche und setzte sich nahe dem Abendmahlstisch. Calvin predigte: zuerst ganz ruhig und unanzüglich, gegen den Schluß erst hob er in schärfern Sätzen das Gericht eines unwürdigen Abendmahlgenusses hervor und faßte sich endlich persönlich: „Was mich betrifft, so kennet Ihr meinen Muth, ein erflehtes Gnadengeschenk; und so lange ich hier bin, werde ich ihn bewähren, wie es komme. Ich weiß keine Regel für mich, als die meines Meisters, und sie ist mir klar. Schon Chrysostomus hat uns gelehrt, lieber sterben als die heiligen Gaben denen darreichen, die der Gemeinschaft mit dem Leibe Christi für unwerth erklärt sind. Wohlan denn, sollte sich Einer, dem es das Consistorium verwehrt hat, zu diesem Tische drängen wollen, so sei er gewiß, daß ich mich, und kostete es mein Leben, so halten werde, wie ich soll." — Calvin verließ die Kanzel, trat an den Tisch und segnete das Brod und den Wein. Da erheben sich die Libertiner, Berthelier an der Spitze, und schreiten herzu. Calvin aber bedeckte die heiligen Gaben mit seinen Händen und rief: „Haut diese Hände ab, zerbrecht mir die Glieder, verspritzet mein Blut — Ihr werdet mich nicht zwingen, das Heiligthum den Profanen hinzugeben!" Die Profanen stocken, erbleichen, kehren um: die Menge tritt auseinander, um ihnen Platz zu machen, und sie eilen aus den Tempelhallen. Darauf ging die Communion vor sich, „so still und hehr, als ob die Majestät des Herrn selbst sichtbar zugegen gewesen wäre inmitten Seines Hauses" (Beza). Nachmittags bestieg Calvin noch ein Mal — er glaubte fest zum letzten Mal — die Kanzel und rief der weinenden Gemeinde das Abschiedswort Pauli an die Ephefer zu: „Ich befehle Euch Gott und dem Wort Seiner Gnade!" —

Allein der Eindruck des Vorfalls war viel zu mächtig, als daß der Rath eine Verbannung hätte wagen können. Er kam vielmehr Calvin ganz huldreich entgegen und beschloß die Zurücknahme sämmtlicher Verordnungen gegen die Rechtskraft der Ordonnanzen: in Betreff der Excommunication solle ein Gutachten der Schweizer Kirchen eingeholt und abgewartet werden. Der Rath mußte übrigens noch mehr erfahren, wie viel Uhr es in Genf zu schlagen begonnen hatte. Farel war herbeigestürmt, um dem Volke und Rathe eine seiner Straf= predigten zu halten. Er nannte die Libertiner einfach Atheisten, Gottesleugner, und donnerte so stark über sie hinein, daß ihn die Syn= dici glaubten fassen zu können. Vor Gericht bestellt, nahm er, der 70jährige Greis, den Weg von Neufchatel nach Genf wieder nach Ge= wohnheit unter die Füße. Kaum war er durch die Thore geschritten, erkannte ihn ein Haufen und trommelte einen Straßenauflauf zu= sammen: „In die Rhone, in die Rhone mit ihm!"— Gut, so schrien mir just vor 20 Jahren die Pfaffen und Papisten nach. — Bald leg= ten sich aber ehrenhafte Bürger genug ins Mittel, zerstreuten die Tu= multuanten und begleiteten ihn zu Calvin. Aus dessen Haus zog er Tags darauf zwischen Calvin und Viret, der auch herbeigeeilt war, vor den Rath. Hier begannen die Anklage und das Verhör, als eine Deputation der Bürgerschaft eintrat, welche sofortigen Schluß des Verfahrens gegen den „ehrwürdigen, theuern Vater" verlangte. Der Rath gab weislich sogleich nach und man beschloß, den Angeklagten in feierlichem Zuge, einen Herold voraus, aus der Stadt fortzubeglei= ten. — „So wandte sich Alles zum Besten, zur großen Tröstung der Kinder Gottes, zur großen Beschämung der Boshaften" (Chron.). —

Dürften wir doch hier das Jahr 1553, „das Jahr des großen Kampfes," abschließen! Der große Kämpfer sollte darin noch einen Sieg feiern, um welchen wir ihn als um eine schwere Niederlage tief beklagen, wenn nicht anklagen, müssen. Es gilt zu berichten, nicht zu richten, aber allerdings so zu berichten, daß ein unbarmherziges Gericht, das sich Calvin mit zu Schulden kommen ließ, weder ge= leugnet, noch zu einem unbarmherzigen Gericht über Calvin ausgeheu= tet werde, was sich bis heutzutage viele Berichterstatter zu Schulden kommen ließen.

Am 13. August, nicht nach, sondern wohlgemerkt zwischen den letzterwähnten Reibungen auf Tod und Leben, erfuhr Calvin, daß sich seit vier Wochen Michael Servet in Genf aufhalte. Sogleich bestimmte er einen Syndicus, den Fremdling einkerkern zu lassen. Der Mann ist uns nicht mehr ganz fremd: wir streiften an ihm vor 20 Jahren in Paris vorbei, wo er Calvin zu einem theologischen Zweikampf herausforderte und sich dazu doch nicht einfand. Wir nannten ihn damals anläßlich seiner Schmähschrift gegen das Trini=

tätsdogma einen unruhigen Freigeist. Dieses Prädikat verdiente er
sich seither noch gründlicher. Nachdem er deutlich zu spüren bekom=
men, daß Deutschland kein geeigneter Boden für seine zwar reich be=
gabte, aber zerfahrene Natur sei, trieb er sich in verschiedenen Städten
Frankreichs, Paris, Lyon, Orleans u. a., bald als Docent der
Mathematik, Geographie, Astrologie, Medicin, bald als Literat
herum, immer und überall Geniefunken sprühend, bis er sich zuletzt
als praktischer Arzt zu Vienne ansiedelte. Nebenher schien er aber von
einer wahren Sucht besessen, in den religiösen Umschwung neue Gähr=
stoffe zu werfen, schloß sich den Anabaptisten an, suchte Verbindun=
dungen mit den Koryphäen der Reformation, deren Keiner ihm radikal
genug war, indeß er selbst äußerlich mit dem Katholicismus auf dem
besten Fuße lebte. Calvin suchte er längst mit seiner Correspondenz be=
sonders aufdringlich heim, bis ihm dieser endlich rund heraus erklärte:
„Deinen verworrenen Träumen kann ich nun und nimmermehr beitreten,
Verzeihe, daß ich so reden muß, die Wahrheit zwingt mich dazu. Ich
hasse Dich nicht und verachte Dich nicht, will Dir auch nicht härter
zusetzen. Aber von Eisen müßte ich ja sein, wenn ich nicht bewegt
würde, da ich mit solcher Zügellosigkeit die seligmachende Lehre schmä=
hen höre. Im Uebrigen mangelt mir die Zeit, mich noch ferner mit
Deinen Entwürfen abzugeben: auch findest Du Alles, was ich Dir
darüber zu sagen hätte, in meinem Buche vom christlichen Unterrichte,
auf das ich Dich verweise." — Servet schickte aber nicht nur die In=
stitution mit verächtlichen Randbemerkungen zurück, sondern fuhr
fort, Calvin mit unverschämten Briefen zu drangsaliren und legte
eines Tages das Manuscript eines Buches bei, das an Stelle der
schwächlichen Institution fortan das Grundbuch der Reformation
werden sollte: Restitutio Christianismi, Wiederherstellung des Chri=
stenthums. In diesem Buche entwickelte Servet seine Lehre, welche
im Unterschied von den positiven Principien der Reformation einen
durchaus negativen, revolutionären Charakter an sich trägt und im
Unterschied von der frommen, ehrerbietigen, nüchternen Sprache der
Reformation einen ganz frivolen, übermüthigen, phantastischen Ton
führt: der dreieinige Gott wird ein dreiköpfiges Monstrum, die Kin=
dertaufe ein Teufelswerk genannt. Genug der beiden Beispiele statt
hundert weiterer, um es begreiflich zu finden, wie die Zusendung
einer solchen Schrift Calvins Gemüth durchschüttern und aufschüttern

mußte. Wohl mags in ihm geblitzt haben, wie schon etliche Zeit früher, da er in einem Briefe an Farel ausfuhr: „Wenn er kommt, so
geht er nicht mehr lebendig von hier weg, wenn meine Meinung noch
Etwas gilt." Daß jedoch dieser Gedanke nicht einen Wunsch in sich
schloß, des Schwindlers habhaft zu werden, vielmehr eher eine Furcht,
er möchte ihm einmal in die Hände laufen, bewiesen Thatsachen, welche
folgten. Servet, vom schriftlichen Verkehr noch nicht befriedigt,
stellte nemlich seinem Widerpart einen persönlichen Besuch in förmliche
Aussicht, wenn ihm Sicherheit verbürgt werde. Calvin verbat sich
aber den Besuch ernstlich und erklärte unumwunden, keine Bürgschaft
für Sicherheit auszustellen. Das Manuscript der Restitutio gab er
ferner dem Verfasser trotz zwölf dringlicher Mahnbriefe desselben nicht
zurück: offenbar aus dem Einen Grunde, daß es nicht druckfähig
werden möge. Die Gefahr letztern Falles lag dazumalen auf platter
Hand und Servet verhehlte sie sich so wenig, daß er vielmehr im
Glanze der Märtyrerkrone, welche ihm die neue Offenbarung eintra-
gen würde, sich bereits weidlich bespiegelte. Allein der Held hatte
dafür gesorgt, daß er das Kriegsmanifest gegen die gesammte Kirche
trotz Calvins weigernder Vorsicht loslassen konnte. Er hatte eine
Abschrift behalten und wußte diese mit Benützung der Gunst, in welche
er sich beim Erzbischof von Vienne längst als geistvoller Mensch eingeschlichen hatte, daselbst unter die Presse und in die Oeffentlichkeit zu
bringen. Natürlich anonym, doch konnte ers nicht lassen, verschiedene
Exemplare an verschiedene Orte, darunter auch nach Genf, selbst zu
versenden. Und als nun die Brandrakete allwärts Bestürzung und
Empörung hervorrief, kamen allerdings von Genf aus die Beweise
nach Vienne, welche Servet hier in den peinlichen Proceß brachten.
Aber nicht Calvin hatte irgendwie dazu Anlaß gegeben, sondern ein
Refugié, de Trie, der in einem Briefe nach Vienne den ersten Bezücht
gegen Servet ausgesprochen hatte, mußte, um nicht als Verläumder
dazustehen, da Jener Alles leugnete, Calvin um handschriftliche
Proben von Servet angehen und bezeugte ausdrücklich, daß er „große
Mühe gehabt, sie vom Besitzer zu erhalten. Nicht, daß er nicht die
Unterdrückung solcher lästerlichen Lehren wünschte, aber es scheint ihm,
daß, was ihn betrifft, da er nicht das Schwert der Gerechtigkeit
trägt, er die Pflicht habe, die Ketzereien vielmehr durch die Lehre zu
widerlegen, als durch solche Gewaltmittel." — Ueberdem erklärte

Calvin die Sage, welche ausgesprengt wurde, als hätte er der In=
quisition zu Vienne Vorschub geleistet, für „eine Verläumdung", „welche
fallen wird, wenn ich mit einem Wort versichert habe, daß daran nichts
wahr ist." So durfte er mit vollstem Recht sprechen, denn einer Lüge
konnte ihn lebenslange Niemand zeihen: er wäre zu fromm und zu stolz
dazu gewesen. — Nach den Beweisen, welche von Genf anlangten, hörte
zwar Servet nicht auf, Alles abzuleugnen und zu verschwören, aber
es half nichts mehr: das Urtheil reifte sicher, das ihn später zum
„langsamen Feuertode" verdammte. Noch vorher gelang es jedoch dem
Gefangenen zu entspringen, und nach einigem Umherirren schlug er
den Weg nach Genf ein. Was ihn zu dieser unheilvollen Wendung
bewog, steht nicht ganz fest und klar: Calvin schreibt es einem „gott=
verhängten Wahnsinn" zu, Andere nehmen an, die Libertiner persön=
lich oder wenigstens die Wirren, welche durch deren Gebahren ange=
richtet worden und damals einem religiösen Abentheurer allerlei Hoff=
nungen erwecken konnten, hätten ihn herbeigelockt. Jedenfalls mag
Letzteres ihn volle vier Wochen daselbst hingehalten haben.

Kaum hörte das Gericht zu Vienne, der Entsprungene sei in
Genf aufgefaßt worden, erbat es sich ihn von da zur Hinrichtung zu=
rück. Eine derartige Auslieferung stritt aber mit dem öffentlichen
Rechte Genfs und unterblieb daher. Die peinliche Verfolgung begann
jetzt vielmehr am Ort der Verhaftnehmung. „Da Michael Servet,
heißt es im Rathsprotokoll, durch einige Brüder erkannt und an=
gezeigt worden ist, fand man für gut, ihn ins Gefängniß führen zu
laffen, damit er die Welt nicht länger mit seinen Lästerungen und
Ketzereien verpeste." Der Freigeist wurde damals ungefähr gerade so
verabscheut und bei passender Gelegenheit ergriffen, wie heutzutage ein
Mazzini. Ein Sekretär Calvins, de la Fontaine, übernahm die Rolle
des Anklägers und Calvin selbst setzte die Anklageschrift gegen die
verderbliche Lehre Servets in 38 Artikeln auf. Zunächst handelte es
sich weder nach Calvins noch nach Servets Dafürhalten um einen
halsbrechenden Proceß. Jener hoffte, einen förmlichen Widerruf in
Folge der criminellen Verhandlung herbeizuführen, dieser hoffte, in
einer evangelischen Stadt auch ohne förmlichen Widerruf geschont zu
werden. Sowohl die Prediger als die Häupter der Libertiner durften
dem Zweikampfe anwohnen, der jetzt hier statt in Vienne vor sich
ging. Calvin suchte sogleich darzuthun, daß der Beklagte nicht nur

des Christenthums, sondern aller Religion Grundlagen umstoße, indem er den Unterschied zwischen Schöpfer und Geschöpf, Gut und Bös aufhebe. — „Mit einer Frechheit, die zum Wahnsinn wurde, erkannte der Unglückliche das an. Mit kaltem Lachen antwortete er, die Gottheit wohne allerdings auch in den Teufeln, so gut als in Holz und Stein, Alles sei mit Göttern angefüllt. Entsetzt sprang ich auf: Was, Unglückseliger, wenn irgend ein Mensch, diesen gepflasterten Boden mit Füßen tretend, Dir sagte, daß er Deinen Gott mit Füßen trete, würdest Du Dich nicht eines so grellen Unsinns schämen? — Nein, antwortete er, ich zweifle gar nicht, daß dieser Fußschemel oder was Du mir irgend zeigen wirst, die Substanz Gottes sei. — Da nun hiegegen eingewendet wurde: Also wird auch der Teufel wesentlich Gott sein? so antwortete er mit einem schallenden Gelächter: Zweifelt Ihr denn daran? Dies ist mein allgemeines Princip, daß aus der Materie Gottes alle Dinge entstanden sind und daß die Natur der Dinge der wesentliche Geist Gottes sei." — Es läßt sich denken, daß Calvins heftiges Temperament bei solchen Aeußerungen nicht ruhig verharrte. Doch geht aus den Berichten hervor, daß das persönliche Handgemenge mehr von Servet ausging. „Mit bittern Worten wies er mich zurück, gerade als ob er mich als seinen besondern Feind betrachtete" (Br. C.). Die Persönlichkeiten waren freilich nicht wohl zu vermeiden, wo unversöhnliche Principien in Gestalt zweier Personen auf einander platzten. Wenn oder daß dieselben aber auf den Richter (Coladon, ein orthodoxer Jurist, der später das Calvinische Criminalgesetz noch wesentlich verschärfte) Einfluß ausübten, muß als verwerflich bezeichnet werden. Es wurde dem Angeklagten seine Bitte um einen Rechtsanwalt abgeschlagen, weil er so beharrlich leugne, schmähe und lästere: er wurde in einem feuchten, kalten, verpesteten Loch gehalten, aus dem er Klage erhebt, seine Kleider zerfallen in Lumpen, die Unreinlichkeit reibe ihn auf ꝛc. Es darf dieser Druck nicht vergessen werden, wenn wir Servet bei den Verhören bald in maßlose, übermüthige Wuth, bald in weinerliche, flehentliche Verzagtheit ausbrechen hören. Dagegen muß auch mit Nachdruck hervorgehoben werden, daß Calvin lange Zeit, fuhr er auch hie und da stark aus, das aufrichtigste Bestreben zeigte, den Eigensinnigen durch Milde oder Ernst zu erweichen und zu brechen, zu bekehren. Er selbst lieh ihm zu seiner Vertheidigung die Bücher, er wandte die ganze

Macht seiner Logik auf, die Irrthümer als solche bloßzulegen, er kam gewissen Forderungen seines Gegners mit einer Nachgiebigkeit, welche Selbstüberwindung kosten mußte, entgegen. Als es dem Unglücklichen einfiel, die Zuständigkeit weltlicher Gerichtsbarkeit in geistlichen Dingen zu bestreiten, und die Sache vor die christliche Gemeinde als das rechte Forum zu fordern, willigte der Gesetzgeber Genfs — ganz gegen die Institutionen der christlichen Republik — wirklich ein und bot die Fortsetzung des Processes vor dem Volk in offener Kirche an. Und als Servet sich wieder hiegegen sträubte, weil die Genfer Kirche Calvin zur Seele habe, und einen Spruch von den Schweizer Kirchen verlangte, ward ihm auch dies förmlich gewährt — in der That ein aller Anerkennung werthes Zugeständniß. Calvin ward beauftragt, die Klagepunkte in einer Schrift zusammenzufassen, auf welche Servet seine Erwiderung gleichfalls schriftlich abfassen sollte, damit die Acten an die Kirchen versandt werden könnten. So rasch nun sonst Calvin seine Arbeiten, auch weit umfangreichere, zu liefern pflegte, so langsam ging er diesmal zu Werk: volle vierzehn Tage ließ er damit dem Angeklagten Zeit, sich zu sammeln und zu bedenken, was zu seinem Frieden dienen mochte. Denn eine halbwegs mäßige, vorsichtige Erklärung hätte natürlich wenigstens die äußerste Gefahr von seinem Haupte weggerückt: die Gelegenheit konnte ihm nach den bestehenden Umständen nicht günstiger unter die Hände geschoben werden. — Allein der Verblendete ließ sich gerade jetzt noch mehr verblenden. „Einige der Vornehmen, sagt die Chronik, begannen ihm Gunst zu erweisen und bestärkten ihn dadurch noch vielmehr in seiner Bosheit." Es war in den Tagen, da Berthelier unter dem Schutze des Raths das ernste Treffen gegen Calvin führte. Servet erschien den Libertinern ein brauchbarer Bundesgenosse und ihre Bewegung erschien ihm ein flottes Rettungsboot. Plötzlich machte er daher eine unglückselige Schwenkung, reichte statt der Vertheidigungsschrift eine Bittschrift ein, von dem Rath der Zweihundert, worin die Libertiner entschieden überwogen, abgeurtheilt zu werden, und verfaßte eine Klagschrift gegen Calvin, wonach dieser als der eigentlich ruchlose Ketzer zum Tode verurtheilt und dessen Baarschaft ihm als Ersatz für das erlittene Unrecht zugesprochen werden sollte. Daß dies tolle Vorgehen eine Frucht geheimer Einflüsterungen war, zeigte sich bald an der angelegentlichen Art, womit Ami Perrin, der damalige Regierungspräsident, die Bitte unterstützte, die Zweihundert als Richter einzusetzen: allein vergeblich, weil dies gegen die Verfassung allzuschwer verstoßen hätte. Für Calvin stand nun aber die Sache auf einer verzweifelten Spitze: entweder mußte Er und mit ihm sein ganzes Werk, oder mußte Servet und mit ihm die Parthei der Libertiner zu Grunde gehen: ein Drittes gab's nicht mehr. Von nun an sehen wir denn Calvin allerdings mit voller, offener Entschiedenheit auf Servets Untergang los= arbeiten. Er brachte die Angelegenheit eingehend auf die Kanzel, er schrieb an seine Freunde in der Schweiz eindringlich, er drang auf möglichste Beschleunigung des Verfahrens, denn seine Gegner boten ebenfalls alle Kräfte und Mittel auf, es drohte bei Verschleppung nach bestimmtesten Anzeichen ein Staatsstreich der Libertiner. Servet rechnete auf diesen so sicher, daß er die Vertheidigungsschrift, als sie ihm endlich doch abgefordert wurde, höchst oberflächlich ausarbeitete: sie war zum größten Theil nur eine stärkere Wiederholung pantheisti= scher Einfälle oder Ausfälle und eine neue Auswahl der grimmigsten, entsetzlichsten Schimpfreden auf Calvin. Um so weniger waren die vier Schweizer Kirchen von Zürich, Bern, Basel und Schaffhausen, an welche die Acten versandt wurden, zur Schonung geneigt. Sie entschieden sich unabhängig von einander, aber ihre Urtheile lauteten einstimmig auf „Schuldig", d. h. faktisch auf Tod. Am 23. Oktober versammelten sich unter dem tiefen Eindruck der eingelaufenen Schreiben der kleine Rath und der Rath der Sechzig: die Häupter der Libertiner blieben weg. Nach dreitägiger Verhandlung, worin Anträge auf ewige Ver= bannung oder Gefangenschaft, auf Hinrichtung mit dem Schwerte oder durchs Feuer mit einander rangen, wurde durch Mehrheit der Endspruch gefällt: „Wegen seiner furchtbaren Lästerungen gegen den Sohn Gottes, die heilige Dreieinigkeit, die Kindertaufe und gegen viele andere Artikel des christlichen Glaubens — Lästerungen, zu grausenhaft, um sie wiederzusagen —, auf denen er trotz allen Ab= mahnungen beständig verharrte, so daß er sogar die wahren Gläubigen Atheisten und Zauberer nannte und mit andern Schmähworten über= häufte; beschlossen wir, die peinlichen Richter dieser Stadt, die wir die Christenheit von einer solchen Pest zu reinigen verpflichtet sind, daß Michael Servet von Villeneuve in Arragonien soll gebunden und auf die Stätte Champel hinausgeführt, dort an einen Pfahl befestigt und sammt seinen Büchern verbrannt werden, bis er Asche wird, und ende so seine Tage, um den Andern ein Beispiel zu geben, die etwa Gleiches thun wollten." —

Vergeblich verwandte sich sogleich Calvin sammt der übrigen Geistlichkeit um das Schwert statt des Feuers, vergeblich machte auch Perrin noch einen Rettungsversuch, der Rath beharrte unbeweglich. Als die Abgeordneten des Gerichts dem Eingekerkerten (26. Oktbr.) das Urtheil vorgelesen, sank er zuerst in stumme Betäubung, brach dann in ein gräßliches Winseln aus und schrie endlich mit einer Mark und Bein durchschneidenden Jammerstimme in spanischer Sprache: Erbarmen, Erbarmen, Erbarmen! Bald jedoch faßte er sich wieder, legte ein Sündenbekenntniß ab und befahl sich Gottes Gnade. Von nun an war seine Haltung eine über alles Erwarten würdige, herzgewinnende. Calvin besuchte ihn noch, begleitet von zwei Rathsherren und in der Hoffnung auf einen Widerruf. Servet ging auf ihn zu und bat ihn um Verzeihung für alles Unrecht, das er ihm etwa angethan. Wie benahm sich Calvin? Er selbst berichtet: „Ich antwortete freimüthig, wie es die Wahrheit ist, daß ich nie irgend eine persönliche Beleidigung an ihm verfolgt habe. So zart als möglich erinnerte ich ihn daran, wie ich vor 16 Jahren in Paris auch mein Leben daran gesetzt, um ihn für den Herrn zu gewinnen, und es sicherlich dahin gebracht hätte, daß alle Frommen ihm wieder die Hand gereicht, wenn er nur ein wenig Einsicht hätte zeigen wollen. Auch später, nachdem er der Verhandlung ausgewichen, habe ich, wie er wohl wisse, durch ernste und freundliche Briefe ihn noch weiter ermahnt und zu belehren gesucht, kurz Alles an ihm gethan, was in meiner Macht gestanden, aber durch meine freimüthigen Warnungen sei er nur gegen mich erbittert und endlich zu einer wahren Wuth hingerissen worden. Indessen von dem, was meine Person betreffe, wolle ich jetzt nicht Weiteres reden, sondern bäte ihn herzlich, er möge doch vor Allem daran denken, Vergebung von dem ewigen Gotte zu erflehen, den er so fürchterlich gelästert, da er Ihn einen dreiköpfigen Höllenhund genannt, und von dem Sohne der Versöhnung, den er durch seine Träumereien entstellt und geschmäht. Auf dies Alles erwiderte er mir nicht ein Wort. Da ich also schließen mußte, daß mein Zureden nichts ausrichte, so wollte ich nicht weiser sein als die Vorschrift des Meisters es gestattet. Nach der Regel des heiligen Paulus (Tit. 3, 10. 11) zog ich mich von einem ketzerischen Menschen zurück, der verkehrt ist

und sich selber verurtheilt hat." — Der Theolog kam, der Theolog
war da, der Theolog ging. Noch versteinerter benahm sich Farel, der
herbeigeeilt war, dem Verurtheilten als Seelsorger beizustehen. Allein
diese Art von Seelsorge muß uns als eine Seelenhetze gründlich an-
widern: mochte Servet noch so zerschlagen zu Gott und Christo um
Vergebung rufen, der Seelsorger schlug förmlich mit Strafpredigten
auf ihn ein und fort, weil er es nicht in den beliebten theologischen
Wortformeln thun wollte, weil er sich um Alles nicht zu einem Widerruf zwingen ließ. Keine Silbe Trostes, kein freundliches Wörtlein
vermag Farel auf dem Wege nach der Richtstätte dem Elenden zuzu-
sprechen. Und als sie endlich (27. Oktbr.) angelangt waren und jene
herrlichen Berge in der schönsten Mittagssonne als Zeugen der ewigen
Treue und Güte Gottes herniederwinkten, und Servet auf sein Angesicht niederfiel und eine Weile still gen Himmel flehte, da wandte sich
der theologische Geleitsmann zum Volke und stieß den Satz hervor:
„Seht Ihr wohl, welche Gewalt dem Satan zu Gebote steht, wenn sich
ihm Jemand einmal überlassen hat. Dieser Mann ist gelehrt vor
Vielen und vielleicht glaubte er recht zu handeln: nun aber wird er
vom Teufel besessen, was Euch ebensowohl geschehen könnte." — Servet bestieg den Holzstoß mit dem Seufzer: o Gott! Farel rief ihm
nach: „Weißt Du nicht noch von etwas Andrem zu reden?" — Der
Seufzende rief zurück: „Kann ich von etwas Besserem als von Gott
reden?" — Es waren verschiedene Maßregeln vorgesorgt, um die
Qual abzukürzen. Aber der Henker verstand sich so entsetzlich schlecht
auf sein Handwerk, daß wider Willen der Spruch des katholischen
Gerichtes zu Vienne — „langsamer Feuertod" — zum Vollzuge kam.
Förmlich gebraten, schrie Servet auf, daß das Volk erzitterte und
Holzbündel auf den Stoß warf, um ein Ende zu machen. Da schlugen
die Flammen gewaltig über unsrem Mitmenschen zusammen und aus
ihnen heraus drang mit letzter Kraft der letzte Ton: „Jesu, Du Sohn
des ewigen Gottes, erbarme Dich meiner!" —

Dreihundert Jahre sind's und noch giebt es theologische Schriftsteller, welche einen Trotz in diesem letzten Worte ausheben und anklagen: es hätte rechtgläubiger Weise lauten sollen: Jesu, Du ewiger
Sohn Gottes! Nichtsdestoweniger werden scharfsinnige Untersuchun
gen darüber angestellt, wie es möglich gewesen sei, daß Calvin die
Nichtswürdigkeit einer solchen Hinrichtung vom evangelischen Stand-

punkt aus nicht erkannt noch gefühlt habe. Denn es ist eine zweifel=
lose Thatsache, daß er das, was er bei dieser Sache that — er that
bei Weitem nicht Alles —, mit bestem Gewissen gethan, während er
es that, und mit bestem Gewissen bis an sein Ende darauf zurückge=
sehen hat. Und in welchem Großen der Kirchengeschichte hat sich
mehr als in ihm die Großmacht des Gewissens gewehrt und bewährt?
Die traurige Verirrung ist eben ein Beweis, daß wir mit keinem Ge=
nius einen Cultus treiben dürfen: es hat ein jeder, auch der reichste,
seine Beschränktheit, womit er seiner Zeit den Tribut zahlt, es hat ein
jeder, auch der frömmste, seine Sünde, bliebe sie ihm auch verborgen.
Auf unsern Fall angewandt, zeigte sich Calvin zum Ersten befangen *)
in der jüdisch=römischen Anschauung und Praxis auf betreffendem
Gebiete, so weit er sonst darüber wegschritt, zum Andern beachtete er
wohl die leisen Regungen der Leidenschaft zu wenig, von denen es gilt:
ein wenig Sauerteig versäuert den ganzen Teig (Gal. 5, 9). —

Zum Jahreswechsel von 1553 auf 1554 liefen aus Nah und
Fern Glückwünsche bei Calvin ein. Allein es stellte sich bald heraus,
daß die Gegner durchaus noch nicht geneigt waren, sich dem scharfen
Regiment zu fügen, sondern noch Muth und Kraft genug fühlten,

---

*) Mitbefangen waren so ziemlich alle mitlebenden Reformationsge=
hülfen: theils vor, theils nach der Hinrichtung sprach sich eine ganze Reihe
für die Todesschuld eines so lästerlichen Ketzers aus: Zwingli, Oekolampad,
Bullinger, Haller, Bucer, Melanchthon, Musculus, Martin Chemnitz,
Petrus Martyr ꝛc. Von Luther werden gewöhnlich sehr entschiedene Aeuße=
rungen gegen die blutige Verfolgung von Ketzern angeführt: sie sind
wahr, aber es stehen ihnen auch andere zur Seite, welche unter Umstän=
den die Todesstrafe für Glaubensrebellen zugeben (Henry III, 225 u. 226).
Erinnern wir uns ferner, in welchen wüthenden Worten der Gottesheld
gegen Schwarmgeister und Aufrührer losbrach, so wissen wir gar nicht,
was er in solchen vulkanischen Stimmungen gethan hätte, wäre er ähnlich
wie Calvin in die Nothwendigkeit zu handeln hineingeklemmt und mit der
Macht zu handeln angethan gewesen. Erinnern wir uns endlich, was für
ein grausamer Geist der Intoleranz nach Luthers Heimgang in der luthe=
rischen Kirche aufkam, dem nicht nur Wiedertäufer, sondern auch fromme
Calvinisten (z. B. der Kanzler Krell c.f, Henry III, 227 ꝛc.) als blutige
Opfer fielen. So dürfen wir Gott zwar danken, daß Luthers Hände un=
befleckt blieben, aber jede Ruhmredigkeit ist uns verboten. — Consequent
und principiell wandten sich damals außer den Libertinern nur die Wieder=
täufer und humanistische Laien gegen die tragische Execution.

um ferner an seine Abschüttelung zu denken und für sie thätig zu sein. Wagten sie sich vielleicht weniger mehr an Calvin selbst und die Pre= diger, so fingen sie jetzt um so mehr an, die religiösen Flüchtlinge aus Frankreich und Italien zur Zielscheibe ihres Hasses zu machen. Ver= stärkten diese doch, je massenhafter sie anrückten, um so mehr die evangelisch conservative Parthei der Gemeinde. Bei jedem neuen Ein= wandererzug, der die Thore passirte, kamen die beleidigendsten Stra= ßenexcesse vor. Ami Perrin zeigte sich besonders unermüdlich, diese armen Leute beim Volk anzuschwärzen und in Mißcredit zu bringen. Er, der früher einmal zweihundert Reiter im Solde Frankreichs unter den verdächtigsten Umständen nach Genf bringen wollte, streute na= mentlich aus, die Flüchtlinge hätten den Plan, Genf dem König von Frankreich auszuliefern — demselben Heinrich II., der sich im Blut ihrer Brüder badete! So unglaublich der Bezücht war, er säete doch wenigstens Mißtrauen aus und verwirrte bei der Masse die wahre An= schauung von diesen Refugié's, welche in Wahrheit eine Fülle Segens in die Stadt brachten, sowohl in ökonomischer als in ethischer Hin= sicht. Je mehr aber die Libertiner vom politischen Standpunkt aus wühlten, desto eifriger war Calvin, den kirchlichen Standpunkt zu festigen. Immer war noch keine Entscheidung in Betreff des Excom= municationsrechtes, das sich der Rath zu Gunsten Bertheliers ange= maßt hatte, erfolgt. Er mahnte daher die Schweizer Kirchen, ihre Gutachten zu fertigen, und schrieb z. B. an Bullinger: „Seit ich in diese Kirche zurückgekehrt bin, haben wir eine Form der Kirchenzucht gehabt, die, wenn sie auch an sich nicht vollkommen ist und viel zu wünschen übrig läßt, doch im Allgemeinen ihrem Zwecke entsprach. Es wurde nemlich ein Consistorium zur Ueberwachung der Sitten eingesetzt. Bürgerliche Gerichtsbarkeit hat dasselbe keine, sondern lediglich das Recht der Bestrafung aus dem Worte Gottes und als die höchste Spitze derselben: die Ausschließung vom heiligen Abend= mahle. Dagegen erheben sich nun die Feinde; und unter andern Kämpfen, mit welchen die Werkzeuge des Satans seit Jahren uns unaufhörlich zugesetzt haben, hat uns der am heftigsten bewegt, daß ein Unseliger, den die Parthei der Gottlosen dazu vorschob, trotz dem Urtheil der Kirche zum Tische des Herrn zu nahen versuchte und, als wir ihm widerstanden, die ganze Stadt mit seinem Lärm erfüllte. Die nemlichen Personen, die sich nicht scheuten, für Servet mit Wort

und That Parthei zu nehmen, haben sich förmlich mit ihm verbunden.
Durch ihre Ueberzahl und Gewaltthätigkeit haben sie den Rath fast
dazu gebracht, die angenommene Kirchenordnung wieder abzuschaffen.
— — Was nun mich betrifft, so bin ich überzeugt, daß es eine feige
Treulosigkeit wäre, für eine heilige und rechtmäßige Zucht nicht bis
zum letzten Athemzug zu kämpfen, und ich bin bereit, lieber Alles hin=
zugeben, nicht nur meine Stelle, sondern auch mein Leben, als diese
Ordnung, welche im Worte Gottes begründet ist, von der Gottlosig=
keit zerstören zu lassen. — — (Folgt eine Beschreibung des neuerlichen
Unwesens.) Wenn Satan nicht durch Eure Hand gezügelt wird, so
hat er freies Spiel. Wir unsres Theils sind den Ruhestörern, wo wir
konnten, entgegengekommen, fast mehr als unser Gewissen erlaubte;
aber es ist klar, daß sie absichtlich darauf ausgehen, unsre Geduld zu
ermüden. Nehmet Euch also unsrer Sache an, als ob Ihr das Wohl
der Kirche selbst in Händen hieltet." — —

Solche Mahnungen schlugen gehörig an und die Gutachten lie=
fen sämmtlich — mit mehr oder weniger Nachdruck — im Sinne
Calvins ein. Zu Anfang des Jahres 1555 faßte der Rath endlich auf
Grund derselben den Beschluß: „daß man bei der bisherigen
Ordnung unverbrüchlich zu beharren habe und daß dem=
nach die geistliche Gerichtsbarkeit ausschließlich dem
Consistorium zustehe." — Calvin selbst berichtet in einem Brief
über die Folgen dieser hochwichtigen Entscheidung: „Von da an hat=
ten wir etwas mehr Ruhe, obwohl es einleuchtete, daß die Besiegten
nur neue Gelegenheiten suchten, um aller Schaam ledig die letzten
Bande zu zerreißen. Indeß ließ es ihnen der Herr wunderbar miß=
lingen. Denn bei der nächsten Wahl bekamen wir durchaus die
Oberhand. Noch vollkommener gewannen wirs gleich darauf bei der
Ernennung der Syndiks. Nun war es, als ob eine plötzliche Bekeh=
rung stattgefunden hätte. Da die Feinde sich so in die Schranken zu=
rückgedrängt sahen, brach ihre Wuth ganz offen aus. Sie versuchten
Allerlei, um den gegenwärtigen Bestand der Dinge zu erschüttern.
Die Unsrigen ihrerseits begnügten sich damit, diese Versuche ohne
Aufregung und Lärm abzuweisen und zu vereiteln. Da es aber offen=
bar war, daß sie für die nächste Zeit auf einen neuen Umschwung hin=
arbeiteten, beschloß der Senat ihren Gelüsten das wirksamste und
dauerhafteste Heilmittel entgegenzusetzen. Er nahm aus unsern fran=

zöfischen Gästen, die hier wohnten, und deren Thätigkeit und Recht=
schaffenheit erprobt war, eine Anzahl in das Bürgerrecht auf. Die
Gottlosen fühlten gleich, wie sehr dadurch die gute Sache gestärkt und
welch ein Damm ihren Bestrebungen entgegengesetzt wurde. Darum
boten sie Alles auf, diesen Stein wieder aus dem Wege zu räumen.
Nachdem sie sich unter einander vielfach besprochen und förmlich ver=
schworen, drangen sie mit einem Gefolge der niedrigsten Leute, Fischer,
Bootsmänner, Bediente und dergleichen, in den Rath und stellten die
Gefahr vor, die aus diesen Fremdlingen erwachse. Der Senat erwi=
derte mit Ernst: er mache nur von einem alten, unbestrittenen Rechte
Gebrauch, das der Stadt jeder Zeit zum Frommen gedient habe, und
das er sich wahrlich nicht werde entreißen noch schmälern lassen. Sie
wollten hierauf die Sache vor die Zweihundert gebracht wissen, und
um jeden Schein von Unterdrückung zu vermeiden, gab man es ihnen
zu. Aber die Zweihundert bestätigten durchaus den Beschluß des Raths
und sprachen ausdrücklich aus, daß er den französischen Flüchtlingen
gegenüber auch in Zukunft so verfahren möge. Da entschlossen sie sich,
an allem Andern verzweifelnd, zu offener Empörung."

Die letztere trägt ganz den Charakter eines letzten Verzweiflungs=
coups. Zuerst war ein Ueberfall und Gemetzel in der Kirche beabsich=
tigt. Als dieser Schandplan entdeckt und niedergeschlagen wurde,
brachen sie, Perrin, Berthelier und Vandel an der Spitze, aus einer
Schenke mit erhitzten Köpfen und gezogenen Degen durch die Straßen,
tobten vor dem Rathhaus, proclamirten die Revolution und hieben
auf eine Abtheilung der Thorwache ein, welche ihnen ein Syndicus
entgegenführte. Ein kurzes Gefecht, in dem Etliche, darunter ein Bru=
der Bertheliers fielen, entschied vollends: die Libertiner flohen in wil=
der Flucht aus der Stadt, die nicht mehr fliehen konnten, wurden ver=
bannt und Einige nach den Gesetzen hingerichtet. Auf den Verfol=
gungsproceß hatte übrigens Calvin lediglich keinen Einfluß und thaten
ihm darauf bezügliche Verläumdungen äußerst wehe. In der Ver=
bannung conspirirten dann diese falschberühmten „Liberalen" gegen
Genf nach Kräften: hetzten zuerst Bern dawider auf und zettelten dar=
auf sogar mit dem Herzog von Savoyen einen Handstreich an. Auch
später noch gaben sie sich Mühe, jede Illusion über ihre wahre Be=
schaffenheit zu zerstören: sie bewiesen sich immer mehr als das, was
sie immer waren: schlechte Christen und schlechte Patrioten.

Die Genfer Gemeinde aber durfte nun fröhlich aufathmen wie ein Land, aus dem der Feind endlich hinausgeworfen wird. Und Calvin, der eigentliche Sieger, durfte ausrufen: „Der Herr hat geholfen, da die Noth am größten war. Während wenig fehlte, daß wir Alle mit dieser Stadt untergingen, sind jetzt die Dränger untergegangen, und wir haben die Hände frei." —

Wollen uns bittere Erinnerungen aufhalten, in die Siegesfreude vollauf einzustimmen, so wollen wir uns nur die Gegenfrage stellen: wie, wenn der Libertinismus obgesiegt hätte?

XI.

Reformationsarbeit an der Welt.

Unter dieser Aufschrift kommt ein Capitel, das nur wenige
Blätter füllen darf, in schwere Verlegenheit. Denn bei den auser=
wählten Rüstzeugen des Herrn kommt eine Aehnlichkeit mit dem Herrn
auch in der Beziehung zu Tage, von welcher der letzte Vers des Jo=
hanneischen Evangeliums übergeht: „Es sind noch viele andre Dinge,
die Jesus gethan hat, welche, so sie sollten eins nach dem andern ge=
schrieben werden, achte ich, die Welt würde die Bücher nicht begreifen,
die zu beschreiben wären." — Wir erklären zum Voraus unsre Unfä=
higkeit, mehr als Andeutungen zu geben. Uebrigens gehört fast Alles,
was wir bisher an besondern Orten mitgetheilt haben, mittelbar
oder unmittelbar bereits auch hieher. Denn was ein großer Mann aus
bestimmten Anlässen oder für bestimmte Verhältnisse leistet, nimmt
von selbst eine Beziehung aufs Allgemeine und Ganze, wie der enge
Kreis, den ein ins Wasser geworfner Stein zunächst bildet, nicht ruht,
bis er in immer weitern Kreisen das Ufer erreicht hat. In theoretischer
Hinsicht erinnern wir besonders an die Institution, jenes Missionspro=
gramm, das zum Richtmaß für die Gesammtgestaltung der reformirten
Dogmatik geworden ist, in praktischer Beziehung besonders an den
Aufbau des Genfer Gemeindelebens, jenes Missionswerk, welches als
Modell für die Gesammtgestaltung des reformirten Kirchenwesens ge=
dient hat. Was wir hier noch besonders auszuheben haben, ist Cal=
vins diplomatische und schriftstellerische Wirksamkeit nach seiner Rück=
kehr auf den Genfer Missionsposten.

Wir müssen staunen, daß ihm die athemlose Thätigkeit innerhalb
Genfs überhaupt eine weitere Beziehung nach außen zugelassen. Un=
ser Staunen steigert sich aber noch weit höher, wenn uns die Uebersicht
dieser Beziehungen nach außen immer schwerer wird, je mehr wir die
Berichte darüber lesen: denn extensiv und intensiv wächst um so mehr

vor unsern Augen seine Propaganda. Es verhält sich durchaus, wie ein katholischer Geschichtschreiber dem evangelischen Großagitator vorwirft: „Er war die unternehmendste Natur, die man sich denken kann: Nichts in Europa war sicher vor der Brandfackel in seiner Hand, mit welcher er aller Orten das Feuer entzündete und schürte", wir setzen noch hinzu: hegte und pflegte. Es macht in der That den Eindruck, als ob die Loslösung von Fleisch und Blut, welche seine Gestalt fast ins geisterhafte Gebiet rückte, die Kraft in ihm ausgebildet hätte, unabhängiger von den Grenzen des Raums zu schalten und walten. Denn überall, als ob er gegenwärtig wäre, hat er Auge und Herz, Kopf und Willen. Allerdings kam ihm hiebei auch die äußerst günstige Lage Genfs zu Statten und Calvin war sich derselben kraft seines Feldherrnblickes recht wohl bewußt, indem er schrieb: „Bedenke ich, wie geeignet dieser Winkel zur Ausbreitung des Reichs Christi ist, so muß ich um so mehr darauf bedacht sein, ihn zu behaupten."

Zunächst erstreckten sich nun, wie von Anfang an, so fortwährend seine Bemühungen auf das Heimathland, Frankreich. Den ganzen Einfluß, den er auf dessen religiöse Entwickelung ausübte, schildern wollen, hieße so viel als eine Geschichte des französischen Protestantismus in Angriff nehmen. Denn das Meiste und Beste davon war seines Geistes Werk. Wir setzen daher die Kenntniß vom Verlauf der kirchlichen Dinge selbst voraus und beschränken uns auf die Hervorhebung der bestimmten Art, in welcher Calvin seinen Einfluß geltend machte. Wir bemerkten schon auf den ersten Blättern dieser Schrift, daß die evangelische Kirche nirgends mehr als in Frankreich die Gestalt einer Kirche unter dem Kreuze getragen habe. So that es auch ihr gegenüber zumeist Noth, das Mitgefühl der Glaubensverbrüderung walten zu lassen. Und treulich that dies Calvin, aber freilich in seiner charakteristischen Weise. Wie er nemlich von sich sagen konnte, seine Seele brenne, wenn er an den Greuel jener Verfolgungen denke, und strenge jeden Nerv an, um eine Hülfe herbeizuführen, so ließ er sich wirklich keinerlei Mühe zu viel sein, mittelbar oder unmittelbar dazwischenzutreten. Als z. B. auf die Waldenser bei Mercadol und Cabrières 1545 eine so entsetzliche Treibjagd angestellt wurde, schickte er Boten in die Gegend, um den Thatbestand aufnehmen zu lassen, berichtete dann nach allen Seiten, wie schändlich diese Leute verläumdet, wie grausam sie mißhandelt wurden, bestimmte den Genfer Rath mit aufgehobenen Händen, die Flüchtlinge aufzunehmen und zu versorgen, betrieb eine Hauscollecte für sie, durchreiste die Schweiz, um die evangelischen Cantone zu einer dringlichen Vorstellung beim französischen König zu vermögen, wollte sich diesem trotz der offenbaren Gefahr selbst zu Füßen werfen, als er eben von einer Krankheit niedergeworfen wurde, sandte Briefe und Abgeordnete an die schmalkaldischen Verbündeten, bis diese gleichfalls dem Bittgesuch der Schweizer gegen Franz I. sich anschlossen. Und ähnlich verwandte er sich in einer Menge von Fällen mit mehr oder weniger Glück. Einen großartigen Erfolg wußte er sich jedenfalls unabhängig von dem guten oder übeln Willen der Menschen zu sichern: eine ganze Masse von Briefen beförderte er bald auf offnen, bald auf geheimen Wegen an die Verfolgten und dieselben halfen wesentlich nach einer Wolke von Zeugnissen mit, daß die französische Kirchengeschichte eine glänzende Reihe von herrlichen Märtyrerproben geliefert hat, wie kaum eine andere seit der christlichen Urzeit. Gerade hier fängt nun aber auch Calvins eigenthümlicher Charakter an sich wieder in einem Lichte zu zeigen, das unsern Augen manchmal durch allzuscharfe Helle wehthut. In seinen Trostbriefen treten die Thränen persönlichen Mitleids hinter den Fingerzeig auf die heilige Sache, um die es sich handelt, zurück: er betrachtet jeden Märtyrer, jeder Märtyrer soll sich betrachten als ein zinstragendes Kapital für die Wahrheit. So lautet der Grundton in tausend Variationen, wie in dem Schreiben an die fünf Heldenjünglinge zu Lyon: „Gott hat uns jedes Seil irdischer Hoffnung zerschnitten. Zu dieser Stunde habt Ihr Eure Sinne und Gedanken nur noch auf den Himmel zu richten. Gott der Herr will sich Eures Blutes bedienen, um Seine Wahrheit zu versiegeln. Bittet darum, Euch so hingeben zu können in Seinen Willen, daß nichts Euch hindert, den Weg zu gehen, auf den Er Euch beruft. Denn Ihr wisset, meine Brüder, daß wir uns müssen mit Ihm in den Tod begraben lassen, wenn wir Ihm sollen dargeboten werden zum Opfer. Harte Kämpfe werden Euch freilich noch bevorstehen, es wird Euch ergehen wie dem Petrus: man wird Euch gürten und hinführen, wo Ihr nicht hin wollet. Aber der Herr hat gesiegt und Sein Sieg giebt Euch die Bürgschaft, daß auch Ihr siegen werdet. Und seid gewiß: kein Tropfen Eures Blutes wird vergeblich fließen. Eure Bande sind bekannt geworden in der ganzen Christenheit, und die Nachricht von Eurem Tode wird noch viel wei=

ter bekannt werden zur Ehre Gottes und Seines heiligen Namens. Denn was die Feinde auch thun mögen: sie werden Sein Licht in Euch nicht auslöschen können, es wird hinaus leuchten in die Welt und die Seelen erwecken." — Auch die Mahnungen zur Beständigkeit und Entschiedenheit, welche Calvin ohne Unterlaß und mit voller Wucht an die Verfolgten ergehen ließ, wollen uns öfters anmuthen als überspannten sie den Bogen. Der kategorische Imperativ des Glaubens ist eben mit einer ganz ungewöhnlich rücksichtslosen Strenge durchgeführt. Wir weisen auf die Schrift gegen die Pseudonikodemiten zurück, welche noch während des ersten Aufenthaltes in Genf ent=standen war: jene Predigt an die Gewissen mit ihrem unerbitt=lichen „Entweder — Oder" (nemlich entweder Tod von Henkershand oder Abfall) bildete den Grundton, aus welchem seine ganze Seel=sorge an ganzen Gemeinden wie an Tausenden von Einzelnen, welche sich von der Zugkraft des Evangeliums ergriffen fühl=ten, ging. Wer irgend eine Vermittlung, Bemäntelung, Flüch=tung versucht, gilt als Verräther und Abtrünniger. Kein Stand, kein Geschlecht noch Alter, keine Lage noch Berechnung erlaubt je eine Ausnahme von der unbedingten Treue gegen die erkannte Wahr=heit. „Wo es um unsre Pflicht gegen Gott sich handelt, kommt ledig=lich nichts Anderes in Betracht. Wenn uns der Herr zu wissen thut, daß Er das Bekenntniß Seines Evangeliums von uns verlangt, und wir müßten hunderttausend Leben dafür hingeben, so haben wir Ihm einfach zu gehorchen. Das meinte Er, als Er sprach: Wer Vater oder Mutter oder Bruder oder Schwester oder Weib oder Kind mehr liebt als Mich, der ist Meiner nicht werth." — „Muthet man Ihnen irgend eine Art von Verleugnung zu, so ist die einzige Antwort, die sich ziemt: Lieber sterben!" — Schaden an der Seele und eben des=wegen verdammlich ist jede Art von Betheiligung, innerer wie äußerer, an dem „Aberglauben, Götzendienst und Schmutz des päpstlichen Wesens". Allein konnte die Verknotigung der einzelnen Seelen mit der eingefleischten und eingeimpften, anerzogenen und angewohnten Lüge des Katholicismus anders als mit solchem Schwerte zerhauen werden? Konnte ferner eine evangelische Kirche in romanischen Landen anders aufkommen, als durch Proben einer so ängstlichen, wenn man will, kleinlichen Gewissenhaftigkeit, wonach z. B, ein Waldenser sich lieber von einem Thurme herabstürzen ließ als ein Kreuz küssen wollte? wo=

nach es schon als ein tiefer, schimpflicher Fall gerichtet wurde, daß Andelot, der Bruder Coligny's, kein Zeichen des Widerspruchs von sich gab, als in seiner Gefängnißstube ein Altar aufgerichtet und eine Messe gelesen wurde? Von diesen Gesichtspunkten aus glaubte Calvin maßlos in den Zumuthungen an die Bekenner sein zu sollen. Diese aber, fühlten sie sich als von einem Unbarmherzigen in peinliche Enge getrieben? Nein, in ihren schwersten Bangigkeiten wenden sie sich zu Tausenden gerade an Ihn, den Unbeugsamen, um Rath und Weisung; als die ersehntesten Lichtstrahlen bewillkommneten sie in ihren Kerkern seine Briefe, mit tröstlicher Zuversicht vermachten sie testamentarisch ihm ihre Lieben; auf dem Schaffote noch, unter den Hieben des Henkers und aus den lodernden Flammen heraus, segneten sie nächst Jesu Namen den seinigen: Morituri te salutant, die Sterbenden grüßen Dich! — Aus dunklem Hintergrunde ließ sich freilich auch manchmal ein Murmeln vernehmen: „Wenn Calvin so viel Muth hat, warum kommt er denn nicht hieher, um uns durch sein Beispiel zu bekehren? Er macht es wie die Feldherren, die bei Belagerungen die gemeinen Soldaten mit flammenden Worten zum Stürmen anfeuern, während sie selbst außerhalb Schußweite verharren." Es ist sehr der Mühe werth, aus den verschiedenen Antworten hierauf Einiges auszuheben. „So hätten auch die ersten Christen mit den Aposteln reden können. Der Fromme wird eine heilsame Ermahnung immer dankbar aufnehmen, der Gottlose stets einen Vorwand suchen, ihre Kraft abzuschwächen. Ich will mich nicht rühmen, daß ich schon Vieles erduldet, aber das Eine bezeuge ich, daß es nicht an mir lag, wenn ich nicht öfter in Gefahr kam. Und da sie mich mit einem Feldherrn vergleichen, warum sind sie nicht so billig, sich damit zufrieden zu geben, wenn ich meine Feldherrnpflicht mit ganzer Treue und nach bestem Gewissen erfülle? Uebrigens täuschen sie sich auch mit der Meinung, ich sei so gar ferne von den feindlichen Geschossen. Denn droht mir auch nicht gerade für heute eine Verfolgung, so weiß doch Niemand, was morgen kommen wird. Ich bin wenigstens auf Alles gefaßt und bereit, damit mich die schwere Stunde nicht unvorbereitet treffe. Kommt sie einmal, so hoffe ich, daß die Gnade Gottes mir dazu helfen wird, Seinen Namen ebenso durch mein Blut zu verherrlichen wie durch meine Zunge und Feder. Und mit keinem traurigeren Gemüthe werde ich dann mein Leben hingeben, als ich jetzt diese Worte niederschreibe."

„Ich muß meine Pflicht der Seelsorge an Euch erfüllen, und trage Euch nichts Anderes vor, als wozu mich mein Gewissen drängt. Wenn ich anders zu Euch redete, wäre ich ein Gottloser und Läster= rer. Befände ich mich in derselben Lage wie Ihr, so würde ich zum Gebete meine Zuflucht nehmen, zum Gebet um Kraft, die Ehre Got= tes höher zu achten als mein Leben: und ich weiß: die Erhörung würde mir nicht fehlen. Im Uebrigen handelt es sich ja nicht darum, was Ich thun würde, da ich nirgends meinen eigenen Muth rühme, sondern die Frage ist die, was unser Aller Pflicht ist, die Eurige wie die meinige. Wer diese verletzt, ist schuldig vor Gott, sei es ich, sei es Einer von Euch. Was nützt es überhaupt, immer auf mich zu blicken? Wenn ich anders lebe als ich lehre, dann wehe mir! denn ich bin durch meinen eigenen Mund gerichtet. Aber dient das Euch deshalb zur Entschuldigung? Ein Jeder, sagt der Apostel, wird ge= prüft nach seinem eigenen Werk, und wird an sich selber Lob oder Tadel haben, nicht an den Andern. Das ist die Weise der Welt, daß man mit den Sünden der Andern die eigenen beschönigt, nicht die Weise, die vor Gott gilt. Und glaubet nicht, daß ich ein Vergnügen daran finde, solche Zumuthungen an Euch zu stellen. Gott ist mir Zeuge, daß mein Herz blutet, wenn ich Eurer Bedrängnisse und Ge= fahren gedenke, daß ich unablässig mit Bitten und Thränen vor Ihm liege, Er möge Euch die Last erleichtern und nicht zögern mit der Er= lösung. Auch ist es nicht meine Meinung, wo ich die Sache ver= dammen muß, durchweg auch die Personen zu verdammen. Der Herr weiß, daß ich von Vielen, die in Frankreich leben, über= zeugt bin, sie seien heiliger und vollkommener als ich. Zudem erkenne ich es ja gerne an, wie viel höhern Lobs die werth sind, welche mitten im Abgrunde der Gefahr in der Furcht Gottes sich erhalten, denn ich selbst, welcher ich nicht so viele Versuchungen zu bestehen habe, son= dern täglich Gottes Wort höre und verkündige. Selbst wenn sie fal= len, so wird es ihnen leichter vergeben werden, als es bei mir der Fall sein könnte. So weit bin ich also davon entfernt, diejenigen, die in den besprochenen Stücken noch schwach sind, aus der Zahl der Brüder auszustreichen, daß ich sie mit allen Uebrigen wahrhaftig ehre vor Gott und den Menschen, und sie einer höhern Stelle in der Kirche des Herrn für würdig erachte als mich selber." — Den Letzteren, welche sich den Versuchungen, bis aufs Blut zu widerstehen, noch nicht ge=

wachsen fühlten, pflegte Calvin die Auswanderung, freilich auch einen
herben Schritt, anzurathen. Oefters betont er die Uebersiedlung nach
Genf, so an eine Frau: „Nur hier werde es ihr möglich sein, Gott in
voller Freiheit des Gewissens zu dienen. Würde er überzeugt sein, daß
sie die Standhaftigkeit habe, auch in den Tod zu gehen und durch
keine Gefahr sich beugen zu lassen, so würde er sicherlich diesen Rath
ihr nicht geben. Wenn sie aber zu fürchten habe, daß des Fleisches
Schwachheit sie an der Erfüllung ihrer Pflicht hindere, so daß sie in
einen fortwährenden Gewissenszwiespalt geriethe, dann bleibe nichts
Anderes übrig, als daß sie solcher Möglichkeit sich entziehe."

Es thut wehe, wie an so vielen Kerkern, Folterbänken und Scheiterhaufen, welche den Sieg des Glaubens über Welt, Tod und Hölle
so erhebend illustriren, so auch an den Briefen, welche die Fahnentreue
gegen den Siegesfürsten so mächtig treiben, vorübereilen zu müssen.
Für die Kenntniß der allgemeinen Verhältnisse sowohl als der Ge-
sinnungsart Calvins birgt namentlich auch dessen Correspondenz mit
den hervorragenden Häuptern, voraus dem höchst verehrungswürdigen
Coligny und der, wäre sie nicht so fromm gewesen, höchst bedauerns-
würdigen Johanna von Albret, Königin von Navarra, eine überreiche
Ausbeute. Etliche Grundzüge seiner Beeinflussung müssen wir aber
doch daraus, wenn auch noch so kurz, dem Obigen beifügen. Calvin
wehrte sich von Anfang bis zu Ende nach Kräften gegen die Aufnahme
politischer, weltlicher Elemente und Hülfsmittel in die geistliche Bewegung. Mit demselben Nachdruck, womit er das Aufkommen der
Reformation unterstützt, stemmt er sich gegen ein Aufkommen der Revolution. Im Betreff der Verschwörung von Amboise äußerte er sich
z. B. nur in abmahnendem, abweisendem Sinne: „Was Euch obliegt,
ist Dulden und Tragen nach dem Vorbild unsres Meisters. Ich weiß
wohl, wie schwer das dem Fleische fällt, aber denket daran: wenn die
Feinde uns Böses zufügen, ist zugleich die Stunde gekommen, da es
den Kampf gegen uns selber und unsre Leidenschaften gilt. Und wäh-
net nicht, das sei allzuviel gefordert. Haben wir einen Hirten wie unsern Herrn, so können und sollen wir auch wie Schaafe, die nicht zürnen
noch sich widersetzen, der Wuth der Wölfe begegnen. Gefällt es Ihm,
so wird Er schon Seinen Stab ausstrecken und den Feinden wehren.
O habt nur recht ernstlich darauf Acht, daß Ihr nichts thut, was
Sein Wort nicht erlaubt, halten wir still im Gehorsam gegen Ihn, so

dürfen wir sicher sein, daß Er die Schläge abwehrt, oder uns Kraft
und Freudigkeit giebt, sie zu tragen: gehen wir dagegen weiter, als
Er uns gestattet, so müssen wir fürchten, daß wir am Ende den Lohn
unsrer Vermessenheit empfangen werden. Wir reden so, nicht etwa
um auf Eure Kosten stark zu erscheinen, sondern weil wir wohl wissen,
wie leicht man in solchen Schreckenszuständen zu allerlei Unterneh=
mungen sich hinreißen läßt, die über die rechten Schranken hinaus=
führen. Und doch wäre es ja besser, wir Alle gingen zu
Grunde, als daß das Evangelium Gottes irgendwie dem
Vorwurf ausgesetzt würde, es gebe den Leuten zu Tumult
und Aufruhr die Waffen in die Hand. Die Asche Seiner
Knechte läßt Gott Frucht tragen, aber Gewalt und Gewaltwiderung
schlägt Er mit Unfruchtbarkeit.“ — Man hat sogar einige Briefe
fabricirt, um den Mann der Ordnung und Disciplin zu einem Ver=
schwörer oder Mitverschwornen zu stempeln, allein diese Machwerke
sind so dumm verfertigt worden, daß der Betrug längst vollständig
aufgedeckt ist. Als der förmliche Krieg ausgebrochen war, eiferte Calvin
allerdings nicht mehr gegen seine Führung, sondern nur noch gegen seine
Ausschreitungen. Auch unterstützte er offen das Gesuch der französischen
Protestanten um Zuzüge ihrer deutschen und schweizerischen Glaubens=
brüder, nachdem die katholische Parthei unter den Guisen längst einen
Waffenbund mit dem Ausland, Savoyen und Spanien, geschlossen hatte.
Als aber der Krieg unglücklich verlief, antwortete er auf alle Fragen der
Muthlosigkeit oder Erbitterung: „Ich halte mich an das Wort Abra=
hams: Der Herr wirds versehen. Gott hat uns einen Keulenhieb versetzt,
lassen wir uns von Seiner gewaltigen Hand niederbeugen, bis sie uns
wieder erhebt!“ — Als endlich der ziemlich ungünstige Frieden von
Amboise 1563 zum Abschluß gekommen, verlangte er nach allen Sei=
ten hin die Niederlegung der Waffen und bestimmte namentlich auch
den Prinzen von Soubise, Lyon zu räumen: „Nachdem der Beschluß
gefaßt ist, fragt es sich einfach: was Ihre Pflicht ist und was Ihr
Vermögen? Und zwar verstehe ich unter diesem Vermögen nur das,
was Gott Ihnen erlaubt, und nichts mehr. Und nirgends entdecke
ich, daß Er einem Befehle zu widerstehen gestattet, von dem man nicht
leugnen kann, daß er rechtmäßig ergangen ist. Gereicht er zum Un=
heile: nun so will Gott uns dadurch züchtigen, und wir haben uns
stille zu verhalten. Er hat Sie einst mit dem Schwerte umgürtet, Er

nimmt es jetzt wieder aus Ihren Händen: wir haben uns in das Eine, wie in das Andere zu fügen." —

Außer den Briefen, welche ihrer Natur nach sich zunächst auf einzelne Verhältnisse und Begegnisse bezogen, wirkten ferner die Schriften Calvins auf die Weckung, Verbreitung und Leitung des Reformationslebens im Allgemeinen mit elektrischer Kraft. „Wie zahllose Feuerfunken, sagt ein jesuitischer Geschichtschreiber, seien die Exemplare der Institution nach und durch Frankreich geflogen, an allen Orten den Brand mehrend und neue Feuer entzündend." Dazu kamen die Auslegungen der heiligen Bücher, gedruckte Predigten, geharnischte Blätter gegen Rom und die Sekten. Der unmittelbare Eindruck und Einfluß läßt sich, wenn nicht ganz, doch annähernd, jenen Wundern an die Seite setzen, welche Luthers Schriftstellerei, auch dadurch ihre Quelle, die heilige Schrift, beweisend, in Deutschland hervorbrachte. Uebrigens stand das Feuer, das auf diese Art angefacht wurde, so lange in Gefahr, wieder zu verlöschen, als nicht für seine ordentliche Unterhaltung Sorge getragen war. Hierauf richtete sich daher eine weitere, folgenreiche Thätigkeit Calvins. In erster Linie ließ er sichs angelegen sein, die Gemeinden, welche vom evangelischen, ungeheuer um sich greifenden Brande ergriffen waren, mit Predigern zu versehen. „Schickt uns Holz, damit wir Pfeile daraus machen und sie Euch zurückschicken!" Die Aufforderung fiel auf ergiebigen Boden: Schaaren von jungen Männern, jeden Standes, eilten nach Genf, um sich hier zum Hirten- und Zeugenamt ausbilden zu lassen. Und wie sie dann hier Theologie studirten, davon urtheilt ein katholischer Schriftsteller: „Ein bewundernswürdiger Kreis, darin alles Flamme und Gebet war, Studium, Arbeit, heilige Zucht. Wohl schwerlich hat es je in der Welt eine zweite Universität und akademische Bürgerschaft gegeben, die sich dieser an die Seite stellen ließe." Calvin selbst geräth fast in Verzückung, indem er darüber seinem Freunde Bullinger 1561 schreibt: „Es ist unglaublich, mit welchem Feuereifer, ja mit welchem Ungestüm, meine jungen Leute sich dem Dienst des Evangeliums widmen. Sie verlangen ein Amt an einer Gemeinde unter dem Kreuze mit derselben Begierde, womit Andere nach den Reichthümern der Welt und den Ehren der päpstlichen Würden trachten. Sie belagern meine Thüre, um einen Theil des Arbeitsfeldes zugewiesen zu erhalten. Sie streiten sich um die Posten, als ob das

Reich Christi in allem Frieden bestände. Nie hatte ein Fürst eifrigere
Höflinge als die meinigen. Oft suche ich sie zurückzuhalten. Ich zeige
ihnen das furchtbare Edikt, das jedes Haus zu zerstören befiehlt, in
dem ein Gottesdienst gehalten werde. Ich thue ihnen kund, daß in
mehr als zwanzig Städten die Gläubigen von dem wüthenden Volk
niedergemacht wurden, und daß noch Schlimmeres ihrer warten könne.
Aber nichts kann sie aufhalten." — Welche Arbeit war es nach der
Ausbildung um die geeignete Aussendung dieser Leute als Bibel=
kolporteure, Evangelisten, Pfarrer! Tausende von Gemeinden, so stand
es dazumalen, wollten mit ihren eigenthümlichen Bedürfnissen bedient
sein: von der Geistlichkeit Genfs, schließlich also von deren Haupte,
begehrten, erwarteten sie die Bestellung ihrer Prediger, die Ordnung
ihres geistlichen Haushaltes. Daher begegnen wir abermals hohen
Stößen von Briefen und Gutachten, hierauf bezüglich. Und im All=
gemeinen lehrte der Erfolg, daß die Wahl der Persönlichkeiten mit
trefflichem Takt getroffen wurde. Ebenso wird die Vorsicht und Um=
sicht und Nachsicht gerühmt, womit die Sammlung und Ordnung
des Gemeindelebens vor sich ging. Nachdem die Einigung und Lei=
tung eine Zeit lang lediglich auf Calvins Person gestellt war, sehen wir
ihn überall dem Ziele allmählig zusteuern, das endlich auf der na=
tionalen Kirchensynode 1559 zu Paris eine Gestalt gewann. Hier
wurde die Synodalverfassung der französischen Kirche be=
schlossen und eingeführt. Dieselbe; welche dazu bestimmt war, der evan=
gelischen Kirche Frankreichs ein geordnetes, selbständiges Dasein zu
schaffen und zu sichern, war von Calvin entworfen worden und stellte
natürlich einen Ausdruck seiner Grundsätze dar. Die Stufen des Or=
ganismus sind folgende: 1) Die Einzelngemeinde, welche durch Ein=
setzung eines Predigers, eines Consistoriums und bestimmten Cultus
ein Theil der Kirche wird. 2) Das Colloquium, eine Gruppe benachbar=
ter Gemeinden. 3) Die Provinzialsynode, aus mehreren Colloquien
zusammengesetzt, welche je einen Geistlichen und Aeltesten zu einem jähr=
lichen Zusammentritt abordnen, um namentlich die Wahl der Pastoren,
jedoch mit vorbehaltenem Einspracherecht der Gemeinden, zu handhaben.
4) Die Nationalsynode, von jeder Provinzialsynode durch je zwei
Geistliche und Aelteste beschickt und mit endgiltigem Entscheidungs=
recht in allen Angelegenheiten betraut.

    Frankreich war nächst Genf das hauptsächliche, jedoch bei Wei=

tem nicht das einzige Missionsgebiet Calvins. Italien hatte ihn zwar ausgestoßen, allein er ließ sich dadurch nicht abhalten, ferner nach Kräften für dasselbe zu sorgen. Die vielen Italiener, welche des Glaubens halber flüchtig wurden, einigte und ordnete er in Genf zu einer eigenen Gemeinde, welche ihm viel zu schaffen machte. Ein hervorragendes Glied derselben war Galeazzo Carraccioli, Marchese von Vico, ein Neffe des Papstes Paul IV. Die glänzendsten Verhältnisse, die ausgesuchtesten Gegenanstrengungen konnten ihn nicht zurückhalten, zu Füßen Calvins als gewöhnlicher Bürger sich anzusiedeln und später als armer Mann, aber fröhlich in seinem Glauben, zu sterben. Die italienischen Flüchtlinge gehörten überhaupt großentheils den ersten, reichsten Familien ihres Vaterlandes an. Um so schwerer lasteten sie als Verbannte auf dessen Herz und Gewissen. Allein es ist bekannt, durch welche Mittel dafür gesorgt wurde, daß das Heimweh nach ihnen nicht in ein Heimweh nach der evangelischen Wahrheit übergehen durfte.

Wie der Angriff Calvins auf Italien im Großen zurückgeschlagen wurde, so ging es auch schließlich in Polen. Dies Volk hatte die mächtigsten Anziehungskräfte zu Genf erfahren und Calvin warf nicht nur mit aller Theilnahme einen Haken um den andern nach ihm aus, er durfte auch eine Zeit lang bestimmt hoffen, es auf die Seite des Evangeliums gänzlich herüberzuziehen. Allein der alte böse Feind wandte seine große Macht und List doch am Ende mit Erfolg auf, so daß nur wenige Spuren jener großen Bewegung übrig blieben. Wichtig ist für uns im Rückblick auf Calvins Reformationsarbeit an diesem Lande besonders das, daß er hier ausdrücklich in Anbetracht der Umstände von seinem kirchlichen Verfassungsideal, der Presbyterialform, abging und das Episcopat, freilich mit evangelischer Beschränkung, förmlich guthieß und annahm. Er erklärt sich in seinem berühmten Schreiben an den König Siegmund August unumwunden dafür, „daß dem Königreich nach Art der Primate in der ältesten Kirche ein Erzbischof vorgesetzt werden möchte, nicht um über die andern zu herrschen, sondern ein Mann, welcher der Ordnung wegen die erste Stelle in der Synode einnähme und die Einheit unter seinen Collegen und Brüdern erhielte." Damit bewies er faktisch, daß er keinerlei Form zur Bedingung eines evangelischen Gemeinwesens aufstellen wollte, wie denn auch die Institution bei allem Dringen auf

15*

die Presbyterialverfassung diese doch nirgends zum schlechthin binden=
den Gesetz erhebt.

Dagegen sollte dem Genius Calvins ein großer Triumph in
einem größern Reiche gelingen. Englands Reformation war bis
zum Tode Heinrichs VIII. (1546) kaum weiter als zur Lostrennung
von Roms Oberherrschaft gediehen: der papistische Sauerteig war
nicht ausgefegt, die Heilskraft des Evangeliums nicht eingelassen
worden. In diesen beiden Beziehungen hub erst jetzt das Reformations=
leben sich zu entfalten an, und Calvins Einwirkung herrschte dabei
entschieden vor, denn die leitenden Persönlichkeiten auf der Insel stan=
den mit Wissen und Willen unter seiner Leitung. Wir besitzen den
Reformationsentwurf, welchen er an den Herzog von Somerset ab=
sandte: wir wissen, daß derselbe, unterstützt von Privatbriefen, auf
den empfänglichen Regenten einen entgegenkommenden Eindruck her=
vorrief. Wir besitzen ferner die ähnlichen Schreiben und Schriften,
welche Calvin an Eduard IV., den vierzehnjährigen König mit reichen
Geistesanlagen und warmem Herzschlag für das Evangelium, ab=
faßte und absandte; wir wissen, daß dieselben einen maßgebenden
Eindruck hervorriefen. Als einmal ein Bote, der solche Depeschen
über den Canal getragen hatte, vom englischen Hof zurückgekommen
war, konnte Calvin seinem Farel schreiben: „Nach des Boten, eines
Geistlichen, Meinung habe ich selten etwas Lohnenderes und Erfolg=
reicheres gethan, als indem ich für diesen Fürsten arbeitete!"— End=
lich liegt eine starke Correspondenz mit andern Förderern des Werks,
geistlichen und weltlichen, vor, von welcher die Geschichte beweist, daß
sie reiche Frucht trug, wenn auch die wirkliche Ernte durch allerlei
Gegenwinde und Gewitter verdorben wurde. Als einen interessanten
Einfall heben wir aus diesem Briefwechsel den Gedanken des Erz=
bischofs Cranmer aus, die evangelische Welt möchte, wie dazumalen
die katholische in Trient, zu einem Concile zusammentreten, um eine
gemeinsame Basis für ihr Glauben und Leben festzustellen. Calvin
will zwar die Ausführung dieses Projectes nicht in die Hand nehmen,
da er das Gefährliche daran wohl gewittert haben mag, allein er freut
sich doch desselben, weil es seinen Unionsbestrebungen aus dem Herzen
herausgeschöpft war: „Die Zertrennung der Kirche ist eines der gro=
ßen Uebel unsrer Zeit. Was mich betrifft, so leide ich darunter mehr
als Einer, und würde zehn Meere durchkreuzen, wenn ich Etwas darin

ändern könnte. Kommt Etwas zu Stande und bedürfet ihr meiner, so bin ich also bereit, Alles zu thun, welche Mühen und Opfer es kosten mag. Doch hoffe ich, daß meine Unbedeutendheit mir insoweit zu Gute kommt, daß ich nicht selber Hand anlegen muß, sondern glauben darf, meine Pflicht gethan zu haben, wenn ich Andere ernstlich ermahne." —

Es ist bekannt, daß die englische Kirche nicht vollständig, nemlich nur im Lehrtypus, nicht aber im Cultus und übrigen Organismus, nach Calvins Grundsätzen eingerichtet worden ist. Vollständig aber, noch vollständiger als in Genf selbst, war dies in Schottland der Fall. Nicht nur das Kirchenthum, sondern das ganze Volksthum nahm hier ein durch und durch Calvinisches Gepräge an. Die Vermittlung ging diesmal durch eine Persönlichkeit, welche wie dazu geschaffen schien, Calvins Denkart auf sich pfropfen zu lassen und durch sich fruchtbar zu machen. Johannes Knox war im Ganzen drei Jahre in Genf, und wir haben bereits vernommen, mit welcher Aufrichtigkeit er diese Zeit als die Schulzeit für die ihm gewordene Aufgabe preist. Jedoch, nicht nur was er dort sah und hörte, trug er mit sich fort, um es in Schottland zur Anwendung zu bringen, sondern er blieb bei seinem Reformationswerk in beständigem Verkehr mit Calvin, an den er sich stets wie der Jünger an den Meister in schwierigen Verhältnissen wandte, während ihm dieser wie der Freund dem Freunde mit seinem Rathe diente. So muß denn auch das Jahr 1560, in welchem die Reformation Schottlands den Sieg davon trug, ein Jubeljahr für Calvin gewesen sein, wie es heute noch um der gesegneten Folgen willen ein solches für die Schotten und die ganze evangelische Kirche ist, und wenn sich je der schlichte, demüthige Mann wohlgefällig in einem Spiegel besah, so mags gewesen sein, als er das „erste Disciplinbuch" oder „das Buch der Verfassung" vor sich liegen hatte. Die hauptsächlichen Bestimmungen, die der Hauptsache nach zur vollen Ausführung und bleibenden Geltung kamen, sind folgende:*) „Christus ist das einzige und alleinige Haupt Seiner Kirche und theilt Seine Gewalt mit Niemanden, wer es auch sein mag; deßhalb ist die Kirche auch nicht etwa blos von Rom unabhängig, sondern ebenso

---

*) Vergl. John Knox von Fried. Brandes (Band X der reform. Reformatoren, Elberfeld 1862) p. 251—253.

von allen Einflüssen des Staats auf ihre innern Angelegenheiten.
Ihre geistlichen Rechte (Schlüsselgewalt) hat sie nicht vom Staate,
sondern von Christo empfangen, und die Ausübung derselben steht
daher auch nur den Amtsträgern der Kirche zu, die als solche nicht
Staatsbeamte, sondern nur den kirchlichen Behörden unterworfen und
verantwortlich sind. Diese Rechte sind: Predigt des Wortes, Ver=
waltung der Sakramente, Zulassung und Ordinirung zum geistlichen
Amte, geistliche Regierung und Ausübung der Zucht. Staat und
Kirche, „das weltliche und das geistliche Schwert“, sind freilich beide
von Gott geordnet, aber doch auf das Strengste von einander zu
scheiden, und weder der Eine noch der Andere hat in die Befug=
nisse sich einzumischen, welche jedem von Beiden zustehen. — Die Ver=
fassung der Kirche ist die presbyterianische, wie sie von den Apo=
steln angeordnet und deshalb allein schriftgemäß ist, und zwar sollen
beide Stände in der Kirche, der geistliche und der weltliche, zusammen=
wirken, um die Zwecke der Kirche zu verwirklichen. Eine Organisation
der gläubigen Elemente in der Gemeinde zur Auferbauung des Reiches
Gottes ist in dieser Beziehung der Grundgedanke, und namentlich
tritt die Hereinziehung der sogenannten Laien in den Dienst der Kirche
auf das Entschiedenste hervor. — Die Prediger werden nur ge=
wählt durch die Gemeinden (die Patronate konnten jedoch nicht be=
seitigt werden), doch kann Niemand zugelassen werden, der nicht vorher
vor offener Gemeinde geprüft und als fähig zum geistlichen Amte sich
ausgewiesen hat. Nach der Wahl wird dann der Prediger durch an=
dere bereits im Amte Stehende eingeführt, wobei gepredigt und gebetet
wird (die Handauflegung kam erst später hinzu). — Unter den Pre=
digern soll keinerlei Rangordnung bestehen, so wenig als eine
Ueberordnung des geistlichen Standes über das christliche Volk statt=
haft ist, sondern der Prediger hat eben nur einen Dienst am Worte
Gottes und an der Kirche des Herrn, aber durchaus keine Vorrechte
vor den Mitgliedern der Gemeinde. Uebrigens werden die geistlichen
Amtsträger in vier Klassen getheilt: 1) Minister oder Prediger,
2) Doctoren oder Lehrer an den Seminarien und Universitäten, 3) die
ordnenden Aeltesten, 4) die Diaconen, welche sich um das Kirchenver=
mögen und die Armenpflege zu bemühen haben. Visitatoren konnte
die Generalsynode ernennen, jedoch nur für bestimmte Aufträge und
Zeitmomente. — Diese kirchlichen Beamten bilden die kirchlichen

Versammlungen, denen die Gerichtsbarkeit in kirchlichen Dingen zukommt. — Zunächst in den einzelnen Gemeinden treten Prediger und Aelteste zu der Kirchensitzung zusammen, die sich wöchentlich zu versammeln und das Gemeindeleben zu leiten hat. In den größern Städten haben „wöchentliche Uebungen" stattzufinden, welche sich mit der Auslegung der Schrift beschäftigen und zu denen sich alle Prediger nebst andern unterrichteten Leuten aus der benachbarten Landschaft einfinden sollen (später die „Presbyterien oder Classifical=Versammlungen"). Zweimal im Jahre treten die Prediger und abge= ordneten Aeltesten zu einer Provinzialsynode zusammen, welche die Angelegenheiten des Bezirks ordnet, und das ganze kirchliche Leben gipfelt in der Generalversammlung, welche, aus den von den einzelnen Bezirken des Königreichs abgesandten Predigern und Aelte= sten zusammengesetzt, zweimal des Jahres, nach Bedürfniß auch öfters, tagt und die Interessen der Gesammtkirche wahrnimmt. — Diese Ver= sammlungen haben die ganze kirchliche Gewalt zu Handen und üben namentlich auch die Kirchenzucht aus. Die letztere behandelt Sün= den, welche sich dem Strafamte der weltlichen Obrigkeit entziehen. Ihr haben sich Alle ohne Ausnahme, geistlichen und weltlichen Stan= des, gleichmäßig zu unterwerfen und ihre Ausübung fällt nicht allein den Predigern, sondern wesentlich den Aeltesten zu. Die Gemeinden werden hiezu in besondere Abtheilungen mit besondern Aufsehern ge= ordnet, welche wöchentlich zu berichten haben. Alle Uebertretungen des Sittengesetzes gehören vor dies Aeltestengericht, und namentlich wird Niemand zum Abendmahle zugelassen, der nicht vorher wegen etwaiger Vergehungen Genüge gethan hat. Auch üben die Aeltesten die Censura fraterna (brüderliche Zurechtweisung) unter einander. — Der Gottesdienst wurde möglichst einfach eingerichtet, bestehend aus Gebet und Predigt. Am „Sabbath" war zweimal Gottesdienst, Morgens und Nachmittags, und zwar wurde Nachmittags mit Jugend und Gemeinde katechisirt. In den Städten fanden auch mehr oder weniger Wochengottesdienste statt. Die Taufe wurde nur vor der Ge= meinde verrichtet, das Abendmahl in den Städten viermal, auf dem Lande zweimal im Jahre gefeiert, die römischen Heiligentage fielen nebst einer Menge katholischer Gebräuche weg. — In jedem Kirch= spiele mußte eine Schule errichtet werden, um die Kinder in der Re= ligion, der Grammatik und lateinischen Sprache zu unterrichten. In

den bedeutendern Städten wurden Collegien für Logik, Rhetorik und
die gelehrten Sprachen errichtet und das Universitätswesen besser ein=
gerichtet. Das ganze Schulwesen, mit Einschluß der Universitäten,
sollte unter die Oberaufsicht der kirchlichen Versammlungen gehören."

Wir könnten noch mehr Länderstriche aufweisen, besonders auch
Holland, in welchen Calvins Reformationsarbeit an der Welt mit=
telbarer oder unmittelbarer Weise, mit mehr oder weniger Erfolg, sich
bethätigte, wie es denn überhaupt eine unleugbare Thatsache ist, daß
das Lutherthum von der zweiten Hälfte des sechzehnten Jahrhunderts
an passiv nach außen geworden ist und die active Rolle, das Erobern
weiterer Gebiete für das Evangelium, an den Calvinismus abgetreten
hat. Indem wir aber mit dem Raum zu geizen haben, liegt es uns
näher an, dem Einfluß Calvins auf die Länder ein Augenmerk zuzu=
werfen, worin die Reformation bereits vor seinem Dazutritt Wurzel
geschlagen und Gestalt gewonnen hatte.

Deutschland und die Schweiz hatten von Anfang an mit
derselben Hingabe die Aufgabe der Zeit, die Reformation, begriffen
und ergriffen. In der Lösung der Aufgabe schlugen sie aber auch fast
von Anfang an verschiedene Wege ein. Calvin traf die Scheidung
des evangelischen Lagers in Lutherische und Zwingli'sche, Sachsen und
Schweizer an. Je mehr diese Scheidung in Spaltung überging, desto
mehr spürte und rührte sich Calvin als dazu berufen, eine Vermitt=
lung beider Standpunkte ins Werk zu setzen: wir sind seinem sehn=
lichen Unionsverlangen und merklichen Unionsvermögen schon früher
mehrmals begegnet. Seit er nach Genf zurückgekehrt war, verfolgte
er den Plan unablässig. Zunächst sehen wir ihn die Hand nach den
Schweizern ausstrecken: denn daß es der Glaubens= und Lebensan=
schauung Zwingli's im Vergleich mit der Wahrheit, welche das Evan=
gelium enthüllt, an Fülle und Tiefe mangle, war ihm ja längst klar.
Allein die Schweizer, welche mit Recht auf ihren genialen, frommen
und heroischen Landsmann stolz waren, zur Erkenntniß und zum Be=
kenntniß hievon zu bringen, kostete den Aufwand aller Liebe und Ge=
duld, Weisheit und Gelehrsamkeit. Immerhin, so treulich dieser
Kostenaufwand an die Bedeutung der Sache gerückt wurde, hätte er
wohl nicht ausgereicht, wären nicht thatsächliche Verhältnisse zu Hülfe
gekommen. Um seine Mission in Genf, das noch nicht zur Eidgenossen=
schaft gehörte, durchzufechten, mußte Calvin einmal um das andere die

benachbarten Kirchen der Schweiz in Anspruch nehmen. Während er bei solchen Gelegenheiten Unterstützung nachsuchte, gab er zugleich immer, natürlich ohne es zu beabsichtigen, das Uebergewicht sei= nes Geistes und Willens faktisch zu fühlen. Denn im Wesentlichen mußte man ja doch, selbst gegen Neigung, ihm fast jedesmal Recht geben oder lassen, und wenn nicht, so pflegte der Erfolg über den Wider= spruch den Stab zu brechen. Ferner mußte der Aufbau der Genfer Gemeinde, je mehr er in der Nähe betrachtet werden konnte, desto mehr imponiren: die zahllosen Schwierigkeiten, allgemeine und besondere, große und kleine, fielen dabei um so gewisser ins Gewicht. Endlich mußte der persönliche Verkehr, in welchen Calvin (zum Theil expreß für diesen Zweck) mündlich und schriftlich aus den manchfaltigsten Anlässen mit den Führern der verschiedenen Cantonskirchen treten konnte und trat, unfehlbar dazu dienen, daß der Geist ihrem Geiste ein Zeugniß zu seinen Gunsten ertheilte. Letzteres Moment gab denn auch wirklich nach einer Masse durchkreuzter, scheinbar vergeblicher Be= mühungen den glücklichen Ausschlag. Calvin setzte sich, die störrigen Berner endlich bei Seite liegen lassend, mit Heinrich Bullinger, dem Vorsteher der Zürcherischen Kirche, einem zwar gut zwinglisch und antilutherisch gesinnten, aber geraden, ehrlichen Mann, in Verhand= lung. Derselbe hatte eben ein Buch über die Sakramente herausgege= ben und den Genfer Amtsbruder um ein Urtheil angegangen. Dieser war nun bemüht, nachzuweisen, daß die Schweizer in der Abendmahls= lehre nothwendig einen Schritt vorwärts nach Luther hin, die Sachsen aber einen Schritt rückwärts nach Zwingli hin thun müßten, und — daß der Punkt, wo sie sich bei dieser gegenseitigen Bewegung treffen würden, eben die Calvinische Auffassung sei. Bullinger ließ sich nach einer Weile offnen Widerstrebens in der That überzeugen, daß bisher viele Vorurtheile und Mißverständnisse obgewaltet hätten, und erklärte, daß ihm ein anderes Licht über Calvins Lehre aufgegan= gen sei: „Ich verstehe Dich jetzt um ein Gutes besser. Sind wir dem Sinne nach nicht mehr von einander verschieden, warum sollten wir es in irgend einem andern Punkte bleiben? Die Bedrängniß und Zerklüftung der Kirche Christi auf dem ganzen Erdboden ist jetzt gar groß. So laßt uns ernstlich beten und alle Kräfte in der Schweiz zu= sammennehmen, damit unsere Kirchen einträchtig werden. Darauf wende alle Deine Bemühungen: wir werden ebenfalls mit allen Kräf=

ten unserer Pflicht nachkommen." — Calvin antwortete sogleich: „Nie erinnere ich mich, ein erfreulicheres Schreiben erhalten zu ha= ben. Wir sind demnach in der Sache so viel als Eins, und nichts steht im Wege, daß wir auch über die Ausdrücke uns verständigen. Man spricht mir zu, mich zu diesem Ende persönlich in Eure Mitte zu begeben, und sicherlich werde ich nichts unterlassen, was dazu die= nen kann, uns in einem dauernden Frieden zu einigen." — Gesagt, gethan, und dieselbe Wahrheitsliebe, welche in selten selbstloser und doch charaktervoller Weise den Schriftenwechsel gelenkt hatte, führte rasch die persönliche Zusammenkunft zu gesegnetem Ziele (1549). Die 20 Artikel, welche Calvin aufgezeichnet hatte, wurden mit herzlicher Bereitwilligkeit angenommen und bildeten die berühmte Züricher Ue= bereinkunft (Consensus Tigurinus), „die feierliche Acte, durch welche die Zwingli'sche und Calvinische Reformation sich nun für immer und in der erwünschtesten Weise zu der Einen großen „reformirten Kirche" vermählten." Die übrigen Schweizerkirchen schlossen sich in kurzer Aufeinanderfolge förmlich an: große Freude über das wirklich bedeut= same und glückliche Ereigniß hub sich von Nah und Weit: nur Bern blieb grollend, wie Achilles dem Kampfe der Stammgenossen, dem Versöhnungswerke seiner Glaubensbrüder ferne.

Dieselbe Hand streckte Calvin auch nach Deutschland aus. Es wäre über die Maßen kleinlich, ihm eine gleiche Einmischung ver= übeln zu wollen. Er war vollberechtigt hiezu vor Gott und vor Men= schen. Vor Gott, der ihn in den Weinberg der Reformation mit einer Berufung und Begabung hineingestellt, welche über die Schlagbäume der Landesgrenzen hoch hinweg ragten: vor Menschen, welche ihn einst zur Mitarbeit auf deutschem Boden bestellt und verwandt hatten. Im Gegentheil haben wirs mit fröhlicher und ehrerbietiger Dankbarkeit anzuerkennen, mit Stolz aufzuzeichnen, daß das Auge und Herz Cal= vins mit so unausgesetzter Angelegentlichkeit auf unsrer Heimath, als der Heimath der evangelischen Christenheit, ruhen blieb. „Man könnte aus seinen Briefen fast eine Geschichte der deutschen Reformation in den vierziger Jahren schreiben: so beharrlich begleitet er Alles, was sie angeht, und lebt sich hinein in ihre Aussichten und Gefahren, ihre Kämpfe und Wechselfälle." Auch fiel es lange Zeit Niemanden ein, seine Betheiligung zu beanstanden. Man ließ ihn recht gerne in un= sern Städten Metz und Mömpelgard für die gemeinsame Sache in=

terveniren, man wußte den Gehalt seiner Schriften an den Papst Paul III. und den Kaiser Carl V. aus Anlaß des in Frage stehenden Nationalconcils recht wohl zu würdigen und zu verwerthen, man konnte seine stärkenden, ermunternden, tröstenden Briefe bei den Trübsalen des schmalkaldischen Krieges bestens brauchen. Straßburg trug noch 1551 gar kein Bedenken, den sogenannten Franzosen als seinen Ver= treter nach Trient zu wählen, falls daselbst ein allgemeines Concil, nicht blos ein römisches, zu Stande käme. Und wie zahlreiche Briefe der hervorragendsten Gehülfen am deutschen Reformationswerk — Melanchthon allein würde statt aller genügen — ergingen an ihn in einem Tone, der vollauf beweist, daß sie ihn ganz als ihren theuer= werthen Mitarbeiter betrachteten. Calvin selbst hinwiederum konnte, auch ohne sich seine Berufung für die Gesammtkirche vorzuhalten oder seiner Leistungen für die deutsche Kirche zu erinnern, mit dem besten Gewissen eintreten. Hatte er doch die Magna Carta des evangelischen Deutschlands, die Augsburger Confession, unterzeichnet und sprach sich fortwährend mit dem aufrichtigsten Nachdruck für dieselbe aus, wie z. B. noch 1557 in einem Schreiben an die Frankfurter Geistlich= keit: „Vom Augsburger Bekenntniß bin ich nicht abgewichen, noch heute unterschriebe ich es so gern und anstandlos, wie vormals, in dem Sinne, den ihr Verfasser selber ihr beigelegt." — Allein eben dies letztere, beschränkende Zusätzchen enthält und enthüllt den ganzen Wi= derstand, auf den Calvins Betheiligung bald stoßen sollte. Es ist wahr und er selbst verhehlte es niemals: die Augsburger Confession in Melanchthonischem Sinne hatte er als Operationsbasis im Sinne, um in Deutschland einen ähnlichen Consensus, wie den von Zürich, zu Stande zu bringen. War dies ein Verbrechen? Es hatte sich un= ter den deutschen Theologen eine Parthei ausgebildet, welche es dafür ansah, während freilich eine Menge Anderer, die sich aber zu jenen mehr als die Stillen im Lande verhielten, einen derartigen Consensus als ein ersehntes Ziel ansahen. Besagte Parthei, die Stocklutheraner — denn es widersteht uns, sie mit dem einfachen Titel „Lutheraner" zu beehren —, nahm nun aus einer flammenden Schrift Calvins ge= gen das Interim („das Bastardinterim, verbunden mit einer Ausein= andersetzung der wahren Art, die Kirche zu reinigen und zum Frieden zu bringen" 1549) Anlaß, gegen den ketzerischen, verderblichen Ein= dringling loszuschlagen. Flacius, Heßhus, Westphal eröffneten den

Feldzug, der den Zweck hatte, die lutherische Kirche Deutschlands von jedem Calvinischen Körnlein reinzufegen, überhaupt vor jeder An= steckung mit andern, als lutherischen Anschauungen und Formelungen hermetisch zu verschließen. Als ob Luther nicht blos der Reforma= tor, sondern die Reformation selbst, als ob er blos ein Gefäß des heiligen Geistes, nicht auch ein Geschöpf von Fleisch und Blut gewesen wäre; als ob die Reformation nicht dem Reich der Geschichte, also der Fortbildung, sondern der Ewigkeit, dem Reich der Vollendung, angehören, als ob die Wahrheit unter menschlichen Händen jemals eine fertige Waare bilden würde. Der Streit wurde in einer Unzahl von Schriften mit der Heftigkeit und Gehässigkeit eines Religions= kriegs geführt. Auch Calvin zügelte seinen Zorn bei Weitem nicht genug: aber die Art, wie sein weites Herz und sein hoher Sinn für eine große Sache, die evangelische Union, auch unter den Schlacken der Leiden= schaft hervorleuchten, muß doch der Engherzigkeit und Geistesbeschränkt= heit jener Parthei gegenüber jeden Unbefangenen hinnehmen. Wir mögen einige Athemzüge aus der Brust des Geächteten und Ver= dammten nicht unterdrücken: „O Luther, wie wenige Nachahmer Deiner Trefflichkeit hast Du doch hinterlassen, dagegen wie Viele, die Dich nachäffen in Deiner heiligen Art, Dich zu rühmen! Daß Er oft so große Worte im Munde geführt, ist begreiflich und natürlich, da es zu seiner tapfern Kriegsführung unter des Herrn Fahne gehörte, daß er die Welt mit all ihrer Größe verachtete. Aber unleidlich ist es, wenn die Hummeln, die nur einen Bienenschwarm mit ihrem ver= worrenen Getöse stören, einen eben so hohen Ton anstimmen. Glaubt man Westphal, so erscheint er freilich als eine Säule wie Petrus und Paulus und die höchsten Apostel. Die Kirche würde zusammenstürzen, meint er, wenn er nicht seine Schultern darböte, um sie zu stützen. Und in der Wirklichkeit zeigt er durch sein ganzes Benehmen, daß er in der christlichen Erkenntniß noch nicht einmal so weit gekommen ist, um die Stimme des Hirten von dem Geheule der Wölfe unterscheiden zu können. Denn die Stimme des Hirten ruft zum Frieden, und Er sucht die Kirche zu verwirren. Daß er uns als die zerstörenden Wölfe darstellt, wird auf Niemand Eindruck machen. Denn es ist be= kannt genug, wie wir Tag und Nacht nichts Anderes denken noch un= ternehmen, als dem Rufe des himmlischen Hauptes Gehör zu ver= schaffen, das die zerstreuten Schaafe sammeln will. Wie treu ich mich dafür verwende, daß die ganze Welt allein von Christi Wort abhänge, thun nicht nur meine Schriften und Predigten, sondern Alle kund, die mich täglich in der Arbeit sehen; und der Segen, mit dem Gott diese Arbeiten versiegelt, redet deutlich genug, daß auch zehn Westphale ihre Frucht und ihren Nutzen nicht in Abrede stellen sollen. Ich darf meinem Berufe solches Zeugniß geben, weil auch der Apostel Paulus unter ähnlichen Umständen so geredet hat." — „Ja mit Luthers Namen wird Alles zugedeckt, Alles gerechtfertigt. Wie den Schild des Ajax gebrauchen ihn diese Menschen, um sich dahinter in unantastbarer Sicherheit zu bergen. Wittenberg ist ihnen das heutige Jerusalem, von dem für die ganze Welt das Heil ausgeht. Seine Heftigkeit, der man ja freilich mehr Maß und Besonnenheit wünschen mußte, soll die ihrige entschuldigen, während sie doch nicht werth sind, mit seinem Schatten ihre schmähliche Blöße zu decken. Alle Kirchen, die nicht unmittelbar von ihm abhängen, sind jeder Begabung des heiligen Geistes baar und ledig: nicht nur die schweizerische und rhätische, sondern auch die des ganzen obern Deutschlands, die Westphal mit einem Federstriche zu den Ketzern wirft. Straßburg, Augsburg, Frankfurt und wie viele andere herrliche Städte bläst er mit Einem Hauche seines Athems hinweg. O Ismael, da Deine Hand wider Alle ist, so mögen auch Aller Hände wider Dich sich erheben! denn wie die Seelengröße Luthers am hellsten darin leuchtete, daß er, allein stehend, nicht gezagt hat, das ganze Papstthum anzugreifen, ist Deine störrige Gemeinheit um so verächtlicher, da Du in kleinen und gleichgiltigen Dingen Ursache suchst, sein Werk wieder zu hindern und Zwietracht zu säen unter das Volk Gottes." — Eine nähere Schilderung des Verlaufs gehört nicht hieher: „das erste Gemeinschaftsband unter den Christen, das Abendmahl, wurde in einer Weise zum Zankapfel gemacht, daß alle Gemeinschaft vernichtet wurde." Auch die Colloquien von Frankfurt und Worms (1557), die der fromme Kurfürst von der Pfalz im Interesse der Verständigung zusammengetrieben, stellten sich als ohnmächtig heraus. Die sächsische Regierung erklärte den Calvinismus durch das „Confutationsbuch" förmlich für eine Ketzerei, andere Regierungen (wie namentlich Württemberg in Folge eines Umschlags, welchen die Gesinnung Brenzens in einer noch nicht gerechtfertigten Raschheit erlitt) folgten nach, statt der Augsburgischen Confession rückte die Concordienformel als Hauptsymbol ein, das Schisma der evangeli=

schen Christenheit war fertig. — Der Schaden, den dieses traurige
Resultat angerichtet hat, ist schon nach den verschiedensten Seiten hin,
der kirchlichen, politischen, culturhistorischen, berechnet worden, und
obgleich wir ihn für unberechenbar halten, da die Gegenprobe fehlt,
geben wir ihn willig als groß und schwer zu. Auch reden wir den
Stocklutheranern, welchen es damals gelang, die deutsche Reformation
mit ihren dogmatischen Brettern zu vernageln, gewiß nicht übermäßig
das Wort. Allein das Resultat verstehen wir doch auch von gewissen
Gesichtspunkten aus als ein natürliches, sogar berechtigtes anzusehen.
Der Calvinismus taugte um jene Zeit keineswegs nach Deutschland
herein und wird nie ganz herein taugen. Gegen die gewaltige Logik
dieses Systems mußte das deutsche Gemüth um so mehr reagiren, als
dasselbe eben in Luther den Wecker seiner tiefsten Bedürfnisse und
Kräfte, den Dolmetscher und Bildner seiner eigenthümlichsten Gefühle
und Gedanken erlebt hatte. In Betreff der Calvinischen Anschauungen vom Verhältniß zwischen Staat und Kirche reagirten nicht weniger
naturgemäß die thatsächlichen Umstände des damaligen Deutschlands:
die Cäsareopapie mag noch so gründlich als eine Mißgeburt der Reformation dargestellt werden, allein jede andere Gestaltung wäre sicher
eine Frühgeburt gewesen, die, selbst nicht lebensfähig, den Lebensfaden
der evangelischen Sache überhaupt aufs Aeußerste gefährdet hätte.
Luther und seine Gehülfen konnten im Interesse der Reformation gar
nichts Klügeres thun, als was sie auf diesen Punkt gethan haben. Daß
man sich aber nicht blos gegen eine Ueberfluthung oder Uebermannung
durch den Calvinismus wehrte und wahrte, sondern gegen jede Bein-
flussung von ihm, gegen jede Berührung mit ihm, gegen jede Beziehung zu ihm systematisch verschloß und verbiß, dies war ein Unrecht
und eine Unnatur, für welche manchfache Rache nicht ausbleiben
konnte. Es konnte aber auch die Erkenntniß des Unrechts und der
Unnatur nicht ausbleiben und aus ihr ging leise eine rückgängige Bewegung hervor, lange bevor diese im Wort Union lautgeworden. Gott
hat einmal — das ist gewiß einer der gewissesten Sätze der Kirchengeschichte — die Erscheinung Calvins auf die Erscheinung Luthers
mit einer weitern, ergänzenden Mission für die evangelische Kirche
folgen lassen: so streitet diese wider Gott, wenn sie nicht beiden Ge-
sandtschaften gebührende Berücksichtigung und Geltung schenken will.
    Man konnte Calvin als den Erzketzer verketzern, die Verkehrtheit

und Schädlichkeit seiner Theologie auf Eine Linie nicht blos mit dem Papismus, sondern gar mit dem Muhamedanismus herabdrücken, seine geheimen und offenen Anhänger aufs gehässigste, brutalste, grausamste verfolgen — dies Alles und noch mehr ist geschehen —, seinen Schriften konnte man eine Beweisung des Geistes und der Kraft, an den Gewissen von Gelehrten wie Ungelehrten auf keine Weise entreißen: sie arbeiteten, wie in der ganzen Welt, so auch in Deutschland unermüdlich mit reichem Segen fort. Wir hatten außer seinem grundlegenden Hauptwerk, der Institution, noch andere wissen=schaftliche Erörterungsschriften, wie z. B. die vom Abendmahl, zu erwähnen Anlaß, desgleichen mußte an der Hand des geschichtlichen Berichtes manche Gelegenheitsschrift zu Schutz und Trutz hervorgeho=ben werden. Es ist aber der Bücher Calvins noch eine Legion: sie bilden schon in der ersten Gesammtausgabe (Genf 1617) 12 starke Foliobände. In der Mehrzahl hebt sich vor uns der Theologe von Kopf zu Fuß. Einige stimmen zwar auch den volksmäßigen Ton an und wissen namentlich die Geißel der Ironie furchtbar zu gebrauchen, sie sind aber nicht gleich naturwüchsig, wie die streng wissenschaftlichen. So wenig nun, weder jene, noch diese, hierorts verzeichnet, geschweige näher bezeichnet werden können, dürfen wir doch Eine Klasse schlech=terdings nicht unbeachtet lassen: seine Auslegungen der heiligen Schriften, die Commentare. Dieselben umfassen mit Ausnahme der Apokalypse das ganze neue Testament und mit Ausnahme der meisten historischen Bücher (Richter, Ruth, Samuel, Könige ꝛc.) das alte Testament. Ueber die Methode, welche er sich im Unterschied von den bisherigen Auslegern vorgesetzt, schreibt er in der Widmung des Rö=merbriefs an Grynäus: „Ich erinnere mich, daß wir vor drei Jahren verschiedene Male mit einander untersuchten, welches wohl die beste Art sein möchte, die heilige Schrift auszulegen. Und bald waren wir über diesen Punkt völlig derselben Meinung. Das Erste, sagten wir uns, ist zusammenfassende Kürze und Klarheit. Denn da es des Aus=legers einzige Pflicht ist, den Geist des Schriftstellers deutlich zu machen, so entfernt er sich offenbar von seiner Aufgabe in dem Maße, als er seine Leser auf andere Dinge führt, oder über den Text hinaus=geht. Darum wünschten wir, daß Einer von denen, welche heutzutage das Gebiet der Theologie bearbeiten, sich einmal das Doppelte zum Zwecke mache: zuerst klar und fließend zu schreiben, dann aber auch

die Leser nicht aufzuhalten durch allzu weitläufige Erklärungsweise.
Was ich nun hierin geleistet, überlasse ich Dir und den Deinigen zu
beurtheilen." — Das Urtheil der angesehensten Theologen seit drei
Jahrhunderten ist eine Reihe von Lobsprüchen. Ein lutherischer Gelehrter der Gegenwart äußert sich also: *) „In der Praxis der Exegese
waren alle reformatorischen Männer des sechzehnten Jahrhunderts thätig.
Luther zeichnet sich mehr durch dogmatischen Tiefsinn dabei aus, mit dem
er als Schöpfer der neuen Lehre in ihren Inhalt in der Bibel ein-
dringt, als durch philologische Genauigkeit und Begrenzung, wogegen
Calvin musterhaft dasteht durch das Ebenmaß, in welchem alle Mo-
mente einer gesunden Auslegung der Bibel bei ihm zusammenwirken.
Wenn er auch in der philologischen Seite der Auslegung von Beza
übertroffen werden mag, so bleibt er dagegen unübertroffen im Reformationszeitalter in der Entwicklung des Inhalts aus dem Zusammenhang und aus der analogia scripturae, sofort in der Unbefangenheit,
mit welcher er bei aller Ehrfurcht vor dem Inspirations-Charakter der
Schrift, doch die menschlich-geschichtliche Seite an ihr, namentlich
auch den Unterschied und die Mannigfaltigkeit ihrer Theile in Rechnung bringt, was sich insbesondere in einer dogmatisch-freieren Behandlung des alten Testaments zu Tage legt." — Innerhalb des
neuen Testaments zeichnet sich besonders Calvins Commentar zum
Römerbrief aus, dessen Gedankeninhalt und Gedankenentwicklung er
in der innigsten Wahlverwandtschaft mit seinem eigenen theologischen
System erkennen zu dürfen glaubte. Daher er auch von dieser paulinischen Schrift sagte, „sie könne nicht oft genug gelesen und erklärt
werden: denn sie sei der Schlüssel des Worts Gottes, und wer sie
verstehe, vor dem seien die Pforten des Heiligthums aufgethan, so daß
er hindurchdringe bis zu seinen geheimsten Schätzen." — Innerhalb
des alten Testaments muß vor Allem der Commentar zu den Psalmen
hervorgehoben werden. In der berühmten, auch eine höchst beachtens-
werthe Selbstbiographie und Selbstcharakteristik enthaltenden Vorrede*)
dazu heißt es: „Nicht ohne Grund pflege ich dieses Buch der Schrift
gleichsam eine Anatomie aller Theile des menschlichen Herzens zu

---

*) Dr. Cauberer in Herzogs Realencyklopädie Bd. V, p. 804.
**) Vergl. Klaibers ev. Volksbibliothek Band I, p. 712—720. Stutt-
gart 1862.

nennen. Denn Niemand wird irgend eine religiöse Stimmung in sich finden, deren Bild ihm aus diesem Spiegel nicht entgegenleuchtete. Ja alle Schmerzen, Traurigkeiten, Befürchtungen, Hoffnungen, Sorgen, Aengste, innerliche Stürme, welche das Menschengemüth nur immer erfüllen und bewegen, hat der heilige Geist uns hier nach dem Leben vor Augen gestellt. Die übrige Schrift enthält, was Gott seinen Knechten an Geboten und Weisungen aufgetragen hat, damit sie es uns wieder ausrichten. Hier aber nun reden die Propheten selber mit Gott und decken die innersten Falten ihres Herzens vor Ihm auf; und wir werden dadurch zu Gleichem nachgezogen, so daß uns keiner unsrer Mängel, keine unsrer Sündengewohnheiten mehr verborgen bleiben kann. O welch ein Schauspiel, da so das Herz heraustritt an das Licht, hervorgezogen aus all den Winkeln, worin es sich gewöhnlich versteckt, und losgemacht von dem fressenden Roste jeglicher Heuchelei! — Und wenn weiter die Anrufung Gottes das rechte Heilmittel für unsern Schaden ist, wo anders finden wir eine bessere und sicherere Anweisung hiezu, als eben in unsrem Buche? Da wird mit Ernst angerufen, zuerst aus dem tiefen Gefühle des Bedürfnisses heraus, dann aus dem festen Glauben an die Verheißungen Gottes. Ein Mal um das andere tritt ein Beter vor uns, an dem wir sehen, wie er aus der hindernden Trägheit seines Fleisches sich losringt, um dem aufmunternden Zuruf seines Gottes zu folgen, und daraus lernen denn auch wir, wenn allerlei Gedanken uns verwirren und Verzagtheit uns übernimmt, männlich dagegen ankämpfen und daraus aufstreben, bis unser Geist sich frei emporschwingt zu seinem Gotte. Und nicht nur das: sondern durch unser Zittern und Zagen werden wir nun auch angetrieben zum Gebete, indem wir hier den Preis des Trostes winken sehen. Denn an vielen Stellen des Psalters nehmen wir ja wahr, wie auch diese Knechte Gottes hin und her schwanken in ihren Gebeten und oft fast erliegen unter dem Druck, und endlich doch die Palme davon tragen, weil sie ausharrten im Glauben. Aber auch wie wir das Dankopfer des Lobes darbringen sollen, das ein angenehmer und köstlicher Geruch ist vor Gott, wird uns hier in reicher Manchfaltigkeit kund gethan. Kein Buch hält uns leuchtendere Beweise der besondern Barmherzigkeit Gottes gegen Seine Gemeinde vor, keines singt lieblicher den Preis Seiner Werke, keines erzählt so viele Erlösungen, keines breitet Seine väterliche Güte und Fürsorge so an

schaulich vor uns aus.—Und nicht nur diese allgemeinen Wohlthaten
werden uns nahe gebracht, sondern auch von der Vergebung unsrer
Sünden allein aus Gnade wird zu uns geredet, von der Art, wie wir
Frieden erlangen, die ganze Wissenschaft vom ewigen Heile wird uns
aufgeschlossen." —

Wie uns nun hier an einem einzelnen Buche die Kunst Calvins
kenntlich wird, die heilige Schrift so auszulegen, daß sie mitten in
die persönliche Lebenserfahrung hinein verpflanzt wird, so schlägt diese
innere Arbeit bei allen seinen Commentaren durch und verleiht ihnen
bei der scheinbar trockenen grammatisch-historischen Methode, die er
aufgebracht hat, ein warmes, reiches Leben. Rechnet man dazu die
edle Sprache, sowohl im Französischen als im Lateinischen eigenthümlich klar und glatt, tief und voll, so begreift sich's gut, daß diese Commentare in zahllosen Exemplaren und Auflagen durch die Welt, die
gelehrte und die ungelehrte, liefen. Wer aber das Verständniß des
Worts mit solchem Erfolg in der Welt fördert, treibt der nicht die
beste und mächtigste Reformationsarbeit an der Welt?

————————

XII.

Lebensabend und Lebensende.

Wer wünscht einem Leben, so übervoll an Mühe und Arbeit,
Kampf und Noth, nicht einen erquicklichen Abend? Er wurde in der
That Calvin zu Theil. Nicht als ob sich der treue Mann geruhig in
den Lehnsessel hätte zurücklegen dürfen, dies hätte er am wenigsten auch
selbst gewollt. Nein Mühe und Arbeit, Kampf und Noth harrten
bei ihm bis zum letzten Athemzug aus, aber sie nahmen doch im Ver=
gleich mit früher eine leidlichere Gestalt an, abgesehen von den körper=
lichen Beschwerden. Wenn er nun sich sah', begegnete seinem Auge gar
Vieles, das ihn dankbarst in Simeons Preis einstimmen ließ: „Herr,
Du lässest Deinen Diener in Frieden fahren!" So lautet die Grund=
stimmung seiner Seele aus den Briefen der letzten Zeit. Da stand
neben ihm, dem Alternden und Müden, dem jedoch von irgend einer
geistigen Abnahme niemals das Mindeste anzufühlen war, eine junge,
feurige Kraft voll Hingebung für seine Person und Sache: Theodor
Beza. Wir haben bereits gehört, daß dieser Professor in Lausanne
(geb. 24. Juni 1519 in Vezelay) 1588 das Rectorat der Genfer
Akademie übernommen habe. So Ausgezeichnetes er in dieser Stel=
lung leistete, so bildete es doch nur ein Stück seiner Thätigkeit. Beza
wurde überhaupt der Großvicar Calvins, auf praktischem, literari=
schem und diplomatischem Gebiet. Man hat schon gesagt, er sei Cal=
vin wie Melanchthon Luthern zur Seite gegangen. Doch war Beza in
diesem Verhältniß abhängiger: die Verehrung, womit er sich unbe=
dingt in den Dienst seines Meisters hineinstellte, erinnert eher an
Elisa, wie dieser den Mantel und Geist Eliä aufnahm. Jedenfalls
war er für Calvin ein rechter Theodor, ein Gottesgeschenk: seine
innige Treue, seine großen Gaben, sein seltenes Geschick wogen gleich
schwer in persönlicher, wie geschäftlicher und allgemeiner Beziehung.
Erinnern wir uns, wie Calvins Leben immer ganz in dem ihm anver=

16*

trauten Werk aufging, so mußte es ihm außer der Erleichterung, welche er genießen durfte, namentlich eine werthe Beruhigung sein, einen so tüchtigen Nachfolger an diesem Werk bereits im Geiste zu wissen.

Sah Calvin um sich, so erblickte er ferner Genf, diesen Heerd seiner Mission, diese Stätte seiner Kämpfe, dieses Bette wilder Stürme, friedsam, glücklich, wohlgeordnet als ein evangelisches Gemeinwesen vor sich liegen. Er bekam von seiner Bürgerschaft die reichlichsten, lautersten Beweise, daß sie endlich ihren Bauherrn und Gesetzgeber verstehen und eben damit ihm danken und vertrauen, ihn schätzen und verehren gelernt hatte. Als Paris einen ernstlichen Versuch machte, Calvin für sich zu gewinnen, stellte die Genfer Gemeinde in beredtester, dringlichster Weise die Unmöglichkeit, einem solchen Ansinnen Folge zu leisten, vor. Natürlich mag es ihr auch geschmeichelt haben, wenn sie täglich mehr inne ward, wie ihre vordem unansehnliche Stadt auch nach außen zu einem fast heiligen Ansehen heranwuchs. Erschien sie doch Schaaren von Flüchtlingen und Besuchern aller Art und aller Weltgegenden als ein zweites Jerusalem. „Wenn sie von den Höhen des Jura, wo die blaue Rhone zwischen den Felsen ihren Weg sucht, zum ersten Mal ihrer Thürme ansichtig wurden, fielen sie mit Freudenthränen auf die Kniee zum Gebete und begrüßten sie mit Lobgesängen: Fürsten und Fürstinnen waren unter ihrer Zahl." — Calvin mußte so gut als die Genfer wissen, wer der eigentliche Magnet sei, von dem diese mächtige Anziehungskraft ausging: er mußte es noch besser wissen, denn zahllose Briefschaften und literarische Erzeugnisse, eine Menge von thatsächlichen Entwicklungen und Gestaltungen riefen laut oder leise seinen Namen als den des einflußreichsten Kirchenmanns in der evangelischen Christenheit seit Luthers Heimgang aus. Wie wirkte die Beobachtung hievon auf ihn selbst ein? Es ist wahr: er verhehlt uns ein hohes Selbstgefühl durchaus nicht. „Wie David, äußert er in der Vorrede zum Psalter, von den Schaafhürden hinweg genommen und auf den Thron Israels erhoben worden ist, so hat mich Gott aus der Verborgenheit und Niedrigkeit hervorgezogen und mit dem Ehrenamt eines Predigers und Dieners am Evangelio *) begna-

---

*) „Etwas Größeres giebt es nicht im Himmel und auf Erden. Es will ein Unermeßliches sagen: über das Heil seiner Mitmenschen wachen.

digt." — Aber in demselben Zusammenhang äußert er ebenso: „Ach, nach wie vielen Tugenden, die ihn (David) schmückten, strecke ich mich erst langsam und mühevoll; mit wie vielen Sünden arbeite ich mich noch ab, von denen er längst befreit war! Indem ich die Stellen lese, in denen sein Glaube, seine Geduld, sein Eifer, sein Liebesdrang, seine Wahrheitsliebe sich ausspricht, preßt mir das schmerzliche Gefühl der Unähnlichkeit unzählige Seufzer aus." — In ähnlicher Weise könnten wir eine lange Reihe von Aussprüchen fortführen, worin diese beiden Tonarten, ein hohes und ein niedriges Selbstgefühl, neben und ineinander spielen. Calvin gleicht darin ganz dem Apostel Paulus, der einerseits den Unwerth, andererseits den Werth seines Wesens und Wirkens genau erkannte und offen bekannte. Darüber geht auch Jener nicht hinaus, darunter geht er aber auch nicht herab: „Durch Gottes Gnade bin ich, was ich bin." — Man liest fortwährend, der Genfer Reformator habe sich immer mehr als den Genfer Papst gefühlt und gerirt. Um diesen beinahe stereotyp gewordenen Vorwurf der Päpstlichkeit Calvins ist es eine eigene Sache. Will man einen Propheten, dem die Geister der Propheten unterthan sind, einen Papst nennen, so war Calvin allerdings ein Papst. Hievon haben wir schon genug Proben bekommen. Als nach seinem Hinscheid der Genfer Rath zusammentrat und des Hingeschiedenen Persönlichkeit kurz bezeichnen wollte, fand er keinen andern Ausdruck, als: „er war ein Charakter von großer Majestät, die Gott ihm eingedrückt." — Offenbar kommt es aber nur darauf an, wie er diese von Gott ihm eingedrückte Majestät gebraucht oder mißbraucht hat, um darüber zu entscheiden, ob sie mit Recht oder Unrecht eine päpstliche genannt wird? Lassen wir Calvin selbst reden: wir wissen ja, daß er wahr redet, und wüßten wir dies nicht, so wäre zu bedenken, daß er solche Dinge nicht hätte reden können, ohne sich der Gefahr auszusetzen, von seinen Gemeinden und Zeitgenossen Lügen gestraft zu werden. — „Der Mann (ein

---

Alle Nerven sollten sich dazu anspannen, die ganze Kraft des Geistes sich darauf wenden, Leib und Seele in dieser Arbeit aufgehen. Beständig müssen wir auf das Vorbild des Einen wahren Hirten sehen, und von Ihm lernen Eifer und Sorgfalt, Liebe und Freundlichkeit, so daß, auch wo wir strafen und tadeln müssen, wir doch mit den armen Seelen nicht anders verfahren, als ein guter Hirte mit seinen Schaafen."

Gegner) sagt, daß mir Jedermann den Pantoffel küssen müsse. Nun habt ihr selber Zeugen genug dafür, in welcher Gestalt mein Leben einhergeht und wie ich verlange, daß man mir den Hof macht. Er nennt „den Pantoffel küssen lassen," wenn ich nicht dulde, daß man sich gegen mich und die von mir vertretene Lehre erhebt, um Gott in meiner Person zu beleidigen; wenn ich nicht dulde, daß man den Frieden stört und die Eintracht zerreißt und Alles über den Haufen wirft."— „Was die Größe meiner Macht betrifft, um welche mich meine Feinde so sehr beneiden, so würde ich Gott danken, wenn ich dieselbe auf ihre Schultern niederlegen dürfte, denn für ein Königthum achten sie die Menge von Geschäften und die centnerschweren Bürden, die ich zu tragen habe." — „Wie grundlos die Verleumdung sei, daß ich tyrannisch regiere, überlasse ich meinen Amtsbrüdern zu beurtheilen, die gewiß nicht klagen, daß sie je durch mein Regiment sich gedrückt fühlen, oft aber klagen sie gegen mich, daß ich zu schüchtern und nicht keck genug handle da, wo es wohl Noth thäte und Alle es gut heißen würden, daß ich von meinem Ansehen Gebrauch machte. Wenn jene Ankläger nur sehen könnten, unter welchen harten Bedingungen ich mein Amt verwalten muß, und wie ich mir doch nie Etwas herausnehme: gewiß, sie würden sich ihrer unbesonnenen Reden schämen." — „Ich will mich sonst nicht mit Paulus vergleichen, aber das wenigstens habe ich mit dem Apostel gemein, daß mich ein Engel des Satans, unter Gottes Zulassung, mit Fäusten schlägt, damit ich mich nicht über=hebe." — „Balduin (ein Rechtsgelehrter, der in verrätherischer Weise eine Vermittelung zwischen Katholicismus und Protestantismus be=trieben) rühmt sich, er stehe mir in Betreff der dem Staate und der Kirche geleisteten Dienste in keiner Weise nach. Das ist doch ein Selbstruhm, bei dem auch die Kinder in Gelächter ausbrechen. Wahr=lich, es ist nicht nöthig, den Augen Frankreichs etwas vorzuspiegeln, um es von meiner treuen Anhänglichkeit, meinem Fleiße, meiner Red=lichkeit, Bescheidenheit, Geduld, meiner täglichen Arbeit für das Evangelium zu überzeugen, wovon so viele allbekannte Thatsachen seit meiner Jugend Zeugniß ablegen. Dabei verbleibe ich ruhig und getrost und berufe mich darauf, ohne alle Scheu. Wenn Jener mir zuruft, ich sei im Irrthum, wenn ich meine, ich sitze schon auf einem Throne, da ich thun könne, was ich wolle, nach Belieben die Leute beschimpfen, ihnen Stillschweigen auferlegen, allein befehlen und donnern: so ge=

hören dergleichen Reden eben mit zu den sinnlosen Schmähungen, deren ich schon so viele aufzudecken hatte. Wenn ich Balduins Ehrgeiz besessen, so hätte ich leicht die Ehren erlangen können, wonach Jener schon lange vergeblich sich streckt. Doch gebe ich dies Alles gern Preis. Zufrieden mit meinem geringen Stande habe ich je und je das Leben der Armuth gelebt, bin dabei geblieben und Keinem je zur Last gefallen. In dem Amte, das mir der Herr übertragen, halte ich ruhig aus. Von dem Gehalte, der mir ausgesetzt worden, habe ich hie und da viel= mehr Etwas zurückerstattet, als daß ich je eine Vermehrung verlangt hätte. Meine Mühen, Arbeiten und Studien widme ich nicht allein der Erbauung der Genfer Kirche, der ich mich besonders verpflichtet fühle, sondern suche allen Kirchen, so gut es mir möglich ist, zu dienen. In meiner Lehrthätigkeit verhalte ich mich so, daß ich meinen Fleiß und meine Treue nicht durch irgend welche Regungen des Ehrgeizes beflecken lasse. Vielen Aerger schlucke ich fortwährend hinunter; aber durch keine Macht und Größe lasse ich mir die Freiheit vollkommen offner Rede einschränken. Den Vornehmen schmeichle ich nicht und behandle sie nicht mit Nachsicht. Ziehe ich mir die Ungnade des Einen oder Andern zu, so empfinde ich darüber keine Furcht. Bis auf diese Stunde bin ich durch Gottes Gnade nicht stolz geworden, wenn es mir gut erging, und nicht verzagt, wenn Ungewitter und Stürme mich umherschleuderten; mit Muth und Beharrlichkeit habe ich gewartet, bis die Güte des Herrn mir wieder hinaushalf. Mit meines Gleichen lebe ich friedlich und liebreich; wo mich Freundschaft mit Diesem oder Jenem verbindet, da suche ich sie mit aller Sorgfalt und Lauter= keit zu erhalten." —

Was die „Seines Gleichen" anbetrifft, so behandelte Calvin vollauf als solche nicht nur seine nächsten Freunde, Farel, Viret, Beza, sondern gar Viele, mit welchen er sich in der Liebe zur Wahrheit bis ans Ende aufs herzlichste verbunden wußte: er bittet sie um ihr Ur= theil, ihren Rath, ihre Fürbitte, ihre Verzeihung, Tröstung, Unter= stützung, wie er ihnen seine Ansichten und Wünsche, seine Klagen und Anklagen mit rückhaltsloser, ungeschminktester Offenheit ausschüttet: nirgends in diesem intimsten Verkehr eine Spur von anmaßlicher Su= periorität. Nehmen wir dazu, daß er auch in Genf, den Collegen ge= genüber, niemals eine fixirte Ueberordnung, einen amtlichen Primat, anstrebte noch einnahm, wie die Geistlichkeit uns ausdrücklich bezeugt,

als sie 16 Jahre nach Calvins Tod die Abschaffung der beständigen
Präsidentenstelle im Consistorium, welche an Beza gefallen war, bean=
tragte: „Vor Allem durch die Einrichtung verschiedener Würden und
Grade unter den Geistlichen habe der Satan die Kirche Gottes ver=
wirrt; und darum müsse man schon die an sich unschuldigen Anfänge
beharrlich abweisen. Etwas Anderes sei es freilich gewesen, als noch
der selige Meister Calvin gelebt, der Mann der großen Verdienste,
ausgestattet mit Gnaden und Gaben ohne Gleichen, den Gott dieser
Kirche in ganz besonderer Weise erweckt und geschenkt. Dieser habe
durch die allgemeine Verehrung, die er sich erworben, die Präsident=
schaft sein Leben lang ausüben können, ohne daß er doch ausdrücklich
dazu erwählt worden, und Jedermann habe das mit Genugthuung
und Vergnügen gelten lassen." — Desgleichen hebt es Beza selbst in
der Lebensbeschreibung seines Vorgängers hervor, derselbe habe kein
gesetzliches Uebergewicht über die übrigen Geistlichen besessen, sei ihnen
vielmehr durchaus gleich gewesen.

Hienach müssen wir doch in die tiefe Kluft zwischen dem unna=
türlichen Episcopat eines Papstes und dem natürlichen Episcopat
eines Calvins hineinsehen: so ganz jenes auf äußerlichen, zwangs=
mäßigen, so ganz beruhte dies auf innerlichen, freien Grundlagen.
Zu einer Gleichstellung beider konnte offenbar nur die thatsächliche
Gleichartigkeit der Wirkung beider verführen: denn beide übten wirk=
lich eine gewaltige Herrschaft aus. Aber wie entgegengesetzt sind die
Wirkungsmittel: dort eine großartige Maschinerie weltlicher Hebel,
hier nichts als der Geist und der Wille, das Wort und die Schrift
eines armen Pfarrers! Und wie entgegengesetzt sind die Wirkungs=
erfolge: dort überall Knechtung, Verdumpfung, Tödtung des Lebens,
hier überall Befreiung, Erfrischung, Heiligung des Lebens! Man
vergleiche nur Spanien und Schottland. — Wir denken hiebei aller=
dings mehr an das Scepter, welches Calvin über den Continent und
die Inselwelt ausreckte: dies war durch und durch aus geistlichem
Gold. Daß ins Regiment über Genf selbst eisenhaltige, päpstliche
Wasser mit hereinflossen, haben wir bei leidigen Anlässen gestanden.
Um ihrer Nebelflecken willen heißt aber Niemand die Sonne nebelhaft.
So müssen wir uns auch hüten, Calvin um päpstlicher Gewaltflecken
willen einen Papst zu nennen: er ist vielmehr ein Patriarch des Gei=
stes, nicht ohne Härte in den Gesichtszügen, aber voll Treue im Her=

zeugsgrund; nicht ohne Schärfe im Wollen, Denken und Handeln, aber voll Hingebung im Glauben, Lieben und Dulden; nicht ohne Leiden= schaft im Leben, aber voll Heiligkeit im Streben.

Hätten wir nicht längst einen derartigen Eindruck von diesem großen Christen empfangen, so müßte ihn uns der Hintritt an sein Leidens= und Sterbenslager geben. Beza wird uns hiebei ein an= schaulicher, ausführlicher Berichterstatter: und ohne Zwischenbemer= kungen werden wir zwischenhinein zu fühlen bekommen, mit welcher logischen Consequenz das Lebensbild Calvins im Sterben sich ab= schließt. —

Vom Jahre 1558 an mehrten sich die bedenklichen Anzeichen, daß auch diese Leibeshütte, trotz der übermächtigen Energie ihres Haus= herrn, welche sie wunderbar zusammengehalten hatte, aus den Fugen brechen würde. „Es ist Zeit zum Heimgehen", ahnte er selbst mit klarem Gefühl und grämte sich wahrlich nicht darob, im Gegentheil: allein die Lähmung seiner Schaffkraft durch das Siechthum konnte er schwer verwinden. „Obschon er auch unter fortwährendem Fieber und unsäglicher Schwäche immerzu arbeitete, pflegte er doch, nur weil er nicht mehr allen Obliegenheiten seines Amtes genügen konnte, bestän= dig zu sagen, er sei ein Müssiggänger, er schäme und betrübe sich über seinen Müssiggang. Wobei ich immer denken mußte, daß wir voll= kommen gesunde Leute in einer tiefen Muße lebten, wenn man unsre Beschäftigungen mit den seinigen verglich. Denn seine Institution und seinen Commentar zu Jesaia hat er in diesen letzten Jahren um= gearbeitet, die Schriften gegen Stancarus, Tileman, Heßhus, Balduin, die polnischen Antitrinitarier geschrieben, den lateinischen und franzö= sischen Commentar zu den Büchern Mosis abgefaßt, in den Vorlesun= gen an der Akademie die Erklärung des Buches Josua begonnen und zu Ende geführt, die französische Uebersetzung des Commentars zu den Psalmen, die Erklärung der Apostelgeschichte, die Vorlesungen über Jere= mias und die Klagelieder, die französische Bearbeitung der Evangelien= Harmonie herausgegeben; außerdem, daß er mit dem Rathe die schwie= rigsten Angelegenheiten besprach, verschiedene Deputationen der französi= schen Kirche empfing und Gutachten oder Glaubensbekenntnisse für sie ausarbeitete, seine gesammte Correspondenz ununterbrochen fortsetzte, und sobald er nur einen bessern Augenblick hatte, alsobald wieder die Kanzel bestieg, die Kranken und Betrübten besuchte, um ihnen den Trost des

Evangeliums zu bringen." — Vom Jahre 1562 an wurde der Zu=
stand peinvoll. „Es erschien unbegreiflich, wie ein so schwacher, von
den schmerzlichsten Krankheiten verzehrter (— „die Schmerzen über=
wältigen mir fast die Besinnung" —), mit so vielen Sorgen und
Arbeiten belasteter Körper eine so lebensvolle, emporstrebende Seele
überhaupt noch in sich schließen, ja ihr zum Werkzeug dienen könne.
Denn von Nahrung, die er zu sich nahm, war kaum noch die Rede.
Seine Hämorrhoidalleiden steigerten sich fast ins Unerträgliche
(—„Ich muß eben Seine väterliche Züchtigung mit Geduld ertragen"—),
seine Füße waren ganz gelähmt durch die Gicht, Kolik und Stein plagten
ihn unabläßfig. Die Aerzte wandten alle Geheimnisse ihrer Kunst
auf, und nie ist ein Mensch ihren Anordnungen pünktlicher nachge=
kommen; aber von den geistigen Arbeiten freilich ließ er nicht ab.
Wie er sich durch die heftigsten Schmerzen der Migräne nie daran
hatte hindern lassen, die Kanzel zu besteigen, wenn an ihm die Reihe
war, so blieb er auch jetzt, obwohl er seine öffentlichen Beschäftigungen
nach und nach nothgedrungen abgeben mußte, unablässig beschäftigt
mit Solchen, die ihn zu Hause aufsuchten und um Rath fragten, oder
ermüdete seine Schreiber, indem er ihnen Werke und Briefe diktirte
(— „Heute habe ich wieder gepredigt, doch mußte man mich in die
Kirche tragen" v. 27. Dec. 1563 —)." —

„Das Jahr 1564 war das erste seiner ewigen Seligkeit und für
uns der Anfang einer langen, tiefen Trauer. Mittwoch den 2. Febr.
hielt Calvin seine letzte Predigt über das Buch der Könige, um zwei
Uhr seine letzte Vorlesung über Ezechiel, Sonntag den 6. Febr. seine
letzte Predigt über die Evangelienharmonie. Von da an nöthigte
ihn seine zunehmende Engbrüstigkeit, den Funktionen seines Amtes zu
entsagen. Nur in die Versammlung der Congregation ließ er sich noch
einige Male tragen, zuletzt am 31. März, aber auch da sprach er nur
noch wenige Worte. — Während indessen seine Uebel sich steigerten
und er förmlich zusammenbrach unter ihrer Last, hörte man doch nie
ein Wort aus seinem Munde, das eines Christen, oder auch nur eines
muthigen und standhaften Mannes unwürdig gewesen wäre. Wenn
die Schmerzen am heftigsten waren, hob er sein Auge gen Himmel und
seufzte nur: Wie lange noch, o Herr! Denn auch in gesunden Tagen
führte er dies Wort häufig im Munde, wenn es sich um die Leiden
seiner Brüder in Christo handelte, die ihn Tag und Nacht weit mehr

beschäftigten, als die seinen. Als wir ihn baten, ja beschworen, er möge doch zum Wenigsten jetzt in diesen schwersten Anfällen sich des Diktirens und Schreibens enthalten, erwiderte er uns: Wollt Ihr, daß der Herr mich müßig finde, wenn Er kommt? — Am 10. März, als Jedermann erkannte, wie allem Ansehen nach der Verlust des Mannes uns drohe, verordnete der Rath, daß jeder Bürger um seine Wiederherstellung beten solle, wie dies bei großen öffentlichen Anlässen zu geschehen pflegt. Mehrere Brüder aus der Stadt und vom Lande fanden am gleichen Tage sich bei ihm ein. Wir trafen ihn angezogen und am Tische sitzend, an dem er gewohnt war zu schreiben oder sich den Betrachtungen hinzugeben. Als er uns von dort aus kommen sah — nachdem er eine Zeit lang seine Stirne auf die Hand gestützt, wie er pflegte, wenn er tief nachdachte —, sprach er endlich mit schwacher, oft unterbrochener Stimme, aber mit heiterem, fröhlichen Angesicht: Geliebte Brüder, ich sage Euch herzlich Dank für Eure zarte Sorge um mich, und hoffe, daß Ihr derselben bald überhoben sein werdet. In vierzehn Tagen, bei der brüderlichen Censur, denke ich Euch Alle noch einmal, zum letzten Mal, um mich zu versammeln. Alsdann glaube ich, wird der Herr offenbaren, was Er über mich beschlossen hat, und es wird geschehen, daß Er mich zu Sich hinaufnimmt in Sein Reich. — Am besagten Tag, dem 24. März, wohnte er dann wirklich unsrer Versammlung bei, und nachdem er die Brüder der Reihe nach censirt hatte und von ihnen censirt worden war, sagte er: er fühle, daß der Herr ihm einige Linderung schenke, ließ sich das neue Testament in französischer Sprache geben, las selbst einige Anmerkungen vor, die am Rande standen, und forderte unsere Meinung über das Gelesene ein, weil er sich vorgesetzt habe, diese Noten zu verbessern. — Aber diese Arbeit schien ihn doch ermüdet zu haben; des folgenden Tages befand er sich nicht mehr so wohl. Nichtsdestoweniger ließ er sich am 27. auf das Rathhaus tragen, wo der Senat eben Sitzung hielt, stieg, auf zwei Begleiter gestützt, die Treppe hinauf in das Versammlungszimmer, stellte zuerst einen neuen Rector für die Schule vor, und dankte dann mit abgezogenem Barett für alle die Wohlthaten, die er von dem Rathe empfangen, besonders aber für die Güte, die man ihm in dieser letzten Krankheit erwiesen. Denn ich fühle, sagte er, daß ich zum letzten Male die Ehre habe, an dieser Stätte zu erscheinen. Er konnte diese Worte kaum aussprechen, da die Stimme

vor Schwäche und Bewegung ihm brach; indem ihm selber und allen
Anwesenden die Thränen in die Augen traten, sagte er ihnen Lebe=
wohl." — „Am zweiten April, dem Ostertage, war er ungewöhnlich
schwach und abgespannt. Doch ließ er sich in einem Sessel zur Kirche
tragen, hörte die ganze Predigt an und empfing das heilige Abend=
mahl aus meiner Hand Beim Schlußgesang stimmte er noch, obgleich
mit zitternder Stimme, in das Lied der Gemeinde ein „Herr, laß
Deinen Diener in Frieden fahren", und mit tiefer Bewegung sah die
Gemeinde aus seinem zufriednen, heitern Gesichte, mit welch völliger
Ergebung, ja mit welch inniger Freude ihr sterbender Hirte seinem
Tode entgegenblicke."

„Am 25. April machte er folgendes Testament: „Ich Johann
Calvin, Diener des Worts Gottes an der Kirche zu Genf, habe in
meiner großen Schwachheit und in dem Gefühle, daß Gott mich bald
zu Sich nehmen wird, den Entschluß gefaßt, meinen letzten Willen
also aufzusetzen. Erstlich danke ich Gott, daß Er Sich nicht nur Sei=
nes armen Geschöpfes erbarmet und mich aus dem Abgrund der Ab=
götterei gezogen hat, um mir zur Klarheit Seines Evangeliums zu
verhelfen, mich auch weiter der Lehre Seines Heiles theilhaftig ge=
macht, deren ich ganz unwürdig war, und mich in all meinen Fehlern
und Armseligkeiten mit unaussprechlicher Geduld getragen, während
ich verdient hätte, tausendmal verworfen zu werden; sondern daß Er
zu alledem Seine Gnade soweit erstreckte, Sich meiner und meiner
Arbeit bedienen zu wollen, um die Wahrheit des Evangeliums zu
verkünden und auszubreiten. Ich bezeuge aus innerster Seele, daß
ich in diesem Glauben, den Er mir gegeben, leben und sterben will;
daß ich keine andre Hoffnung habe, als Seine freie Erwählung, auf
welcher mein ganzes Heil beruht; und von ganzem Herzen die Gnade
erfasse, die mir in Christo Jesu, meinem Heiland, bereitet worden ist,
damit alle meine Sünde in dem Verdienste seines Lebens und Ster=
bens begraben werde. Auf das Demüthigste flehe ich Ihn an: ich
möchte in solcher Weise gereinigt und abgewaschen werden durch das
Blut dieses großen Erlösers, welches für uns arme Sünder vergossen
worden, daß ich vor Seinem Angesicht erscheinen und Sein Bild an
mir tragen könne. Weiter bezeuge ich, daß ich nach dem Maß der
Gnade, die mir geworden, Sein Wort rein gelehrt habe in Predigt,
Werken und Schrifterklärungen; ja daß ich auch in allen Streitig=

keiten, die ich mit den Feinden der Wahrheit hatte, nirgends sophi=
stisch oder hinterhaltig verfahren bin, sondern rundweg und geradezu
die Sache Gottes verfocht. Aber ach der gute Wille, den ich gehabt,
und mein Eifer, wenn man ihn so nennen kann, war etwas so Laues
und Kaltes, daß ich in allen Stücken unendlich Viel schuldig geblieben
bin, und mein ehrliches Trachten ohne Gottes unendliche Gnade sich wie
Rauch wirkungslos verflüchtigt hätte. Ja die Gaben, die Er mir verliehen,
hätten mich nur um so strafbarer vor Ihm machen müssen, so daß ich
wiederholt feierlich vor Ihm bekenne, wie ich keinen andern Grund
meines Heiles weiß, als daß Gott, welcher der Gott der Barmherzig=
keit ist, Sich einem so erbärmlichen Sünder als Vater erzeigen will.
— Was nun das wenige Gut betrifft, das mir Gott zur Verfügung
anheimgestellt, so setze ich meinen vielgeliebten Bruder Anton zum
einigen Erben desselben ein: doch nur zum Erben dem Titel nach, so
daß er persönlich nur den silbernen Becher, den Herr von Varennes
mir geschenkt, an sich nehmen soll, und das Uebrige alsobald an seine
Kinder abtreten. Nemlich seinen Söhnen Samuel und Johann je 40
Thaler, seinen Töchtern Anna, Susanna und Dorothea je 30 Thaler:
ihr Bruder, mein Neffe Daniel, erhalte zur Strafe für seinen leichten,
flüchtigen Lebenswandel nur 20 Thaler. Das ist in Summa das
ganze Vermögen, das Gott mir gegeben (190 Thaler), wie ich es mög=
lichst genau geschätzt habe nach dem Werthe der Bücher, der Möbeln
des Geschirrs und des Uebrigen. Sollte indeß etwas mehr heraus=
kommen, so soll es unter meine Neffen und Nichten vertheilt werden,
auch den Daniel nicht ausgenommen, wenn Gott ihm die Gnade giebt,
sich zu mäßigen und zu bessern. Außerdem vermache ich dem Colle=
gium 10 Thaler und 10 weitere der Kasse für arme Fremdlinge." —

„Nachdem Calvin so sein Testament ins Reine gebracht hatte, ließ
er den vier Syndici's und den Rathsherren sagen: er wünsche vor Ster=
ben noch eine Ansprache an sie zu halten, und hoffe, er werde sich wohl
am nächsten Tage ins Rathhaus tragen lassen können. Aber sie antwor=
teten alsobald: sie würden sich vielmehr bei ihm einfinden, und be=
schworen ihn, sich zu schonen. So verfügten sie sich denn Tags dar=
auf (26. April) in feierlichem Aufzuge von dem Sitzungssaal in sein
Haus; und nachdem sie um sein Bett sich geordnet, setzte er sich auf
und nahm alle seine Kräfte zusammen, um ihnen ohne Unterbrechung
vortragen zu können, was er sich vorgenommen. Seine Rede wurde,

während er sprach, wörtlich niedergeschrieben: „Gnädige Herren, ich
kann Euch nicht genug danken für alle die Ehren und Freundlichkeiten,
die mir von Euch geworden sind, obgleich ich sie in keiner Weise ver=
diente, und ganz besonders für die außerordentliche Geduld, womit
Ihr meine argen Schwächen und Fehler ertragen. Wohl hatte ich in
meinem Amte auch viele Kämpfe und Verdrießlichkeiten zu bestehen;
aber dies geschah nicht durch Eure Schuld, sondern nach dem Rathe
Gottes, der Jeden Seiner Knechte so prüfen will. Wo ich nicht Alles
geleistet, was ich hätte sollen, bitte ich dringend, dies nicht meinem
Willen, sondern meinem Unvermögen zuzuschreiben. Denn mit Wahr=
heit kann ich bezeugen, daß ich Eurer Republik mit ganzer Seele zu=
gethan gewesen, und bei allen Mängeln und Versäumnissen doch nach
Kräften für das allgemeine Beste gewirkt habe. Auch wäre es in der
That eine undankbare Heuchelei, wenn ich leugnen wollte, daß Gott
sich meiner dazu bediente, um das Eine und Andere in dieser Stadt
auszurichten. Nur das muß ich stets wiederholen: entschuldiget,
wenn meine Leistungen im öffentlichen und privaten Leben so weit
hinter dem Ziele zurückblieben. Vorzüglich aber, gnädige Herren, bin
ich Euch noch Dank schuldig, daß Ihr meine allzugroße Heftigkeit so
freundlich und sanftmüthig getragen habt. Dieser und meine andern
Fehler mißfallen mir von Herzen; aber ich hoffe zu Gott, sie seien
mir verziehen. —

„Was nun die Lehre anbetrifft, die Ihr von mir gehört, so bezeuge
ich vor Gott und meinem Herrn, daß ich kein andres Streben hatte,
als das mir anvertraute Wort Gottes in ganzer Lauterkeit zu ver=
kündigen, und auch gewißlich weiß: ich bin nicht auf das Ungewisse
hin meinen Weg gegangen. Wäre dem nicht so, müßte, wie ich wohl
weiß, Gottes Zorn jetzt meinem Haupte drohen; während ich nun im
Gegentheil überzeugt bin, daß meine Arbeit und Sorge in der Lehre
Ihm nicht mißfallen haben. Ich sage das um so lieber vor Gott und
vor Euch, als ich nicht zweifle, daß der Arge nach seiner Gewohnheit
böse, leichtsinnige Schwärmer erwecken wird, um die reine Lehre zu
verlästern, die Ihr von mir vernommen. — Weiter erlaube ich mir an
meine gnädige Herren auch noch ein mahnendes Wörtlein. Niemand
weiß besser als ich, aus wie vielen und großen Gefahren die barmher=
zige Hand des Herrn Euch errettet. Welche Stellung Euer Staat
jetzt einnimmt, sehet Ihr selber. Wohlan, ob Euch nun scheinbar

Sicherheit geschenkt ist oder Gefahren drohen, denket jederzeit daran, daß Gott die höchste Ehre haben will, daß Er allein es ist, der die Staaten wie die einzelnen Menschen erhält und lenkt, und darauf be= steht, daß man dies anerkenne', daß man sich in völliger Abhängigkeit von Ihm fühle. Schaut auf das Beispiel Davids, des größten Kö= nigs, der mitten aus dem tiefsten Frieden strauchelte und fiel, daß er sich tödtlich hätte verletzen müssen, wenn Gott sich nicht seiner erbar= met. Und wenn diesem starken Helden Solches geschehen, wie wird es dann uns schwachen Leuten ergehen? O es ist uns die allergrößte Demuth des Herzens von Nöthen, ein Gang in Furcht, Zittern und Sorgen, ein uns Flüchten und Verbergen unter Gottes Flügel: aber dann auch ein festes Vertrauen, daß Er wirklich helfen und erretten wird. Wohl hängen wir wie an einem Haare, aber Ihr habt zur Ge= nüge erfahren, daß Er dennoch erhalten, behüten und sorgen kann, und was Er in den vergangenen Tagen gethan, das wird Er in den zukünftigen wieder thun. Darum wenn der Herr es Euch gelingen läßt, so fahret nicht hoch einher wie die Gottlosen, sondern demüthiget Euch vielmehr um so tiefer unter Seine barmherzige Hand und gebt Ihm Ehre und Dank. Gehts Euch im Gegentheile unglücklich, und scheint der Tod Euch von allen Seiten zu bedrohen, so lasset doch nicht ab von Eurem Glauben und Eurer Hoffnung zu Dem, der auch die Todten wieder auferwecken kann. Die Schläge Gottes sind Schläge eines Vaters. Er züchtigt Euch, um den erkalteten Eifer wieder an= zufachen und Euch immer von Neuem zu lehren, daß bei Ihm allein das Heil zu suchen sei. —

„Wenn Ihr nun aber wünscht, daß Gott Eure Republik in dem festen, glücklichen Zustand erhalte, in dem sie sich jetzt befindet, so hü= tet vor Allem die Stätte, da Er selber wohnt in Eurer Mitte, Seine heilige Kirche, vor aller Sünde, Befleckung und Verstörung. Denn Er hat gesagt, daß Er die ehren werde, die Ihn ehren, und die verachten, die Ihn verachten. Er allein ist der große Gott, der König der Kö= nige, der Herr aller Herren. Betet Ihn an, wie Er es selber vorschreibt, lasset Euch nichts so angelegen sein, als den Gehorsam gegen Seinen heiligen Willen, und trachtet darnach, von Tag zu Tag zuzunehmen an Rechtschaffenheit und Treue. Denn so lange wir in dieser Welt sind, sollen wir lernen und wachsen und erfüllen, was Gott von uns fordert. — Ich kenne wohl den Sinn und Wandel unter Euch, und weiß, daß Ihr Alle der Ermahnung bedürft. Auch dem Besten unter Euch fehlt noch Vieles. Bittet deshalb den Herrn, daß Ihr Euch selbst genau erkennt, und daß Er Euch gewähre, was Euch noch ab= geht. Wir wissen Alle, wie viel Sünden im Allgemeinen unter den Regenten herrschen. Die Einen sind gleichgültig und nachlässig in Betreff des allgemeinen Wohles, und kümmern sich nur um ihre eige= nen Angelegenheiten; die Andern überlassen sich ihren Lüsten und Leidenschaften; wieder Andere benutzen die Gaben nicht, die sie von Gott empfangen, Andere werden hochfahrend und wollen ihr Belieben auch allen Andern aufzwingen. — Die Alten ermahne ich, daß sie die Jüngern nicht beneiden, denen Gott größere Früchte verliehen, und die es ihnen zuvorthun. Die Jüngern erinnere ich, daß ihnen vor Allem Bescheidenheit, Demuth und Mäßigung in ihrem Benehmen geziemt. Keiner trete dem Andern hindernd in den Weg. Hütet Euch vor aller Eifersucht, persönlichen Feindschaft und Nebenbuhlerei. Denn Nichts steht dem Gedeihen eines Staates mehr im Wege und macht die besten Absichten zu nichte. — Darum halte sich ein Jeder in dem Stand und Beruf, worin er sich befindet, und suche keine andere Ehre als die der treuen Pflichterfüllung in Allem, was ihm befohlen ist. In der Handhabung der Rechtspflege, namentlich wo es um Mein und Dein sich handelt, bitte und beschwöre ich Euch, jede Partheilich= keit zu fliehen, keinen Umwegen und Künsten, keiner Gunst und keinem Hasse irgend einen Einfluß zu gestatten. Wenn Ihr je die Versuchung fühlet, aus Eigennutz die ungerechte Sache zu fördern, so widerstehet mit ganzem Ernst, indem Ihr aufblickt zu dem, von dem Ihr Eure Würde empfinget, und Ihn flehentlich um Seinen heiligen Geist an= rufet. — Endlich, meine gnädigen Herren, bitte ich nochmals: ver= zeihet und vergebet mir meine vielen Schwächen, die ich vor Gott und Seinen Engeln und auch vor Euch bekenne, und die nur eben durch freundliche Vergebung von mir genommen werden können." —

„Nachdem er dies gesagt, betete er zu dem großen und gütigen Gott, daß Er sie mehr und mehr mit Seinen Gaben ausrüsten und durch Seinen heiligen Geist leiten wolle zu ihrem eigenen Heil und zum Heil dieses armen Volkes. Dann reichte er ihnen Allen die rechte Hand und sagte einem Jeden Lebewohl. Die Herren aber, die ihn als ihren gemeinsamen Vater betrachteten, dankten ihm für alle seine Dienste, versicherten, daß sie den Mitgliedern seiner Familie um seinet=

willen jederzeit ihre Liebe und Fürsorge bewahren würden, und schieden mit vielen Thränen und großer Traurigkeit." —

„Zwei Tage darauf, am 28. April, versammelte sich, wie er es
gewünscht, die gesammte Geistlichkeit der Stadt und des Landes in
seinem Zimmer, um auch ihrerseits seine letzte Ansprache zu vernehmen.
„Meine Brüder, hub er an, da wir jetzt so Wichtiges mit einander besprechen sollen, was nicht nur diese Kirche von Genf, sondern auch
manche andere betrifft, welche gleichsam von ihr abhängen, so wird es
gut sein, wenn wir mit Gebet beginnen, damit Gott mir Gnade giebt,
Alles zu sagen ohne stolze und eitle Gedanken, allein im Hinblick auf
Seine Ehre, und ein Jeder von Euch sich merken und auf sich anwenden kann, was wir sagen." — Nachdem er das Gebet gesprochen,
fuhr er fort: „Es könnte scheinen, als nähme ich mir zu viel heraus
und wäre nicht in so schlimmem Zustande, als ich es meine. Aber ich
versichere Euch, daß ich mich bei all meinen frühern Krankheiten und
Leiden nie so schwach und hinfällig fühlte wie jetzt. Wenn man mich
nur auf das Bett legt, schwinden mir alsobald die Sinne und ich
werde ohnmächtig. Auch mein schwerer Athem ängstigt mich immer
mehr. Im Uebrigen bin ich fast das Gegentheil von andern Kranken;
ihre Geisteskräfte entweichen bei der Nähe des Todes, die meinigen
dagegen hat Gott gleichsam nur um so fester in mich eingeschlossen, je
mehr meine äußere Natur zerfällt. Ich glaube, daß ich durch einen
harten Todeskampf werde hindurchgehen müssen, und fürchte binnen
Kurzem die Stimme zu verlieren, auch während der Kopf noch vollkommen klar ist. Darum habe ich Euch jetzt schon zu mir beschieden,
um noch mit Euch zu reden, ehe Gott mich wegnimmt. Nicht als ob
ich meinte, Gott könnte meinen Zustand nicht wieder bessern, wenn es
so Sein Wille ist. Sein Rathschluß ist verborgen und gut, und ich
maße mir nicht an, ihn zu durchdringen. — Als ich zum ersten Mal
an diese Kirche kam, war so viel als Nichts vorhanden. Man predigte, das war Alles. Die Götzenbilder suchte man und verbrannte
sie: aber von einer Reformation war keine Rede, Alles zuchtlos und
verwirrt. Der gute Meister Farel und der blinde Courault waren da,
zudem Anton Saulnier und jener saubere Froment, der sein Reitkleid
abwarf, um auf die Kanzel zu steigen, und dann wieder zu seiner Bude
zurückkehrte, um Witze zu machen und so doppelt zu predigen. —
Unter erstaunlichen Kämpfen habe ich hier leben müssen. Zuweilen

wurden Nachts, um mich zu erschrecken, 50 bis 60 Büchsenschüsse vor meiner Thür abgefeuert. Bedenket selber, welch einen Eindruck dies auf mich armen Schüler machen mußte, schüchtern und furchtsam, wie ich es damals war und im Grund immer gewesen bin: ja schüchtern und furchtsam bin ich von Natur. — Bald darauf wurde ich aus dieser Stadt verjagt und zog nach Straßburg. Nach einiger Zeit rief man mich hieher zurück; aber die Hindernisse waren nicht geringer, die sich der rechten Ausübung meines Amtes entgegensetzten. Man hat die Hunde auf mich gehetzt und gerufen: faß, faß; und sie haben mir den Rock zerrissen und mich am Beine gezerrt. Ich ging in den Rath der Zweihundert, als man auf dem Punkte war, sich zu schlagen, und hielt die zurück, die mit solchem Vorsatz eindringen wollten. „Ziehen Sie sich zurück, rief man mir zu, als ich eintrat, mit Ihnen haben wir nichts zu thun!" — Aber ich antwortete: „Nein, Ihr Frevler, ergreift mich hier und tödtet mich, aber mein Blut wird über Euch kommen und diese Stühle werden es von Euern Händen fordern." — Durch solche Kämpfe mußte ich hindurch und Euch stehen vielleicht noch schwerere bevor. Denn es ist ein trotziges und verkehrtes Volk, mit dem Ihr zu thun habt, obwohl es viele Fromme darunter giebt, und ich fürchte wohl, Ihr werdet Etwas davon zu erfahren bekommen, wenn Gott mich hinweggenommen. Denn obschon ich Nichts bin, weiß ich doch, daß ich mehr als 3000 Aufläufe verhindert habe, die sonst Genf verwüstet hätten. Aber fasset Muth und bleibet stark. Denn Gott wird sich dieser Kirche bedienen und sie aufrecht erhalten; ja ich sage Euch, daß Gott sie behüten wird und hinstellen als einen unüberwindlichen Felsen." — „Ich habe viele Fehler gehabt, die Ihr ertragen mußtet, und Alles, was ich gethan, ist im Grunde nichts werth. Die Gottlosen werden sich freilich dieses Worts bemächtigen, um es zu verdrehen; aber doch wiederhole ich es noch einmal: Alles, was ich gethan, ist nichts werth, und ich bin eine erbärmliche Creatur. Nur das darf ich von mir sagen, daß ich jederzeit das Gute wollte, daß meine Fehler mir immer mißfallen haben, daß die Wurzel der Gottesfurcht wahrhaftig in meinem Herzen war. Um dieser guten Absicht willen verzeihet mir, ich bitte Euch, alles Uebele und Unrechte, namentlich meine Raschheit, Heftigkeit und Neigung zum Zorn; und wo Ihr im Gegentheil etwas Gutes wahrgenommen, da nehmet es an und folget ihm nach." — „In meiner Lehre war ich treu und sorgfam: auch bei meinen Schriften hat mir Gott die Gnade gegeben, ernst und gewissenhaft zu Werke zu gehen, so daß ich nicht eine einzige Stelle der Schrift mit Wissen verdrehte oder unrichtig auslegte. Oft hätte ich Feinheit und Scharfsinn zeigen können, wenn ich darauf aus= gegangen wäre; aber ich habe durch Gottes Gnade diese Versuchungen je und je unter die Füße getreten und mich der Einfachheit befliffen. — Nie habe ich Etwas aus Haß oder Rachsucht oder mit der Absicht zu schaden geschrieben, sondern immer nur das gethan, was mir durch die Ehre Gottes erfordert schien." — „Was unsern Zustand im In= nern betrifft, so habet Ihr Herrn von Beza zu meinem Nachfolger er= wählt. Bemühet Euch, ihm seine Aufgabe zu erleichtern, denn die Obliegenheit ist so groß, daß man nach menschlichem Ansehen unter dieser Bürde schlechterdings erliegen muß. Was ihn selber betrifft, so weiß ich: er wird thun, was er kann." — „Aber nicht nur Eure Pflicht gegen die Kirche, sondern auch Eure Pflicht gegen das Gemein= wesen habt im Auge. Ihr habt gelobt, ihm zu dienen in schweren und guten Zeiten, und so trage denn ein Jeder, was ihm befohlen ist, und laffe nicht ab zu arbeiten und zu wirken. Denn das oft allzunachsich= tige Urtheil der Menschen ist nicht die Hauptsache; wir müssen dafür sorgen, daß wir vor Gott, der Alles weiß, bestehen können. Vor Allem aber haltet Frieden untereinander. Laffet keinen Streit, keinen Zank, kein bitteres Wort unter Euch aufkommen, wie ich zu meinem großen Leidwesen das eine oder andere Mal hören mußte. Freilich war es nur gleichsam im Scherz, aber die Bitterkeit regte sich doch im Her= zensgrunde. Dies Alles taugt nichts und ist durch und durch un= christlich. Hütet Euch darum davor, lebet in Lieb und Freundschaft, helfet einander und schaffet den Neid hinaus aus Eurer Mitte. — Eines habe ich vergessen: ich beschwöre Euch, nichts zu ändern und keine Neuerungen einzuführen. Nicht aus Ehrgeiz sage ich das, damit meine Einrichtungen fortbestehen und man sie festhalte, ohne etwas Besseres zu wollen, sondern weil alle Neuerungen gefährlich sind und oft sehr übel ausfallen.— Als ich von Straßburg zurückkam, verfaßte ich den Katechismus in großer Eile. Denn ich wollte mein Amt nicht wieder übernehmen, ohne der beiden Punkte gewiß zu sein: daß man an einen Katechismus und an eine Disciplin sich halte. Indem ich ihn schrieb, holte man die einzelnen Blättchen in die Druckerei, ohne daß ich sie durchsehen oder Viret zeigen konnte, der damals in der

Stadt war. Wie oft habe ich seitdem gewünscht, die Hand wieder daran legen zu können; aber ich habe nie die Zeit dazu gefunden. — Was die Sonntagsgebete anbetrifft, so benutzte ich die Straßburger Formulare und entlehnte ihnen den größern Theil. Andere mußte ich selber verfertigen, hielt mich aber dabei durchaus an die Schrift. — Auch das Taufformular rührt von mir her. Ich schrieb es, als man mir in Straßburg die Kinder der Wiedertäufer zur Taufe brachte, von fünf und zehn Meilen in der Runde. Da ich es in* großer Eile verfaßte, ist es etwas rauh und ungelenk ausgefallen; doch rathe ich Euch nicht, es zu ändern. — Die Berner Kirche hat die unsrige ver= rathen, und sie haben mich dort immer mehr gefürchtet als geliebt. Sie sollen wissen, daß ich in dieser Meinung von ihnen gestorben bin, und glaube, daß sie jetzt noch so gegen mich gesinnt sind. Sie fürch= teten immer, ich störe sie in der Lehre vom Abendmahle. — Zum Schlusse, meine theuren Brüder, bezeuge ich Euch, daß ich Euch stets aufrichtig und von Herzen geliebet. Wenn Ihr mich in dieser Krank= heit zuweilen weniger freundlich gefunden, so verzeiht es mir: ich kann Euch nicht genug danken, daß Ihr, während diese Leiden mich gefangen hielten, die Last meiner Geschäfte auf Euch genommen." —

„Als er geendet, rief er Jeden einzeln heran und drückte ihm die Hand. Und wir gingen von ihm, die Augen in Thränen gebadet und das Herz voll unsäglichen Leides. Am 2. Mai erfuhr Calvin durch einen Brief Farels, daß der achtzigjährige, auch seinerseits äu= ßerst schwach gewordene Freund sich dennoch vorgenommen habe, ihn noch einmal zu besuchen. Hierauf diktirte er folgendes Briefchen an ihn: Lebe wohl, mein bester, treuster Bruder! Und da Gott will, daß Du mich überleben sollst, so lebe stets eingedenk unsrer innigen Ver= bindung, welche, sofern sie der Kirche Gottes nützlich war, uns auch noch im Himmel bleibende Frucht tragen wird. Ich will nicht, daß Du Dich meinethalben ermüdest. Mein Athem ist schwach, und be= ständig erwarte ich, daß er mir ausgehe. Es ist mir genug, daß ich in Christo lebe und sterbe, der den Seinigen Gewinn ist im Leben und Sterben. Noch einmal: lebe wohl mit allen Brüdern! — Aber der gute Greis kam dennoch nach Genf und nachdem er den Freund ge= sehen und umarmt, kehrte er nach Neufchatel zurück. —

„Die übrigen Tage bis zu seinem Ende brachte er fast in bestän= digem Gebete zu. Freilich war seine Stimme kaum noch verständlich:

des kurzen Athems wegen waren es immer nur abgebrochene Seufzer, die man hörte; aber seine Augen glänzten hell bis zuletzt, und er hielt sie gen Himmel gerichtet mit einem Ausdruck, der die inbrünstigste Andacht spiegelte. Oft wiederholte er in dem heftigsten Andrang der Schmerzen die Worte Davids: Herr, ich will den Mund nicht aufthun, Du wirst es wohl machen! Auch von Zeit zu Zeit die Worte des Jesaia: Ich seufze wie eine Taube; ferner hörte ich mehrmals: Du zermalmest mich, Herr, aber es genügt mir, daß Deine Hand es thut. — Seine Thüre hätte Tag und Nacht offen stehen müssen, hätte man wollen Alle hineinlassen, die da kamen, um ihren Schmerz zu bezeugen und Abschied zu nehmen. Da er nicht mehr mit ihnen sprechen konnte, bat er, man möge sich doch damit begnügen, für ihn zu beten, und sich die Betrübniß ersparen, ihn leiden zu sehen. Sehr oft hat er auch mir angedeutet, dessen Gegenwart ihm doch, wie ich gewiß weiß, immer willkommen war, daß er sich ein Gewissen daraus mache, mich von meinen Amtsgeschäften abzuziehen: so sehr lag ihm die Pflege der Kirche und die Verherrlichung Gottes am Herzen. —

„So lebte er noch, vollkommen ergeben und seine Freunde tröstend, bis zum 19. Mai; an welchem Tage wir Prediger die Gewohnheit haben, uns zu censiren und dann zum Zeichen der Freundschaft ein brüderliches Mahl zu halten, weil wir zwei Tage darauf, an Pfing=sten, das Abendmahl nehmen. Da er erlaubt hatte, daß wir das Mahl in seinem Hause bereiteten, sammelte er seine Kräfte, ließ sich in den Saal tragen und begrüßte uns mit den Worten, die Allen Thränen entlockten: Ich komme, meine Brüder, nun zum letzten Male, Euch zu sehen und mit Euch zu Tisch zu sitzen. — Sofort sprach er das Gebet, nahm einige Speise zu sich, und sein Gespräch war bei allem heiligen Ernst und Eifer so heiter, als es zur Zeit möglich war. Noch war das Mahl nicht zu Ende, als ihn seine Schwachheit nöthigte, sich in das anstoßende Zimmer zurücktragen zu lassen: „Die Zwischen=wand, sagte er dabei mit lieblicher, lächelnder Geberde, wird mich nicht hindern, im Geiste mit Euch zu sein." — Wie er es vorausge=sagt, geschah es. Denn nachdem er bis auf diesen Tag sich bei aller Schwäche doch immer noch aufnehmen und zu seinem Tische hatte führen lassen, blieb er von diesem Tag an beständig liegen, so schwach und abgezehrt, daß mit Ausnahme seines Gesichts, welches immer dasselbe blieb, eigentlich nur noch Geist und Athem da war. Und wer ihn so liegen sah, mußte wohl an Josua denken, als Israel aus seiner Gefangenschaft zurückgekommen, und Gott zu den Propheten sprach: Ist dieser nicht wie ein Brand, der aus dem Feuer gezogen ist? So lag jetzt dieser Mann, der mit so viel herrlichen Gaben geschmückt war, darnieder wie ein verdorrtes Blatt. — Den Tag, an welchem er starb, den 27. Mai (54 Jahre, 10 Monate, 17 Tage alt), schien er weniger leidend und mit geringerer Anstrengung zu sprechen. Aber es war das letzte Aufflackern der Natur. Denn am Abend, ungefähr um acht Uhr, erschienen plötzlich die sichern Zeichen des Todes. Da mir dieses, wie auch einem andern Bruder, durch die Diener gemeldet worden, eilte ich schnell hin und fand ihn, wie er eben ruhig hinüber= gegangen war, ganz ohne Zuckung, weder an Händen noch Füßen; nicht einmal schwer hatte er geathmet. Das Bewußtsein und die Ur= theilskraft hatte er bis zuletzt behalten; auch die Stimme blieb ihm bis zum letzten Athemzuge, und er schien vielmehr einem Schlafenden ähnlich, als einem Gestorbenen." —

„Also ist an diesem Tag (27. Mai 1564) mit der untergehenden Sonne das glänzendste Licht der Welt, welches der Kirche Leuchte war, in den Himmel zurückgenommen worden. In der Nacht und am fol= genden Tag hub sich ein unbeschreibliches Leidtragen und Wehklagen in der Stadt. Denn die Republik beweinte ihren weisesten Bürger, die Kirche ihren treuesten Hirten, die Schule ihren unvergleichlichen Lehrer, Alle ihren gemeinsamen Vater, nächst Gott ihren einigen Für= sorger und Tröster. Eine Menge strömte zum Sterbezimmer und konnte von seiner Leiche sich fast nicht trennen, darunter auch etliche Fremde, wie der englische Gesandte am französischen Hof, der nach Genf gekommen war, um noch die Bekanntschaft des berühmten Man= nes zu machen, und jetzt nur das Eine sich erbat, ihn wenigstens im Tode sehen zu dürfen." — „In der That ließ man anfangs Alle hin= ein. Da man aber fürchtete, der allzugroße Andrang möchte den Fein= den Anlaß zu Verdächtigungen geben, legte man die Leiche am folgen= den Morgen, es war ein Sonntag, in das Leichentuch und verschloß sie in einen hölzernen Sarg. Um zwei Uhr nach Tisch trug man sie dann ohne irgend ein Gepränge nach dem allgemeinen Kirchhof auf Plainpalnis. Alle Rathsherren, alle Geistlichen, alle Professoren und Lehrer und fast die ganze Gemeinde begleitete sie unter heißen Thränen. Auf sein Grab wurde keine Inschrift gesetzt, da er es ausdrücklich ver=

boten; doch konnte ich mich nicht enthalten, ihm wenigstens in Gedanken eine Grabschrift aufzusetzen:

> Der Schrecken Roms und aller Schlechten,
> Der Liebling Gottes und der Frommen,
> Der Held und Leitstern der Gerechten —
> Soll Der dies arme Grab bekommen?

> Es sei. Die Hand, die ihn gekleidet,
> Geleitet hat im Leben immer,
> Die Demuth, hat dies Grab bereitet:
> Und braucht's denn eines Marmors Schimmer?"